Thomas Stobbe

unter Mitarbeit von
Gerald Brunold

Steuern *kompakt*

6., überarb. und erw. Auflage

Verlag Wissenschaft & Praxis

Die Deutsche Bibliothek verzeichnet diese Publikation in
der Deutschen Nationalbibliografie; detaillierte bibliografische Daten
sind im Internet über http://dnb.ddb.de abrufbar.

1. Auflage: August 2002
2. Auflage: März 2003
3. Auflage: Januar 2004
4. Auflage: Februar 2005
5. Auflage: Februar 2006
6. Auflage: März 2007

Hinweis: Das vorliegende Buch ersetzt keine persönliche Steuerberatung. Hierzu wenden Sie sich bitte an Ihren Steuerberater! Eine Haftung ist aufgrund eines fehlenden Beratungsvertrages ausgeschlossen. Aufgrund der kompakten Darstellung und der Aktualität des Werkes konnten nicht alle steuerlichen Voraussetzungen und Folgen genannt werden.
Mögliche Ansprüche aus einer eventuell vorliegenden Sachmängelhaftung oder anderen Haftungstatbeständen sind auf die Höhe des Kaufpreises des Buches beschränkt.
Für sachdienliche Verbesserungsvorschläge sind wir empfänglich. Bei Berücksichtigung in der nächsten Auflage werden wir Ihnen gern ein Freiexemplar der 7. Auflage zusenden.
Aktualisierungshinweise sind ab ca. Mai 2007 unter www.steuernkompakt.de abrufbar.

ISBN 978-3-89673-444-0

D-75447 Sternenfels, Nußbaumweg 6
Tel. 07045/930093 Fax 07045/930094

Printed in Germany

VORWORT zur 6. Auflage

Das Steuerrecht war im Sommer 2005 als Gegenstand des Wahlkampfes in aller Munde! Man konnte hoffen, dass die Politiker die Chance ergreifen und das Steuerrecht vereinfachen wollten. Das Ergebnis der Entscheidung der Bürger war das Zusammengehen der CDU/CSU und der SPD zur Großen Koalition. Wer gedacht hatte, dass diese neue Regierung eine grundlegende und einfache Steuerreform durchführen würde, ist sehr enttäuscht worden, obwohl die neue Regierung über ausreichende Mehrheiten im Bundestag und in der Regel auch im Bundesrat verfügt. Inzwischen wurden innerhalb eines Jahres in mehr als zehn (!) Gesetzen steuerliche Regelungen geändert. Welche Vorschriften im Jahr 2007 tatsächlich gelten, ist selbst für den Autor nur schwer nachvollziehbar, da es bei Redaktionsschluss dieses Buches noch keine schriftliche Fassung eines zusammenhängenden Gesetzestextes gab.

Die große Chance zur Abschaffung der Gewerbesteuer – einer Steuer, die zum größten Teil über die Einkommen- oder Körperschaftsteuer zurückerstattet wird – wurde nicht genutzt. Dafür steigt das Aufkommen der Unternehmenssteuern inzwischen erheblich! Wenn man die Statistiken bereinigt, so betrug das Volumen der gesamten Unternehmensteuern (veranlagte Brutto-ESt, KSt, anteiliger SolZ, GewSt und KapESt ohne ZASt) im Jahr 2005 über 100 Mrd. Euro, während sich das Nettovolumen der Lohnsteuer nach Abzug des Kindergeldes, der Erstattungen bei den Arbeitnehmerveranlagungen sowie der Eigenheim- und Altersvorsorgezulage nur auf etwa 91 Mrd. € belief (s. Kap. 1.1.3). Derartige Zahlen sollten die Politiker eigentlich zu einer mutigen Unternehmensteuerreform ermuntern! Die derzeitigen Pläne nach dem Referentenentwurf vom 5.2.2007 (s. dazu auch Kap. 8) werden das Unternehmensteuerrecht ab 2008 aber vermutlich nur noch erheblich komplexer machen.

Die neue „Reichensteuer“, die vermutlich nur weniger als 10.000 Steuerpflichtige trifft, wird wieder zu erheblichen Steuergestaltungen führen, da sie nicht die gewerblichen Einkünfte betreffen soll. Empfänger von Kapitalerträgen sind aber hinsichtlich ihres Wohnsitzes und des Ortes ihrer Kapitalanlagen flexibel. Es bleibt abzuwarten, ob aus der Erhöhung des Spitzensteuersatzes um drei Prozentpunkte insgesamt nicht eher Steuermindereinnahmen resultieren! Wichtige Gesetzesänderungen zur Erbschaft- und Schenkungsteuer werden voraussichtlich im Jahr 2007 oder 2008 verabschiedet, da das bisherige Recht in der am 31.1.2007 veröffentlichten Entscheidung vom Bundesverfassungsgericht für verfassungswidrig erklärt wurde (s. dazu Kap. 3.1). Die geplanten Änderungen werden in dieser Auflage in *kursiver Schrift* berücksichtigt.

Ebenso wird auf die geplanten Änderungen der Unternehmensteuerreform hingewiesen. Der Verfasser hat sich dabei um Aktualität bemüht. Eine vollständige Berücksichtigung aller Gesetzesänderungen des Jahres 2006 sowie der geplanten Neuregelungen war aber leider wegen der Unübersichtlichkeit der Gesetzestexte und -entwürfe sowie deren Konsequenzen nicht immer möglich. Eine vollständige Erläuterung würde auch den Rahmen eines *kompakten* Grundlagenwerkes sprengen.

Die zahlreichen Steuerrechtsänderungen sowie der Markterfolg von „Steuern Kompakt“ haben dem Verleger und mir gezeigt, dass es notwendig ist, auch in Zeiten steuerlicher Rechtsunsicherheit nach einem Jahr eine neu bearbeitete Auflage herauszugeben. Die angekündigten Rechtsänderungen für das Jahr 2008 werden (wahrscheinlich) dazu führen, dass dieser Auflage schon in kurzer Zeit eine weitere folgt. Auch der Gesetzgeber der Großen Koalition wird den Autor offensichtlich nicht arbeitslos machen.

Dank gebührt meinen zahlreichen Studierenden, Absolventen und Kollegen der Hochschule Pforzheim und anderer Hochschulen, die mich auf einige Unzulänglichkeiten in den ersten fünf Auflagen aufmerksam gemacht haben, sowie den Rezensenten Prof. Dr. Heiner Richter, Stralsund (Steuer und Studium 2/2003, S. 70), Prof. Dr. Wolfgang Kaefer, Aachen (Finanz-Rundschau 2002, S. 1336) und Herrn Notar Dr. Sebastian Spiegelberger, Rosenheim (DNotZ 2004, S. 160). Herr Dipl.-Bw. (FH) Gerald Brunold M.A., der am 7.2.2007 seine Steuerberaterprüfung erfolgreich absolvierte, hat mich bei der sechsten Auflage, insbesondere bei den zahlreichen Änderungen der Schaubilder unterstützt, weshalb ich ihn auch in der 6. Auflage als Mitwirkenden im Titel aufgenommen habe. Für mögliche Unzulänglichkeiten bin ich selbstverständlich allein verantwortlich. Bei der raschen Gesetzesflut sind sie vermutlich unvermeidbar. Daher bin ich für kritische Anmerkungen zum Buch jederzeit aufgeschlossen (e-mail: thomas.stobbe@hs-pforzheim.de), damit ich mögliche Fehler in einer weiteren Auflage korrigieren kann.

Wichtig erscheint mir noch folgender Hinweis. Es ist zweckmäßig, parallel zum Buch jeweils die aktuellen Gesetzestexte zu lesen. Einerseits dient dies der Aktualität (Gesetzesänderungen!), andererseits aber auch der Klausurvorbereitung, da Gesetzestexte in der Regel zu Klausuren als Hilfsmittel zugelassen sind. Ein derartiges Hilfsmittel nützt aber nur dann, wenn man vorher mit diesem gearbeitet hat!

Die inserierenden Wirtschaftsprüfungs- und Steuerberatungsgesellschaften haben den günstigen Verkaufspreis erneut durch Stellenanzeigen unterstützt. Sie als Leser sollten diese für Ihre Bewerbungen für Praktika und feste (Erst-)Anstellungen nutzen! Weisen Sie bitte bei Ihrer Bewerbung auf die Anzeige in diesem Buch hin! Denn nur so kann langfristig – d.h. für künftige Auflagen – der günstige Verkaufspreis gesichert werden. Herzlichen Dank!

Pforzheim/München, den 20. Februar 2007

Prof. Dr. Thomas Stobbe
Steuerberater

P.S.: Das Tanken in Achleiten (Österreich) war auch zu Weihnachten 2006 wieder um mehr als 12 Cent je Liter günstiger als in Passau. Die Tankstelle hat mehr als 8 neue Zapfsäulen. Bei 4 km Umweg bleibt dabei für die Tankenden als auch für die Tankstelle eine hervorragende Rendite. Auch die neue Bundesregierung schafft mit der Erhöhung der Umsatzsteuer und der Beibehaltung der hohen Mineralöl-/Ökosteuer neue Arbeitsplätze in anderen EU-Staaten!

VORWORT zur 1. Auflage – WARUM SOLLTEN SIE DIESES BUCH LESEN?

Vor Jahren lernte ich die BWL- und Werbestudentin Elke und den Rechtsreferendar Max kennen. Sie hatten etwas Gemeinsames, obwohl sie sich nicht kannten. Sie zahlten schon damals Steuern, obwohl ihnen das gar nicht so bewusst war. Elke sagte mir in ihrer ersten Vorlesung, sie hätte keine Einkünfte und daher zahle sie auch keine Steuern; Max erzählte mir damals, er hätte zwar im letzten Jahr Lohnsteuer bezahlt, diese aber im Rahmen seiner Einkommensteuererklärung komplett zurückbekommen. Daher sei das Thema „Steuern" für beide nicht relevant. Schnell konnte ich Elke und Max bekehren. Elke war eine fleißige Studentin und trank gern Sekt. Sie zahlte neben der Umsatzsteuer also auch noch regelmäßig Sektsteuer (etwa ein € je Flasche!). Ferner wurde auf dem Sparbuch, das sie von der Großmutter geschenkt bekommen hatte, die Zinsabschlagsteuer einbehalten. Max trank gern Bier und beeindruckte die Mädels mit seinem Sportflitzer. Er musste also neben der Umsatzsteuer die Biersteuer, die Mineralölsteuer und Ökosteuer sowie die Kfz-Steuer tragen. Die Lohnsteuer bekam er im Rahmen der Einkommensteuererklärung nur zurück, weil er erst ab September Rechtsreferendar wurde. Nach diesen Erklärungen wurde beiden klar, dass Steuern auch sie betrafen und dass das Lernen über Steuern auch zweckmäßig sei. Welch Wunder? Es kann sich auch auszahlen! Beide arbeiten heute in der Steuerberatung und Wirtschaftsprüfung – einer fast krisensicheren Branche!

Auch wenn diese Lebenswege nicht typisch sind, so machen die Beispiele klar, warum man sich mit Steuern beschäftigen sollte. Steuern sind angesichts der hohen Staatsquote (derzeit knapp 50 %) ein lästiges Übel! Manche wie die Sekt- oder die Mineral- und Ökosteuer kann man nur durch Einschränkung des Konsums oder den Einkauf im Ausland (z. B. Luxemburg) verringern! Andere wie die Einkommensteuer sind aber teilweise legal gestaltbar. Sofern Sie Einkommensteuer zahlen, können Sie durch den Kauf dieses Buches zwischen zwei und fünf Euro (abhängig von Ihrem Steuersatz) an Einkommen- und Kirchensteuer sowie Solidaritätszuschlag sparen, da der Kaufpreis als Steuerberatungskosten bei der einkommensteuerlichen Bemessungsgrundlage abziehbar ist! Aber vielleicht wird das vorliegende Buch für Sie nach dem Lesen durch Ihre Einkommensteuerersparnis ja auch zum Renditeknüller!

Das vorliegende Buch ist in zahlreichen Vorlesungen zur Unternehmensbesteuerung (Grundstudium) an der Hochschule Pforzheim entwickelt worden. Studenten wollen häufig kompakte Übersichten und Ausführungen, um den Vorlesungen folgen zu können und um sich auf die späteren Klausuren vorzubereiten. Genau an diese Zielgruppe richtet sich das vorliegende Buch. Sie sollen in teilweise stichwortartigen Ausführungen und kompakten Übersichten über die wesentlichen Aspekte des Steuerrechts informiert werden. Parallel sollten Sie, falls Sie studieren oder dieses Fach in der Schule oder anderswo lernen, die angesprochenen Paragrafen in den jeweiligen Steuergesetzen nachlesen, um die Ausführungen des Buches in Ruhe nachvollziehen zu können. Die Beschäftigung mit dem Gesetzestext ist ein notwendiges Übel. Da Sie die Gesetze aber in der Regel auch als Hilfsmittel in die Prüfung mitnehmen dürfen, ist es auch ein „Muss", diese vorher gelesen zu haben! Anhand der zahlreichen Übungen sollten Sie kontrollieren, ob Sie die Ausführungen verstanden haben.

Zu danken habe ich an dieser Stelle insbesondere meinem Absolventen Herrn Diplom-Betriebswirt (FH) Gerald Brunold, der Initiator dieses Buches war und der mir die zahlreichen Grafiken anfertigte. Da das vorliegende Buch ohne seine Mitwirkung nicht entstanden wäre, habe ich ihn auch in den Titel dieses Buches aufgenommen. Daneben danke ich allen Kollegen, insbesondere Herrn Prof. Dr. Martin Erhardt, sowie allen Studenten, stellvertretend für viele Herrn Jürgen Kurz, die mich durch zahlreiche Anregungen in den vergangenen Jahren bei der Entwicklung des ursprünglichen Skripts und des nun vorliegenden Buches unterstützt haben. Ohne deren Unterstützung wäre die Veröffentlichung dieses Buches nicht möglich geworden! Dank der inserierenden Wirtschaftsprüfungs- und Steuerberatungsgesellschaften, die ständig auf der Suche nach guten Praktikant(inn)en und/oder Absolvent(inn)en sind, konnte auch ein für Studenten akzeptabler Preis gefunden werden!

Pforzheim/München, im Juli 2002 — Prof. Dr. Thomas Stobbe

P.S. (1/2004): Max ist nach harter Lektüre von Steuern *kompakt* zur mündlichen Steuerberaterprüfung zugelassen worden. Er liest gerade zu deren Vorbereitung wegen der Gesetzesänderungen die Druckfahnen zur dritten Auflage!

P.S. (3/2004): Max hat seine Steuerberaterprüfung bestanden!

INHALTSVERZEICHNIS

Abkürzungsverzeichnis

Abs.	Absatz
a. F.	alte(r) Fassung
AfaA	Absetzung für außergewöhnliche Abnutzung
AfA	Absetzung für Abnutzung
AltEinkG	Alterseinkünftegesetz
AG	Aktiengesellschaft
AK	Anschaffungskosten
AKtG	Aktiengesetz
Anm.	Anmerkung
AN	Arbeitnehmer
AO	Abgabenordnung
Art.	Artikel
AStG	Außensteuergesetz
Aufl.	Auflage
AZ	Aktenzeichen
betr.	betreffend
BewG	Bewertungsgesetz
BFH	Bundesfinanzhof
BGA	Betriebs- und Geschäftsausstattung
BGB	Bürgerliches Gesetzbuch
BMF	Bundesminister(ium) der Finanzen
BMG	Bemessungsgrundlage
BStBl.	Bundessteuerblatt
BWL	Betriebswirtschaftslehre
bzw.	beziehungsweise
ca.	circa
d. h.	das heißt
d. J.	dieses Jahres
DBA	Doppelbesteuerungsabkommen
DV	Durchführungsverordnung
E	Entwurf
EK	Eigenkapital
ErbSt	Erbschaftsteuer
ErbStG	Erbschaftsteuer- und Schenkungsteuergesetz
ErbStR	Erbschaftsteuer-Richtlinien
ESt	Einkommensteuer
EStB	Ertragsteuer-Berater
EStDV	Einkommensteuer-Durchführungsverordnung
EStG	Einkommensteuergesetz
EStH	Einkommensteuer-Hinweis
EStR	Einkommensteuer-Richtlinien
EU	Europäische Union
EuGH	Europäischer Gerichtshof
EWR	Europäischer Wirtschaftsraum
etc.	et cetera

f.	folgende
FB	Freibetrag
ff.	fortfolgende
FG	Finanzgericht
FörderGG	Fördergebietsgesetz
FP	Fuhrpark
GATT	General Agreement on Trade and Tariffs
GbR	Gesellschaft bürgerlichen Rechts
GdE	Gesamtbetrag der Einkünfte
GewSt	Gewerbesteuer
GewStG	Gewerbesteuergesetz
GewStR	Gewerbesteuer-Richtlinien
GG	Grundgesetz
ggf.	gegebenenfalls
GmbH	Gesellschaft mit beschränkter Haftung
GmbHG	GmbH-Gesetz
GoB	Grundsätze ordnungsmäßiger Buchführung
GrESt	Grunderwerbsteuer
GrEStG	Grunderwerbsteuergesetz
GrSt	Grundsteuer
GrStG	Grundsteuergesetz
H	Hebesatz bzw. Hinweis
HGB	Handelsgesetzbuch
Hs.	Halbsatz
IdNr.	Identifikationsnummer
ig.	innergemeinschaftlich(er)
IHK	Industrie- und Handelskammer
i. H. v.	in Höhe von
inkl.	inklusive
i. d. R.	in der Regel
i. H. v.	in Höhe von
i. R. d.	im Rahmen der
i. S. d.	im Sinne des (der)
i. S. v.	im Sinne von
i. V. m.	in Verbindung mit
kalk.	kalkulatorisch
Kap.	Kapitel
KapESt, KapErtrSt	Kapitalertragsteuer
KapGes	Kapitalgesellschaft
KfZ	Kraftfahrzeug
KG	Kommanditgesellschaft
KGaA	Kommanditgesellschaft auf Aktien
KiSt	Kirchensteuer
KJ	Kalenderjahr
km	Kilometer
KSt	Körperschaftsteuer
KStG	Körperschaftsteuergesetz

KStR	Körperschaftsteuer-Richtlinien
LJ	Lebensjahr
LSt	Lohnsteuer
LStR	Lohnsteuer-Richtlinien
lt.	laut
LV	Lebensversicherung
max.	maximal
Mio.	Million
Mrd.	Milliarden
n. F.	neue(r) Fassung
NK	Nebenkosten
Nr.	Nummer
nrkr.	nicht rechtskräftig
OFD	Oberfinanzdirektion
OHG	offene Handelsgesellschaft
p.a.	pro anno (je Jahr)
Pkw	Personenkraftwagen
qm	Quadratmeter
R	Richtlinie
RAP	Rechnungsabgrenzungsposten
Rst.	Rückstellung
RV	Rentenversicherung
s	Steuersatz
s'	Grenzsteuersatz
s.	siehe
S.	Satz, Seite
sog.	so genannt(e)
SolZ	Solidaritätszuschlag
Std.	Stunde
stl.	steuerlich(e)
u. a.	und andere
u. ä.	und ähnliche
USt	Umsatzsteuer
UStG	Umsatzsteuergesetz
UStR	Umsatzsteuer-Richtlinien
u. U.	unter Umständen
v.	vom
vGA	verdeckte Gewinnausschüttung
VSt	Vorsteuer
VZ	Veranlagungszeitraum
WK	Werbungskosten
ZASt	Zinsabschlagsteuer
z. B.	zum Beispiel
ZV	Zusammenveranlagung
z. v. E.	zu versteuerndes Einkommen
zzgl.	zuzüglich

Literaturhinweise

Grundlagen – Lehr- und Lernbücher

BEGER (2004): Methodenlehre und Klausurtechnik im Steuerrecht, 5. Aufl., Stuttgart 2004.

BIRK (2006): Steuerrecht, 9. Aufl., Heidelberg 2006.

DELLNER; GROSS; RAMB; WEINFURTNER (2004): Steuerrecht für Anwälte; Herne/Berlin 2004.

DEPPE; FREIKAMP; MÖNKEDIEK; SCHÖNWALD; WALKENHORST (2003): Steuerrecht und Buchführung, Kompaktlehrbuch für Einsteiger, 16. Aufl., Herne, Berlin 2003.

DJANANI; BRÄHLER; LÖSEL (2006): Ertragsteuern, 2. Aufl., Heidelberg 2006.

DÖLFEL; BILSDORFER; WEIMANN (2001): Steuerrecht: eine Einführung für Juristen und Ökonomen, 4. Aufl., Bielefeld 2001.

DOMMERMUTH; HERRLER; HOTTMANN; HUBER-JAHN; SCHMIDT; WEGGENMANN (2002): Betriebliche Steuern, Band 2, Ertragsteuern, 2. Aufl., Stuttgart 2006.

DOMMERMUTH; HERRLER; SCHARL; SCHMIDT; WERDAN (2004): Betriebliche Steuern, Band 1, 2. Aufl., Stuttgart 2004.

EISELE; SEßINGHAUS; WALKENHORST (2007): Steuerkompendium, Band 2, Abgabenordnung und Finanzgerichtsordnung, Umsatzsteuer, Erbschaftsteuer, 10. Aufl., Herne/Berlin 2007.

ENDRISS; BAßENDOWSKI; KÜPPER (2007): Steuerkompendium, Band 1, Ertragsteuern, 11. Aufl., Herne/Berlin 2007.

GREFE (2006): Unternehmenssteuern, 10. Aufl., Ludwigshafen 2006.

HAASE (2005): Steuerfall und Lösung, 12. Aufl., Bielefeld 2005.

HABERSTOCK; BREITHECKER (2005): Einführung in die Betriebswirtschaftliche Steuerlehre: mit Fallbeispielen, Übungsaufgaben und Lösungen, 13. Aufl., Berlin 2005.

HOFFRICHTER-DAHL; MOECKER (2006): Umsatzsteuer, Ausbildung im Steuerrecht, Band 6, 7. Aufl., München 2006.

JUROWSKY; GRAETZ; VON CAMPENHAUSEN (2006): Betriebliche Steuern, Band 3, Bilanzsteuerrecht, 2. Aufl., Stuttgart 2006.

LIPPROSS; KREFT (2003): Einkommensteuerrecht, 10. Aufl., Münster/Köln 2003.

NEEB (1999): Grundkurs Einkommensteuer: ein Kurzlehrbuch und Fallrepetitorium des deutschen Einkommensteuerrechts, München 1999.

NEEB (2000): Grundkurs Umsatzsteuer: ein Kurzlehrbuch und Fallrepetitorium des deutschen Umsatzsteuerrechts, München 2000.

RAUSER (2006): Steuerlehre für Ausbildung und Praxis, Veranlagung 2006, 33. Aufl., Darmstadt 2006.

ROSE (2004): Die Ertragsteuern, Einkommen-, Körperschaft- und Gewerbesteuer, 18. Aufl., Berlin 2004.

SCHEFFLER (2006): Besteuerung von Unternehmen I: Ertrag-, Substanz- und Verkehrsteuern, 9. Aufl., Heidelberg 2006.

SCHNEELOCH (2003): Besteuerung und betriebliche Steuerpolitik, Band 1 (Besteuerung), 4. Aufl., München 2003.

WEHRHEIM (2002): Grundzüge der Unternehmensbesteuerung, München 2002.

Weiterführende Literatur

BREITHECKER (2002): Einführung in die Internationale Betriebswirtschaftliche Steuerlehre, 2. Aufl., Bielefeld 2002

BLÜMICH: EStG-KStG-GewEStG Kommentar, München, Stand 2006.

BRÖNNER (1999): Die Besteuerung der Gesellschaften, 17. Aufl., Stuttgart 1999.

ERNST & YOUNG; BDI (2000): Die Unternehmenssteuerreform, 2. Aufl., Bonn/Berlin 2000.

ERNST & YOUNG; BDI (2002): Die Fortentwicklung der Unternehmenssteuerreform: Informationen, Analysen und Gestaltungsempfehlungen zum UntStFG, Bonn/Berlin 2002.

FEDERMANN (2000): Bilanzierung nach Handelsrecht und Steuerrecht, 11. Aufl., Berlin 2000.

HERRMANN; HEUER; RAUPACH (HHR): EStG-KStG Kommentar, Köln, Stand 2006.

KAMINSKI; STRUNK (2003): Einfluss von Steuern auf unternehmerische Entscheidungen, Rechtsstand 2002, München/Neuwied 2003.

KLÜMPEN-NEUSEL (2006): Erbschaftsteuer aktuell – Grundlagen und wichtigste Änderungen ab 1.1.2007, Köln 2006.

KUßMAUL (2003): Betriebswirtschaftliche Steuerlehre, 3. Aufl., München 2003.

LITTMANN; BITZ; PUST: Das Einkommensteuerrecht, Kommentar, Stuttgart, Stand 2006.

MEMENTO (2006): Steuerrecht für die Praxis – 2006, Freiburg 2006.

NIEHUS; WILKE (2005): Die Besteuerung von Personengesellschaften, 3. Aufl., Stuttgart 2005.

PREIßER (2005): Ertragsteuerrecht, 4. Aufl., Stuttgart 2005.

PWC Deutsche Revision (2000): Die Unternehmenssteuerreform 2001, Freiburg 2000.

SCHMIDT (2006): EStG-Kommentar, 25. Aufl., München 2006.

SCHNEELOCH (2002): Besteuerung und betriebliche Steuerpolitik, Band 2 (Betriebliche Steuerpolitik), 2. Aufl., München 2002.

TIPKE; LANG (2005): Steuerrecht, 18. Aufl., Köln 2005.

ZENTHÖFER; SCHULZE ZUR WIESCHE (2004): Einkommensteuer, 8. Aufl., Stuttgart 2004.

Zeitschriften zum Steuerrecht

Betriebsberater (BB): Fachzeitschrift.

Der Betrieb (DB): Fachzeitschrift.

Deutsches Steuerrecht Entscheidungsdienst (DStRE): Fachzeitschrift.

Deutsches Steuerrecht (DStR): Fachzeitschrift.

Deutsche Steuer-Zeitung (DStZ): Fachzeitschrift.

Die Steuerberatung (Stbg): Fachzeitschrift.

Ertragsteuer-Berater (EStB): Fachzeitschrift

Finanz-Rundschau (FR): Fachzeitschrift.

GmbH-Rundschau (GmbHR): Fachzeitschrift.

GmbH-Steuerberater (GmbH-StB): Fachzeitschrift.

INF: Die Information über Steuer und Wirtschaft (Zeitschrift).

Internationales Steuerrecht (IStR): Fachzeitschrift.

Neue Wirtschafts-Briefe (NWB): Fachzeitschrift.

Steuer & Studium: Zeitschrift für die Ausbildung und Fortbildung im Steuerrecht.

Steuern und Bilanzen (StuB): Zeitschrift zu Lehrzwecken.

Steuer und Wirtschaft (StuW): Fachzeitschrift.

Die Wirtschaftsprüfung (WPg): Fachzeitschrift.

Rechtsprechung

BStBl: Bundessteuerblatt.

BFH/NV: Sammlung amtlich nicht veröffentlichter Entscheidungen des Bundesfinanzhofs (Zeitschrift).

EFG: Entscheidungen der Finanzgerichte (Zeitschrift).

Bitte Fehlerhinweise, Anregungen und Verbesserungsvorschläge bezüglich des Inhalts an folgende E-Mail-Adressen:

GeraldBrunold@web.de

thomas.stobbe@hs-pforzheim.de

Online-Angebot zum Steuerrecht

▷ www.beck.de **<Verlag>**

▷ www.beck.de/rsw

▷ www.bff-online.de **<Bundesamt für Finanzen>**

▷ www.bundesanzeiger.de **<Verlag>**

▷ www.bundesfinanzministerium.de

▷ www.bundesregierung.de

▷ www.bmwi.de **<Bundesministerium für Wirtschaft>**

▷ www.datev.de **<DATEV LexInform Recht>**

▷ www.der-betrieb.de **<Verlag>**

▷ www.bundesrat.de **<Deutscher Bundesrat>**

▷ www.bundestag.de **<Deutscher Bundestag>**

▷ http://europa.eu.int **<Europa>**

▷ www.ecb.int **<Europäische Zentralbank>**

▷ www.europarl.eu.int **<Europäisches Parlament>**

▷ www.ey.com/Global/content.nsf/Germany **<Steuerberatung - Steuern transparent>**

▷ www.finanz-rundschau.de **<Finanzrundschau>**

▷ www.focus-online.de **<Verlag>**

▷ www.recht.de **<Forum Deutsches Recht>**

▷ www.faz.de **<Frankfurter Allgemeine Zeitung>**

▷ www.gmbhr.de **<GmbH-Rundschau>**

▷ www.handelsblatt.de **<Handelsblatt>**

▷ www.haufe.de **<Verlag>**

▷ www.lexisnexis.de/aktuelles **<Steuern & Abgaben>**

▷ www.idw.de **<Verlag>**

▷ www.tax.kpmg.net **<Steuerberatung>**

▷ www.nwb.de **<NWB-Verlag>**

▷ www.rechtsforum.de **<Rechtsforum>**

▷ www.sis-verlag.de/aktuellf.htm

▷ www.steuer-studium.de

▷ www.Ihr-Steuerberater.de

▷ www.Steuerberater.com

▷ www.StB.net

▷ www.Steuerkanzleien.de

▷ www.Steuernetz.de

▷ www.sueddeutschezeitung.de **<Zeitung>**

▷ www.steuerlinks.de

▷ www.taxsites.com/international.html#cpa

▷ www.steuern-online.de

▷ www.taxlinks.de

▷ www.vrp.de/online/drsp/index.htm **<Recht & Praxis>**

▷ www.wisu.de **<Wirtschaft und Recht>**

▷ www.wirtschaft-online.de **<Wirtschaft online>**

▷ www.wirtschaftspresse.de

▷ www.wpk.de **<Wirtschaftsprüferkammer>**

Sie können mit
einem perfekten
Lebenslauf glänzen.
Aber was ist mit
eigenen Ideen?
Im Zentrum eines Unternehmens wird das Fundament für den Erfolg gelegt. Deshalb bringen wir beim Kunden vor Ort wertvolles Know-how in den Bereichen Audit, Tax und Advisory ein. Hervorragende Fachkenntnisse sind bei uns daher unerlässlich. Mindestens genauso wichtig sind jedoch auch Teamfähigkeit und Eigeninitiative. Weil wir viel von neuen Mitarbeitern erwarten, bieten wir ihnen auch viel: Einblicke in spannende Branchen sowie berufliche und persönliche Entwicklungsmöglichkeiten. Wenn Sie bei uns an neuen Herausforderungen wachsen möchten, freuen wir uns über Ihre Bewerbung.
Mehr Persönlichkeit. Mehr Erfolg.
www.kpmg.de/careers
AUDIT ▪ TAX ▪ ADVISORY
KPMG
© 2006 KPMG Deutsche Treuhand-Gesellschaft Aktiengesellschaft Wirtschaftsprüfungsgesellschaft,

Bernd Müller

1. Überblick über die Unternehmensbesteuerung

1.1 Grundlagen der Steuerrechtswissenschaft

1.1.1 (Zwangs-)Abgaben

Steuern

Steuern: Geldleistungen, die nach dem Prinzip der Leistungsfähigkeit des einzelnen von einem öffentlich-rechtlichen Gemeinwesen erhoben werden (§ 3 AO).

Quasisteuern: Steuerähnliche Sonderabgaben außerhalb der Haushalte von Bund und Ländern, wie z. B. Kohlepfennig, Abwasserabgabe, Schwerbehindertenabgabe.

Zölle: Abgaben, die aufgrund des gemeinsamen Zolltarifs bzw. der Zolltarifverordnung auf eingeführte Waren erhoben werden (z. B. zum Schutz der inländischen Wirtschaft gegen Auslandswettbewerb [Schutz-Zölle]).

Abschöpfungen: Eingangsabgaben, mit denen der (regelmäßig niedrigere) Weltmarktpreis von landwirtschaftlichen Waren dem (höheren) Preisniveau innerhalb der EU angeglichen wurde (Preisausgleichsfunktion). Im Rahmen des GATT wurden Abschöpfungen abgeschafft und durch Zölle ersetzt.

Gebühren, Beiträge

Gebühren und Beiträge unterscheiden sich hinsichtlich der Art der Gegenleistung:

Gebühren sind Zahlungen für besondere Leistungen einer öffentlichen Körperschaft oder für die (freiwillige oder erzwungene) tatsächliche Inanspruchnahme von öffentlichen Einrichtungen. Es gibt Verwaltungsgebühren (z. B. Beurkundungen, Genehmigungen, Bescheinigungen, Bauabnahmen, etc.), Nutzungsgebühren (z. B. Benutzung von Müllabfuhr, Sportanlagen, Krankenhäusern, Büchereien, öffentliche Parkplätze, etc.) und Verleihungsgebühren (Konzessionsabgabe). Bei Gebühren hat der Einzelne einen direkten, unmittelbaren Vorteil.
Beiträge stellen Aufwandersatz für die mögliche Inanspruchnahme einer konkreten Leistung einer öffentlichen Einrichtung dar. Der Einzelne hat lediglich einen indirekten, mittelbaren Vorteil. Für die Erhebung reicht die Möglichkeit der Inanspruchnahme der Leistung aus. Beispiele sind: Straßenanliegerbeiträge, Kurtaxen und Beiträge an die IHK oder Handwerkskammer.

(Zwangs-)Abgaben

Sonderabgaben (außersteuerlich)

Lastenausgleichsabgaben

Nichtfiskalische Abgaben: Sonderabgaben, die nicht der Erzielung von Einnahmen, sondern nichtfiskalischen Zwecken – z. B. der Lenkung der Wirtschaft – dienen.
Beispiele: Zurückzuzahlender Konjunkturzuschlag (1970/71; 1973/74), Investitionssteuer (1973)

Solidaritätszuschlag
Ausgleichsabgabe nach dem Schwerbehindertengesetz, Filmabgabe, Hebammenabgabe, Milchausgleichsabgabe etc.

Sozialabgaben (-beiträge)

Sozialbeiträge: Eine besondere Gruppe für Beiträge bilden die Beiträge zu den gesetzlichen Sozialversicherungen:

Rentenversicherung,
Krankenversicherung,
Arbeitslosenversicherung,
Pflegeversicherung
(und Unfallversicherungen).

Diese werden als Zwangseinnahmen vom Lohn bzw. Gehalt einbehalten und an die jeweiligen Träger abgeführt. Sie dienen der Finanzierung des sozialen Netzes.

Vgl. Becker, Finanzwissenschaftliche Steuerlehre, München 1990, S. 12.

1.1.2 Gesamtwirtschaftliche Steuerwirkungen

Ziele der Besteuerung

fiskalpolitisch	verteilungs- und sozialpolitisch	wirtschafts- und finanzpolitisch
Einnahmequelle des Staates und **Mittelverwendung durch öffentliche Ausgaben** (z. B. Schulen, Bau, Infrastruktur, Polizei, Bundeswehr)	**Redistribution durch staatliche Sozial- und Subventionsprogramme** (z. B. Förderung der Familien, Arbeitslosenunterstützung, Unterstützung von Frührente)	**Wettbewerbspolitik:** z. B. Besteuerung des Öls zum Schutz der Kohle, Förderung der Wind- und Sonnenenergie **Konjunkturpolitik:** z. B. Investitionszulage **Stabilitätspolitik:** z. B. Stabilitätszuschlag 1973/74 **Wachstumspolitik:** z. B. Steuersatzsenkung, zusätzliche Abschreibungsmöglichkeiten **Strukturpolitik:** z. B. Förderung der neuen Bundesländer (FörderGG)

Bedarfsdeckung – Interessenausgleich – Ordnung und Sicherheit – Förderung von Bildung, Wissenschaft und Forschung – Unterstützung bedrohter Wirtschaftszweige – Erhaltung der Währungsstabilität

1.1.3 Steueraufkommen 2005

Die 21 wichtigsten Einnahmequellen des Fiskus

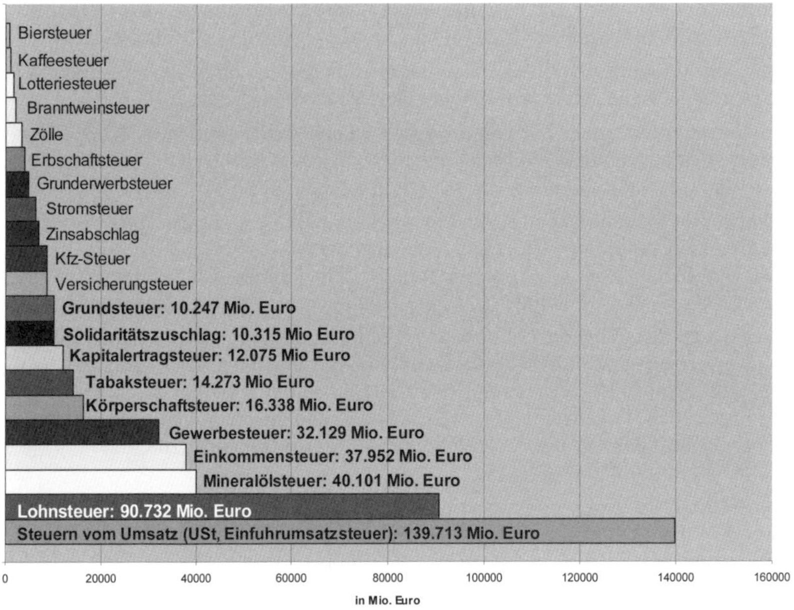

Insgesamt **452,1 Mrd. Euro** an Steuereinnahmen sind dem Bund, den Ländern und Gemeinden im Jahr 2005 zugeflossen. Sie lagen damit 2,1 % bzw. 9,3 Mrd. Euro über dem Vorjahr. An erster Stelle lag die Umsatzsteuer mit 139,7 Mrd. Euro. An zweiter Stelle folgte die Lohnsteuer mit einem (Netto-)Volumen von 90,7 Mrd. Euro (nach Abzug des Kindergeldes von 34,7 Mrd. Euro, der Erstattung für die Arbeitnehmerveranlagung von 17,6 Mrd. Euro, der Eigenheimzulage von 10,3 Mrd. Euro und der Altersvorsorgezulage von 0,3 Mrd. Euro). Das Bruttoaufkommen der veranlagten Einkommensteuer beträgt nach Abzug der Investitionszulage (0,6 Mrd. Euro) insgesamt 38,0 Mrd. Euro. Nach Abzug der Erstattungen bei Arbeitnehmerveranlagungen (17,9 Mrd. Euro) und der Eigenheimzulage (10,3 Mrd. Euro) verbleibt für die veranlagte Einkommensteuer nur noch ein (Netto-)Volumen von 9,7 Mrd. Euro, wie es in anderen Statistiken und Schaubildern häufig dargestellt wird. Rechnet man die Einnahmen aus der gesamten Einkommensteuer (LSt, KapESt, ZASt und veranlagte ESt) zusammen, so lässt sich erkennen, dass diese mit einer Summe von etwa 148 Mrd. Euro die lukrativste Einnahmequelle ist bzw. 32,7 % des gesamten Steueraufkommens 2005 betragen. Die Körperschaftsteuer ist nach einem Aufkommen von 23,0 Mrd. Euro im Jahr 2000 in den Jahren 2001 (- 0,4 Mrd. Euro) und 2002 (2,8 Mrd. Euro) wegen der Übergangsregelung zum Halbeinkünfteverfahren (KSt-Guthaben) stark gesunken. Aufgrund des sog. „Körperschaftsteuer-Moratoriums" ist das Aufkommen der Körperschaftsteuer 2005 wieder auf 16,3 Mrd. gestiegen.

Quellen: www.Bundesfinanzministerium.de (BMF-Bericht Juli 2006); www.destatis.de.

1.1.4 Steuerliche Grundbegriffe

➢ **§ 3 Abs. 1 AO – STEUERN sind:**

1) **Einmalige oder laufende Geldleistungen**, die einen Geldabfluss bewirken. Naturalleistungen oder Dienstleistungen (z. B. Wehr-/Zivildienst) sind deshalb keine Steuern!
2) **Keine Gegenleistung:** Der Steuerschuldner erwirbt keinen unmittelbaren Anspruch auf eine bestimmte Gegenleistung gegenüber dem Steuergläubiger (Fiskus)!
3) **Hoheitliche Auferlegung:** Zur Erhebung von Steuern sind neben dem Bund und den Ländern auch Gemeinden und bestimmte Religionsgemeinschaften mit öffentlich-rechtlichem Status befugt.
4) **Erzielung von Staatseinnahmen,** die zum einen dem Fiskus zur Deckung des öffentlichen Finanzbedarfs dienen (Fiskalfunktion), aber auch das Verhalten der Bürger steuern (Lenkungsfunktion) oder eine Umverteilung der Einkommens- und Vermögensverhältnisse bewirken (Allokations- bzw. Umverteilungsfunktion) ➔ Wirtschaftspolitik.
5) **Auferlegung allen Bürgern,** bei denen der **Tatbestand** zutrifft, an den das Gesetz die Leistungspflicht knüpft. Zur Bezahlung von Steuern sind somit nur Personen oder Einrichtungen verpflichtet, welche die Voraussetzungen eines gesetzlich normierten Tatbestands erfüllen. Modifizierte private Vereinbarungen zwischen dem Steuerpflichtigen und den Finanzbehörden sind deshalb unzulässig (Grundsatz der Tatbestandsmäßigkeit und Tatbestandsbestimmtheit).

➢ **„Zölle und Abschöpfungen sind Steuern im Sinne dieses Gesetzes"**
Zölle sind lenkungspolitische Abgaben, die aufgrund des gemeinsamen Zolltarifs bzw. der Zolltarifverordnung auf eingeführte Waren erhoben werden. Sie dienen der Warenstromregulierung. Der Tatbestand einer Zollerhebung liegt vor, wenn Waren in den freien Verkehr überführt werden (Einfuhr, Ausfuhr und Durchfuhr im wirtschaftlichen Sinne). Allerdings sind Zölle für Warenbewegungen zwischen den Mitgliedstaaten der EU seit längerem abgeschafft (Zollunion).

➢ **§ 3 Abs. 4 AO – STEUERLICHE NEBENLEISTUNGEN:**
Grundsätzlich sind Nebenleistungen wie Geldstrafen, Bußgelder, Zwangsgelder etc. keine Steuern. Sie können jedoch als steuerliche Nebenleistungen dem Steuerpflichtigen auferlegt werden, wenn dieser zu einer bestimmten Handlung (z. B. Säumniszuschläge bei verspäteter Zahlung von geschuldeten Steuern) gezwungen werden soll.
Beispiele: Verspätungszuschlag (§ 152 AO), Zinsen (§§ 233 – 237 AO), Säumniszuschlag (§ 240 AO).

➢ **STEUERPFLICHTIGER/STEUERSUBJEKT/STEUERNUMMER:**
Steuerpflichtiger ist die natürliche oder juristische Person, die durch Steuergesetze z. B. zur Steuerzahlung, zur Abgabe einer Steuererklärung oder zur Führung von Aufzeichnungen und Büchern verpflichtet ist. Jede natürliche Person erhält ab 2004 nach § 139 b AO eine steuerliche „Identifikationsnummer", die im gesamten Leben des Steuerpflichtigen unverändert – also auch beim Umzug – beibehalten werden soll. Bisher führte jeder Umzug und der damit verbundene Finanzamtswechsel zu einer Änderung der Steuernummer. Lediglich im Rahmen der Umsatzsteuer gibt es für Zwecke des EU-Binnenmarktes und zur Angabe auf Rechnungen eine gesonderte Umsatzsteuer-Identifikationsnummer (USt-IdNr.).

- **STEUERSCHULDNER** ist die natürliche oder juristische Person, die den gesetzlichen Tatbestand verwirklicht und die materielle Steuerpflicht zu erfüllen hat. Der Steuerschuldner ist zur Entrichtung der Steuer verpflichtet.

- **STEUERZAHLER** ist die natürliche oder juristische Person, die nach dem jeweiligen Steuergesetz die Steuer an das Finanzamt zu entrichten hat (Zahlungsvorgang). Abweichungen zwischen dem Steuerschuldner und Steuerzahler ergeben sich dann, wenn der Steuerzahler die Steuer lediglich für Rechnung eines anderen – des Steuerschuldners – einbehält und abführt.
  Beispiele: Die Lohnsteuer hat der Arbeitgeber als Steuerzahler für Rechnung des Arbeitnehmers als Steuerschuldner einzubehalten und an das Finanzamt abzuführen. Weitere Beispiele sind die Kapitalertragsteuer bzw. die Zinsabschlagsteuer, die Aufsichtsratsteuer und die Versicherungsteuer.

- **STEUERTRÄGER** ist die Person, die letztendlich durch die Steuer wirtschaftlich belastet wird. Als **Steuerdestinatär** wird die Person bezeichnet, die nach dem Willen des Gesetzgebers die Steuer wirtschaftlich tragen soll. Bei der Einkommensteuer ist dies der Einkommensbezieher, bei der Erbschaft- und Schenkungsteuer ist dies der Bereicherte (Erbe oder Beschenkte) und bei der Umsatzsteuer der Endverbraucher.

- **STEUEROBJEKT/STEUERGEGENSTAND** ist der Tatbestand, an welchen die jeweilige steuerliche Norm die Steuerpflicht knüpft. Steuerobjekt kann ein Vorgang (z. B. ein Vermögensübergang), ein Zustand (z. B. das Halten eines Pkw) oder ein Gegenstand (z. B. ein Grundstück) sein. Durch die Umschreibung des Steuerobjekts wird die Besteuerungsgrundlage konkretisiert, d. h. was besteuert werden soll.
  Beispiele: Bei der Einkommensteuer bilden die Einkünfte den Steuergegenstand, bei der Gewerbeertragsteuer der Gewerbebetrieb, bei der Umsatzsteuer die entgeltlichen Lieferungen und Leistungen.

- **STEUERGLÄUBIGER/STEUERBERECHTIGTER:** Steuergläubiger ist das öffentlich-rechtliche Gemeinwesen (Bund, Länder, Gemeinden), dem die jeweiligen Steuereinnahmen zufließen und das darüber verfügen kann (Artikel 105, 106 GG).

- **STEUERGEHEIMNIS:** Da der Steuerpflichtige im Rahmen seiner Mitwirkungspflicht seine steuerlichen Verhältnisse der Finanzbehörde vollständig zu offenbaren hat, muss die Geheimhaltung der Angaben gewährleistet werden. Die §§ 30a, 31 und 31a AO regeln, wer das Steuergeheimnis wahren muss und unter welchen Voraussetzungen die Offenbarung oder Verwertung geschützter Daten zulässig ist.

- **STEUERBEMESSUNGSGRUNDLAGE** ist die wertmäßige bzw. mengenmäßige Quantifizierung für die Konkretisierung der Höhe des Steuertatbestands.
  Beispiele: Bei der Einkommensteuer ist dies das zu versteuernde Einkommen, bei der Gewerbesteuer der Gewerbeertrag und der daraus abgeleitete Steuermessbetrag, bei der Umsatzsteuer das Entgelt und bei der Kraftfahrzeugsteuer der Hubraum oder das zulässige Gesamtgewicht.

- **FREIBETRAG** ist der Betrag der jeweiligen Bemessungsgrundlage, der steuerfrei bleibt.

- **FREIGRENZE** ist der Betrag, bis zu dessen Erreichen der jeweilige Teil bei der Bemessungsgrundlage ausgenommen wird, d. h. dass keine Steuer darauf zu entrichten ist. Bei

Überschreiten der jeweiligen Freigrenze ist jedoch der vollständige Betrag steuerlich zu berücksichtigen.

- **PAUSCHBETRAG** ist ein Abzugsbetrag, der bei der Ermittlung der jeweiligen Bemessungsgrundlage wegen der Vereinfachung des steuerlichen Verfahrens – ohne konkrete Nachweise – abgezogen werden kann.
- **STEUERSATZ** kann ein konstanter oder variabler Prozentsatz sein. Zur Ermittlung der Steuerschuld ist die jeweilige Bemessungsgrundlage mit dem Steuersatz zu multiplizieren. Der Steuersatz wird entweder durch eine Tarifformel (z. B. § 32a EStG), eine Tariftabelle (z. B. § 19 ErbStG), einen bestimmten Prozentsatz (z. B. § 12 UStG) oder durch einen Geldbetrag pro Mengen- oder Werteinheit (z. B. Kfz-Steuer, Mineralölsteuer) vorgegeben.
- **STEUERTARIF:** Der Steuersatz kann entweder von der Höhe der Bemessungsgrundlage unabhängig sein (konstanter Steuersatz) oder – zur Verwirklichung des Leistungsfähigkeitsprinzips – mit seiner Höhe variieren (variabler Steuersatz). Beispielsweise werden bei der Einkommensteuer und bei der Erbschaft- und Schenkungsteuer progressive Tarife verwendet.

Birk (2006): Steuerrecht, 9. Aufl., S. 28 - 37;
Dommermuth u. a. (2004): Betriebliche Steuern, Band 1, 2. Aufl., S. 1 - 8, 20 - 23;
Dölfel/Bilsdorfer/Weimann (2001): Steuerrecht, 4. Aufl., S. 37 - 42.;
Grefe (2006): Unternehmenssteuern, 10. Aufl., S. 19 - 25;
Scheffler (2006): Besteuerung von Unternehmen I, 9. Aufl., S. 1 - 4, 10 - 16.

1.1.5 Steuerverfassungsrecht – Steuerhoheiten

1.1.5.1 Gesetzgebungshoheit – Ertragshoheit – Verwaltungshoheit

GESETZGEBUNGSHOHEIT/-KOMPETENZ (ART. 105 GG)

- Der Bund hat die **ausschließliche Gesetzgebungshoheit** über Zölle und Finanzmonopole (z. B. Branntweinmonopol).
- Für alle übrigen Steuerarten liegt die **konkurrierende Gesetzgebung des Bundes** vor, soweit dem keine andere Regelung entgegenstehen.
  Die konkurrierende Gesetzgebung umfasst insbesondere das Steueraufkommen, das dem Bund ganz oder teilweise zusteht (z. B. die Einkommensteuer und die Umsatzsteuer als Gemeinschaftssteuern, jedoch nicht die Kirchensteuer).
  Es gilt: „Bundesrecht bricht Landesrecht":
  Die Länder sind zur Gesetzgebung befugt, solange der Bund von seinem Gesetzgebungsrecht keinen Gebrauch macht. Beansprucht der Bund seine Gesetzgebungskompetenz und erlässt er ein einschlägiges Gesetz, so verliert das Landesgesetz seine Gültigkeit!
- **Ausschließliche Ländergesetzgebung:**
  Die Länder haben die ausschließliche Befugnis zur Gesetzgebung über die örtlichen Verbrauch- und Aufwandsteuern, soweit sie nicht bundesgesetzlich geregelten Steuern entsprechen! *Beispiele:* Hundesteuer, Vergnügungsteuer, Jagdsteuer, Fischereisteuer.

- **Heberecht der Gemeinden bei Gewerbe- und Grundsteuer:**
  Gemeinden haben kein eigenes Recht zur Steuergesetzgebung, sie dürfen n u r die Hebesätze für die Grundsteuer und die Gewerbesteuer (= sog. Realsteuern) festsetzen, jedoch n i c h t die Ermittlung der Besteuerungsgrundlagen
  ⇒ Bundesgesetze: GewStG, GrStG

Durch die Förderalismusreform der Großen Koalition werden auch die Gesetzgebungskompetenzen bei den Steuergesetzen teilweise neu geregelt. Abweichend vom früheren Recht wird inzwischen den Ländern für die Festlegung des Steuersatzes der Grunderwerbsteuer eine eigenständige Gesetzgebungskompetenz eingeräumt (Art. 105 Abs. 2 a Satz 2 GG).

Zusammenfassend kann gesagt werden, dass die Steuergesetzgebungshoheit überwiegend beim Bund liegt. Jedoch dürfen Bundesgesetze über Steuern, deren Steueraufkommen ganz oder teilweise den Ländern oder den Gemeinden zufließen, nur mit Zustimmung des Bundesrats erlassen werden!

ERTRAGSHOHEIT (ART. 106 GG)

Ertragshoheit beinhaltet das Recht einer staatlichen Gebietskörperschaft, das Aufkommen einer Steuerart ganz oder teilweise zu vereinnahmen.

Bund: Finanzmonopole (z. B. Branntweinmonopol), Zölle, Versicherungsteuer, bestimmte Verbrauchsteuern (z. B. Mineralöl-, Tabak-, Kaffeesteuer), bestimmte Ergänzungsabgaben (z. B. SolZ), EU-Abgaben

Länder: Erbschaft- und Schenkungsteuer, Grunderwerbsteuer, Kraftfahrzeugsteuer, Biersteuer, Rennwett- und Lotteriesteuer, Spielbankabgabe

Gemeinden: Gewerbesteuer, wobei Anteile an die Länder fließen; Grundsteuer, örtliche Verbrauch- und Aufwandsteuern (z. B. Hundesteuer)

Gemeinschaftsteuern:	Bund	Land	Gemeinden
Einkommensteuer (LSt)	42,500 %	42,500 %	15,000 %
Zinsabschlagsteuer	44,000 %	44,000 %	12,000 %
Körperschaftsteuer	50,000 %	50,000 %	—
Umsatzsteuer	53,96 %	44,04 %	2,00 %

Kirchen (Art. 140 GG): Kirchensteuer

VERWALTUNGSHOHEIT

Unter der Steuerverwaltungshoheit wird der Vollzug der Steuergesetze verstanden.

Bundesfinanzbehörden: Bundesministerium der Finanzen,
Bundesamt für Finanzen, Hauptzollämter
➔ Zölle, Finanzmonopole, EU-Abgaben

Das Bundesfinanzministerium kann Verwaltungsanweisungen herausgeben (z. B. Steuerrichtlinien: EStR, KStR, LStR, GewStR, UStR und BMF-Schreiben).

Landesfinanzbehörden: Landesfinanzministerien bzw. -senatoren,
Oberfinanzdirektionen und die (örtlichen) Finanzämter
➔ alle übrigen Steuern (z. B. ESt, KSt, SolZ, USt etc.)

Ausnahme: Erhebung der Realsteuern (GewSt, GrSt)

Gemeindesteuerämter: Festsetzung und Erhebung der Gewerbesteuer und der Grundsteuer (Realsteuern)

Birk (2006): Steuerrecht, 9. Aufl., S. 36 - 44;
Dommermuth u. a. (2004): Betriebliche Steuern, Bd. 1, 2. Aufl., S. 9 - 12;
Grefe (2006): Unternehmenssteuern, 10. Aufl., S. 27 - 33;
Rauser (2006): Steuerlehre für Ausbildung und Praxis, 33. Aufl., S. 11 - 19;
Scheffler (2006): Besteuerung von Unternehmen I, 9. Aufl., S. 7 - 10.

1.1.5.2 Besteuerungsprinzipien des Grundgesetzes

GRUNDRECHTE

Art. 1, Art. 20: Menschenwürde und Sozialstaatsprinzip

➔ Steuerfreies Existenzminimum

Art. 3: Gleichheitsgrundsatz (Grundsatz der Steuergerechtigkeit)

➔ Relative Gleichmäßigkeit der Besteuerung nach dem Prinzip der wirtschaftlichen Leistungsfähigkeit, durch eine Steuerbelastung nach einem progressiven Tarifaufbau und Umverteilung (strittig!)

➔ Leistungsfähigkeitsprinzip (i. V. m. Art. 20)

Art. 4: Religions- und Glaubensfreiheit

➔ Kirchensteuer

Art. 6: Förderung der Ehe und Familie

➔ Veranlagung von Ehegatten (Splittingtarif bei Zusammenveranlagung)

➔ steuerliche Freistellung eines Einkommensbetrages in Höhe des Existenzminimums eines Kindes durch Kinderfreibeträge oder durch Kindergeld (Familienleistungsausgleich)

Art. 14: Eigentum, Erbrecht, Enteignung

➔ Übermaßverbot (50 %-Grenze)

Art. 20: Rechtsstaatsprinzip (Staatstrukturprinzipien, Widerstandsrecht)

➔ Gesetz-/Tatbestandsmäßigkeit der Besteuerung, d. h. die Steuererhebung darf nur auf der Grundlage gesetzlicher Regelungen, bei Vorliegen bestimmter Tatbestände erfolgen (Art. 20 Abs. 3 GG; § 3 Abs. 1 Satz 1 AO).

Birk (2006): Steuerrecht, 9. Aufl., S. 44 - 59;
Dommermuth u. a. (2004): Betriebliche Steuern, Bd. 1, 2. Aufl. S. 12 - 16;
Tipke/Lang (2005): Steuerrecht, 18. Aufl., S. 64 - 130.

1.1.6 Rechtsnormen im Steuerrecht

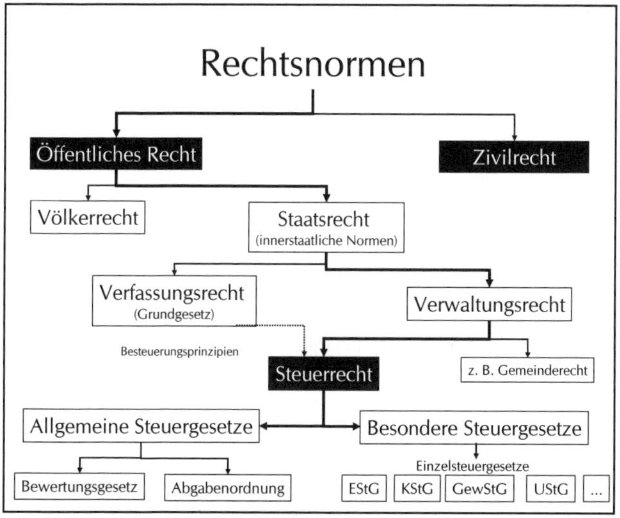

Das **öffentliche Recht** stellt den Teilbereich der Rechtsnormen dar, in dem **Über- und Unterordnung** herrscht. Der Staat kann dem Bürger seinen Willen aufzwingen. Im Gegensatz dazu herrscht beim Zivilrecht **Gleichordnung.** Die jeweiligen Vertragsparteien stehen sich gleichberechtigt gegenüber.

Die **allgemeinen Steuergesetze** (AO, BewG) enthalten Bestimmungen, die für die Einzelsteuergesetze (EStG, KStG, UStG etc.) als sog. „Mantel" gelten. Sie bilden die Basis für ein möglichst rationelles Besteuerungsverfahren. Die besonderen Steuergesetze regeln die Tatbestände (Sachverhalte), welche die jeweilige Steuer (z. B. Einkommensteuer) entstehen lassen. Neben den Steuergesetzen gibt es noch **Rechts-/Durchführungsverordnungen** (z. B. EStDV, UStDV). Bei diesen handelt es sich um Normen, die nicht in einem förmlichen Gesetzgebungsverfahren zustande kommen. Diese Normen werden von der exekutiven Gewalt (Bundesregierung, ein Bundesminister, Landesregierung) erlassen. Sie haben jedoch – wie Gesetze – Rechtsnormcharakter!

Dienstanweisungen von einer übergeordneten Behörde an eine nachgeordnete Behörde sind **Verwaltungsanweisungen (Steuerrichtlinien, BMF-Schreiben)**. Im Gegensatz zu Gesetzen sind Gerichte an Steuerrichtlinien (z. B. EStR, LStR, KStR, GewStR) n i c h t gebunden. Die Bindungswirkung besteht nur für die Verwaltungsbehörden. Die **Rechtsprechung** ist für Streitigkeiten in Steuerangelegenheiten zuständig. Auf Bundesebene ist das der Bundesfinanzhof in München und auf Länderebene sind dies die Finanzgerichte. Bei Verletzung von grundgesetzlich verankertem Recht wird das Bundesverfassungsgericht in Karlsruhe angerufen.

Grefe (2006): Unternehmenssteuern, 10. Aufl., S. 37 - 44;
Dommermuth u. a. (2004): Betriebliche Steuern, Bd. 1, 2. Aufl., S. 17 - 20;
Schneeloch (2003): Besteuerung und betriebliche Steuerpolitik, Bd. 1, 4. Aufl., S. 34 - 39;
Tipke/Lang (2005): Steuerrecht, 18. Aufl., S. 131 - 139.

1.1.7 Grundzüge des Besteuerungsverfahrens

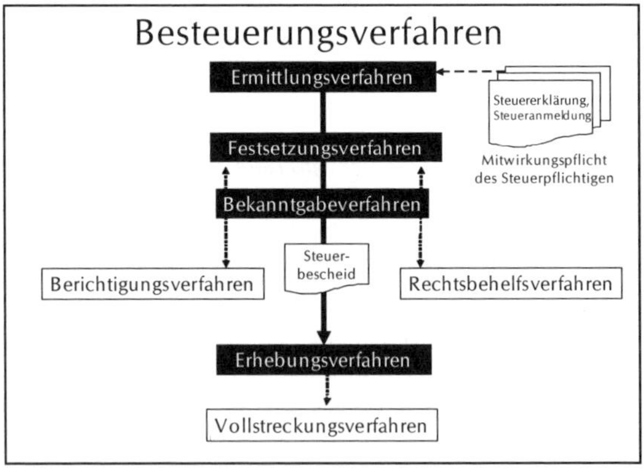

I. Ermittlungsverfahren: Für die Bemessung der Steuer müssen zunächst die Besteuerungsgrundlagen (Sachverhalt, Tatbestände) durch die **zuständige ö r t l i c h e Finanzverwaltung** (Finanzamt) ermittelt werden.

Steuern vom Einkommen und Vermögen	**§ 19 AO** Natürliche Personen	**Wohnsitzfinanzamt**, d. h. der Wohnsitz bzw. der gewöhnliche Aufenthaltsort des Steuerpflichtigen ist maßgebend. Hilfsmaßstab: Lage des Vermögens bzw. des wertvollsten Teils; Ausübung oder Verwertung einer Tätigkeit (Abs.2)
	§ 20 AO Körperschaften, etc.	**Sitz der Geschäftsleitung**, d. h. Bezirk, in dem sich die Geschäftsleitung befindet. Hilfsmaßstab: Sitz des Steuerpflichtigen, Lage des Vermögens bzw. des wertvollsten Teils; Ausübung oder Verwertung einer Tätigkeit (Abs.4)
Umsatzsteuer	**§ 21 AO**	**Unternehmensfinanzamt** des Ortes, von dem aus der Unternehmer sein Unternehmen betreibt.
Realsteuern (Grundsteuer, Gewerbesteuer)	**§ 22 AO**	**Lagefinanzamt** für die Grundsteuer, d. h. Lage des Grundstücks ist maßgebend; **Betriebsfinanzamt** für die Gewerbesteuer, d. h. der Bezirk, in dem sich die Geschäftsleitung bzw. eine Betriebsstätte befindet (§ 18 Abs. 1 Nr. 2 AO), ist maßgebend.
Gesonderte Feststellungen	**§ 18 AO**	**Lagefinanzamt** bei Betrieben der Land- und Forstwirtschaft/ Grundstücken/Mineralgewinnungsrechten; **Betriebsfinanzamt** bei gewerblichen Betrieben; **Tätigkeitsfinanzamt** bei freiberuflicher Tätigkeit; bei Beteiligung mehrerer Personen an Überschusseinkünften: Ort der Verwaltung der Einkünfte.
Zölle und Verbrauchsteuern	**§ 23 AO**	**Hauptzollamt** des Ortes, in dessen Bezirk der Tatbestand verwirklicht wird.

II. Festsetzungsverfahren:
Nach Ermittlung der Besteuerungsgrundlagen wird im Rahmen des Festsetzungsverfahrens der Steueranspruch konkretisiert. Die Festsetzung erfolgt durch schriftliche Steuerbescheide (§ 155 Abs. 1 Satz 1 i. V. m. § 157 Abs. 1 Satz 1 AO). Nach der Steuerfestsetzung im Steuerbescheid besteht für den Steuerschuldner eine Zahlungsverpflichtung.

Von den Steuerbescheiden zu unterscheiden sind die Feststellungsbescheide. Während die betragsmäßig festgesetzte Steuer notwendiger Bestandteil eines jeden Steuerbescheides ist, enthält ein Feststellungsbescheid i. d. R. keinen Steuerbetrag. In ihm werden bestimmte Besteuerungsgrundlagen (Verhältnisse) gesondert festgestellt.

Neben den Steuerbescheiden und Feststellungsbescheiden gibt es noch Steuermessbescheide. Diese bilden die Grundlage für die Festsetzung der Realsteuern (Gewerbeertragsteuer und Grundsteuer). Die Gewerbeertragsteuer und die Grundsteuer werden nicht von den Finanzämtern, sondern von den Gemeinden erhoben. Die Gemeinden erteilen die Gewerbe- und Grundsteuerbescheide. Die Finanzämter haben lediglich die Aufgabe, die Steuerbemessungsgrundlagen festzustellen. Dies geschieht mit Hilfe von Steuermessbescheiden.

III. Erhebungsverfahren:
Dem Ermittlungs- und Festsetzungsverfahren folgt die Realisierung des Steueranspruchs durch das Erhebungsverfahren. Dabei wird durch den erlassenen und bekannt gegebenen Steuerbescheid (Verwaltungsakt nach § 120 AO) der Steueranspruch eingefordert.

Da Verwaltungsakte (z. B. der Steuerbescheid) erheblich in die Rechte des Bürgers eingreifen, müssen sie aus rechtsstaatlichen Gründen einer gewissen Kontrolle unterliegen. Diese Überprüfung erfolgt durch das (außergerichtliche/gerichtliche) **Rechtsbehelfsverfahren**.

Der förmliche außergerichtliche Rechtsbehelf durch Einspruch (§ 347 Abs. 1 AO) ist dem gerichtlichen Rechtsbehelf vorgeschaltet. Das Finanzgericht wird in aller Regel erst dann eingeschaltet, wenn der durch Einspruch „angegriffene" Verwaltungsakt von der Finanzbehörde abgewiesen worden ist.

Beim außergerichtlichen Vorverfahren werden somit keine Gerichte eingeschaltet. Es handelt sich hierbei um ein reines Verwaltungsverfahren. Das Finanzamt, das den Steuerbescheid erlassen hat, soll auf Wunsch des Steuerpflichtigen diesen nochmals prüfen. Der Grund ist darin zu sehen, dass eventuelle Fehler, die dem Steuerpflichtigen bei Erstellung der Erklärung oder dem Finanzamt im Rahmen der Veranlagung unterlaufen sind, vom Finanzamt auf unkomplizierte Weise korrigiert werden.

Begleicht ein Steuerpflichtiger trotz Fälligkeit und Mahnung seine Steuerschuld nicht, kann das Finanzamt das **Vollstreckungsverfahren** (z. B. Pfändung und Versteigerung von beweglichen Vermögenswerten) einleiten.

Birk (2006): Steuerrecht, 9. Aufl., S. 113 - 170;
Dellner/Gross/Ramb/Weinfurtner (2004): Steuerrecht für Anwälte, S. 39, 51 - 105;
Dommermuth u. a. (2004): Betriebliche Steuern, Bd. 1, S. 41- 56 und S. 79 - 140;
Dölfel/Bilsdorfer/Weimann (2001): Steuerrecht, 4. Aufl., S. 43 - 58;
Grefe (2006): Unternehmenssteuern, 10. Aufl., S. 44 - 58;
Schneeloch (2003): Besteuerung und betriebliche Steuerpolitik, Bd. 1, 4. Aufl., S. 40 - 47;
Rauser (2006): Steuerlehre für Ausbildung und Praxis, 33. Aufl., S. 23 - 61.

1.2 Einführung in die verschiedenen Steuerarten und Besteuerungsgrundlagen

1.2.1 Überblick zu den einzelnen Steuerarten

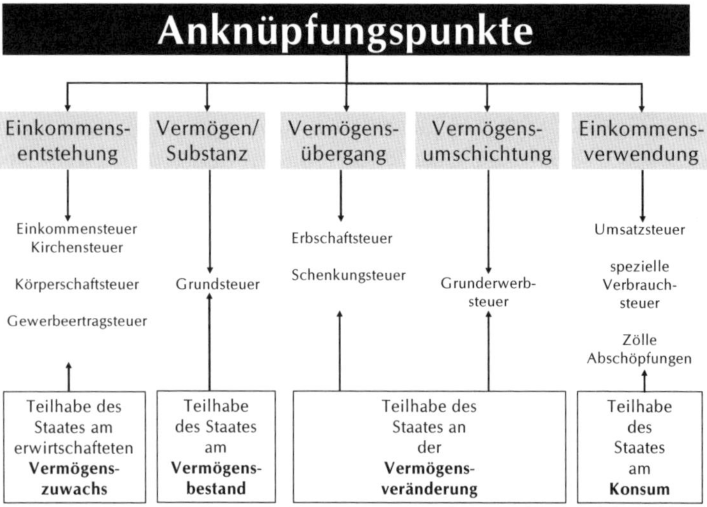

Vgl. Tipke/Lang, Steuerrecht, 18. Aufl., Köln 2005, S. 193.

Einkommensteuer: Gegenstand der ESt ist das Einkommen (Ertragsteuer) von natürlichen Personen. Die Besteuerung orientiert sich dabei am Leistungsfähigkeitsprinzip (progressiver Tarifaufbau) des Einzelnen.

Erbschaftsteuer/Schenkungsteuer: Die ErbSt wird als Erbanfallsteuer erhoben, d. h. als Erwerb von Todes wegen. Der Schenkungsteuer unterliegen freigebige Zuwendungen unter Lebenden, sofern der Schenker oder der Beschenkte Inländer ist. Besteuerungsgrundlage ist sowohl bei der Erbschaftsteuer als auch bei der Schenkungsteuer der steuerpflichtige Erwerb (Bereicherung des Erwerbers).

Gewerbe(ertrag)steuer: Die GewSt ist eine Unternehmensteuer, die das Objekt "Gewerbebetrieb" als Basis der Besteuerung hat. Die Bemessungsgrundlage ist der Gewerbeertrag. Die Gemeinden erheben diese Steuer und legen über den Hebesatz deren Höhe fest.

Grunderwerbsteuer: Die GrESt ist eine Rechtsverkehrsteuer über inländische Grundstücke, soweit sie darauf gerichtet ist, Eigentum an einem Grundstück oder eigentümerähnliche Positionen zu erlangen.

Grundsteuer: Die GrSt ist objektbezogen und bezieht sich auf die Beschaffenheit und den Wert eines Grundstücks. Da die GrSt eine Realsteuer ist, bleiben die persönlichen Verhältnisse des Eigentümers fast ausnahmslos außer Betracht.

Körperschaftsteuer: Die KSt ist eine besondere Art der Einkommensteuer für juristische Personen (z. B. AG, GmbH). Deshalb gehört die KSt zu den Personensteuern. Besteuerungsgrundlage ist – wie bei der Einkommensteuer – auch hier das Einkommen (Ertragsteuer).

Umsatzsteuer (Mehrwertsteuer im Volksmund): Die USt gehört zu den Besitz- und Verkehrsteuern. Wirtschaftlich wirkt die USt wie eine Verbrauchsteuer, mit der grundsätzlich der Verbrauch (Endverbraucher) belastet wird. Sie ist unabhängig von der individuellen Leistungsfähigkeit des einzelnen Steuerpflichtigen.

1.2.2 Materielle Steuergesetze

Einkommensteuergesetz (EStG), Gewerbesteuergesetz (GewStG), Körperschaftsteuergesetz (KStG), Erbschaftsteuergesetz (ErbStG) und Umsatzsteuergesetz (UStG).

1.2.3 Steuerbarkeit und Steuerpflicht

Bei jedem (Lebens-)Sachverhalt wird zunächst überprüft, ob dieser die gesetzlichen Voraussetzungen erfüllt, d. h. ob das materielle Steuergesetz anzuwenden ist (Subsumtion). Sind die Tatbestandsvoraussetzungen erfüllt und liegt keine Steuerbefreiung vor, so ist der Sachverhalt **steuerpflichtig** (Rechtsfolge).

1.2.4 Bemessungsgrundlagen

Liegt ein steuerpflichtiger Sachverhalt vor, so muss dieser im nächsten Schritt wert- oder mengenmäßig quantifiziert werden, um die Steuer als Geldgröße festlegen zu können.

1.2.5 Steuersatz, Steuerfreibeträge und Steuerfreigrenzen

Die Höhe des Steueranspruchs (Fiskus) bzw. der Steuerschuld (Steuerpflichtigen) ergibt sich aus der Multiplikation der Steuerbemessungsgrundlage – unter Berücksichtigung von steuerfreien Beträgen – und dem jeweiligen Steuersatz. Die steuerfreien Beträge sind von der Besteuerung ausgenommen. Der Freibetrag, der bei der Ermittlung der Bemessungsgrundlage abgezogen wird, bleibt stets steuerfrei. Auch die Freigrenze bleibt bei der Ermittlung der Bemessungsgrundlage steuerfrei. Im Unterschied zum Freibetrag unterliegt beim Überschreiten der Freigrenze der vollständige Betrag der Besteuerung (z. B. § 23 Abs. 3 EStG bei Gewinnen aus privaten Veräußerungsgeschäften).

1.2.6 Darstellung der Begriffe am Beispiel der Grunderwerbsteuer

GrEStG	Begriff	
§ 1	Steuerbarkeit	Sachverhalt: z. B. Erwerb eines Grundstücks
§ 3	Steuerbefreiung	z. B. Grundstückserwerb von einem Ehegatten i. S. v. § 3 Nr. 4 GrEStG
	Steuerpflicht	Die Steuerpflicht liegt vor bei gegebener Steuerbarkeit ohne Steuerbefreiung!
§ 8	Bemessungsgrundlage	Gegenleistung i. S. v. § 9 GrEStG
§ 3	Steuerfreigrenze	Nr. 1: 2.500 €
§ 11	Steuersatz	3,5 % der Bemessungsgrundlage *(ab 2007 u. U. landesabhängig)*
§ 13	Steuerschuldner	Erwerber <u>oder</u> Verkäufer
§ 15	Fälligkeit	1 Monat nach Bekanntgabe des Steuerbescheides

Grunderwerbsteuer

Birk (2006): Steuerrecht, 9. Aufl., S. 417 - 423;
Scheffler (2006): Besteuerung der Unternehmen I, 9. Aufl., S. 352 - 358;
Tipke/Lang (2005): Steuerrecht, 18. Aufl., S. 610 - 630.

1.3 Betriebswirtschaftliche Steuerlehre

1.3.1 Einfluss der Besteuerung auf die Rechtsformwahl

	Personengesellschaften	**Kapital**gesellschaften
EStG bzw. KStG	▪ Besteuerungssubjekt: Gesellschafte**r** ▪ Gewinn**entstehungsprinzip** ▪ gewerbliche Einkünfte nach § 15 EStG (soweit gewerblich tätig!) ▪ bei selbständiger oder vermögensverwaltender Tätigkeit, Zuordnung zu anderen Einkunftsarten (z.B. §§ 18; 20; 21 EStG) ▪ Aufteilung des Gewinns auf die Gesellschafte**r** ▪ **Persönlicher** Einkommensteuersatz der Gesellschafter; bei Thesaurierung ab 2008 auf Antrag ca. 29,8 %	▪ Besteuerungssubjekt: **Kapitalgesellschaft** kraft Rechtsform ▪ **§ 23 Abs. 1 KStG:** **Einheitliche Definitivbelastung mit einem Steuersatz von 25 % (ab 2008: 15 %)** bei Thesaurierung (Einbehaltung der Gewinne) **und** bei Ausschüttung **(zzgl.** Besteuerung des Anteilseigners)
Gewerbesteuer-Gesetz	▪ Steuerpflicht der Gesellschaft bei **gewerblicher** Betätigung **Objektbesteuerung** nach § 2 Abs. 1; § 5 Abs. 1 Satz 3 GewStG **Keine Steuerpflicht** bei - vermögensverwaltender Tätigkeit (z.B. Vermietungs-GbR) - selbständiger Tätigkeit (z.B. Steuerberater-Sozietät, -GbR) Ab 2008: Keine Betriebsausgabe bei Gewerbe- und Einkommensteuer	▪ **Generelle Gewerbesteuerpflicht kraft Rechtsform** (z.B. AG, GmbH) nach § 2 Abs. 2 GewStG **auch** bei - vermögensverwaltender Tätigkeit (z.B. Vermietungs-GmbH, -AG) - freien Berufen (z.B. Steuerberatungs-GmbH, -AG) Ab 2008: Keine Betriebsausgabe bei Gewerbe- und Körperschaftsteuer
Gesellschafterebene	▪ **Ab 2008 bei vorheriger Thesaurierungsbelastung von 29,8 % zusätzliche Abgeltungsteuer von 25 %** ▪ **§ 35 Abs. 1 Nr. 1 EStG: [Steuerermäßigung bei Einkünften aus Gewerbebetrieb]** **Pauschalierte** Anrechnung der Gewerbesteuer auf die Einkommensteuerschuld, **anteilig** nach den enthaltenen gewerblichen Einkünften i. S. d. § 15 Abs. 1 Satz 1 Nr. 1 EStG im zu versteuernden Einkommen **Berechnung:** **1,8 (ab 2008: 3,8) x Gewerbesteuermessbetrag**	▪ Besteuerung der erhaltenen Ausschüttungen nach dem **Zuflussprinzip** i. S. v. § 11 EStG ▪ Einkünfte aus Kapitalvermögen nach § 20 Abs. 1 Nr. 1 EStG ▪ Anwendung des **Halbeinkünfteverfahrens** nach § 3 Nr. 40 a EStG beachte: § 3 c Abs. 2 EStG (hälftiger Werbungskostenabzug); ab 2009: Abgeltungsteuer von 25 %

1.3.2 Einfluss der Besteuerung auf die Finanzierung und die Liquidität

➔ **Finanzierung (Bereitstellung/Beschaffung von finanziellen Mitteln) und Liquidität (Steuerzahlungen als Mittelabfluss)**
- **Gestaltung des Zahlungszeitpunkts**: Ausübung von steuerl. Gestaltungsmöglichkeiten
- **Kapitalgeber**: Einzelunternehmer, Gesellschafter einer Personengesellschaft oder die Anteilseigner einer Kapitalgesellschaft (Einkunftsart, Gewinnermittlung, Zeitpunkt der Besteuerung, Tarifgestaltung!)
- **Eigen-/Fremdfinanzierung:** Fremdfinanzierungskosten (= Werbungskosten/Betriebsausgaben!)
- **Selbstfinanzierung:** Thesaurierung oder Ausschüttung von Gewinnen
- **Bilanzsteuerrechtliche Wahlrechte und Ermessensspielräume bei der Ermittlung der steuerlichen Bemessungsgrundlage (Gewinn):** Herstellungskosten, Teilwert, Abschreibungsplan (AfA-Methode, Nutzungsdauer etc.)
- **Besonderheiten** bei Verlusten **(Verlustrücktrag und Verlustvortrag)**
- **Einlagen- und Entnahmepolitik**

➔ Optimierung der Investitions- und Finanzierungsalternativen in einem **Investitions- und Finanzplan zur Planung und Steuerung von Einzahlungen sowie zur Verhinderung bzw. zur zeitlichen Verschiebung von Auszahlungen**

1.3.3 Steuern als Aufwand und Kosten

- **Steuern als durchlaufender Posten**: Umsatzsteuer bei Vorsteuerabzugsberechtigung
- **Steuern als (entscheidungsrelevante) Kosten**: Die nicht abwälzbaren Verbrauchsteuern (z. B. Sektsteuer, wenn Sekt durch Wein ersetzt wird, nichtabziehbare Vorsteuer)
- **Aufwendungen, jedoch keine abzugsfähigen Betriebsausgaben:** Bestimmte Repräsentationsaufwendungen (§ 4 Abs. 5 EStG), Einkommensteuer, Körperschaftsteuer (Steuern vom Einkommen)
- **Steuern im Rahmen der Kostenrechnung:** Steuern werden als (Quasi-)Kosten nur verrechnet, soweit sie die betriebliche Tätigkeit belasten, nicht dagegen, soweit sie das Ziel der betrieblichen Tätigkeit – den Gewinn – belasten.
- **Kalkulierbare Steuern**: Gewerbeertragsteuer, Grundsteuer, Kraftfahrzeugsteuer, evtl. die Umsatzsteuer (kein Vorsteuerabzug!)

1.3.4 Steuern als Entscheidungsfaktor

- **Rechtsformwahl und Rechtsformwechsel** für Einzelunternehmen, Personen- oder Kapitalgesellschaft sowohl im Rahmen der Gründung, der laufenden Besteuerung und der Beendigung
- **Standort** (Steuerniveau – Steuerbelastungsquoten, Hebesatz für die Gewerbeertragsteuer)
- **Finanzierung** (Eigenkapital/Fremdkapital, Innen-/Außenfinanzierung, Selbstfinanzierung)
- **Staatliche Steuerpolitik und Förderprogramme** (z. B. Investitionszulagen, Zuschüsse)
- **Besteuerung und Investitionsentscheidungen**
- **Einfluss der Besteuerung auf die Produktionsentscheidung und Preisbildung**

Haberstock/Breithecker (2005): Einführung in die Betriebswirtschaftliche Steuerlehre: 13. Aufl., S. 177 - 248;
Kaminski/Strunk (2003): Einfluss von Steuern auf unternehmerische Entscheidungen;
Kussmaul (2003): Betriebswirtschaftliche Steuerlehre, 3. Aufl., S. 147 - 209, 430 - 433.

2. Umsatzsteuer

2.1 Bedeutung und System der Umsatzsteuer

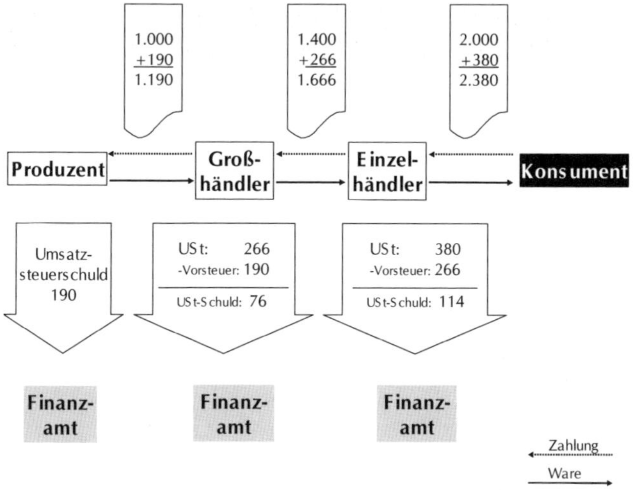

Einbehaltung und Abführung der Umsatzsteuer mit Vorsteuerabzug:

- Der Konsument (Endverbraucher) ist **Steuer t r ä g e r** der Umsatzsteuer, er zahlt die Umsatzsteuer mit dem Kaufpreis an den Einzelhändler.
- Die Unternehmer auf jeder Stufe sind **Steuer s c h u l d n e r** nach § 13 a Abs. 1 UStG (Produzent, Großhändler, Einzelhändler).
- Berechnung der „Mehrwert"-Steuereinnahmen des Finanzamts (**Steuer g l ä u b i g e r**; ab 2007: 19 %; bis Ende des Jahres 2006 betrug der Umsatzsteuersatz 16 %):

190 +	**76** +	**114** = **380**
(Produzent)	(Großhändler)	(Einzelhändler)

Das Umsatzsteuersystem führt dazu, dass auf jeder Umsatzstufe der geschaffene Mehrwert besteuert wird. Durch den Vorsteuerabzug wird die auf der vorangegangenen Stufe bereits stattgefundene Mehrwertbesteuerung neutralisiert. Der Endverbraucher bleibt letztendlich das einzige Glied in der Besteuerungskette, der die Steuer trägt.

Birk (2006): Steuerrecht, 9. Auflage, S. 398 - 404;
Scheffler (2006): Besteuerung von Unternehmen I, 9. Auflage, S. 369 - 377.

2.2 Steuerbare Umsätze (§ 1 UStG)

2.2.1 Überblick (Grundschema)

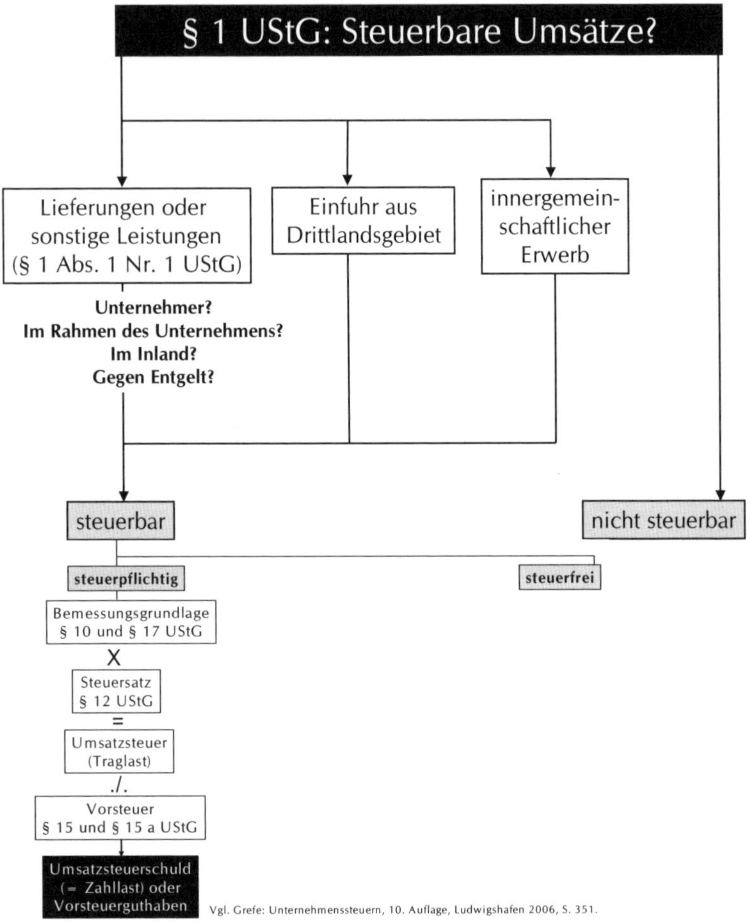

Vgl. Grefe: Unternehmenssteuern, 10. Auflage, Ludwigshafen 2006, S. 351.

Dölfel/Bilsdorfer/Weimann (2001): Steuerrecht, 4. Aufl., S. 425 - 496;
Hoffrichter-Dahl/Moecker (2006): Umsatzsteuer, 7. Aufl., S. 9 ff.

2.2.2 Leistungsaustausch

Eine Leistung i. S. d. UStG ist grundsätzlich nur dann steuerbar, wenn ein Leistungsaustausch stattgefunden hat. Der **Leistungsaustausch** setzt eine Leistung (z. B. Lieferung oder sonstige Leistung) und eine Gegenleistung (z. B. Entgelt) zwischen zwei Personen oder Parteien und eine wirtschaftliche Verknüpfung zwischen Leistung und Gegenleistung voraus. Die wirtschaftliche Verknüpfung der Leistungen muss über die reine Entgeltentrichtung hinausgehen, d. h. es muss ein eigenes wirtschaftliches Interesse vorliegen. Fehlt es an der zweiten Person (Leistender = Leistungsempfänger), dann findet kein Leistungsaustausch statt, sondern ein nicht steuerbarer **Innenumsatz**. Leistung und Gegenleistung werden i. d. R. von den Vertragsparteien aufgrund eines gegenseitigen Vertrags erbracht. In dem gegenseitigen Vertrag ist die wirtschaftliche Verknüpfung von Leistung und Gegenleistung zu sehen. Gegenseitige Verträge sind insbesondere der Kaufvertrag, Dienstvertrag, Werkvertrag und Mietvertrag.

Die wirtschaftliche Verknüpfung fehlt beim **echten Schadenersatz**. Der Schädiger zahlt kein Entgelt, damit er eine Lieferung oder sonstige Leistung vom Geschädigten erhält. Schießt beispielsweise ein Kind seinen Fußball in die Fensterscheibe des Nachbarn, so ist diese echte Schadensersatzzahlung an den Nachbarn nicht steuerbar. Die Reparatur der Fensterscheibe durch den Glasermeister stellt aber einen steuerbaren und steuerpflichtigen Umsatz dar. Die Ausgleichszahlungen für den Verzicht eines Rechts (z. B. Kundenstamm, Ausgleichszahlungen an einen Handelsvertreter, Bierlieferungsrecht) stellen hingegen keinen Schadensersatz, sondern eine Gegenleistung dar (R 3 UStR).

Die gleichen Grundsätze gelten auch für **Vereinsbeiträge**. Der Verein stellt seine Einrichtungen nicht dem einzelnen Mitglied gegen Beitragszahlung zur Verfügung, sondern der Gesamtheit. Deshalb sind Vereinsbeiträge normalerweise nicht steuerbar. Liegen allerdings gestaffelte Vereinsbeiträge vor, die von der Inanspruchnahme bestimmter Leistungen (z. B. Platzbenutzung bei Tennisvereinen, Trainerstunden) abhängen, so kann in dem Vereinsbeitrag ein Leistungsaustausch – zumindest teilweise – gesehen werden (R 4 UStR).

Nach der wirtschaftlichen Betrachtungsweise dürfen einheitliche wirtschaftliche Vorgänge nicht in mehrere Teile zerlegt werden, sondern müssen als ein Leistungsvorgang beurteilt werden. Bei dieser sog. **Einheitlichkeit der Leistung trägt die Nebenleistung das Schicksal der Hauptleistung**, z. B. Versandspesen (Nebenleistung) eines Buches (Hauptleistung) sind steuerpflichtig mit dem ermäßigten Steuersatz. Das Frühstück bei einer langfristigen Vermietung bleibt steuerfrei, wenn das Frühstück eine Nebenleistung des Mietvertrages ist. Der Grundsatz der Einheitlichkeit der Leistung ist von Bedeutung für die Bestimmung des Ortes, des Zeitpunktes, des Steuersatzes und für die Anwendung von Befreiungsvorschriften. Umsatzsteuerlich gibt es deshalb nur einen Ort und einen Zeitpunkt der Leistung.

Ohne Bedeutung für die Steuerbarkeit der Leistung nach § 1 Abs. 1 Nr. 1 UStG ist die **Gleichwertigkeit** von Leistung. Auch teilweise unentgeltliche Leistungen stehen der Annahme eines Leistungsaustausches nicht entgegen. Das tatsächlich gezahlte Entgelt bildet die Bemessungsgrundlage für den Umsatz, auch wenn dieses als unangemessen niedrig anzusehen ist. Eine Sonderregelung zur Höhe der Bemessungsgrundlage für die Leistung enthält § 10 Abs. 5 UStG. Danach wird für Leistungen an bestimmte Leistungsempfänger (z. B. Gesellschafter, Angehörige, Arbeitnehmer) eine „Mindestbemessungsgrundlage" explizit vorgeschrieben.

Ein umsatzsteuerlicher Leistungsaustausch kann sich auch zwischen den Ehegatten vollziehen und zwar zwischen den Ehegatten untereinander als auch zwischen dem einzelnen Ehegatten und der Ehegattengemeinschaft. Ein Ehepaar wird deshalb grundsätzlich getrennt gesehen, es sei denn, dass sie ein Unternehmen als Gesellschaft bürgerlichen Rechts (GbR) führen (siehe Beispiel unter 2.2.3.1).

Grefe (2006): Unternehmenssteuern, 10. Aufl., S. 353 – 354, 363 - 366;
Hoffrichter-Dahl/Moecker (2006): Umsatzsteuer, 7. Aufl., S. 57 - 60;
Neeb (2000): Grundkurs Umsatzsteuer, S. 48 - 53; **siehe auch:** R 1 Satz 2 u. 3; R 3 u. 4, R 29 UStR.

2.2.3 Unternehmer

2.2.3.1 Unternehmerbegriff (§ 2 UStG, Unternehmenseinheit, neue Fahrzeuge)

Tatbestandsmerkmale

Unternehmerfähigkeit

- Abschnitt 16 UStR
- tätigkeitsbezogen
- losgelöst von der zivilrechtlichen Rechtsfähigkeit und Geschäftsfähigkeit
- Unternehmer: Natürliche Personen (z. B. Gewerbetreibende); Personenvereinigungen (z. B. OHG, KG); juristische Personen (z. B. AG, GmbH).

Selbständigkeit

- Abschnitt 17 UStR
- Ausübung der Tätigkeit auf eigene Rechnung und auf eigene Verantwortung
- keine Weisungsgebundenheit

gewerbliche oder berufliche Tätigkeit

- Abschnitt 18 UStR
- Nachhaltigkeit (= Wiederholungsabsicht)
- Einnahmeerzielungsabsicht
- unabhängig von der Gewinnerzielungsabsicht

Am häufigsten kommen umsatzsteuerliche Unternehmer als natürliche Personen (z. B. Gewerbetreibende, Freiberufler, Vermieter) vor. Aber auch juristische Personen werden als Unternehmer i. S. d. UStG angesehen. Das UNTERNEHMEN im Sinne von § 2 Abs. 1 Satz 2 UStG umfasst die gesamte gewerbliche oder berufliche Tätigkeit des Unternehmers (**Einheitstheorie**).

Führt ein Unternehmer mehrere Betriebe (z. B. eine Metzgerei, eine Gaststätte und ein Lebensmittelgeschäft), so wird nicht jeder einzelne Betrieb für sich zur Umsatzsteuer herangezogen, sondern sämtliche Betriebe werden als eine wirtschaftliche Einheit angesehen – sie bilden e i n Unternehmen. Umsätze zwischen den einzelnen Betrieben eines Unternehmers stellen Innenumsätze dar und sind umsatzsteuerlich bedeutungslos. Der Unternehmer tritt speziell bei Innenumsätzen, wie der Name schon sagt, nach außen hin nicht in

Erscheinung. Für diese Unternehmenseinheit ist nur eine Umsatzsteuererklärung bzw. Voranmeldung abzugeben.

Beispiel: Die Eheleute Manfred und Erna Müller haben folgende unternehmerische Einheiten: (1) Manfred Müller Baustoffhandel (Pforzheim), (2) Manfred Müller Bauträger GmbH (Pforzheim), (3) Manfred Müller Malerbetrieb (Neuenbürg), (4) Manfred und Erna Müller Reinigungs GbR (Pforzheim), (5) Erna Müller Blumenhandel (Pforzheim). Ohne umsatzsteuerliche Organschaft ergeben sich folgende umsatzsteuerliche Unternehmer/-in:

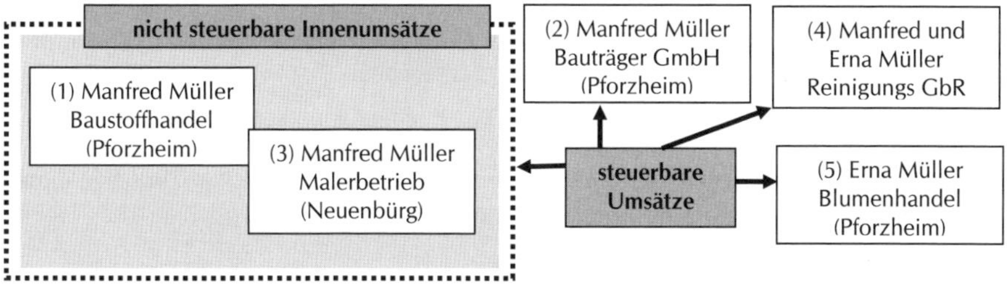

2.2.3.2 Umsatzsteuerliche Organschaft (§ 2 Abs. 2 Nr. 2 UStG; R 21 Abs. 4 bis 6 UStR)

Grundsätzlich gilt, dass juristische Personen des Privatrechts (z. B. AG, GmbH) selbständig tätig sind. Die Ausnahme stellt die Organschaft nach § 2 Abs. 2 Nr. 2 UStG dar, wonach *„eine juristische Person nach dem Gesamtbild der tatsächlichen Verhältnisse finanziell, wirtschaftlich und organisatorisch in das Unternehmen des Organträgers eingegliedert ist"*.

- Eine oder mehrere juristische Personen (**Organgesellschaften**) sind nach dem Gesamtbild der tatsächlichen Verhältnisse in ein anderes Unternehmen (**Organträger**) eingegliedert. Organträger kann eine natürliche Person (siehe Beispiel unten: „Manfred Müller"), eine Personenvereinigung oder eine Kapitalgesellschaft sein.
- „**finanziell**": Hierunter wird der Besitz der entscheidenden Anteilsmehrheit an der Organgesellschaft verstanden (Beispiel: Manfred Müller), die es ermöglicht, Beschlüsse in der Organgesellschaft durchzusetzen. I. d. R. ist die finanzielle Eingliederung gegeben, wenn die Beteiligung > 50 % ist.
- „**wirtschaftlich**": Wirtschaftliche Eingliederung bedeutet, dass die Organgesellschaft gemäß dem Willen des Unternehmers im Rahmen des Gesamtunternehmens, und zwar in engem wirtschaftlichen Zusammenhang mit diesem fördernd und ergänzend wirtschaftlich tätig ist. Die Unternehmen ergänzen sich z. B. sinnvoll in ihrer betriebswirtschaftlichen Gesamtstruktur (Organisation: Einkauf – Produktion – Absatz).
- „**organisatorisch**": Die organisatorische Eingliederung liegt vor, wenn der Organträger durch organisatorische Maßnahmen sicherstellt, dass in der Organgesellschaft sein Wille tatsächlich ausgeführt wird. Dies ist beispielsweise bei einer Personalunion der Geschäftsführer in beiden Gesellschaften der Fall. Nicht von Bedeutung ist, ob die Organ-

gesellschaft in eigenen Räumen arbeitet oder eine eigene Buchhaltung und eine eigene Einkaufs- und Verkaufsabteilung hat.

- **„eingegliedert"**: Der Organträger kann seinen Willen auf der Ebene der Geschäftsführung der Organgesellschaften durchsetzen (siehe Beispiel: „Manfred Müller" auch in der GmbH).
- **Konsequenz (inländische Organschaft)**: Die Leistungsbeziehungen zwischen den einzelnen Organgesellschaften bzw. Organträger sind als sog. Innenumsätze nicht steuerbar. Nur der Organträger kommt im Außenverhältnis als Steuerschuldner der Umsatzsteuer in Betracht, da der Organträger umsatzsteuerrechtlicher Unternehmer ist. Die untergeordneten juristischen Personen werden als unselbständige Unternehmensteile („Zweigniederlassungen") des Organträgers angesehen.

Beispiel: Siehe Sachverhalt aus Kapitel 2.2.3.1. Manfred Müller hat die Manfred Müller Bauträger GmbH in sein Einzelunternehmen finanziell, wirtschaftlich und organisatorisch eingegliedert. Somit liegt eine Organschaft zwischen (1) + **(2)** + (3) vor. Zwischen diesen Unternehmen finden keine steuerbaren Umsätze statt:

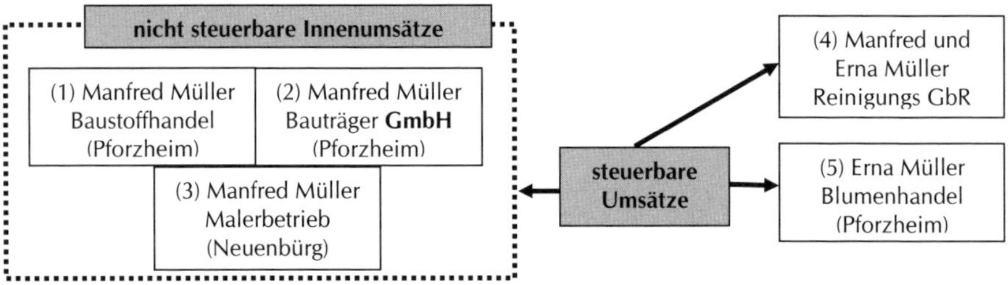

2.2.3.3 Unternehmerische Abgrenzung

Grundsätzlich gehören zum **Unternehmensvermögen** alle Gegenstände, die sich im Eigentum des Unternehmers befinden und dem Unternehmen dienen. Das Unternehmensvermögen ist ein rein umsatzsteuerlicher Begriff und darf deshalb nicht mit dem ertragsteuerlichen Begriff „Betriebsvermögen" verwechselt werden. Gewerbliche Einkünfte und umsatzsteuerliche Einnahmen können differenziert betrachtet werden. Beispielsweise kann ein Vermieter umsatzsteuerlich Unternehmer sein, obwohl er einkommensteuerlich keine Gewinneinkünfte, sondern Überschusseinkünfte hat.

Ein Maßstab für die Abgrenzung zwischen der unternehmerischen und nicht unternehmerischen Sphäre ist im § 15 Abs. 1 Satz 2 UStG (Vorsteuerabzugsberechtigung) enthalten. Danach gilt grundsätzlich, dass Gegenstände, die weniger als 10 % für das Unternehmen genutzt werden, zu 100 % zum Privatvermögen gehören. Unternehmenstypische Gegenstände gehören stets zum Unternehmensvermögen.

Eine **private Nutzung** oder spätere **Entnahme** wird über den Tatbestand der Lieferung oder sonstigen Leistung einer gleichgestellten Wertabgabe korrigiert. Durch die Belastung des „Selbstversorgers" mit Umsatzsteuer soll der selbst versorgende Unternehmer mit dem normalen Endverbraucher gleichgestellt werden (§ 3 Abs. 1b und 9a UStG). Die Selbstversorgung stellt eine fiktive Leistung des Unternehmers an sich selbst dar. Die Bemessungsgrundlage für den „Eigenverbrauch" orientiert sich dabei nicht an den marktüblichen (Verkaufs-) Preisen, sondern an dem Einkaufspreis bzw. den Kosten, die der selbstversorgende Unternehmer beim Einkauf für sein Unternehmen aufwenden musste (§ 10 Abs. 4 UStG).

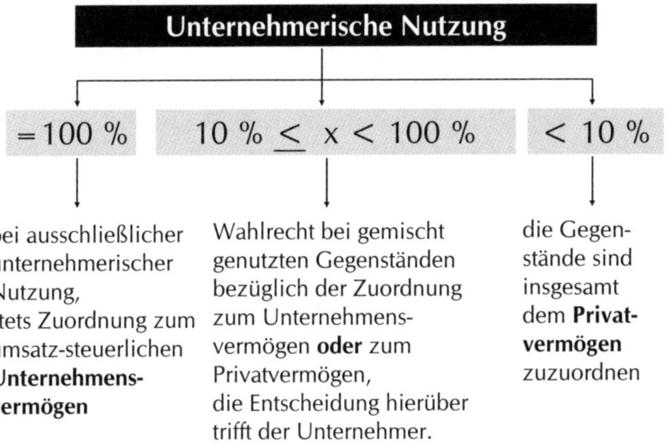

2.2.3.4 Unternehmerfiktion des § 2a UStG

Privatpersonen werden normalerweise nicht als Unternehmer behandelt. Gleiches gilt, wenn Unternehmer Privatgeschäfte tätigen. Eine Ausnahme gilt allerdings für Privatpersonen und Privatgeschäfte von Unternehmern, wenn neue Fahrzeuge i. S. d. § 1b Abs. 2 und 3 UStG aus dem Inland in das übrige Gemeinschaftsgebiet veräußert werden (oder umgekehrt).

Gemäß § 2a UStG wird ein Fahrzeuglieferer, der nicht Unternehmer i. S. d. § 2 UStG ist, insoweit wie ein Unternehmer behandelt, wenn er im Inland ein neues Fahrzeug liefert und dieses im Rahmen der Lieferung in das übrige Gemeinschaftsgebiet gelangt. Für d i e s e Lieferung wird der Nichtunternehmer also wie ein Unternehmer behandelt (Fiktion). Sinn dieser Fiktion ist die Aufrechterhaltung des Vorsteuerabzugs.

Beispiel: Der DaimlerChrysler Mitarbeiter Geizig kauft am 10.03. des laufenden Jahres einen Pkw (A-Klasse) für 30.000 € + 19 % USt. Am 09.07. des gleichen Jahres verkauft er diesen Pkw (5.000 km Fahrleistung) an eine französische Privatperson. Da dieser Vorgang in Frankreich der französischen Erwerbsbesteuerung (USt-Frankreich) unterliegt, wird Geizig als fiktiver Unternehmer behandelt, der den Vorsteuerabzug für diesen Pkw geltend machen kann (siehe 2.2.6.2).

2.2.4 Inland (§ 1 Abs. 2 UStG)

Umsätze sind grundsätzlich nur dann steuerbar, wenn sie im Inland getätigt werden. Deshalb wird im Umsatzsteuergesetz zwischen **Inland** und **Ausland** unterschieden.

Inland ist das Hoheitsgebiet der Bundesrepublik Deutschland (§ 1 Abs. 2 Satz 1 UStG). **Ausnahmen** hiervon sind das Gebiet von Büsingen, die Insel Helgoland, Freihäfen, Gewässer und Watten zwischen der Hoheitsgrenze und der jeweiligen Strandlinie und die deutschen Schiffe bzw. Luftfahrzeuge in Gebieten, die zu keinem Zollgebiet gehören.

Alle übrigen Gebiete, die nicht Inland sind, gehören zum **Ausland** (§ 1 Abs. 2 Satz 2 UStG). Das Ausland wird in das Gemeinschaftsgebiet und in das Drittlandsgebiet unterschieden. Staaten, die der EU angehören, werden als sog. **Gemeinschaftsgebiet** definiert (§ 1 Abs. 2a Satz 1 UStG; R 13a UStR). Alle übrigen Staaten, die nicht der EU angehören, bilden das **Drittlandsgebiet** (§ 1 Abs. 2a Satz 3 UStG).

Wird ein Umsatz im Inland ausgeführt, so kommt es für die Besteuerung nicht darauf an, ob der Unternehmer deutscher Staatsangehöriger ist, seinen Wohnsitz oder Sitz im Inland hat oder im Inland eine Betriebsstätte unterhält.

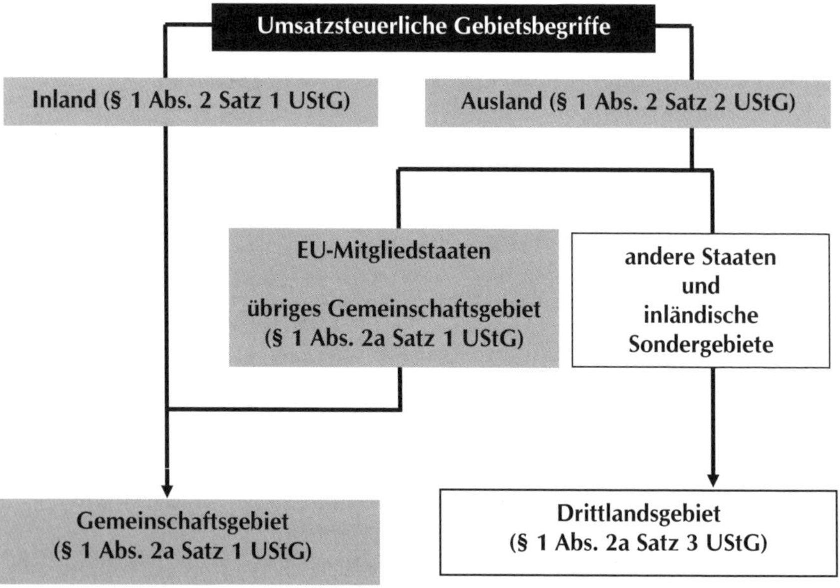

Dölfel u. a. (2001): Steuerrecht, 4. Aufl., S. 441 - 448;
Dommermuth u. a. (2004): Betriebliche Steuern, Band 1, 2. Aufl., S. 170 - 179;
Grefe (2006): Unternehmenssteuern, 10. Aufl., S. 354 - 362;
Hoffrichter-Dahl/Moecker (2006): Umsatzsteuer, 7. Aufl., S. 21 - 28;
Neeb (2000): Grundkurs Umsatzsteuer, S. 13 - 15, 27 - 39.

2.2.5 Umsatzsteuer im europäischen Binnenmarkt – Innergemeinschaftlicher Erwerb (§ 1 Abs. 1 Nr. 5 i. V. m. § 1 a UStG)

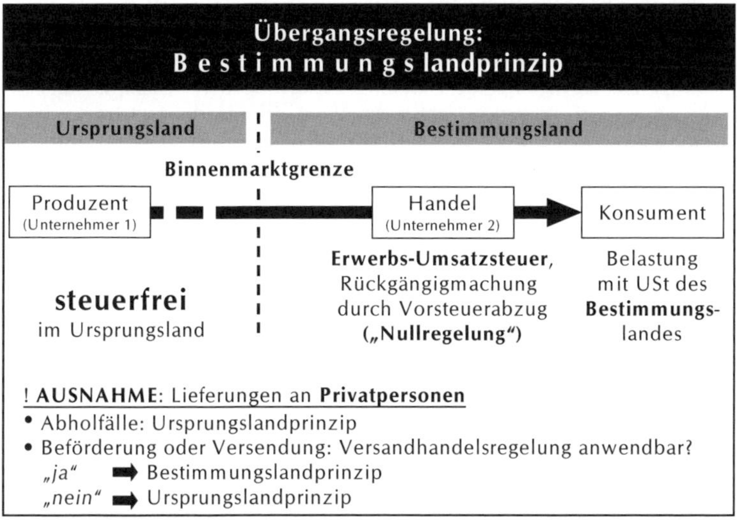

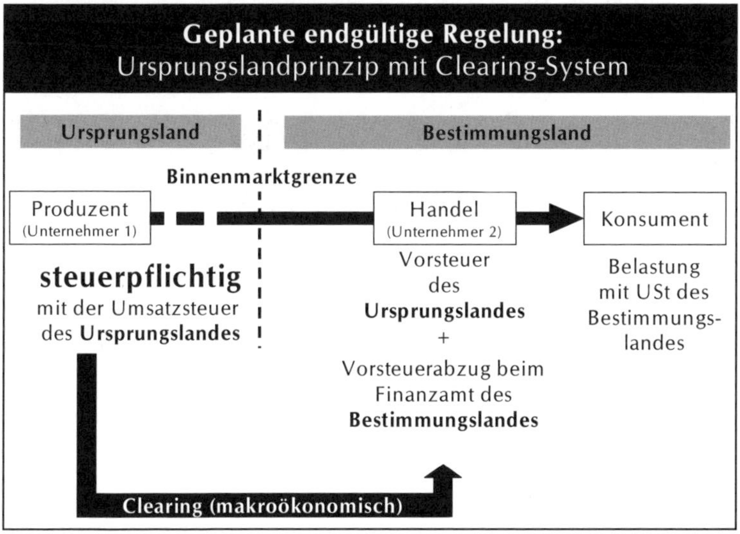

Vgl. dazu **Scheffler (2006)**, Besteuerung der Unternehmen I, 9. Aufl., S. 377 – 383.

2.2.6 Lieferung (§ 1 Abs. 1 Nr. 1 i. V. m. § 3 Abs. 1 UStG)

Grundsätzlich sind Umsätze nur steuerbar, wenn sie die **fünf Tatbestandsmerkmale** des § 1 Abs. 1 Nr. 1 UStG – **Lieferung/sonstige Leistung, Unternehmer, im Inland, gegen Entgelt, im Rahmen seines Unternehmens** – erfüllen. Im Folgenden sollen die Tatbestandsmerkmale Lieferung und Inland, d. h. der Ort der Lieferung muss im Inland sein, geklärt werden.

Der Tatbestand einer **Lieferung** liegt dann vor, wenn der leistende Unternehmer dem Leistungsempfänger die **Verfügungsmacht** an einem Gegenstand verschafft. Darunter versteht man den gewollten und endgültigen Übergang eines Gegenstandes vom Leistenden auf den Leistungsempfänger (Abnehmer). Der Abnehmer muss faktisch in die Lage versetzt werden, mit dem Gegenstand nach Belieben verfahren zu können. Der leistende Unternehmer kann dem Abnehmer durch verschiedene **Wege** die Verfügungsmacht verschaffen:

1) Der Unternehmer übergibt dem Abnehmer unmittelbar den Gegenstand.
2) Der Unternehmer verschafft die Verfügungsmacht im Auftrag des Abnehmers einem Dritten.
3) Im Auftrag des Unternehmers (z. B. Möbeleinzelhändler) verschafft ein Dritter (z. B. Möbelhersteller) dem Abnehmer die unmittelbare Verfügungsmacht.
4) Ein Beauftragter des Unternehmers verschafft einem vom Abnehmer benannten Dritten die Verfügungsmacht.

Als **Liefergegenstand** kommen körperliche Gegenstände (Sachen, Tiere etc.), Sachgesamtheiten (z. B. ein Warenlager) und Wirtschaftsgüter, die im Geschäftsverkehr wie Sachen behandelt werden (z. B. Energie, Firmenwert), in Betracht (vgl. R 24 Abs. 1 und 2 UStR).

Für die Bestimmung des **Orts der Lieferung** (Inland) sind die § 3 Abs. 6 und § 3 Abs. 7 UStG maßgebend. Entscheidend ist, ob der Liefergegenstand zur Erfüllung des Liefergeschäfts bewegt (transportiert) werden muss oder nicht, wie beispielsweise bei der Lieferung von Grundstücken.

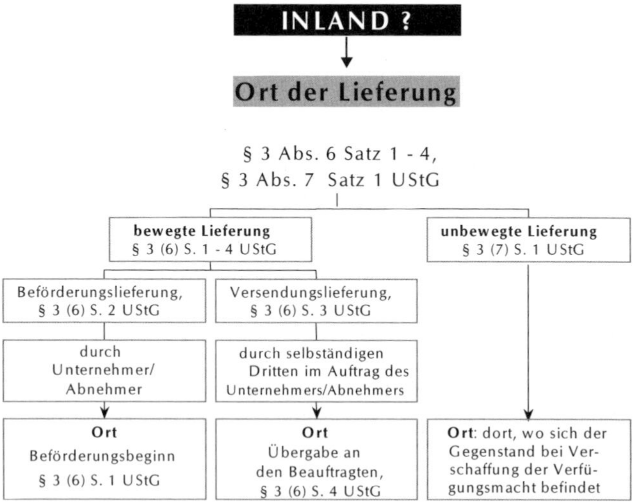

2.2.6.1 Grundfall – bewegte Lieferung

Den Grundfall stellt die Lieferung mit Warenbewegung dar. Es liegt entweder eine **Beförderungs**- oder eine **Versendungslieferung** vor. „Befördern" ist jede Fortbewegung eines Gegenstandes (§ 3 Abs. 6 Satz 2 UStG). Sie kann durch den Lieferer, den Abnehmer oder einen beauftragten Dritten erfolgen. „Versenden" ist gegeben, wenn die Beförderung durch einen selbständigen Beauftragten ausgeführt wird (§ 3 Abs. 6 Satz 3 UStG).

Der **Ort der Lieferung** bestimmt sich danach, wo die Beförderung oder die Versendung (durch einen Dritten) an den Abnehmer b e g i n n t (§ 3 Abs. 6 Satz 1 UStG). Die Regelung des § 3 Abs. 6 UStG ist ausschließlich ortsbezogen. Die Lieferung ist im Inland also nur dann steuerbar, wenn der Transport (Beförderungs- oder Versendungslieferung) im Inland beginnt.

2.2.6.2 Innergemeinschaftliche Lieferung neuer Fahrzeuge

Die Sonderregelung zur Erwerbsbesteuerung neuer Fahrzeuge ist eine Ausnahme, die das USt-Binnenmarktgesetz von dem für Privaterwerbe grundsätzlich geltenden Ursprungslandprinzip macht. Die Umsatzsteuer, die bei der Lieferung von Neufahrzeugen anfällt, soll danach immer dem Verbrauchsland zustehen. Steuerbare Fahrzeuglieferungen sind nach § 6 a Abs. 1 Nr. 2 c i. V. m. § 4 Nr. 1 b UStG steuerfrei und aufgrund des § 2 a i. V. m. § 15 UStG über den Vorsteuerabzug vollständig von der Umsatzsteuer des Lieferstaates freigestellt. Dieser Steuerfreiheit der Lieferung im Ursprungsland steht die Steuerpflicht des Erwerbs im Bestimmungsland gegenüber. Weil die Fahrzeuglieferer i. S. d. § 2 a UStG bei der Anschaffung des Fahrzeugs mit der inländischen Umsatzsteuer belastet worden sind, wird zur Vermeidung einer Doppelbelastung eine Entlastung der inländischen Umsatzsteuer vorgenommen. Nach § 15 Abs. 4 a UStG erhält der Lieferer zum Zeitpunkt, zu dem die innergemeinschaftliche (Weiter-)Lieferung des Fahrzeugs erfolgt, die Möglichkeit des Vorsteuerabzugs.

Beispiel: Der in Frankreich bei Citroen arbeitende Mitarbeiter Geizig (französische Privatperson) kauft am 10.03. des laufenden Jahres einen PKW für 30.000,00 € + USt. Am 09.07. des gleichen Jahres verkauft er diesen PKW (5.000 km Fahrleistung) an eine deutsche Privatperson. Da dieser Vorgang in Deutschland der 19%igen deutschen Erwerbsbesteuerung (USt-Deutschland) unterliegt, wird Geizig als fiktiver Unternehmer behandelt, der den Vorsteuerabzug für diesen PKW in Frankreich geltend machen kann.

Dies gilt entsprechend für einen Unternehmer i. S. d. § 2 UStG, wenn er ein neues Fahrzeug aus dem Privatvermögen liefert. Verkauft hingegen eine französische Privatperson an einen deutschen Unternehmer für dessen Unternehmen ein neues Fahrzeug, so unterliegt dies der deutschen Erwerbsbesteuerung nach § 1 a UStG.

2.2.6.3 Zeitpunkt der Lieferung

§ 3 Abs. 1 UStG regelt nicht den Zeitpunkt der Lieferung. Deshalb bestimmt sich der Zeitpunkt nach den Vorgaben des Zivilrechts. Maßgebend ist i. d. R. der Zeitpunkt des **Gefahren**übergangs und des Übergangs von **Nutzen und Lasten** (vgl. §§ 446, 447 BGB).

Der Zeitpunkt der Lieferung ist vom Ort der Lieferung isoliert zu betrachten. Die Bestimmung des Orts ist im Hinblick auf die Beurteilung der Steuerbarkeit des Umsatzes notwendig. Die Bestimmung des Zeitpunkts der Lieferung ist im Hinblick auf den zutreffenden Voranmeldungszeitraum bzw. Besteuerungszeitraum wichtig.

Dölfel u. a. (2001): Steuerrecht, 4. Aufl., S. 427 - 434;
Grefe (2006): Unternehmenssteuern, 10. Aufl., S. 366 - 371, 378 - 383;
Hoffrichter-Dahl/Moecker (2006): Umsatzsteuer, 7. Aufl., S. 28 - 39;
Neeb (2000): Grundkurs Umsatzsteuer, S. 15 - 22, 53 - 66.

2.2.6.4 Ort der Lieferung (innergemeinschaftliche Lieferungen an Nichtunternehmer)

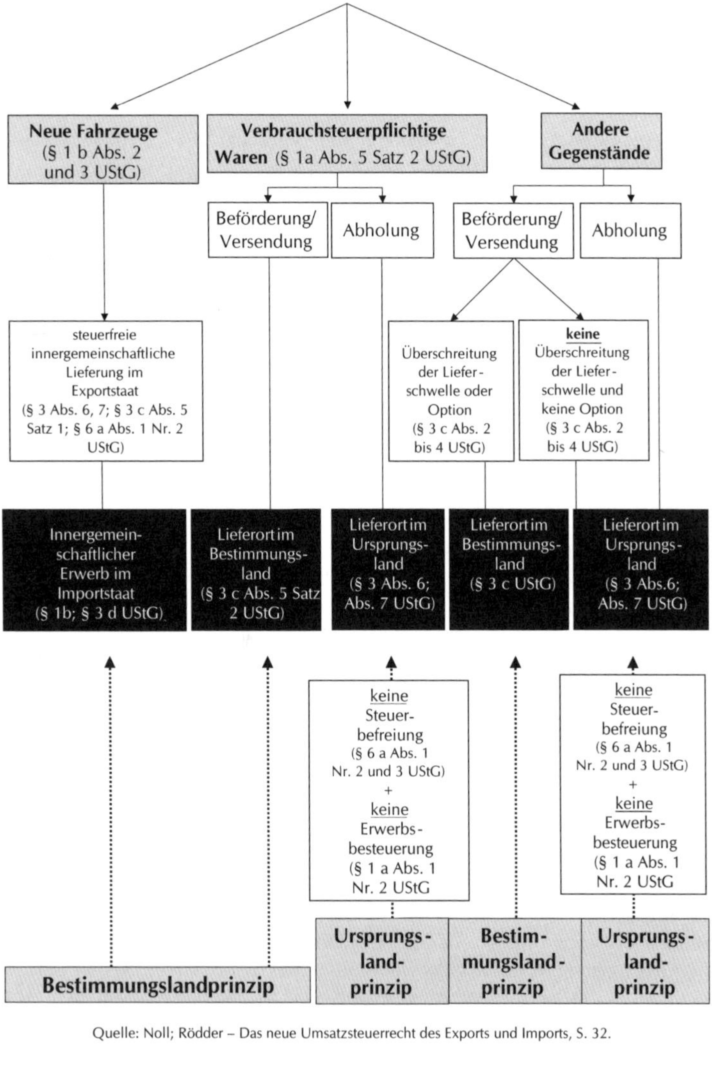

Quelle: Noll; Rödder – Das neue Umsatzsteuerrecht des Exports und Imports, S. 32.

Dellner/Gross/Ramb/Weinfurtner (2004): Steuerrecht für Anwälte, S. 398 - 408;
Dommermuth/Herrler/Scharl/Schmidt/Werdan (2004): Betriebliche Steuern, Band 1, 2. Aufl., S. 232 - 247.
Scheffler (2006): Besteuerung der Unternehmens I, 9. Aufl. S. 380 - 383.

2.2.7 Sonstige Leistung (§ 1 Abs. 1 Nr. 1 i. V. m. § 3 Abs. 9 UStG)

Sonstige Leistungen sind gemäß § 3 Abs. 9 UStG Leistungen, die keine Lieferungen sind. Das Umsatzsteuergesetz bestimmt den Begriff der „sonstigen Leistung" durch eine negative Abgrenzung gegenüber der Lieferung. Sonstige Leistungen können auch in einem Unterlassen oder im Dulden einer Handlung bzw. eines Zustandes bestehen.

Als sonstige Leistungen kommen insbesondere in Betracht: Dienstleistungen, Werkleistungen, Gebrauchs- und Nutzungsüberlassungen (Vermietung, Verpachtung, Darlehensgewährung, Einräumung eines Nießbrauchs), Einräumung – Übertragung – Wahrnehmung von Patenten, von Urheberrechten, von Markenzeichen und ähnlichen Rechten, Reiseleistungen und Restaurationsumsätze.

Für den **Ort der sonstigen Leistung** kommen folgende Bestimmungen in Betracht:

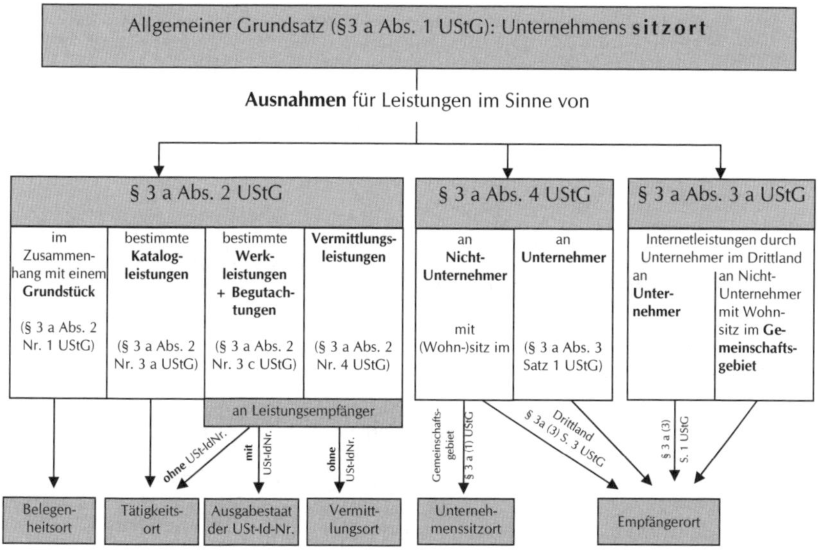

Vgl. Grefe: Unternehmenssteuern, 10. Aufl., Ludwigshafen 2006, S. 375, 379.

Für Internetleistungen (z. B. Download von Software oder Musik) ist ab 2003 eine Spezialregelung in § 3 a Abs. 3 a UStG verankert worden. Danach ist der Ort der Leistung bei Empfängern, die Privatpersonen – also keine Unternehmer – sind und die ihren Wohnsitz (bzw. Sitz) im Gemeinschaftsgebiet haben, der Wohnsitz (bzw. Sitz) des Empfängers, sofern der leistende Unternehmer im Drittlandsgebiet ansässig ist (zur Abgrenzung s. BMF v. 12.6.2003, BStBl. I 2003, S. 375).

Die Vorschrift des § 3 b UStG geht gemäß § 3 a Abs. 1 Satz 1 UStG der Regelung des § 3 a Abs. 1 UStG vor. § 3 b UStG trifft Regelungen zum **Ort der Beförderungsleistungen** und der damit zusammenhängenden sonstigen Leistungen. Bei den Beförderungsleistungen als Hauptleistungen handelt es sich um sonstige Leistungen i. S. d. § 3 Abs. 9 UStG. Die Beförderungsleistungen sind nur steuerbar, soweit sie im Inland erbracht werden. Die Ortsbestimmung ist im § 3 b UStG geregelt. Zu unterscheiden sind **Personen**beförderungen und **Güter**beförderungen.

Für die Entnahme von Leistungen durch den Unternehmer (z. B. Streichen des privaten Einfamilienhauses eines Malermeisters durch seine Mitarbeiter) stellt § 3 Abs. 9 a UStG sicher, dass derartige Tatbestände auch ohne Entgelt als Leistungsentnahme (früher sog. „Eigenverbrauch“) steuerbar sind. Durch den Wegfall des Satzes 2 in dieser Vorschrift gilt dies auch für die private Pkw-Nutzung von Unternehmern.

Deppe/Freikamp u. a. (2003): Steuerrecht und Buchführung, 16. Aufl., S. 630 - 635, 470 - 478;
Dölfel/Bilsdorfer/Weimann (2001): Steuerrecht, 4. Aufl., S. 434 - 437;
Grefe (2006): Unternehmenssteuern, 10. Aufl., S. 372 - 377;
Hofrichter-Dahl/Moecker (2006): Umsatzsteuer, 7. Aufl., S. 40 - 51;
Rauser (2006): Steuerlehre für Ausbildung und Praxis, 33. Aufl., S. 84 - 90.

2.3 Steuerbefreiungen (§ 4 UStG)

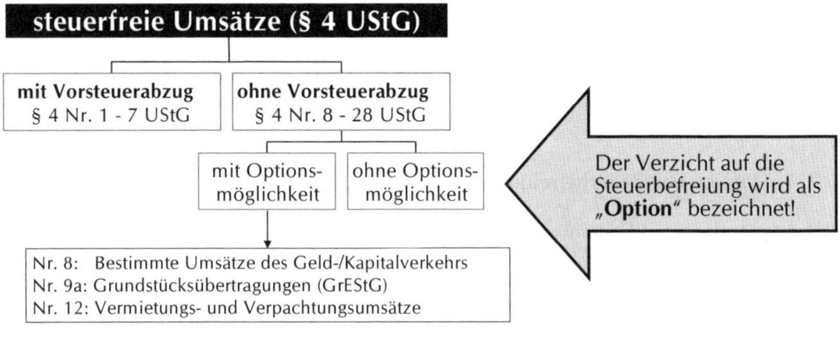

2.3.1 Ausfuhrlieferungen und innergemeinschaftliche Lieferungen (§ 4 Nr. 1 a und b i. V. m. § 6 sowie § 6 a UStG)

Aufgrund des Bestimmungslandsprinzips sind Ausfuhrlieferungen und innergemeinschaftliche Lieferungen in § 4 Nr. 1 UStG i. V. m. §§ 6, 6 a UStG vom Gesetzgeber steuerlich begünstigt worden. Bei den Ausfuhrlieferungen wird grundsätzlich zwischen § 6 Abs. 1 Nr. 1 UStG (der **Lieferer** befördert/versendet in das Drittlandsgebiet) und § 6 Abs. 1 Nr. 2 UStG (der **Abnehmer** befördert/versendet in das Drittlandsgebiet) unterschieden. Bei allen Ausfuhrlieferungen gelangt der Liefergegenstand vom Inland in das Drittlandsgebiet. Gleiches gilt für die Lieferung ins übrige EU-Gemeinschaftsgebiet (innergemeinschaftliche Lieferung nach § 6 a UStG), sofern eine Steuerbarkeit gegeben ist. Es handelt sich in beiden Fällen immer um eine bewegte Lieferung.

2.3.2 Sonstige Steuerbefreiungen (ohne Vorsteuerabzug)

- § 4 Nr. 8 UStG: Umsätze des Geld- und Kapitalverkehrs (teilweise mit Option)
- § 4 Nr. 9 a UStG: Umsätze, die unter das Grunderwerbsteuergesetz fallen (mit Option)
- § 4 Nr. 10 und 11 UStG: Umsätze von Versicherungen und Versicherungsvertretern
- § 4 Nr. 11 b UStG: Umsätze der Deutschen Post AG (insbes. Briefe)
- § 4 Nr. 12 UStG: Vermietungs- und Verpachtungsumsätze (mit Option)
- § 4 Nr. 14 bis 16 UStG: Umsätze mit Heilberufen und Krankenhäusern
- § 4 Nr. 19 UStG: Umsätze von Blindenwerkstätten (mit umfassender Option)
- § 4 Nr. 20 UStG: Umsätze kultureller Einrichtungen und Veranstaltungen öffentlicher Hand (z. B. Konzerte, Theater, Chöre)
- § 4 Nr. 21 und 22 UStG: Vortragstätigkeiten – Kurse selbständiger Lehrer sowie Umsätze und Kurse an Bildungseinrichtungen und Hochschulen
- § 4 Nr. 28 UStG: Verkauf von Anlagegegenständen durch steuerbefreite (nicht vorsteuerabzugsberechtigte) Unternehmer

2.3.3 Ökonomische Auswirkungen der Steuerbefreiung und des Ausschlusses des Vorsteuerabzuges

Die in Rechnung gestellte Umsatzsteuer wird bei steuerbefreiten Unternehmern grundsätzlich zum Kostenbestandteil, da sie nach § 15 Abs. 2 UStG nicht als Vorsteuer abgezogen werden kann. Allerdings darf diese Umsatzsteuer im Rahmen der Ertragsteuern grundsätzlich als Betriebsausgabe (z. B. Umsatzsteuer auf Vorräte) geltend gemacht werden.

Beim Erwerb von Anlagevermögen ist ergänzend § 9 b Abs. 1 EStG zu beachten, nach dem die nicht abziehbare Vorsteuer i. d. R. zu den **Anschaffungs- oder Herstellungskosten** des Wirtschaftsgutes gehört. Die Umsatzsteuer wirkt sich dann ökonomisch über die Nutzungsdauer als Abschreibung (Betriebsausgabe) aus.

2.3.4 Option bei Steuerbefreiungen

2.3.4.1 Option bei Blindenwerkstätten

Beispiel: Eine Blindenwerkstatt stellt Holzspielzeug für Privatpersonen, umsatzsteuerbefreite Unternehmer (z. B. Kinderärzte) und umsatzsteuerpflichtige Unternehmer (z. B. Karstadt, Kaufhof) her. Die Blindenwerkstatt bezieht Holz und andere Materialien für die Herstellung des Spielzeugs und zahlt hierfür die in Rechnung gestellte Umsatzsteuer anderer Unternehmer. Da die Umsätze der Blindenwerkstätten nach § 4 Nr. 19 UStG steuerbefreit sind, kann die Blindenwerkstatt nach § 15 Abs. 2 Nr. 1 UStG die Vorsteuer – ohne Option – nicht abziehen. Allerdings kann nach § 9 Abs. 1 UStG die Blindenwerkstatt die Umsätze an andere Unternehmer als steuerpflichtig behandeln. Dies ist auch bei Umsätzen mit steuerbefreiten (und nicht zum Vorsteuerabzug berechtigten) Unternehmern zulässig. Wird an steuerpflichtige Unternehmer (z. B. Karstadt, Kaufhof) geliefert, ist i. d. R. eine Abwälzung der USt in Form einer Erhöhung des Rechnungspreises möglich, da der steuerpflichtige (empfangende) Unternehmer die Umsatzsteuer als Vorsteuer abziehen kann. In diesen Fällen ist die Option daher für die Blindenwerkstatt immer vorteilhaft, da dann die Vorsteuer auf Holz und die Materialien abziehbar ist. Bei Lieferungen an steuerbefreite Unternehmer (z. B. Kinderärzte) ist eine Option häufig nicht mit einer Erhöhung des Rechnungspreises möglich, da diese Unternehmer die Umsatzsteuer nicht als Vorsteuer abziehen können. Vorteilhaft ist in derartigen Fällen eine Option nur bei negativer Wertschöpfung, wenn die Vorsteuer auf die Materialien höher ist als die zu erhebende Umsatzsteuer (z. B. wegen sehr hoher Ausschussrate bei der Herstellung). Eine Option für die Umsätze mit Privatpersonen ist nicht zulässig.

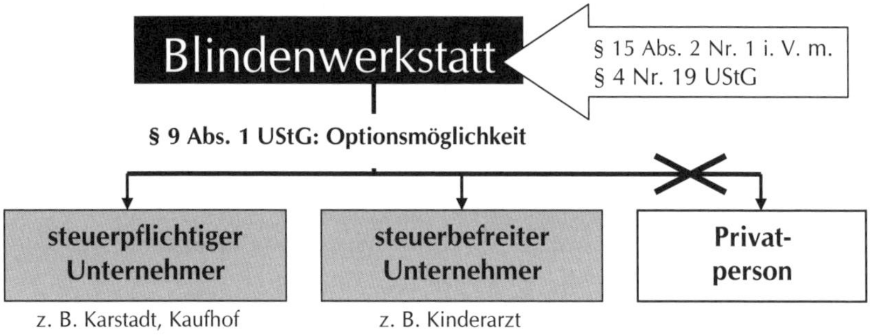

2.3.4.2 Option bei Grundstücksübertragungen und Vermietungsumsätzen und deren ökonomischen Konsequenzen (§ 9 UStG)

Nach § 9 Abs. 1 UStG **kann** bei Grundstücks- und Vermietungsumsätzen auf die Steuerfreiheit verzichtet werden. Dadurch werden die betreffenden steuerfreien Umsätze steuer**pflichtig**. Die Ausübung der Option zum Verzicht der Steuerfreiheit ist empfehlenswert, wenn der Leistungsempfänger zum Vorsteuerabzug berechtigt ist und die Umsatzsteuer auf den (empfangenden) Unternehmer abgewälzt werden kann.

Voraussetzungen für den Verzicht: *Der Umsatz muss an einen **anderen Unternehmer** für dessen **Unternehmen** ausgeführt werden! (§ 9 Abs. 1 UStG).*

Besonderheit bei Vermietungsumsätzen: Der Mieter darf das Gebäude ausschließlich nur für Umsätze verwenden, die den **Vorsteuerabzug nicht** ausschließen (§ 9 Abs. 2 Satz 1 UStG).

Eigene Nutzung von Häusern: Nach der Rechtsprechung des EuGH (v. 8.5.2003, BStBl. II 2004, S. 378 - 383; sog. „Seeling"-Urteil; s. auch BFH v. 24.7.2003, BStBl. II 2004, S. 371 - 373) kann bei gemischter (betrieblicher und privater) eigener Nutzung ein Haus dem Unternehmensvermögen zugeordnet werden. In diesem Fall kann die Vorsteuer zunächst vollständig abgezogen werden; die private Eigennutzung ist dann als Leistungsentnahme im Sinne von § 3 Abs. 9 a UStG zu interpretieren, deren Bemessungsgrundlage sich nach dem Berichtigungszeitraum des § 15 a UStG (also 10 Jahre; 10 % der Anschaffungs- bzw. Herstellungskosten; vgl. BMF v. 13.4.2004, BStBl. I 2004; S. 468 f.) richtet (vgl. BMF v. 13.4.2004, BStBl. I 2004, S. 469 f.; danach unterliegt die spätere Überführung vom Unternehmens- ins Privatvermögen auch als Entnahme gemäß § 3 Abs. 1 b Satz 1 Nr. 1 UStG der USt-Besteuerung; keine Steuerbefreiung nach § 4 Nr. 9 a UStG; strittig!). Die eigene Nutzung von Häusern fällt also nicht unter den Anwendungsbereich des § 9 UStG, da hier nach der EuGH-Rechtsprechung (a. a. O., Tz. 49 - 52) keine Vermietung i. S. d. § 4 Nr. 12 vorliegt. Allerdings besteht hier bei der gemischten Nutzung i. d. R. ein Wahlrecht zur Zuordnung zum Unternehmens- oder Privatvermögen.

Beispiel: Vermietungs- und Verpachtungsumsätze

Anschaffungskosten des Gebäudes: 1.000.000 + 190.000 (USt) = 1.190.000

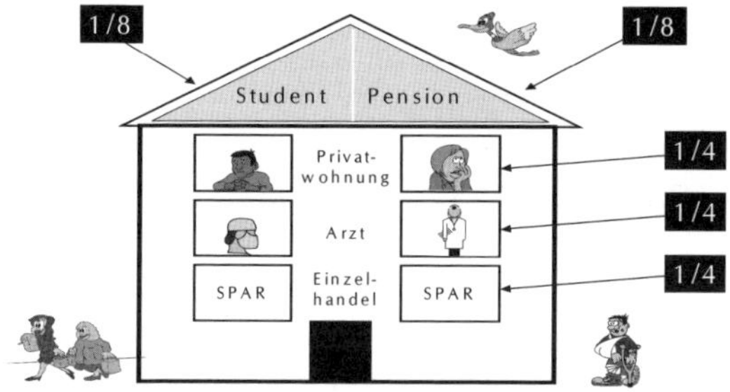

Prüfungsschritt I (§ 1 Abs. 1 Nr. 1 UStG): Steuerbare Umsätze?

- Leistungsaustausch eines Unternehmers (+)
- im Inland (§ 3 a Abs. 2 Nr. 1 UStG) (+)
- gegen Entgelt (§ 10 UStG) (+)
- im Rahmen des Unternehmens (+)
  an einen Gewerbetreibenden [SPAR], an einen Arzt [Dr. Fußpilz], an einen Studenten; eine Pension und die Privatwohnung (enger Zusammenhang durch die private Nutzung);
- Privatwohnung: Zuordnung zum Unternehmensvermögen (sog. Seeling-Urteil)
  => sonstige Leistungen i. S. d. § 3 Abs. 9 a UStG (+)
  Zuordnung zum Privatvermögen
  => kein steuerbarer Umsatz (–)

➔ **Der Vermieter ist im Rahmen seiner Vermietungstätigkeit umsatzsteuerlicher Unternehmer, somit sind alle Vermietungsumsätze an Dritte steuerbar!**

Prüfungsschritt II (§ 4 UStG): Steuerbefreiung der steuerbaren Umsätze?

➔ **Nicht steuerfrei:** Die Pension, da eine kurzfristige Vermietung i. S. v. § 4 Nr. 12 a Satz 2 UStG vorliegt. Somit liegen auch ohne Option steuerpflichtige Vermietungsumsätze vor!
Vorsteuerabzug: $^{1}/_{8}$ von 190.000 = 23.750

Privatwohnung bei Zuordnung zum Unternehmensvermögen (Vermietung an sich selbst ist nicht möglich = > kein § 4 Nr. 12 a; siehe oben)

Zusätzlicher Vorsteuerabzug: ¼ von 190.000 = 47.500

➔ **Steuerfrei**: langfristige Vermietung (§ 4 Nr. 12 a UStG)
- Vermietungsleistung wird an einen anderen Unternehmer erbracht?
- Mieter (= Unternehmer) nutzt den Gebäudeteil ausschließlich für Umsätze, die den Vorsteuerabzug nicht ausschließen?

➔ **Einzeloptionsmöglichkeit nach § 9 Abs. 1 u. 2 UStG für folgende Vermietungsumsätze:** Einzeloptionsmöglichkeit für den Vermietungsumsatz mit dem Gewerbetreibenden [SPAR] im Umfang von ¼; für die restlichen Vermietungstätigkeiten besteht keine Optionsmöglichkeit, da die Mieter keine Unternehmer i. S. d. Umsatzsteuergesetzes sind bzw. Umsätze tätigen, die nach § 4 UStG steuerbefreit sind und somit nicht zum Vorsteuerabzug berechtigen!

Deppe/Freikamp u. a. (2003): Steuerrecht und Buchführung, 16. Auflage, S. 652 - 667;
Dölfel u. a. (2001): Steuerrecht, 4. Aufl., S. 449 - 452;
Hoffrichter-Dahl/Moecker (2006): Umsatzsteuer, 7. Aufl., S. 61 - 77;
Neeb (2000): Grundkurs Umsatzsteuer, S. 77 - 85.

2.4 Die Bemessungsgrundlage der Umsatzsteuer (§ 10 UStG)

Entgelt: *„Entgelt ist alles, was der Leistungsempfänger aufwendet, um die Leistung zu erhalten, jedoch abzüglich der Umsatzsteuer".*
Ist der Bruttopreis gegeben, ermittelt sich der Nettopreis und die Umsatzsteuer wie folgt:

Beispiel 1: Bruttopreis im Jahr 2007: 17.850,00 €, einschließlich 19 % Umsatzsteuer:
➔ Nettopreis (Entgelt): 17.850 / 1,19 = 15.000,00 €
➔ Umsatzsteuer 2007: 17.850 / 1,19 x 0,19 = 2.850,00 € (=15.000 x 0,19)

Beispiel 2: Bruttopreis für ein Buch 214,00 €, einschließlich 7 % Umsatzsteuer:
➔ Nettopreis (Entgelt): 214 / 1,07 = 200,00 €

Sonderfall: Beim Tausch und bei tauschähnlichen Umsätzen gilt der Wert jedes Umsatzes als Entgelt für den anderen Umsatz (§ 10 Abs. 2 Satz 2 UStG). Das ist der gemeine Wert (Verkehrswert).

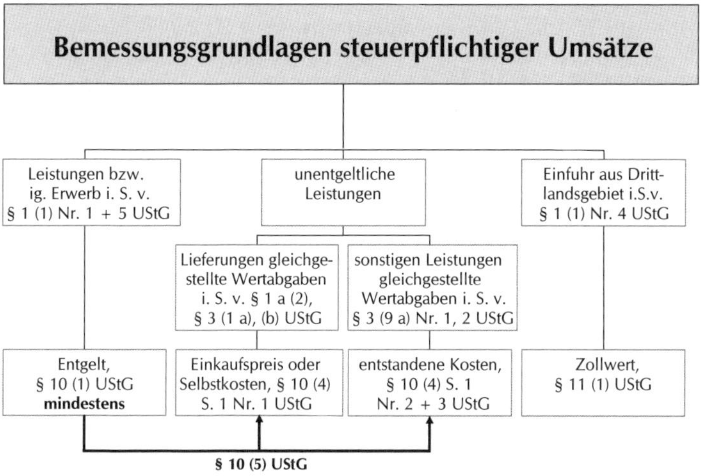

Dölfel/Bilsdorfer/Weimann (2001): Steuerrecht, 4. Aufl., S. 453 - 456;
Dommermuth/Herrler/Scharl/Schmidt/Werdan (2004): Betriebliche Steuern, Bd. 1, 2. Aufl., S. 207 f., 249 (EU-Steuersätze);
Neeb (2000): Grundkurs Umsatzsteuer, S. 95 - 98;
Scheffler (2006): Besteuerung von Unternehmen I, 9. Aufl., S. 422 - 424.

2.5 Steuersatz (§ 12 UStG)

2.5.1 Regelsteuersatz (§ 12 Abs. 1 UStG)

Allgemeiner Steuersatz: 19 % (bis 31.12. 2006: 16 %) der Bemessungsgrundlage (zu Übergangsproblemen der Anhebung des allgemeinen Steuersatzes von 16 % auf 19 % sie BMF v. 11.8.2006, BStBl. I 2006, S. 477 - 484). Der 19%ige Steuersatz darf erst verwendet werden, wenn weder der ermäßigte Steuersatz (7 %) noch die Sonderregelung für Land- und Forstwirte (§ 24 Abs. 1 UStG) angewendet werden. Der ermäßigte Steuersatz ist deshalb vorrangig zu prüfen!

2.5.2 Ermäßigter Steuersatz (§ 12 Abs. 2 Nr. 1 - 10 UStG sowie Anlage zum UStG)

Ermäßigter Steuersatz: 7 % der Bemessungsgrundlage.
Beispiele: Lebensmittel und bestimmte Getränke ohne Verzehr vor Ort, Waren des Buchhandels und grafische Erzeugnisse, Zeitungen, Kunstgegenstände und Sammlungen, Urheberrechtsleistungen, Schwimmbadnutzung, steuerpflichtige Theater, Konzerte und Chöre, Nahverkehrsmittel und Taxifahrten innerhalb einer Gemeinde bzw. mit weniger als 50 km etc. Durch die Anwendung des ermäßigten Steuersatzes wird erreicht, dass bestimmte Waren- und Dienstleistungen auf der Endstufe des Verbrauchs „billiger" ankommen.

Grundsätzlich unterliegen Lieferungen von Speisen und Getränken dem ermäßigten Steuersatz von 7 %. Die Abgabe von Speisen und Getränken zum unmittelbaren Verzehr an Ort und Stelle stellt allerdings seit 1998 keine Lieferung mehr dar, sondern wird nach § 3 Abs. 9 Satz 4 UStG den sonstigen Leistungen zugeordnet. Der ehemals als „Entnahmeeigenverbrauch" (§ 1 Abs. 1 Nr. 2 a UStG 1998) bezeichnete Tatbestand wird nun wie eine Lieferung gegen Entgelt behandelt (Wertabgabe des Unternehmers für unternehmensfremde Zwecke). Damit ist beispielsweise auch der unentgeltliche Verzehr von Speisen im Geschäftslokal durch den Gastwirt bzw. durch eine ihm nahe stehende Person nicht mehr mit dem ermäßigten Steuersatz begünstigt. Der Verzehr an Ort und Stelle unterliegt somit dem Regelsteuersatz von 19 %.

Beispiel: Brezel betreibt in Pforzheim eine Bäckerei mit einem kleinen Steh-Café. Aus dem Ladengeschäft der Bäckerei hat er diverse Kuchensorten für das Kaffeekränzchen seiner Ehefrau entnommen. Im Cafe hat Brezel Kuchen, Kaffee und Tee zum unmittelbaren Verzehr an Ort und Stelle verkauft, wohingegen ein unmittelbarer Verzehr an Ort und Stelle für die Lebensmittel der Bäckerei nicht vorgesehen ist.

Dem ermäßigten Steuersatz unterliegen grundsätzlich die in der Anlage zu § 12 Abs. 2 Nr. 1 UStG („Liste der dem ermäßigten Steuersatz unterliegenden Gegenstände") enthaltenen Sachen.

Somit unterliegen im Beispiel die Lieferungen im Ladengeschäft (Bäckerei) und die Entnahme der Kuchen für das Kaffeekränzchen (unentgeltliche Lieferung) dem ermäßigten Steuersatz. Bei diesen Gegenständen handelt es sich um „Backwaren", die in der Anlage unter der Nr. 31 aufgeführt sind.

Dem Regelsteuersatz von 19 % unterliegen die sonstigen Leistungen im Steh-Café, da nur bei diesen Umsätzen ein unmittelbarer Verzehr an Ort und Stelle erfolgt.

2.6 Ausstellung von Rechnungen (§ 14 und § 14 a UStG)

Eine Rechnung ist gemäß § 14 Abs. 1 UStG jede Urkunde, in der eine Leistung abgerechnet wird. Es ist nicht erforderlich, dass diese Urkunde mit dem Titel „Rechnung" bezeichnet wird. Fehlt es jedoch an einer ordnungsmäßigen Rechnung, so ist der Vorsteuerabzug nicht möglich (§ 15 Abs. 1 Satz 1 Nr. 1 UStG)! Die allgemeinen Angaben einer Rechnung (z. B. Ausstellungstag, Zeitpunkt der Lieferung bzw. sonstigen Leistung, Empfänger, Rechnungsnummer, Steuerbemessungsgrundlage, Steuersatz, Steuerbetrag) sind in § 14 Abs. 4 UStG geregelt. In Rechnungen muss außerdem neben dem leistenden Unternehmer zusätzlich dessen Steuernummer oder (ab 2004) dessen Umsatzsteuer-Identifikationsnummer angegeben sein (§ 14 Abs. 4 Nr. 2 UStG; s. auch BMF v. 29.1.2004, BStBl. I 2004, S. 258 - 267).

Kleinbetragsrechnungen (§ 33 UStDV), deren Gesamtbetrag 150 € (bis 31.12.2006: 100 €) nicht übersteigen, müssen mindestens folgende Angaben enthalten: Den Namen und die Anschrift des leistenden Unternehmers (ohne Steuernummer), das Ausstellungsdatum, die Menge und die handelsübliche Bezeichnung des Gegenstands oder die Art und den Umfang der sonstigen Leistung, den Steuersatz, das Entgelt und den Steuerbetrag in einer Summe bzw. den Hinweis auf eine Steuerbefreiung. Bei **Fahrausweisen** ist ein Vorsteuerabzug möglich, wenn aus dem Fahrausweis der befördernde Unternehmer, das Ausstellungsdatum und das Bruttobeförderungsentgelt erkennbar sind. Wird der ermäßigte Steuersatz nicht angewendet, so ist zusätzlich der Steuersatz bzw. bei Beförderungen mit der Bahn die Tarifentfernung anzugeben.

Wird eine Rechnung erteilt, obwohl der Sachverhalt sich nicht ereignet hat, oder werden Steuerbeträge ausgewiesen, obwohl keine Berechtigung besteht bzw. die Höhe fehlerhaft ist, so sieht § 14 c Abs. 2 UStG vor, dass der Rechnungsaussteller den ausgewiesenen Betrag trotzdem schuldet. § 14 c Abs. 1 Satz 2 und Abs. 2 Satz 3 UStG sehen aber neuerdings Berichtigungsmöglichkeiten der Rechnungen – im Gegensatz zur früheren Rechtslage – vor, wenn die Gefährdung des Steueraufkommens beseitigt worden ist.

2.7 Der Vorsteuerabzug (§ 15 UStG)

Bemessungsgrundlage x Steuersatz
= **Steuerschuld (Traglast)**
./. **abziehbare Vorsteuer**
= abzuführende Umsatzsteuer (**Zahllast**)

Der Vorsteuerabzug ist das Kernstück des Umsatzsteuersystems. Durch den Vorsteuerabzug wird bewirkt, dass eine Kumulation, d. h. eine Anhäufung der Umsatzsteuer, in der Unternehmerkette nicht eintritt.

Der Unternehmer kann nach § 15 UStG unter bestimmten Voraussetzungen die ihm von einem anderen Unternehmer gesondert in Rechnung gestellte Umsatzsteuer und die von ihm gezahlte Umsatzsteuer für den innergemeinschaftlichen Erwerb (Erwerbsteuer) als Vorsteuer von seiner Umsatzsteuerschuld abziehen. Der Leistungsempfänger kann den Vorsteuerabzug **zeitlich** in Anspruch nehmen, sobald die Tatbestandsvoraussetzungen des § 15 UStG erfüllt sind. Nach § 15 Abs. 1 Satz 1 UStG können grundsätzlich **nur Unternehmer** einen Vorsteuerabzug geltend machen. Die Eingangsleistung muss dabei **für den unternehmerischen Bereich** erbracht worden sein. In Fällen, in denen Leistungen sowohl für das Unternehmen als auch für die Privatsphäre erbracht werden, ist eine Aufteilung entsprechend der voraussichtlichen Nutzung vorzunehmen. Der unternehmerische Nutzungsanteil muss gemäß § 15 Abs. 1 Satz 2 UStG für die Zuordnung zum Unternehmensvermögen mindestens 10 % betragen (siehe 2.2.3.3). Somit ist bei einer unternehmerischen Nutzung von weniger als 10 % der Gegenstand grundsätzlich der Privatsphäre zuzuordnen und infolgedessen darf keine Vorsteuer abgezogen werden.

In § 15 Abs. 1 Satz 1 Nr. 1 UStG wird zusätzlich gefordert, dass eine **Rechnung mit gesondertem Steuerausweis** und den nach §§ 14 und 14 a UStG geforderten Angaben (s. Kap. 2.6) vorliegt.

Überblick - § 15 UStG

I. Persönliche Voraussetzungen

Zum Vorsteuerabzug sind ausschließlich **Unternehmer** im Rahmen ihrer **unternehmerischen Tätigkeit** berechtigt, **unabhängig** von ihrer Nationalität bzw. ihrer Ansässigkeit.

II. Sachliche Voraussetzungen

Art des steuerpflichtigen (steuerbar + nicht steuerfrei) Eingangsumsatzes

empfangene Leistungen	entrichtete Einfuhrumsatzsteuer	Steuer für innergemeinschaftlichen Erwerb
• § 15 Abs. 1 Satz 1 Nr. 1 UStG • Abschnitt 192 UStR • **gesonderter** Ausweis in Rechnungen i. S. v. § 14 UStG **Ausnahme**: Kleinbetragsrechnungen • Leistung von einem anderen Unternehmer • Ausführung der Leistung für das Unternehmen des Leistungsempfängers (beachte: 10 % Nutzungsgrenze)	• § 15 Abs. 1 Satz 1 Nr. 2 UStG • Abschnitt 199 - 201 UStR • Einführung von Gegenständen für das Unternehmen in das Inland • Nachweis der tatsächlichen Entrichtung durch zollamtliche Belege	• § 15 Abs. 1 Satz 1 Nr. 3 UStG • Abschnitt 192 a Abs. 1 und 2 UStR • innergemeinschaftlicher Erwerb (Erwerbssteuer) • Erwerb der Gegenstände für das Unternehmen

Seit dem 1.4.1999 sind außerdem nach § 15 Abs. 1a UStG **Repräsentationsaufwendungen** und **Umzugskosten** vom Vorsteuerabzug ausgenommen. Aufgrund der angenommenen Unvereinbarkeit mit der 6. EU-Richtlinie (vgl. BFH v. 23.11.2000, BStBl. II 2001, S. 266) wird dieses Abzugsverbot bei Übernachtungskosten und nachgewiesenen Verpflegungskosten des Unternehmers und seiner Arbeitnehmer von der Finanzverwaltung – entgegen dem Gesetzeswortlaut – unter bestimmten Voraussetzungen nicht mehr angewandt (vgl. BMF v. 28.3.2001, BStBl. I 2001, S. 251) und durch das Steueränderungsgesetz 2003 für alle Reisekosten des Unternehmens ab dem Veranlagungszeitraum 2004 gesetzlich abgeschafft. Der gesetzliche Ausschluss des Vorsteuerabzugs bei Bewirtungsaufwendungen verstößt aber nach Auffassung des BFH (v. 10.2.2005, DStR 2005, S. 598 - 600) gegen EU-Recht.

Der auf 50 % begrenzte Vorsteuerabzug für **Kraftfahrzeuge**, die sowohl für unternehmerische Zwecke als auch für private Zwecke genutzt werden (§ 15 Abs. 1 b UStG), wurde durch das Steueränderungsgesetz 2003 für Anschaffungen nach dem 1.1.2004 abgeschafft. Dafür wurde für die Privatnutzung von Kraftfahrzeugen die Leistungsentnahme (sog. Eigenverbrauch) nach § 3 Abs. 9 a UStG wegen des Wegfalls dessen Satzes 2 wieder eingeführt (vgl. BMF v. 27.8.2004, BStBl. I 2004, S. 864 – 869).

Der Ausschluss vom Vorsteuerabzug greift insbesondere bei Unternehmern, die steuerfreie Umsätze (z. B. Ärzte, Versicherungsvertreter u. ä.) tätigen. In diesen Fällen führt dies dazu, dass die Umsatzsteuer – auch bei Lieferungen und sonstigen Leistungen an andere (inländische) Unternehmer – als Kostenbestandteil zu behandeln ist. Ertragsteuerlich zählt die nicht abziehbare Vorsteuer bei Anlagegütern zu den Anschaffungskosten. Sie wird daher aktiviert und über die Laufzeit als AfA verteilt (s. Kap. 4.4.1.4).

Die Vorsteuerabzugsberechtigung bleibt aber bei (fiktiv) steuerfreien oder nicht steuerbaren Lieferungen ins EU-Ausland (innergemeinschaftliche Lieferung) oder ins Drittland nach § 15 Abs. 3 Nr. 1 i. V. m. § 4 Nr. 1 a und b UStG bestehen, da in derartigen Fällen die Waren nur im Bestimmungsland, wo die Güter konsumiert werden, mit Umsatzsteuer belastet und im Herkunftsland von der Umsatzsteuer (= Vorsteuer bei Exporthändlern) freigestellt werden sollen. Daher kommt es bei Exportunternehmen i. d. R. zu einem Vorsteuerüberhang im Rahmen der USt-Erklärung. Dies gilt dann nicht nur für Vorleistungen von Produzenten, sondern auch für die Anlagegüter derartiger Unternehmer. Folglich kann es in Investitionsphasen (ohne Umsatz) auch zu Vorsteuerüberhängen kommen.

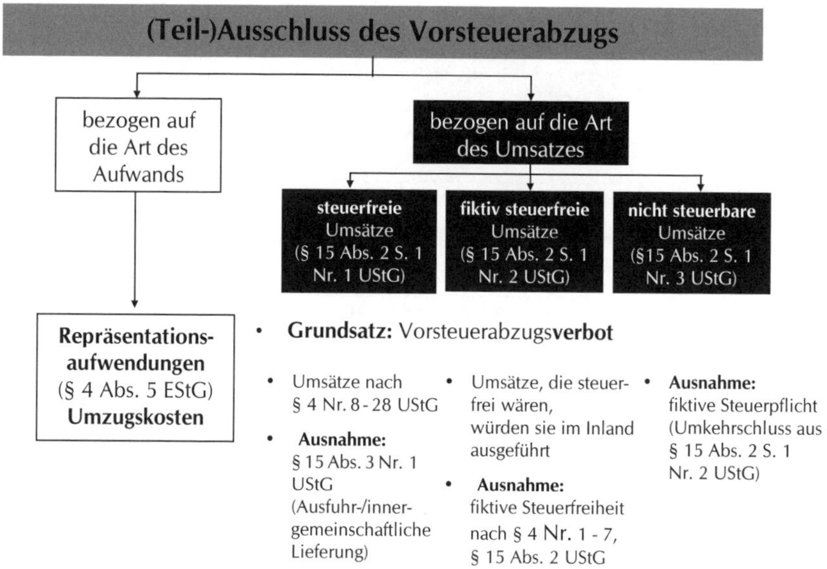

Grefe (2006): Unternehmenssteuern, 10. Aufl., S. 3951 - 414;
Dommermuth/Herrler/Scharl/Schmidt/Werdan (2004): Betriebliche Steuern, Band 1, 2. Aufl., S. 207 f., 249 (EU-Steuersätze);
Scheffler (2006): Besteuerung von Unternehmen I, 9. Aufl., S. 426 - 431.

2.8 Optionsmöglichkeit der Kleinunternehmer nach § 19 UStG und deren ökonomische Konsequenzen

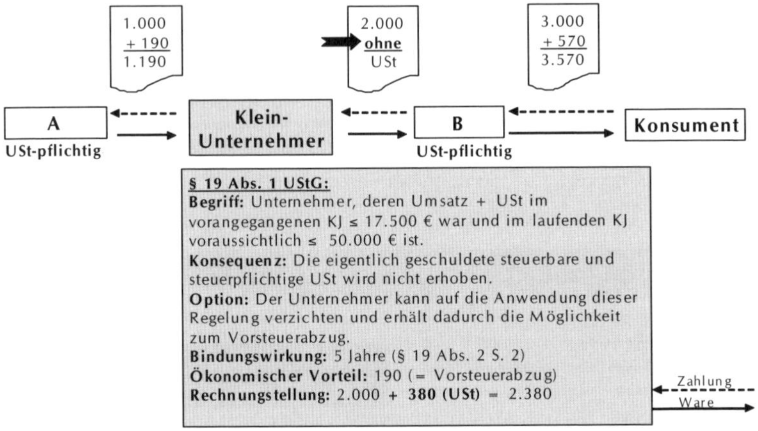

Beispiel eines Kleinunternehmers mit Darstellung der ökonomischen Auswirkungen

Unternehmer nach § 2 UStG: Berater

- Nettoumsatz mit Unternehmern: 10.000
- Umsatz mit Privatpersonen: 5.000
- Vorsteuer (USt auf erhaltene Vorleistungen): 1.200

Ausübung der Option

USt mit Unternehmer:	1.900,00
USt mit Privatpersonen: (= 5.000 x 19 % / 1,19)	798,32
= erhaltene Umsatzsteuer	2.698,32
./. Vorsteuer:	1.200,00
= USt-Schuld (Zahllast)	1.498,32

KEINE Option

USt mit Unternehmer:	0,00
USt mit Privatpersonen:	0,00
= erhaltene Umsatzsteuer	0,00
./. Vorsteuer:	0,00
= USt-Schuld (Zahllast)	0,00

Ökonomischer Vorteil

zusätzlich erhaltene USt vom Unternehmer:	1.900,00
./. USt-Schuld (Zahllast an das Finanzamt):	1.498,32
=	**401,68**

Hoffrichter-Dahl/Moecker (2006): Umsatzsteuer, 7. Aufl., S. 253 - 257;
Neeb (2000): Grundkurs Umsatzsteuer, S. 133 - 134.

2.9 Entstehung der Umsatzsteuer und Soll- und Ist-Versteuerung

Die Steuer entsteht für Lieferungen und sonstige Leistungen bei der Berechnung der Steuer nach **vereinbarten** Entgelten mit Ablauf des Voranmeldungszeitraums, in dem die Leistungen ausgeführt worden sind (§ 13 Abs. 1 Nr. 1 a Satz 1 UStG). Dabei wird im Regelfall die Steuer nach vereinbarten Entgelten gemäß § 16 Abs. 1 Satz 1 UStG berechnet (**Soll-Versteuerung, Regelbesteuerung**). Bestimmend für den Voranmeldungszeitraum des Umsatzes ist grundsätzlich der Zeitpunkt der Leistung. Bei Lieferungen ist dies i. d. R. der Zeitpunkt der Übergabe der verkauften Sache, bei sonstigen Leistungen ist dies der Zeitpunkt der Vollendung der ausgeführten Leistung. Der Zeitpunkt der tatsächlichen Bezahlung der Rechnung ist in diesem Fall unerheblich. Der Grundsatz der Sollversteuerung wird bei Abschlagszahlungen bzw. Vorauszahlungen durchbrochen (§ 13 Abs. 1 Nr. 1 a Satz 4 UStG).

Abweichend hiervon entsteht die Steuer für Lieferungen und sonstige Leistungen nach **vereinnahmten** Entgelten mit Ablauf des Voranmeldungszeitraums, in dem die Entgelte tatsächlich vereinnahmt worden sind (§ 13 Abs. 1 Nr. 1 b UStG). Gemäß § 20 Abs. 1 UStG kann auf Antrag die Steuer nach vereinnahmten Entgelten berechnet werden (**Ist-Versteuerung**). Die Berechnung nach vereinnahmten Entgelten setzt voraus, dass der Gesamtumsatz im vorangegangenen Kalenderjahr nicht mehr als 250.000 € (in den neuen Bundesländern: 500.000 €) betragen hat oder der Unternehmer von der Verpflichtung, Bücher zu führen und jährliche Abschlüsse zu machen nach § 148 AO befreit worden ist oder der Unternehmer Umsätze als Angehöriger eines freien Berufs i. S. v. § 18 Abs. 1 Nr. 1 EStG ausführt.

Das Entgelt gilt zeitlich als vereinnahmt, sobald der Unternehmer darüber wirtschaftlich verfügen kann.

Deppe/Freikamp u. a. (2003): Steuerrecht und Buchführung, 16. Aufl., S. 680 - 685;
Hoffrichter-Dahl/Moecker (2006): Umsatzsteuer, 7. Aufl., S. 253 - 257;
Neeb (2000): Grundkurs Umsatzsteuer, S. 98 - 99;
Rauser (2006): Steuerlehre für Ausbildung und Praxis, 33. Aufl., S. 151 - 152;
Scheffler (2006): Besteuerung von Unternehmen I, 9. Aufl., S. 431 - 433.

2.10 Steuerveranlagung und Fälligkeit der Umsatzsteuer (§§ 18, 18 a UStG)

Die USt-Voranmeldung und die USt-Erklärung sind **Steueranmeldungen** im Sinne der AO, weil der Steuerpflichtige die Steuer selbst zu berechnen hat (§ 150 Abs. 1 Satz 2 AO).

Der Unternehmer hat bis zum 10. Tag nach Ablauf jedes Voranmeldungszeitraums eine **USt-Voranmeldung** nach amtlich vorgeschriebenen Vordruck auf elektronischem Weg beim Finanzamt zu übermitteln. Ab dem Veranlagungszeitraum 2005 kann nur auf Antrag das amtliche Formular noch in Papierform abgegeben werden. Voranmeldungszeitraum für die USt-Vorauszahlung ist i. d. R. das Kalender**vierteljahr** (§ 18 Abs. 2 Satz 1 UStG). Beträgt die abzuführende Steuer für das vorangegangene Kalenderjahr mehr als 6.136 €, gilt der Kalender**monat** als Voranmeldungszeitraum (§ 18 Abs. 2 Satz 2 UStG). Unter den Voraussetzungen des § 18 Abs. 2 Satz 3 UStG, kann das Finanzamt den Unternehmer von der Verpflichtung zur Abgabe der Voranmeldung befreien (Steuer < 512 €).

Bei Abgabe der USt-Voranmeldung hat der Unternehmer zugleich die selbst berechnete Steuer als USt-Vorauszahlung zu entrichten. Sie ist am 10. Tag nach Ablauf des Voranmeldungszeitraums fällig. Alle von einem Unternehmer in einem Kalenderjahr geleisteten Vorauszahlungen ergeben das USt-Vorauszahlungssoll. Hat der Unternehmer auch innergemeinschaftliche Warenlieferungen ausgeführt, hat er zusätzlich an das zuständige Finanzamt vierteljährlich eine Meldung an das Bundesamt für Finanzen abzugeben (**zusammenfassende Meldung**).

Der Unternehmer hat für das Kalenderjahr eine **USt-Steuererklärung** bis zum 31. Mai des folgenden Jahres abzugeben (§ 18 Abs. 3 UStG i. V. m. § 149 Abs. 2 AO). In der USt-Jahreserklärung hat der Unternehmer die Steuer bzw. den Erstattungsanspruch selbst zu berechnen.

Deppe/Freikamp u. a. (2003): Steuerrecht und Buchführung, 16. Aufl., S. 697 - 701;
Grefe (2006): Unternehmenssteuern, 10. Aufl., S. 416 - 418;
Neeb (2000): Grundkurs Umsatzsteuer, S. 126 - 131;
Rauser (2006): Steuerlehre für Ausbildung und Praxis, 33. Aufl., S. 149 - 151.

2.11 Umsatzsteuererklärung 2006

2006

– Bitte weiße Felder ausfüllen oder ☒ ankreuzen, Anleitung beachten –

Zeile		
1	**An das Finanzamt**	Eingangsstempel
2	Fallart · **Steuernummer** · Unterfallart · Jahr · Vorgang · Sachbereich	
3	11 · · 50 · 06 · 1 · 99 · 11	
4		
5	**Umsatzsteuererklärung**	121
6	**Berichtigte Steuererklärung** (falls ja, bitte eine „1" eintragen)	110
7		
8	**A. Allgemeine Angaben**	
9	Name des Unternehmers	ggf. abweichender Firmenname
10	Art des Unternehmens	
11	Straße, Haus-Nr.	
12	PLZ, Ort	
13	E-Mail-Adresse	Telefon
14	**Dauer der Unternehmereigenschaft** (nur ausfüllen, falls nicht vom 1. Januar bis zum 31. Dezember 2006)	vom Tag Monat · bis zum Tag Monat
15	1. Zeitraum	200
16	2. Zeitraum	201
17	**Die Abschlusszahlung ist binnen einem Monat nach der Abgabe der Steuererklärung zu entrichten (§ 18 Abs. 4 UStG).** Ein Erstattungsbetrag wird auf das dem Finanzamt benannte Konto überwiesen, soweit der Betrag nicht mit Steuerschulden verrechnet wird.	
18	**Verrechnung des Erstattungsbetrages erwünscht / Erstattungsbetrag ist abgetreten** (falls ja, bitte eine „1" eintragen)	129
19	Geben Sie bitte die Verrechnungswünsche auf einem besonderen Blatt an oder auf dem beim Finanzamt erhältlichen Vordruck „Verrechnungsantrag".	
20	**Ein Umsatzsteuerbescheid ergeht nur, wenn von Ihrer Berechnung der Umsatzsteuer abgewichen wird.**	
21	**Hinweis nach den Vorschriften der Datenschutzgesetze:** Die mit der Steuererklärung angeforderten Daten werden auf Grund der §§ 149 ff. der Abgabenordnung sowie der §§ 18, 18b des Umsatzsteuergesetzes erhoben. Die Angabe der Telefonnummer und der E-Mail-Adresse ist freiwillig.	
22	**B. Angaben zur Besteuerung der Kleinunternehmer (§ 19 Abs. 1 UStG)**	
23	Die Zeilen 24 und 25 sind nur auszufüllen, wenn der Umsatz **2005** (zuzüglich Steuer) nicht mehr als **17 500 €** betragen hat und auf die Anwendung des § 19 Abs. 1 UStG nicht verzichtet worden ist.	Betrag **volle EUR**
24	**Umsatz im Kalenderjahr 2005** } (Berechnung nach § 19 Abs. 1 und 3 UStG)	238
25	**Umsatz im Kalenderjahr 2006**	239
26	**Unterschrift** Ich habe dieser Steuererklärung die Anlage UR	Bei der Anfertigung dieser Steuererklärung einschließlich der Anlagen hat mitgewirkt:
27	☐ beigefügt.	
28	☐ nicht beigefügt, weil ich darin keine Angaben zu machen hatte.	
29		
30	Datum, eigenhändige Unterschrift des Unternehmers	

– 2 –

Steuernummer:

Zeile	C. Steuerpflichtige Lieferungen, sonstige Leistungen und unentgeltliche Wertabgaben	Kz	Bemessungsgrundlage ohne Umsatzsteuer volle EUR	Kz	Steuer EUR	Ct
31						
32						
33	**Umsätze zum allgemeinen Steuersatz** Lieferungen und sonstige Leistungen .... zu 16 %	290				
34	Unentgeltliche Wertabgaben a) Lieferungen nach § 3 Abs. 1b UStG .... zu 16 %	175				
35	b) Sonstige Leistungen nach § 3 Abs. 9a UStG .. zu 16 %	176				
36	**Umsätze zum ermäßigten Steuersatz** Lieferungen und sonstige Leistungen .... zu 7 %	275				
37	Unentgeltliche Wertabgaben a) Lieferungen nach § 3 Abs. 1b UStG .... zu 7 %	195				
38	b) Sonstige Leistungen nach § 3 Abs. 9a UStG ... zu 7 %	196				
39						
40						
41						
42	**Umsätze zu anderen Steuersätzen**	155		156		
43						
44						
45						
46	**Umsätze land- und forstwirtschaftlicher Betriebe nach § 24 UStG**					
47	a) Lieferungen in das übrige Gemeinschaftsgebiet an Abnehmer **mit** USt-IdNr.	777				
48	b) Steuerpflichtige Lieferungen (einschließlich unentgeltlicher Wertabgaben) von **Sägewerkserzeugnissen**, die in der Anlage 2 zum UStG nicht aufgeführt sind ...	255		256		
49	c) Steuerpflichtige Umsätze (einschließlich unentgeltlicher Wertabgaben) von **Getränken**, die in der Anlage 2 zum					
50	UStG nicht aufgeführt sind, sowie von **alkoholischen Flüssigkeiten** (z.B. Wein) .... zu 7 %	343				
51	Umsätze zu anderen Steuersätzen	257		258		
52	d) Übrige steuerpflichtige Umsätze land- und forstwirtschaftlicher Betriebe, für die keine Steuer zu entrichten ist ...	361				
53						
54						
55	**Steuer infolge Wechsels der Besteuerungsform:** Nachsteuer/Anrechnung der Steuer, die auf bereits ver-					
56	steuerte Anzahlungen entfällt (im Falle der **Anrechnung** bitte auch Zeile 57 ausfüllen)			317		
57	Betrag der Anzahlungen, für die die anzurechnende Steuer in Zeile 56 angegeben worden ist	367				
58	**Nachsteuer** auf versteuerte Anzahlungen u.ä. wegen **Steuersatzänderung**			319		
59						
60	Summe .... (zu übertragen in Zeile 92)					

– 3 –

Steuernummer:

Zeile	D. Abziehbare Vorsteuerbeträge	Kz.	Steuer EUR	Ct
61	(ohne die Berichtigung nach § 15a UStG)			
62	Vorsteuerbeträge aus Rechnungen von anderen Unternehmern (§ 15 Abs. 1 Satz 1 Nr. 1 UStG)	320		
63	Vorsteuerbeträge aus innergemeinschaftlichen Erwerben von Gegenständen (§ 15 Abs. 1 Satz 1 Nr. 3 UStG)	761		
64	Entrichtete Einfuhrumsatzsteuer (§ 15 Abs. 1 Satz 1 Nr. 2 UStG)	762		
65	Vorsteuerabzug für die Steuer, die der Abnehmer als Auslagerer nach § 13a Abs. 1 Nr. 6 UStG schuldet (§ 15 Abs. 1 Satz 1 Nr. 5 UStG)	466		
66	Vorsteuerbeträge aus Leistungen im Sinne des § 13b Abs. 1 UStG (§ 15 Abs. 1 Satz 1 Nr. 4 UStG)	467		
67	Vorsteuerbeträge, die nach den allgemeinen Durchschnittssätzen berechnet sind (§ 23 UStG)	333		
68	Vorsteuerbeträge nach dem Durchschnittssatz für bestimmte Körperschaften, Personenvereinigungen und Vermögensmassen (§ 23a UStG)	334		
69	Vorsteuerabzug für innergemeinschaftliche Lieferungen **neuer Fahrzeuge** außerhalb eines Unternehmens (§ 2a UStG) sowie von Kleinunternehmern im Sinne des § 19 Abs. 1 UStG (§ 15 Abs. 4a UStG)	759		
70	Vorsteuerbeträge aus innergemeinschaftlichen Dreiecksgeschäften (§ 25b Abs. 5 UStG)	760		
71	Summe (zu übertragen in Zeile 99)			

E. Berichtigung des Vorsteuerabzugs (§ 15a UStG)

72 Sind im Kalenderjahr 2006 **Grundstücke, Grundstücksteile, Gebäude** oder **Gebäudeteile**, für die Vorsteuer abgezogen worden ist, erstmals tatsächlich verwendet worden?
73 Falls ja, bitte eine „1" eintragen .... **370** ☐

74 (Geben Sie bitte auf besonderem Blatt für jedes Grundstück oder Gebäude gesondert an: Lage, Zeitpunkt der erstmaligen tatsächlichen Verwendung, Art und Umfang der Verwendung im Erstjahr, insgesamt angefallene Vorsteuer, in den Vorjahren - Investitionsphase - bereits abgezogene Vorsteuer)

75 Haben sich im Jahr 2006 die für den ursprünglichen Vorsteuerabzug maßgebenden Verhältnisse geändert bei

76 1. **Grundstücken, Grundstücksteilen, Gebäuden** oder **Gebäudeteilen**, die innerhalb der letzten 10 Jahre erstmals tatsächlich und **nicht nur einmalig** zur Ausführung von Umsätzen verwendet worden sind? Falls ja, bitte eine „1" eintragen .... **371** ☐

77 2. **anderen Wirtschaftsgütern und sonstigen Leistungen**, die innerhalb der letzten 5 Jahre erstmals tatsächlich und **nicht nur einmalig** zur Ausführung von Umsätzen verwendet worden sind? Falls ja, bitte eine „1" eintragen .... **372** ☐

78 3. **Wirtschaftsgütern und sonstigen Leistungen**, die **nur einmalig** zur Ausführung von Umsätzen verwendet worden sind? Falls ja, bitte eine „1" eintragen .... **369** ☐

79 Die Verhältnisse, die ursprünglich für die Beurteilung des Vorsteuerabzugs maßgebend waren, haben sich seitdem geändert durch

80 ☐ Veräußerung ☐ Lieferung i.S. des § 3 Abs. 1b UStG ☐ Wechsel der Besteuerungsform, § 15a Abs. 7 UStG

81 ☐ Nutzungsänderung, und zwar

82 ☐ Übergang von steuerpflichtiger zu steuerfreier Vermietung oder umgekehrt bzw. Änderung des Verwendungsschlüssels bei gemischt genutzten Grundstücken (insbesondere bei Mieterwechsel)

83 ☐ steuerfreie Vermietung bisher eigengewerblich genutzter Räume oder umgekehrt; Übergang von einer Vermietung für NATO- oder ähnliche Zwecke zu einer nach § 4 Nr. 12 UStG steuerfreien Vermietung

84 ☐

Zeile	Vorsteuerberichtigungsbeträge	Kz.	nachträglich abziehbar EUR	Ct	Kz.	zurückzuzahlen EUR	Ct
85							
86	zu 1. (Grundstücke usw., § 15a Abs. 1 Satz 2 UStG)						
87	zu 2. (andere Wirtschaftsgüter usw., § 15a Abs. 1 Satz 1 UStG)						
88	zu 3. (Wirtschaftsgüter usw., § 15a Abs. 2 UStG)						
89	Summe	357			359		
90			zu übertragen in Zeile 100			zu übertragen in Zeile 97	

– 4 –

Steuernummer:

Zeile	F. Berechnung der zu entrichtenden Umsatzsteuer		Steuer EUR	Ct
91				
92	**Umsatzsteuer auf steuerpflichtige Lieferungen, sonstige Leistungen und unentgeltliche Wertabgaben** (aus Zeile 60)			
93	**Umsatzsteuer auf innergemeinschaftliche Erwerbe** (aus Zeile 13 der Anlage UR)			
94	Umsatzsteuer, die vom letzten Abnehmer im innergemeinschaftlichen Dreiecksgeschäft geschuldet wird (§ 25b Abs. 2 UStG) (aus Zeile 20 der Anlage UR)			
95	Umsatzsteuer, die vom Leistungsempfänger geschuldet wird (§ 13b Abs. 2 UStG) (aus Zeile 27 der Anlage UR)			
96	Umsatzsteuer, die vom Abnehmer als Auslagerer geschuldet wird (§ 13a Abs. 1 Nr. 6 UStG) (aus Zeile 30 der Anlage UR)			
97	Vorsteuerbeträge, die auf Grund des § 15a UStG zurückzuzahlen sind (aus Zeile 89)			
98	Zwischensumme			
99	**Abziehbare Vorsteuerbeträge** (aus Zeile 71)			
100	Vorsteuerbeträge, die auf Grund des § 15a UStG nachträglich abziehbar sind (aus Zeile 89)			
101	Verbleibender Betrag			
102	In Rechnungen unrichtig oder unberechtigt ausgewiesene Steuerbeträge (§ 14c UStG) sowie Steuerbeträge, die nach § 6a Abs. 4 Satz 2 UStG geschuldet werden	318		
103	Steuerbeträge, die nach § 17 Abs. 1 Satz 6 UStG geschuldet werden	331		
104	Steuer-, Vorsteuer- und Kürzungsbeträge, die auf frühere Besteuerungszeiträume entfallen (nur für Kleinunternehmer, die § 19 Abs. 1 UStG anwenden)	391		
105	**Umsatzsteuer** / **Überschuss** - bitte dem Betrag ein Minuszeichen voranstellen -			
106	Anrechenbare Beträge (aus Zeile 21 der Anlage UN)			
107	**Verbleibende Umsatzsteuer** (bitte in jedem Fall ausfüllen) / **Verbleibender Überschuss** – bitte dem Betrag ein Minuszeichen voranstellen –	816		
108	Vorauszahlungssoll 2006 (einschließlich Sondervorauszahlung)			
109	**Noch an die Finanzkasse zu entrichten** - Abschlusszahlung - (bitte in jedem Fall ausfüllen) / **Erstattungsanspruch** – bitte dem Betrag ein Minuszeichen voranstellen –	820		
110				
111				
112				
113				
114	**Bearbeitungshinweis**			
115	1. Die aufgeführten Daten sind mit Hilfe des geprüften und genehmigten Programms sowie ggf. unter Berücksichtigung der gespeicherten Daten maschinell zu verarbeiten.			
116	2. Die weitere Bearbeitung richtet sich nach den Ergebnissen der maschinellen Verarbeitung.			
117				
118		Kontrollzahl und/oder Datenerfassungsvermerk		
119				
120				

2.12 Übungsaufgaben zur Umsatzsteuer

Umsatzsteuer-Übung 1

1. Fall: Student S aus Stuttgart bestellt am 5. Juni Fachbücher beim Buchhändler K in Karlsruhe, der die Bücher am 7. Juni einem Karlsruher Paketdienst übergibt. Die Übergabe der Bücher erfolgt vom Paketdienst an S am 9. Juni in Stuttgart. ➔ Wo ist der Lieferort?

2. Fall: Ein Deutscher (Privatperson) kauft in Stuttgart eine Stereoanlage, die ihm sofort übergeben wird. Er bringt die Stereoanlage nach Pforzheim mit. ➔ Wo ist der Lieferort?

3. Fall: Ein französischer Möbelhersteller verbringt Möbel in sein Auslieferungslager nach Karlsruhe, von wo die Möbel an deutsche Abnehmer verkauft werden. ➔ Sind diese Vorgänge steuerbar und ggf. steuerpflichtig?

4. Fall: Erwerb eines drei Monate alten Gebrauchtwagens durch Student S in Frankreich und Überführung nach Stuttgart.

5. Fall: Der französische Kfz-Meister, der in Straßburg als Unternehmer eine Kfz-Werkstätte und in Kehl zusätzlich eine Reparaturwerkstätte als Betriebsstätte unterhält, versendet Spezialwerkzeuge und eine Maschine von Straßburg zu seiner Betriebsstätte nach Kehl, um bestimmte Reparaturaufträge durchführen zu können. Nach einem Monat werden die Spezialwerkzeuge und die Maschine nach Straßburg zurückgeschickt.

➔ Wie sind die beiden Vorgänge nach EU-Recht umsatzsteuerlich zu beurteilen?

6. Fall: Der in Stuttgart ansässige Großhändler bestellt mit deutscher USt-Identifikationsnummer eine Maschine bei einem französischen Maschinenhersteller (Unternehmer mit USt-IdNr.). Der französische Unternehmer versendet die Maschine auftragsgemäß nach Stuttgart.

➔ Wo ist der Lieferort? Wer hat die Lieferung zu versteuern?

7. Fall: Ein französischer Möbelhändler hat im vorangegangenen Kalenderjahr an deutsche Endverbraucher Möbel im Gesamtwert von 150.000,00 € versandt. Im Januar des laufenden Jahres versendet er Möbel an einen Pforzheimer Studenten für 750,00 €. Der französische Unternehmer rechnet aufgrund der Rezession mit einem Umsatzrückgang betreffend deutscher Abnehmer auf 45.000,00 € für das laufende Jahr.

➔ Wo ist der Lieferort? Wer hat welche Umsatzsteuer abzuführen?

8. Fall: Abweichend vom 7. Fall beträgt der Vorjahres-Umsatz für deutsche nicht verbrauchsteuerpflichtige Umsätze 75.000,00 €.

9. Fall: Ein in Stuttgart ansässiger Großhändler verkauft einem Unternehmer aus der Schweiz Waren für 125.000,00 €. Der Großhändler befördert die Ware zu seinem Abnehmer in die Schweiz.

➔ Ist der Vorgang steuerbar und ggf. steuerpflichtig?

10. Fall: Ein französischer Bauunternehmer, der in Deutschland aus seiner Bautätigkeit Umsätze im Umfang von 150.000,00 € tätigt, besitzt Ferienhäuser im Schwarzwald, die im Rahmen des Unternehmens vermietet werden.

➔ Wie ist der Fall umsatzsteuerrechtlich zu beurteilen, wenn

a) eine Vermietung an französische Privatpersonen für jeweils bis zu 4 Wochen erfolgt;

b) eine Vermietung an französische Unternehmer jeweils für einige Tage erfolgt;

c) eine Vermietung an italienische Privatpersonen für jeweils bis zu 4 Wochen erfolgt;

d) eine Vermietung an Schweizer (Privatpersonen) für jeweils bis zu 4 Wochen erfolgt;

e) eine Vermietung an Freiburger Studenten über ein Jahr erfolgt?

Lösungshinweise zur Umsatzsteuer-Übung 1 (Rechtslage 2007)

1. Fall: Bewegte Lieferung nach § 3 Abs. 6 Satz 1 UStG: Lieferort ist der Beginn der Lieferung: Karlsruhe.

2. Fall: Lieferort ist Stuttgart, da eine bewegte Lieferung vorliegt (siehe Fall 1). § 6 a UStG greift nicht, da Empfänger eine Privatperson im Gemeinschaftsgebiet ist. Aufgrund fehlender Steuerbefreiung ist der Vorgang also steuerpflichtig.

3. Fall: Innergemeinschaftlicher Erwerb nach § 1 a Abs. 1 Nr. 1 i.V.m. Abs. 2 UStG (sog. Verbringung) => steuerbar und steuerpflichtig in Deutschland (Lieferort: Karlsruhe; § 3 d UStG). Beim Erwerber greift aber die sog. Nullregelung (als Vorsteuer gleich abziehbar). Die späteren Verkäufe an Privatpersonen sind zusätzlich steuerpflichtig.

4. Fall: Neufahrzeug (3 Monate < 6 Monate) durch Privatperson: Innergemeinschaftlicher Erwerb durch Privatperson (§ 1 b UStG). Student S muss nach der Überführung nach Stuttgart selbst deutsche USt (19 %) entrichten (§ 13 a Abs. 1 Nr. 2 UStG).

5. Fall: Die Lieferung ist weder in Deutschland noch in Frankreich steuerbar, da das Verbringen der Gegenstände nur zur vorübergehenden Verwendung erfolgt (§ 1 a Abs. 2 UStG).

6. Fall: Lieferort ist abweichend von § 3 Abs. 6 UStG nach § 3 d UStG Stuttgart. Es liegt ein steuerpflichtiger innergemeinschaftlicher Erwerb (§ 1 a UStG) vor. Der Stuttgarter Unternehmer müsste die deutsche USt abführen; aufgrund der Nullregelung ist diese USt bei Händlern in der Regel als Vorsteuer abziehbar.

7. Fall: Für die Lieferungen von einem französischen Unternehmer an deutsche Privatpersonen nach Deutschland ist § 3 c UStG anwendbar, wenn die Lieferschwelle nach Abs. 3 überschritten ist. Diese ist im vorangegangenen Kalenderjahr mit 150.000 € überschritten worden. Das Überschreiten in einem Jahr reicht aus, damit § 3 c Abs. 1 UStG anwendbar ist. Lieferort ist somit Deutschland (Ende der Lieferung). Der französische Unternehmer hat deutsche USt (19 %) abzuführen.

8. Fall: Da die Lieferschwelle nach § 3 c Abs. 3 UStG nicht überschritten ist, ist § 3c Abs. 1 UStG ohne Option (Abs. 4) nicht anwendbar. Somit ist der Lieferort in Frankreich (§ 3 Abs. 6 UStG französisches Recht analog). Der Vorgang ist in Deutschland nicht steuerbar.

9. Fall: Lieferung ist zwar steuerbar (§ 3 Abs. 6 UStG: Ort bei Beginn der Lieferung in Deutschland), aber steuerbefreit (§ 4 Nr. 1 a i. V. m. § 6 UStG), wobei die Vorsteuerabzugsberechtigung beim Stuttgarter Großhändler erhalten bleibt (§ 15 Abs. 3 Nr. 1 UStG). Allerdings fällt in der Schweiz Einfuhrumsatzsteuer an.

10. Fall (a - d): Vermietungen stellen sonstige Leistungen (§ 3 Abs. 9 UStG) dar. § 3 c UStG ist nicht anwendbar, da keine Lieferungen vorliegen. Wegen kurzfristiger Vermietung sind sie steuerbar und steuerpflichtig (vorübergehende Vermietung nach § 4 Nr. 12 Satz 2 UStG). Bei einer sonstigen Leistung ist der Empfänger der Leistung, die nicht unter § 3 a Abs. 4 UStG fällt, irrelevant. Leistungsort ist also jeweils der Belegenheitsort nach § 3 a Abs. 2 Nr. 1 UStG. Die langfristige Vermietung an einen Studenten ist im Fall e) zwingend steuerfrei, da eine Option bei einer Vermietung an einen nicht vorsteuerabzugsberechtigten Studenten nicht möglich ist (§ 9 Abs. 1 UStG).

Umsatzsteuer-Übung 2

Olga Klapperstorch, wohnhaft in Karlsruhe, unterhält seit drei Jahren nebenberuflich in Stuttgart ein Dolmetscher-Büro. Sie hat im vorangegangenen Kalenderjahr Umsätze in Höhe von 25.000 € gehabt.

Im vorangegangenen Kalenderjahr hat sie nicht nach § 19 Abs. 2 UStG optiert.

Begründen Sie Ihre Antworten jeweils mit den entsprechenden Gesetzesgrundlagen!

a) Ist Olga Klapperstorch im laufenden Jahr **Unternehmerin**? Ist sie verpflichtet oder berechtigt (ggfs. nach Option) bei steuerpflichtigen Umsätzen Umsatzsteuer zu erheben?

b) Olga Klapperstorch führt im laufenden Jahr Übersetzungen für eine Versicherungsagentur mit Sitz in Pforzheim für 500 € netto durch:
   - Ist der Vorgang **steuerbar**, **steuerpflichtig** oder **steuerfrei**? Begründen Sie Ihre Antwort!
   - Können bei der Versicherungsagentur durch den obigen Vorgang aus ökonomischer Sicht aufgrund des Umsatzsteuersystems Kosten entstehen?

c) Außerdem führt Olga Klapperstorch im laufenden Jahr in Karlsruhe Übersetzungen für einen Schweizer Staatsbürger (Privatperson) mit Wohnsitz in Zürich für 500 € netto durch und übersendet die Übersetzungen dem Kunden nach Zürich. Ist dieser Vorgang in Deutschland **steuerbar** und **steuerpflichtig**?

d) Olga Klapperstorch übersetzt im laufenden Jahr in Karlsruhe Verträge für einen belgischen Unternehmer mit Sitz in Brüssel für 500 € netto und übersendet die Übersetzungen dem Unternehmer nach Brüssel. Ist dieser Vorgang in Deutschland **steuerbar** und **steuerpflichtig**?

e) Im laufenden Jahr führt Olga Klapperstorch in Straßburg Übersetzungen für einen deutschen Staatsbürger (Privatperson) mit Wohnsitz in Straßburg für 500 € netto durch. Ist dieser Vorgang in Deutschland **steuerbar** und **steuerpflichtig**?

f) Olga Klapperstorch hat ein Buch „Tipps für Übersetzungen" geschrieben und dieses im Eigenbetrieb verlegt. Sie versendet es an einen französischen Kunden (Privatperson) zum Preis von 53,50 € nach Metz, wobei sie wegen ihrer Unkenntnis auf der Rechnung keine Umsatzsteuer ausweist und auch bei einer Umsatzsteuerpflicht keine deutsche oder französische Umsatzsteuer nachberechnet. Sie tätigt keine weiteren Umsätze mit Frankreich und hat nicht optiert. Wo ist der Vorgang **steuerbar** und **steuerpflichtig**? Wie hoch ist ggfs. die **Umsatzsteuer**?

g) Zu welchem **Termin** muss Olga Klapperstorch ihre Umsatzsteuererklärung des laufenden Kalenderjahres abgeben?

h) Zu welchen **Terminen** muss Olga Klapperstorch im f o l g e n d e n Kalenderjahr USt-Voranmeldungen abgeben, wenn sich für das laufende Jahr eine Umsatzsteuerschuld von 2.500 € ergeben hat?

Lösungshinweise zur Umsatzsteuer-Übung 2 (Rechtslage 2007)

a) Olga Klapperstorch ist auch mit ihrer nebenberuflichen Tätigkeit nachhaltig und selbständig als Dolmetscherin und somit als Unternehmerin (§ 2 Abs. 1 UStG) tätig. Sie ist auch keine Kleinunternehmerin nach § 19 Abs. 1 UStG, da sie die Umsatzgrenze von 17.500 € im vorangegangenen Kalenderjahr (25.000 €) überschritten hat. Sie ist somit verpflichtet, im laufenden Kalenderjahr USt zu erheben und abzuführen.

b) Dies ist eine im Inland erbrachte sonstige Leistung (§ 3 Abs. 9 UStG), die steuerbar und nicht steuerbefreit ist. Dass die vom Empfänger erbrachten Leistungen steuerbefreit (§ 4 Nr. 11 UStG) sind, ändert an der Steuerpflicht der Dolmetscherleistungen von Olga Klapperstorch nichts. Die USt beträgt 95 € (19 % von 500 €). Die Umsatzsteuer ist beim Empfänger ein Kostenbestandteil, da die Versicherungsagentur nach § 15 Abs. 2 Nr. 1 UStG aufgrund der steuerfreien Umsätze nicht vorsteuerabzugsberechtigt ist.

c) Leistung im Sinne des § 3 a Abs. 4 Nr. 3 UStG => Anwendung des § 3 a Abs. 3 Satz 3 UStG: Empfänger (Privatperson) im Drittland; Leistungsort: Empfängersitzort in der Schweiz => nicht steuerbar.

d) § 3 a Abs. 4 Nr. 3 i. V. m. Abs. 3 Satz 1 UStG: Empfänger ist Unternehmer => Leistungsort Brüssel => nicht steuerbar.

e) § 3 a Abs. 3 UStG ist bei Privatpersonen im Gemeinschaftsgebiet nicht anwendbar => Regel des § 3 a Abs. 1 UStG kommt zur Anwendung: Leistungsort ist der Unternehmersitz (Stuttgart) => steuerbar und steuerpflichtig, da keine Befreiung vorliegt. USt beträgt 95 € (19 %).

f) Hier handelt es sich um eine Lieferung eines Buches (Massenprodukt), also um keine sonstige Leistung. Bei Versendungen ins Gemeinschaftsgebiet an Privatpersonen ist § 3 c UStG zu prüfen. Allerdings ist hier die Lieferschwelle (§ 3 c Abs. 3 Nr. 1 UStG; französisches Recht analog) nicht überschritten. Daher richtet sich der Lieferort nicht nach § 3 c, sondern nach § 3 Abs. 6 UStG, wonach der Lieferort bei der Versendung bei dem Versandort – hier Stuttgart (Beginn der Versendung) – ist. Mangels Steuerbefreiung ist der Vorgang auch steuerpflichtig. Zu beachten ist der besondere Steuersatz von 7 % (Anlage zu § 12 Abs. 2 Nr. 1 UStG, Nr. 49). Der Rechnungspreis ist der Bruttopreis. Folglich ist die USt wie folgt zu berechnen: (0,07/1,07) x 53,50 € = 3,50 €.

g) 31.5. im Folgejahr (§ 149 Abs. 2 AO; Steuererklärung mit Selbstberechnung nach § 18 Abs. 3 UStG).

h) Umsatzsteuervoranmeldungen sind vierteljährlich (10.4., 10.7., 10.10., 10.1. im Folgejahr) abzugeben, da im Vorjahr die USt-Schuld geringer als 6.136 € und höher als 512 € war (§ 18 Abs. 2 Sätze 1 und 2 UStG; § 18 Abs. 2 Satz 4 kommt nicht zur Anwendung, da das Unternehmen seit drei Jahren existiert).

Umsatzsteuer-Übung 3

Franziska Hof, geb. am 20.2.1936, ist Rentnerin und Witwe und wohnt in Freiburg. Frau Hof hat auf einem unentgeltlich erworbenen Grundstück im Vorjahr in Freiburg ein Haus errichten lassen. Die Herstellungskosten beliefen sich auf insgesamt 300.000,00 € + 57.000,00 € USt.

Frau Hof beginnt mit der Vermietung des Hauses am 1. Januar des laufenden Kalenderjahres. Sie war bisher keine Unternehmerin im Sinne des UStG und hat im Vorjahr keine Umsätze getätigt.

Frau Hof vermietet das Erdgeschoss (30 % der Fläche) gewerblich an einen umsatzsteuerpflichtigen Unternehmer. 20 % der Fläche entfallen auf ihre eigene Wohnung. Die eigene Wohnung wird nicht dem Unternehmensvermögen zugeordnet.

Die verbleibenden 5 Zimmer, die je 10 % der Gesamtfläche umfassen, nutzt sie wie folgt:

- 3 Zimmer an Pensionsgäste zur vorübergehenden Vermietung (Tourismus);
- 1 Zimmer: Vermietung an einen Studenten (Mietvertrag über ein Jahr);
- 1 Zimmer: Dauerhafte Vermietung an einen umsatzsteuerpflichtigen Unternehmer, der dieses Zimmer für Gäste des Unternehmens benutzt.

Im laufenden Kalenderjahr wird Frau Hof voraussichtlich folgende Mieteinnahmen haben:

- 9.000,00 € p. a. für die gewerbliche Fläche sowie 1.500,00 € p. a. für das an den Unternehmer vermietete Zimmer, wobei sie zusätzlich die Umsatzsteuer in Rechnung stellen kann;
- Einnahmen von 12.000,00 € p. a. aus der vorübergehenden Vermietung der Pensionszimmer, wobei eine Abwälzung (zusätzliche Berechnung) der Umsatzsteuer nicht möglich ist. Die abziehbare Vorsteuer für Frühstück und Nebenkosten beläuft sich auf 500,00 € p. a.;
- Einnahmen von 1.500,00 € (netto) p. a. für das Zimmer des Studenten.

a) Welche Vermietungsumsätze sind steuerbar?
b) Welche Vermietungsumsätze sind steuerbefreit?
c) Ist Frau Hof Unternehmerin und zur Erhebung und Abführung der Umsatzsteuer im vorangegangenen und im laufenden Kalenderjahr verpflichtet?
d) Welche Konsequenzen hat in dem vorliegenden Fall die Option nach § 19 Abs. 2 UStG? In welchem Jahr sollte eine derartige Option erfolgen? Für welchen Zeitraum ist Frau Hof an diese Option gebunden?
e) Wie hoch ist – bei Option nach § 19 Abs. 2 im Vorjahr – im vorangegangen und im laufenden Kalenderjahr die abziehbare Vorsteuer und die Umsatzsteuer auf die umsatzsteuerpflichtigen Umsätze, wenn keine Option nach § 9 UStG erfolgt und die Vorsteuer des Gebäudes anteilsmäßig zur Fläche abziehbar ist?
f) Für welche steuerfreien Vermietungsumsätze kann im vorliegenden Fall eine Option nach § 9 Abs. 1 UStG erfolgen?
g) Gibt es einen ökonomischen Vorteil bei Option im Fall f)? Wenn ja, welchen und in welcher Höhe?
h) Welche steuerlichen Konsequenzen gibt es, wenn ab dem 1. Januar des folgenden Kalenderjahres das Erdgeschoss an einen Arzt vermietet wird?

Lösungshinweise zur Umsatzsteuer-Übung 3 (Rechtslage 2007)

i) Prüfung der Kriterien für steuerbare Umsätze nach § 1 Abs. 1 Nr. 1 UStG: Vermietung = Sonstige Leistung (§ 3 Abs. 9 UStG) im Inland.

   Frau Hof ist Unternehmerin i. S. d. § 2 UStG, nachhaltige Tätigkeit zur Erzielung von Einnahmen. Leistungsaustausch – gegen Entgelt = > steuerbare Umsätze mit Unternehmern (Gewerbe + Zimmer), Pensionsvermietung, Studentenzimmer, Nutzung für eigene Zwecke – Eigene Wohnung (kein „Eigenverbrauch" nach § 3 Abs. 9 a Nr. 1 UStG, da die Wohnung nicht dem Unternehmensvermögen zugeordnet wird, also nicht steuerbar). Alle Leistungen sind – mit Ausnahme der eigenen Wohnung – steuerbar!

j) Steuerfrei sind: Langfristige Vermietung an Unternehmer (Gewerbe + Zimmer) und an Studenten § 4 Nr. 12 UStG; nicht steuerfrei: kurzfristige Vermietung der Pensionszimmer nach § 4 Nr. 12 Satz 2 UStG

k) Keine Verpflichtung zur Erhebung der USt, da Kleinunternehmerin im Vorjahr und im aktuellen Jahr § 19 Abs. 1: Umsatz Vorjahr < 17.500 €; laufendes Jahr < 50.000 €.

l) anteiliger Vorsteuerabzug bei Steuerpflicht; Umsatzsteuerpflicht der Pensionsumsätze; Option sollte für das Vorjahr erfolgen, da dann der anteilige Vorsteuerabzug der Herstellungskosten geltend gemacht werden kann; Bindung an Option: 5 Jahre (§ 19 Abs. 2 UStG).

m) Vorjahr: 3 Zimmer: 30 % der Vorsteuer der Herstellungskosten ➔ 17.100 € Vorsteuerabzug; Rest vom Vorsteuerabzug ausgeschlossen wegen § 15 Abs. 2 Nr. 1 und 3 UStG

Laufendes Jahr : (0,19/1,19) x 12.000	Umsatzsteuer	1.915,97 €
	./. Vorsteuer	500,00 €
	= USt-Zahllast:	1.415,17 €

n) Umsätze mit vorsteuerabzugsberechtigten Unternehmern (Gewerbe + Gastzimmer; § 9 Abs. 2 UStG).

o) Vorjahr: 57.000 x 0,4 = 22.800 zusätzlicher Vorsteuerabzug der Herstellungskosten Laufendes Jahr: USt-Abwälzung; keine zusätzliche Belastung.

p) Option nicht möglich (§ 9 Abs. 2 UStG): USt-Berichtigung nach § 15 a UStG, da Arzt nicht vorsteuerabzugsberechtigt ist (steuerfreie Umsätze nach § 4 Nr. 14 UStG = > Anwendung § 15 Abs. 2 Nr. 1 UStG); Berichtigungszeitraum bei Grund und Boden 10 Jahre (abzüglich bisherige Nutzung)!

   8 Jahre; 8/10 von 30 % von 57.000 für Erdgeschoss (30 %) = > 13.680 €.

Umsatzsteuer-Übung 4

Metzgermeister Karl Braten betreibt seit Jahren ein über die Stadtgrenzen hinaus bekanntes Metzgereifachgeschäft in Konstanz in gemieteten Räumlichkeiten. Herr Braten verzichtet soweit möglich auf Steuerbefreiungen und erbringt alle erforderlichen buch- und belegmäßigen Nachweise.

Für den Monat Juni des laufenden Jahres ergibt sich aus diesen Nachweisen Folgendes:

1. Mietzahlung (Vermieter verzichtet ebenfalls auf die Steuerbefreiung gem. § 4 Nr. 12 UStG).	netto	2.000 €
2. Verkauf von Wurst- und Fleischwaren aller Art im Geschäft über die Theke	netto	30.000 €
3. Erwerb von französischem Wein für eine Sonderverkaufsaktion von einem französischen Unternehmer zum Einkaufspreis von	netto	5.000 €
4. Verkauf des französischen Weins	netto	9.000 €
5. Verkauf von Wurstwaren auf dem Wochenmarkt in Weinfelden (Schweiz)	netto	4.000 €
6. Braten ist Lehrbeauftragter an der Berufschule-Konstanz	netto	500 €
7. Braten bezieht von einer Fleischerei in der Toskana (Italien) unter Angabe seiner deutschen USt-Id.Nr. Mortadella in Konserven	netto	1.500 €
An Vorsteuern sind im Juni ferner angefallen:		
a) für Fleischeinkauf bei den Schlachtereien im Umkreis von Konstanz		2.400 €
b) für den Transport des französischen Weins		400 €
c) Einfuhrumsatzsteuer für Fleischeinkauf aus der Schweiz		300 €

Aufgabe: Ermitteln Sie die Umsatzsteuer-Zahllast bzw. den Vorsteuerüberhang des Metzgermeisters für den Monat Juni des aktuellen Jahres. Begründen Sie Ihren Lösungsansatz unter Hinweis auf die gesetzlichen Vorschriften!

Lösungshinweise zur Umsatzsteuer-Übung 4 (mit Voranmeldung 2007; Rechtslage 2007):
Karl Braten ist Unternehmer gem. § 2 Abs. 1 UStG, weil er eine berufliche Tätigkeit selbständig, nachhaltig mit Einnahmenerzielungsabsicht im Inland ausübt. Sein Unternehmen umfasst seine Metzgerei einschließlich der Nebengeschäfte wie der Weinverkauf (§ 2 Abs. 1 S. 2 UStG).

	USt	**VSt**
1. Geleistete Mietzahlung mit USt, da Vermieter nach § 9 Abs. 2 UStG optiert hat (19 %); § 15 Abs. 1 Nr. 1 UStG	–	380
2. Wurst/Fleisch (7 %; Anlage zu § 12 Abs. 2 Nr. 1 UStG, Nr. 2)	2.100	-
3. franz. Wein, innergemeinschaftlicher Erwerb § 1 a (19 %)	950	–
Nullregelung, Vorsteuer § 15 Abs. 1 Nr. 3 UStG	–	950
4. Verkauf des Weins (19 %)	1.710	–
5. Verkauf in der Schweiz, nicht steuerbar; § 3 Abs. 6 UStG: Markt	–	–
6. Lehrauftrag (§ 4 Nr. 21 Buchstabe b UStG)	–	–
7. Mortadella, innergemeinschaftlicher Erwerb § 1 a (7 %)	105	–
Nullregelung, Vorsteuer § 15 Abs. 1 Nr. 3 UStG	–	105
Vorsteuern für steuerpflichtige Lieferungen (§ 15 Abs. 1 UStG):		
a) § 15 Abs. 1 Nr. 1 UStG	–	2.400
b) § 15 Abs. 1 Nr. 3 UStG	–	400
c) § 15 Abs. 1 Nr. 2 UStG	–	300
Summen	**4.865**	**4.535**

Umsatzsteuerzahllast = 4.865 € – 4.535 € = 330 €

- Bitte weiße Felder ausfüllen oder ☒ ankreuzen, Anleitung beachten -

2007

Fallart	Steuernummer	Unterfallart
11	2222222222222	56

30 Eingangsstempel oder -datum

Finanzamt

Konstanz

Umsatzsteuer-Voranmeldung 2007

Voranmeldungszeitraum

bei **monatlicher** Abgabe bitte ankreuzen

07 01	Jan.	X	07 07	Juli	
07 02	Feb.		07 08	Aug.	
07 03	März		07 09	Sept.	
07 04	April		07 10	Okt.	
07 05	Mai		07 11	Nov.	
07 06	Juni		07 12	Dez.	

bei **vierteljährlicher** Abgabe bitte ankreuzen

07 41	I. Kalendervierteljahr	
07 42	II. Kalendervierteljahr	
07 43	III. Kalendervierteljahr	
07 44	IV. Kalendervierteljahr	

Unternehmer – ggf. abweichende Firmenbezeichnung –
Anschrift – Telefon – E-Mail-Adresse

Karl Braten
Bodensee Str. 22

71652 Konstanz

Berichtigte Anmeldung (falls ja, bitte eine „1" eintragen) 10

Belege (Verträge, Rechnungen, Erläuterungen usw.) sind beigefügt bzw. werden gesondert eingereicht (falls ja, bitte eine „1" eintragen) 22

I. Anmeldung der Umsatzsteuer-Vorauszahlung

	Kz	Bemessungsgrundlage ohne Umsatzsteuer volle EUR	Kz	Steuer EUR	Ct
Lieferungen und sonstige Leistungen (einschließlich unentgeltlicher Wertabgaben)					
Steuerfreie Umsätze mit Vorsteuerabzug					
Innergemeinschaftliche Lieferungen (§ 4 Nr. 1 Buchst. b UStG) an Abnehmer **mit** USt-IdNr.	41				
neuer Fahrzeuge an Abnehmer **ohne** USt-IdNr.	44				
neuer Fahrzeuge außerhalb eines Unternehmens (§ 2a UStG)	49				
Weitere steuerfreie Umsätze mit Vorsteuerabzug (z.B. **Ausfuhrlieferungen**, Umsätze nach § 4 Nr. 2 bis 7 UStG)	43				
Steuerfreie Umsätze ohne Vorsteuerabzug Umsätze nach § 4 Nr. 8 bis 28 UStG	48				
Steuerpflichtige Umsätze (Lieferungen und sonstige Leistungen einschl. unentgeltlicher Wertabgaben)					
zum Steuersatz von 19 %	81	9.000		1.710	00
zum Steuersatz von 7 %	86	30.000		2.100	00
Umsätze, die anderen Steuersätzen unterliegen	35		36		
Umsätze land- und forstwirtschaftlicher Betriebe nach § 24 UStG					
Lieferungen in das übrige Gemeinschaftsgebiet an Abnehmer **mit** USt-IdNr.	77				
Umsätze, für die eine Steuer nach § 24 UStG zu entrichten ist (Sägewerkserzeugnisse, Getränke und alkohol. Flüssigkeiten, z.B. Wein)	76		80		
Innergemeinschaftliche Erwerbe					
Steuerfreie innergemeinschaftliche Erwerbe Erwerbe nach § 4b UStG	91				
Steuerpflichtige innergemeinschaftliche Erwerbe zum Steuersatz von 19 %	89	5.000		950	00
zum Steuersatz von 7 %	93	1.500		105	00
zu anderen Steuersätzen	95		98		
neuer Fahrzeuge von Lieferern **ohne** USt-IdNr. zum allgemeinen Steuersatz	94		96		
Ergänzende Angaben zu Umsätzen					
Lieferungen des ersten Abnehmers bei **innergemeinschaftlichen Dreiecksgeschäften** (§ 25b Abs. 2 UStG)	42				
Steuerpflichtige Umsätze im Sinne des § 13b Abs. 1 Satz 1 Nr. 1 bis 5 UStG, für die der **Leistungsempfänger** die **Steuer schuldet**	60				
Nicht steuerbare Umsätze (Leistungsort nicht im Inland)	45				
Übertrag		zu übertragen in Zeile 45		4.865	00

USt 1 A – Umsatzsteuer-Voranmeldung 2007 –

– 2 –

Steuernummer: 22222222222222

	Kz.	Bemessungsgrundlage ohne Umsatzsteuer volle EUR	Kz.	Steuer EUR	Ct
Übertrag				4.865	00
Umsätze, für die als Leistungsempfänger die Steuer nach § 13b Abs. 2 UStG geschuldet wird					
Leistungen eines im Ausland ansässigen Unternehmers (§ 13b Abs. 1 Satz 1 Nr. 1 und 5 UStG)	52		53		
Lieferungen sicherungsübereigneter Gegenstände und Umsätze, die unter das GrEStG fallen (§ 13b Abs. 1 Satz 1 Nr. 2 und 3 UStG)	73		74		
Bauleistungen eines im Inland ansässigen Unternehmers (§ 13b Abs. 1 Satz 1 Nr. 4 UStG)	84		85		
Steuer infolge Wechsels der Besteuerungsform sowie Nachsteuer auf versteuerte Anzahlungen u. ä. wegen Steuersatzänderung			65		
Umsatzsteuer				4.865	00
Abziehbare Vorsteuerbeträge					
Vorsteuerbeträge aus Rechnungen von anderen Unternehmern (§ 15 Abs. 1 Satz 1 Nr. 1 UStG), aus Leistungen im Sinne des § 13a Abs. 1 Nr. 6 UStG (§ 15 Abs. 1 Satz 1 Nr. 5 UStG) und aus innergemeinschaftlichen Dreiecksgeschäften (§ 25b Abs. 5 UStG)			66	2.780	00
Vorsteuerbeträge aus dem innergemeinschaftlichen Erwerb von Gegenständen (§ 15 Abs. 1 Satz 1 Nr. 3 UStG)			61	1.455	00
Entrichtete Einfuhrumsatzsteuer (§ 15 Abs. 1 Satz 1 Nr. 2 UStG)			62	300	00
Vorsteuerbeträge aus Leistungen im Sinne des § 13b Abs. 1 UStG (§ 15 Abs. 1 Satz 1 Nr. 4 UStG)			67		
Vorsteuerbeträge, die nach allgemeinen Durchschnittssätzen berechnet sind (§§ 23 und 23a UStG)			63		
Berichtigung des Vorsteuerabzugs (§ 15a UStG)			64		
Vorsteuerabzug für innergemeinschaftliche Lieferungen neuer Fahrzeuge außerhalb eines Unternehmens (§ 2a UStG) sowie von Kleinunternehmern im Sinne des § 19 Abs. 1 UStG (§ 15 Abs. 4a UStG)			59		
Verbleibender Betrag				330	00
Andere Steuerbeträge					
in Rechnungen unrichtig oder unberechtigt ausgewiesene Steuerbeträge (§ 14c UStG) sowie Steuerbeträge, die nach § 4 Nr. 4a Satz 1 Buchst. a Satz 2, § 6a Abs. 4 Satz 2, § 17 Abs. 1 Satz 6 oder § 25b Abs. 2 UStG geschuldet werden			69		
Umsatzsteuer-Vorauszahlung/Überschuss				330	00
Anrechnung (Abzug) der festgesetzten **Sondervorauszahlung** für Dauerfristverlängerung (nur auszufüllen in der letzten Voranmeldung des Besteuerungszeitraums, in der Regel Dezember)			39		
Verbleibende Umsatzsteuer-Vorauszahlung (bitte in jedem Fall ausfüllen) **Verbleibender Überschuss** - bitte dem Betrag ein Minuszeichen voranstellen -			83	330	00

II. Sonstige Angaben und Unterschrift

Ein Erstattungsbetrag wird auf das dem Finanzamt benannte Konto überwiesen, soweit der Betrag nicht mit Steuerschulden verrechnet wird.

Verrechnung des Erstattungsbetrags erwünscht / Erstattungsbetrag ist abgetreten (falls ja, bitte eine „1" eintragen) **29**

Geben Sie bitte die Verrechnungswünsche auf einem besonderen Blatt an oder auf dem beim Finanzamt erhältlichen Vordruck „Verrechnungsantrag".

Die **Einzugsermächtigung** wird ausnahmsweise (z.B. wegen Verrechnungswünschen) für diesen Voranmeldungszeitraum **widerrufen** (falls ja, bitte eine „1" eintragen) **26**

Ein ggf. verbleibender Restbetrag ist gesondert zu entrichten.

Hinweis nach den Vorschriften der Datenschutzgesetze:
Die mit der Steueranmeldung angeforderten Daten werden auf Grund der §§ 149 ff. der Abgabenordnung und der §§ 18, 18b des Umsatzsteuergesetzes erhoben.
Die Angabe der Telefonnummern und der E-Mail-Adressen ist freiwillig.

Bei der Anfertigung dieser Steueranmeldung hat mitgewirkt:
(Name, Anschrift, Telefon, E-Mail-Adresse)

06.02.2007 Braten
Datum, Unterschrift

- nur vom Finanzamt auszufüllen -

11 | 19 | 12

Bearbeitungshinweis

1. Die aufgeführten Daten sind mit Hilfe des geprüften und genehmigten Programms sowie ggf. unter Berücksichtigung der gespeicherten Daten maschinell zu verarbeiten.
2. Die weitere Bearbeitung richtet sich nach den Ergebnissen der maschinellen Verarbeitung.

Datum, Namenszeichen

Kontrollzahl und/oder Datenerfassungsvermerk

3. Erbschaft- und Schenkungsteuer

3.1 Zukünftige Rechtsentwicklung nach den Vorgaben des Bundesverfassungsgerichts

Die Darstellung in den Kapiteln 3.2 - 3.6 bezieht sich überwiegend noch auf die Rechtslage bis zur Verabschiedung des Gesetzes zur Erleichterung der Unternehmensnachfolge, das noch im Jahr 2007 verabschiedet werden soll. Die Änderungen durch das Jahressteuergesetz 2007, die insbesondere die Bewertung des Grundbesitzes (einschließlich der Gebäude) betreffen, werden im Folgenden berücksichtigt. Auf die geplanten Änderungen zur Unternehmensnachfolge, die im Gesetzentwurf vom 26.10.2006 enthalten sind, wird hingewiesen.

Zu beachten ist, dass sich aufgrund der Entscheidung des Bundesverfassungsgerichts vom 7.11.2006, die am 31.1.2007 veröffentlicht wurde (AZ: 1 BvL 10/02; DStR 2007, S. 235 - 251), in den nächsten Jahren noch erhebliche Rechtsänderungen bei der Bemessungsgrundlage, die überwiegend durch das Bewertungsgesetz (BewG) geregelt ist, ergeben werden. Nach den Vorgaben des Bundesverfassungsgerichts müssen sich die Bewertungsgrundlagen an den Verkehrswerten (sog. gemeiner Wert) im Zeitpunkt der Übertragung orientieren. Die bisherige Übernahme von Steuerbilanzwerten für das Betriebsvermögen wird daher zukünftig nicht mehr zulässig sein. Ebenso muss die Grundstücksbewertung erheblich durch den Gesetzgeber verändert werden. Bei bebauten Grundstücken muss neben dem aktuellen Verkehrswert des Grund und Bodens auch der Wert des darauf stehenden Gebäudes enthalten sein.

Die Vorgaben des Bundesverfassungsgerichts müssen vom Gesetzgeber spätestens bis zum 31.12.2008 umgesetzt werden. Daher wird die bisherige Rechtslage voraussichtlich auch noch in den Veranlagungszeiträumen 2007 und 2008 gelten. Allerdings kann der Gesetzgeber bestimmte „Verschonungsregelungen“ beim Betriebsvermögen oder bei Grundstücken gesetzlich z. B. mit besonderen Steuersätzen oder in Form eines Erlasses der Steuerschuld vorsehen, sofern im Gesetz eine spezielle soziale Verpflichtung des übertragenen Vermögens (z. B. Weiterführung des Betriebs) vorgesehen ist. Daher wird voraussichtlich das sog. „Abschmelzungsmodell (s. Kap. 3.6), wie es im Gesetzentwurf zur Erleichterung der Unternehmensnachfolge vorgesehen ist, auch den Vorgaben des Bundesverfassungsgericht entsprechen. Ebenso dürften besondere Steuersätze, wie sie bisher in § 19 a ErbStG kodifiziert sind, zulässig bleiben. Auch die Freibeträge könnten erheblich steigen, sofern sich die Bemessungsgrundlagen wegen der Anpassung an die Verkehrswerte erheblich erhöhen.

3.2 Persönliche und sachliche Steuerpflicht

In Deutschland wird die Erbschaftsteuer als Erbanfallsteuer erhoben. Für die **persönliche** Steuerpflicht ist – wie im Einkommensteuerrecht auch – i. d. R. der Wohnsitz oder der gewöhnliche Aufenthalt maßgebend („Inländer"). Das Erbschaftsteuergesetz (ErbStG) unterscheidet dabei zwischen der unbeschränkten und der beschränkten Steuerpflicht (§ 2 ErbStG). Die unbeschränkte Steuerpflicht erfasst das gesamte inländische und ausländische Vermögen, das zu einem steuerpflichtigen Übertragungsvorgang gehört (R 3 ErbStR). Im Gegensatz dazu umfasst die beschränkte Steuerpflicht nur den inländischen Vermögensanfall i. S. d. § 121 BewG (§ 2 Abs. 1 Nr. 3 ErbStG). Nach § 1 ErbStG unterliegen insbesondere zwei Vorgänge von Vermögensübertragungen der **sachlichen** Steuerpflicht:

- **§ 1 Abs. 1 Nr. 1 ErbStG: Erwerb von Todes wegen nach § 3 Abs. 1 ErbStG**
  - Erbanfall (§ 1922 BGB): Mit dem Tod einer Person geht das Vermögen als Ganzes auf den oder die Erben über. Dabei wird nicht unterschieden, ob der Erwerb i.R.d. gesetzlichen Erbfolge, durch Testament oder durch Erbvertrag (gewillkürte Erbfolge) erfolgt. Bei Vorliegen einer Erbengemeinschaft (= gemeinschaftliches Vermögen mehrerer Erben) werden die Miterben als Bruchteilseigentümer nach § 39 Abs. 2 Nr. 2 AO steuerlich behandelt.
  - Vermächtnis (§§ 2147 ff. BGB); Erbersatzanspruch (§§ 1934a ff. BGB); Pflichtteilsanspruch (§§ 2303 ff. BGB);
  - Schenkung auf den Todesfall (§ 2301 BGB)
- **§ 1 Abs. 1 Nr. 2 ErbStG: Schenkungen unter Lebenden nach § 7 ErbStG**

  Beachte § 5 Abs. 2 ErbStG:
  Zugewinnausgleich beim gesetzlichen Güterstand (Zugewinngemeinschaft).

3.3 Entstehungszeitpunkt

Nach § 9 Abs. 1 ErbStG entsteht die Erbschaftsteuer als Stichtagsteuer bei Erwerben von Todes wegen mit dem Tod des Erblassers. Die Schenkungsteuer entsteht mit dem Zeitpunkt der Ausführung der Zuwendung, d. h. zu dem Zeitpunkt, ab welchem der Beschenkte frei über das zugewendete Vermögen verfügen kann. Zu diesem jeweiligen Zeitpunkt ist eine Bewertung des Erwerbs vorzunehmen.

3.4 Berechnung der Steuer

Die Höhe der Erbschaft- und Schenkungsteuer ist zum einen von der Höhe der Bereicherung beim einzelnen Erben bzw. Beschenkten abhängig und zum anderen vom Verwandtschaftsgrad der Beteiligten. In § 15 ErbStG werden die Erwerber nach dem persönlichen Verhältnis zum Erblasser oder Schenker in drei Steuerklassen unterteilt:

Steuerklasse I: Ehegatte, Kinder und Stiefkinder, Enkelkinder (Abkömmlinge), Eltern und Großeltern bei Erwerben von Todes wegen;

Steuerklasse II: Eltern und Großeltern bei Schenkungen, Geschwister, Neffen und Nichten, Stiefeltern, Schwiegertochter, -sohn, Schwiegereltern, geschiedene Ehegatte;

Steuerklasse III: Alle übrigen Erwerber.

Die Steuerklassen haben vor allem ihre Bedeutung für die Höhe der persönlichen Freibeträge (§ 16 ErbStG) und für den jeweiligen Steuersatz (§ 19 ErbStG).

Anmerkungen:

- Die persönlichen Freibeträge des § 16 ErbStG gelten sowohl bei Erwerben von Todes wegen als auch bei Schenkungen.
- Die persönlichen Freibeträge stehen nach § 14 ErbStG aufgrund der Zusammenrechnung der innerhalb von 10 Jahren anfallenden Vermögensvorteile je Person nur einmal zur Verfügung (siehe auch R 70 ErbStR). Nach Ablauf der 10-Jahres-Frist kann der Freibetrag jedoch erneut genutzt werden, was insbesondere unter dem Gesichtspunkt der Gestaltung im Rahmen von Schenkungen von Bedeutung sein kann.
- Der sachliche Freibetrag nach § 13 Abs. 1 Nr. 1 ErbStG bezieht sich nicht auf die insgesamt zum Nachlass gehörenden Gegenstände, sondern auf den jeweiligen Erwerb (echter Freibetrag).
- Basis für Erbschaftsteuer ist der steuerpflichtige Erwerb, der sich nach Abzug der jeweiligen Freibeträge ergibt. Auf den steuerpflichtigen Erwerb sind die Prozentsätze des § 19 ErbStG anzuwenden. Da bereits eine geringfügige Überschreitung der jeweiligen Grenzwerte zu einem höheren Steuersatz und somit zu einer Mehrsteuer führen, ist § 19 Abs. 3 ErbStG zusätzlich zu prüfen („Härteausgleich").

		Steuerklasse (§ 15 Abs. 1 ErbStG) I	Steuerklasse (§ 15 Abs. 1 ErbStG) II	Steuerklasse (§ 15 Abs. 1 ErbStG) III
Wert des steuerpflichtigen Erwerbs (§ 10 ErbStG):	≤ 52.000 €	7 %	12 %	17 %
	≤ 256.000 €	11 %	17 %	23 %
	≤ 512.000 €	15 %	22 %	29 %
	≤ 5.113.000 €	19 %	27 %	35 %
	≤ 12.783.000 €	23 %	32 %	41 %
	≤ 25.565.000 €	27 %	37 %	47 %
	> 25.565.000 €	30 %	40 %	50 %
Freibeträge	**Persönliche Freibeträge (§ 16 ErbStG)**	Ehegatte: 307.000 €; Kinder und Kinder verstorbener Kinder (Enkel): 205.000 €; alle übrigen: 51.200 €	alle Personen: 10.300 €	alle Personen: 5.200 €
	Spezialfall des § 2 Abs. 1 Nr. 3 ErbStG	alle Personen: 1.100 €	alle Personen: 1.100 €	alle Personen: 1.100 €
	Besonderer Versorgungsfreibetrag (§ 17 ErbStG)	überlebender Ehegatte: 256.000 €; Kinder (gestaffelt nach dem Alter): 10.300 € bis 52.000 €		
	Sachliche Freibeträge (§ 13 und § 13 a ErbStG)	max. 41.000 € für Hausrat (z. B. Wohnungseinrichtung, Bücher) Wäsche und Kleidung; für andere bewegliche Gegenstände: 10.300 €	Hausrat (z. B. Wohnungseinrichtung, Bücher, Fernseher, Schmuck), Wäsche, Kleidung und andere bewegliche Gegenstände, soweit der Wert insgesamt 10.300 € nicht übersteigt	
		Betriebsvermögen 225.000 € (§ 13 a ErbStG)		

BMG	Steuerpflichtiger Erwerb (§ 10 ErbStG)	
		Vermögensanfall (Bruttovermögenszuwachs)
	./.	Nachlassverbindlichkeiten (§ 10 Abs. 5 bis 9 ErbStG)
	=	Bereicherung des Erwerbers (Nettovermögenszuwachs)
	./.	Steuerbefreiungen (§§ 5, 13, 13 a, 16, 17, 18 ErbStG)
	=	Steuerpflichtiger Erwerb x Steuersatz

3.5 Wertermittlung des Vermögensanfalls nach bisherigem Recht

In den §§ 10 bis 12 ErbStG sind die allgemeinen Bewertungsgrundsätze geregelt. Grundsätzlich richtet sich die Bewertung nach den allgemeinen Vorschriften des Bewertungsgesetzes (§ 12 Abs. 1 ErbStG). Faktisch ist also für Zwecke der Erbschaft- und Schenkungsteuer der gemeine Wert i. S. d. § 9 BewG (= Einzelveräußerungspreis) maßgebend. Dieser allgemeine Wertmaßstab wird jedoch durch die speziellen Vorschriften des § 12 Abs. 2, 3 und 5 ErbStG durchbrochen.

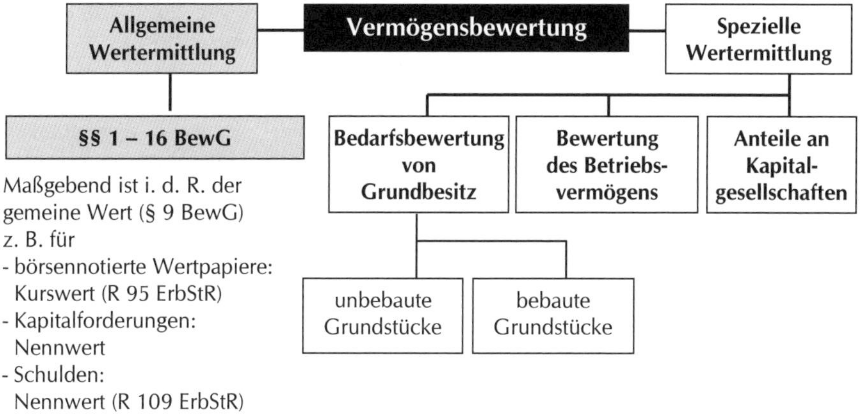

Bei der Ermittlung von **Grundbesitzwerten** des Grundvermögens ist zwischen unbebauten Grundstücken (§ 145 BewG) und bebauten Grundstücken (§§ 146 bis 150 BewG) zu unterscheiden. Bei unbebauten Grundstücken handelt es sich nach § 145 Abs. 1 BewG um Grundstücke, auf denen sich keine benutzbaren Gebäude oder zur Nutzung vorgesehene Gebäude in Bau befinden. Der Wert unbebauter Grundstücke wird nach § 145 Abs. 3 BewG nach der Fläche und dem (aktuellen) Bodenrichtwert (Substanzwert) ermittelt.

unbebaute Grundstücke
Grundstückswert: Grundstücksfläche x 0,8 x Bodenrichtwert

Der Gesetzgeber hat noch für wertmindernde Umstände des Bewertungsobjekts, z. B. für Lärmbelästigung, eine pauschale Ermäßigung von 20 % vorgesehen.

Für die Bewertung von bebauten Grundstücken ist in § 146 BewG das Ertragswertverfahren vorgesehen (siehe R 164 - 178 ErbStR). Der Wert eines bebauten Grundstücks ermittelt sich zunächst aus dem 12,5fachen der (aktuellen) durchschnittlichen Jahresmiete (Nettokaltmiete). Bei Gebäuden, die eigengenutzt werden oder an Angehörige bzw. Dritte unentgeltlich bzw. um mehr als 20 % im Vergleich zur üblichen Miete günstiger überlassen werden, tritt an die Stelle der tatsächlichen Miete die übliche Miete. Diese kann aus Ver-

bebaute Grundstücke	
Schritt I:	
Grundstückswert nach § 146 Abs. 2 BewG	
	Jahresmiete x 12,5
./.	Altersabschlag (0,5 %/Jahr; max. 25 %)
+	20 %iger Zuschlag für Ein-/Zweifamilienhäuser
=	Ertragswert
Schritt II:	
Grundstücksfläche x 0,8 x Bodenrichtwert	
= Substanzwert	
Schritt III:	
Prüfung: Mindestwertregelung	
Schritt IV:	
Zwingender Ansatz des höheren Wertes (§ 146 Abs. 6 BewG)	

gleichsmieten, Mietspiegeln oder durch ein Mietgutachten ermittelt werden. Von diesem Betrag ist zur Berücksichtigung der Wertminderung für jedes Jahr ein Abschlag von 0,5 % zu berücksichtigen, maximal jedoch 25 % (§ 146 Abs. 4 BewG).

Enthält ein bebautes Grundstück, das ausschließlich zu Wohnzwecken dient, nicht mehr als zwei Wohnungen, ist ein Zuschlag in Höhe von 20 % zu berücksichtigen (§ 146 Abs. 5 BewG).

Nach § 146 Abs. 6 BewG darf der für ein bebautes Grundstück anzusetzende Wert nicht niedriger sein als der Wert, mit dem das unbebaute Grundstück zu bewerten wäre. Der Bodenrichtwert bildet somit den Mindestwert (R 176 ErbStR).

Beispiel – Bewertung von Grundbesitz: Ein Anfang 1999 errichtetes (bezugsfertiges) Einfamilienhaus in Koblenz ist für Erbschaftsteuerzwecke zu bewerten (Bedarfsbewertung). Besteuerungszeitpunkt ist der 02.04.2007. Die Grundstücksfläche beträgt 536 m², der Bodenrichtwert wurde aktuell mit 70 €/m² festgestellt. Das Einfamilienhaus ist vermietet, die durchschnittliche Jahreskaltmiete beläuft sich auf 4.200 €.

Ermittlung des Grundbesitzwerts:

	Jahreskaltmiete x 12,5 (4.200 € x 12,5):	52.500 €
./.	Alterswertminderung für 8 Jahre (8 x 0,5 % = 4 %; max. 25 %):	2.100 €
+	20 %iger Zuschlag für ein Einfamilienhaus (50.400 € x 0,2):	10.080 €
=	Zwischenwert:	60.480 €
	Abrundung nach § 139 BewG:	60.000 €

Plausibilitätsprüfung nach § 146 Abs. 6 BewG (Mindestbewertung):

Grundstücksfläche x 0,8 x Bodenrichtwert (536 m² x 0,8 x 70 €/m²):	30.016 €
Abrundung nach § 139 BewG:	30.000 €

Die Mindestwertregelung greift nicht; der Grundbesitzwert für das Einfamilienhaus ist mit 60.000 € festzustellen.

Der Bestand und die Bewertung des **Betriebsvermögens** richten sich gemäß § 12 Abs. 5 ErbStG nach dem Bewertungsgesetz (§§ 95 - 109). Grundsätzlich sind nach § 109 BewG die Steuerbilanzwerte maßgebend (verlängerte Maßgeblichkeit). Dieser Grundsatz der Bestands- und Bewertungsidentität wird bei folgenden Bilanzpositionen durchbrochen (R 114, R 122 ErbStR):

- **Betriebsgrundstücke:** Grundbesitzwert i. S. d. § 138 Abs. 3 BewG (gesonderte Feststellung);
- **Ausländisches Betriebsvermögen:** Gemeiner Wert;
- **Notierte Anteile an Kapitalgesellschaften:** Wertpapiere; Zero-Bonds: Börsenkurs;
- **Investmentanteile**: Rücknahmepreis;
- **Nichtnotierte Anteile an Kapitalgesellschaften**: Gemeiner Wert (Verkäufe bzw. Stuttgarter Verfahren);
- **Beteiligungen an gewerblichen Personengesellschaften:** Anteil am Wert des Betriebsvermögens.

Der Erwerber von Betriebsvermögen hat nach amtlichem Vordruck eine Vermögensaufstellung als Anlage zur Erbschaftsteuer- oder Schenkungsteuererklärung abzugeben.

Für inländisches Betriebsvermögen ist in § 13 a ErbStG *derzeit noch* ein besonderer **Freibetrag** von 225.000 € vorgesehen. Dieser ist nachlassbezogen, d. h. bei mehreren Erben wird der Freibetrag nur einmal gewährt. Zum begünstigten Betriebsvermögen gehören nach § 13 a Abs. 4 ErbStG ein ganzer Gewerbebetrieb, Teilbetrieb, Mitunternehmeranteil sowie Anteile an Kapitalgesellschaften (> 25% des Nennkapitals). Übersteigt das begünstigte Betriebsvermögen den Freibetrag von 225.000 €, ist nach § 13 a Abs. 2 ErbStG der verbleibende Wert des Vermögens mit 65 % anzusetzen (35%iger **Bewertungsabschlag**). *Der Freibetrag sowie der Bewertungsabschlag sollen nach der geplanten Neuregelung zur Unternehmensnachfolge (sog. Abschmelzungsmodell) in Zukunft (ab der Neuregelung in 2007) entfallen.*

In § 19a ErbStG wird für bestimmtes Betriebsvermögen eine weitere Begünstigung durch eine Tarifbegrenzung gewährt, *die allerdings ebenfalls im Rahmen der gesetzlichen Neuregelung zur Unternehmensnachfolge entfallen soll.* Wird begünstigtes Betriebsvermögen übertragen, finden für einen Anteil von 88 Prozent die Steuersätze der Steuerklasse I Anwendung, auch wenn der Erwerber zu den Steuerklassen II oder III gehört.

Beispiel – Betriebsvermögen: Onkel X vererbt seinem Neffen Y Betriebsvermögen in Form von Kapitalanteilen in Höhe von 525.000 € sowie Privatvermögen in Höhe von 150.000 €. Wie ist dieser Sachverhalt erbschaftsteuerlich zu behandeln?

	vererbtes Betriebsvermögen:	525.000 €
./.	Freibetrag gemäß § 13 a Abs. 1 ErbStG:	225.000 €
=	Zwischenwert:	300.000 €
	Ansatz des verbleibenden Betrags mit 65 % gemäß § 13 a Abs. 2 ErbStG:	195.000 €
+	Privatvermögen:	150.000 €
./.	Freibetrag gemäß § 16 Abs. 1 Nr. 4 ErbStG:	
	(der Neffe ist in Steuerklasse II einzustufen)	10.300 €
=	**steuerpflichtiger Erwerb:**	**334.700 €**

Steuerberechnung nach Maßgabe des § 19a ErbStG – Tarifbegrenzung beim Erwerb von Betriebsvermögen (H 79 ErbStR):

Steuer nach tatsächlicher Steuerklasse II (22 % von 334.700 €):	73.634 €
Betrieblicher Anteil 56,52 % [195.000 € / (195.000 € + 150.000 €)] gemäß § 19 Abs. 1 i. V. m. § 19 a Abs. 4 Satz 1 ErbStG:	41.617 €
Steuer nach Steuerklasse I (15 % von 334.700 €):	50.205 €
Betrieblicher Anteil 56,52 % gemäß § 19 Abs. 1 i. V. m. § 19a Abs. 4 Satz 2 ErbStG):	28.375 €
Steuer auf betrieblichen Anteil nach Steuerklasse II:	41.617 €
./. Steuer auf betrieblichen Anteil nach Steuerklasse I:	28.375 €
= Unterschiedsbetrag nach § 19 a Abs. 4 Satz 3 ErbStG:	**13.242** €
Entlastungsbetrag (88 % vom Unterschiedsbetrag)	**11.653** €
Erbschaftsteuer nach tatsächlicher Steuerklasse II:	73.634 €
./. Entlastungsbetrag gemäß § 19 a Abs. 4 ErbStG (88 %):	11.653 €
= **zu zahlende Erbschaftsteuer:**	**61.981** €

Das Bundesverfassungsgericht hat in seinem Beschluss vom 7.11.2006 – 1 BvL 10/02 (DStR 2007, S. 235 - 251) – die zahlreichen Begünstigungen bei der Bemessungsgrundlage für verfassungswidrig erklärt (s. Kap. 3.1). Die Bewertung hat sich danach an Verkehrswerten – also am sog. gemeinen Wert – zu orientieren. Die Übernahme von Steuerbilanzwerten dürfte daher zukünftig nicht zulässig sein. Ebenso muss die Grundstücksbewertung, die sich an den Verkehrswerten orientieren und den Gebäudewert neben dem Grundstückswert einbeziehen muss, reformiert werden.
Verschonungsregelungen in Form eines „Abschmelzungsmodells" sowie besondere Steuersätze (wie im § 19 a ErbStG) dürften weiterhin zulässig, sofern diese gesetzlich verankert werden und mit bestimmten (sozialen) Bindungsklauseln versehen werden.

*Nach dem **Entwurf des Gesetzes zur Erleichterung der Unternehmensnachfolge** (vom 25.10.2006) soll die Erbschaft- (und Schenkung)steuer für sog. begünstigtes (d.h. produktives) Betriebsvermögen zunächst gestundet und anschließend pro Jahr der Unternehmensfortführung in Höhe eines Zehntels erlassen werden. Dabei wird zunächst die Steuer auf den gesamten Erwerb ermittelt, wobei die bisherigen Vergünstigungen der §§ 13 a und 19 a ErbStG a. F. wegfallen. Die Steuer auf das begünstigte Vermögen (nach dem geltenden Steuersatz für den Gesamterwerb multipliziert mit der Bemessungsgrundlage für den Erwerb des begünstigten Betriebsvermögens) wird von der gesamten Steuerschuld abgezogen und gestundet. Der Restbetrag ist sofort zu zahlen. Wird das Unternehmen veräußert oder nicht fortgeführt, so ist die gestundete (und noch nicht erlassene) Steuer im Zeitpunkt der Veräußerung oder Aufgabe des Betriebs sofort zu zahlen. Bei teilweiser Veräußerung oder Aufgabe gilt dies entsprechend anteilig.*

Lösung des obigen Beispiels nach neuem Recht:

	vererbtes (und nach § 28 ErbStG-E begünstigtes) Betriebsvermögen:	525.000 €
+	Privatvermögen:	150.000 €
./.	Freibetrag gemäß § 16 Abs. 1 Nr. 4 ErbStG:	
	(der Neffe ist in Steuerklasse II einzustufen)	10.300 €
=	**Steuerpflichtiger Erwerb:**	**664.700** €
	Erbschaftsteuer nach tatsächlicher Steuerklasse II (27 %):	179.469 €
./.	zu stundende Erbschaftsteuer (27 % auf 525.000 €):	141.750 €
=	**sofort zu zahlende Erbschaftsteuer:**	**37.719** €

Nach neuem Recht ergibt sich in dem obigen Beispiel zunächst eine Reduktion der Erbschaftsteuer um 24.262 €, wobei der Betrag von 141.750 € gestundet wird. Nach Ablauf jedes Jahres der Unternehmensfortführung wird ein Zehntel der gestundeten Steuer – 14.175 € – erlassen, wobei dies nicht für das Jahr des Erbfalls bzw. der Schenkung gilt. Ob das neue Recht aber vorteilhaft ist, hängt davon ab, ob das Unternehmen vom Erben unverändert mindestens 9 Jahre fortgeführt wird. Wird das Unternehmen vor diesem Zeitpunkt veräußert oder stillgelegt, dann ist in dem vorliegenden Beispiel das alte Recht günstiger.

Ferner ist das alte Recht (tendenziell) günstiger, sofern in dem Betriebsvermögen sog. unproduktives – also nicht begünstigtes – Betriebsvermögen in nicht unerheblichem Maße enthalten ist.

Bei Übertragungen im Jahr 2007 soll voraussichtlich ein Wahlrecht zwischen neuem und altem Recht gelten. Besteht dieses Wahlrecht nach dem endgültigen Gesetzestext, ist für im Jahr 2007 anfallende Schenkungen bzw. Erbschaften anhand des Verhältnisses des „produktiven" und „unproduktiven" Vermögens sowie der künftigen Planungen zur Fortführung oder Aufgabe/Veräußerung des Unternehmens detailliert zu prüfen, ob das alte oder neue Recht günstiger ist.

3.6 Testamentsgestaltung zur Reduzierung der Erbschaftsteuer

Hilde Geizig hat ein Vermögen von 2 Mio. € (kein produktives Vermögen, also nicht begünstigtes Betriebsvermögen i. S. v. § 28 ErbStG n. F.). Hilde ist glücklich verheiratet (Güterstand: Gütertrennung) und will deshalb in ihrem Testament ihren zehn Jahre jüngeren Gatten Alfons als Alleinerben einsetzen. Hilde und Alfons haben zwei Kinder (T, S). In Kenntnis ihrer Kinder haben Hilde und Alfons vereinbart, dass Alfons die Kinder (T, S) jeweils zur Hälfte als Erben einsetzt. Da T und S ihren Vater Alfons beim Tod der Mutter nicht enttäuschen wollen und Alfons keine Anwartschaft auf Versorgungsbezüge hat, verzichten T (21 J.) und S (23 J.) zunächst auf ihre Pflichtteilsansprüche in der Hoffnung, dass sie später unverändert die Hälfte des Erbes erhalten. Elf Jahre später stirbt Alfons. Erben sind wie vereinbart T und S. Das Vermögen, das aus dem Erbe der Hilde stammt, beträgt nach Abzug der Beerdigungskosten (20.000 €) unverändert 2 Mio. €. Die angefallene Erbschaftsteuer beim Erbanfall der Mutter hat Alfons in der Zwischenzeit bereits erwirtschaftet.

Abwandlung zur Reduzierung der Erbschaftsteuer: Hilde setzt im Testament ihren Mann zu 50 %, ihre Kinder T und S jeweils zu 25 % als Erben ein. Alfons erhält also 1 Mio. €, T und S jeweils 500.000 €. Nach elf Jahren vererbt Alfons sein Vermögen, das aufgrund der vorangegangenen teilweisen Vermögensübertragung auf T und S jetzt nach Abzug der Beerdigungskosten (20.000 €) nur noch 1 Mio. € beträgt, seinen Kindern T und S.

Ermittlung der Erbschaftsteuer:	**Fall**	**Abwandlung**
1. Erbfall: Hilde ➔ Alfons:		
Vermögensanfall:	2.000.000 €	1.000.000 €
./. Freibetrag (§ 16 Abs. 1 Nr. 1 ErbStG):	307.000 €	307.000 €
./. Versorgungsfreibetrag (§ 17 Abs. 1 ErbStG):	256.000 €	256.000 €
= Steuerpflichtiger Erwerb (BMG):	1.437.000 €	437.000 €
ErbSt-Belastung (Steuersatz: 19 %/15 %):	273.030 €	65.550 €
Erbfall: Hilde ➔ T und S (je 500.000 €):		
Vermögensanfall:		500.000 €
./. Freibetrag (§ 16 Abs. 1 Nr. 2 ErbStG):		205.000 €
./. Versorgungsfreibetrag (§ 17 Abs. 2 Nr. 5 ErbStG):		10.300 €
= Steuerpflichtiger Erwerb (BMG):		284.700 €
ErbSt-Belastung (Steuersatz: 15 %) für T:		42.705 €
ErbSt-Belastung (Steuersatz: 15 %) für S:		42.705 €

Ermittlung der Erbschaftsteuer:	**Fall**	**Abwandlung**
2. Erbfall: Alfons ➔ T und S (T und S haben jeweils folgenden ErbSt-Betrag zu bezahlen):		
Vermögensanfall:	1.000.000 €	500.000 €
./. Freibetrag (§ 16 Abs. 1 Nr. 2 ErbStG):	205.000 €	205.000 €
./. Versorgungsfreibetrag (§ 17 Abs. 2 ErbStG):	————	————
= Steuerpflichtiger Erwerb (BMG):	795.000 €	295.000 €
ErbSt-Belastung (Steuersatz: 19 %/15 %) für T:	151.050 €	44.250 €
ErbSt-Belastung (Steuersatz: 19 %/15 %) für S:	151.050 €	44.250 €
3. Gesamte Erbschaftsteuerbelastung:		
Erbfall: Hilde ➔ Alfons:	273.030 €	65.550 €
+ Erbfall: Hilde ➔ T und S:	————	85.410 €
+ Erbfall: Alfons ➔ T und S:	302.100 €	88.500 €
= Gesamtbelastung:	**575.130 €**	**239.460 €**

Im Vergleich zum Grundfall kann durch die Testamentsgestaltung in der Abwandlung insgesamt 335.670 € an Erbschaftsteuer gespart werden.

Dellner/Gross/Ramb/Weinfurtner (2004): Steuerrecht für Anwälte, S. 431 - 542;
Dommermuth/Herrler/Scharl/Schmidt/Werdan (2004): Betriebliche Steuern, Bd. 1, 2. Aufl., S. 251 - 277;
Eisele u. a. (2007): Steuerkompendium, Bd. 2, 10. Aufl., S. 613 - 843;
Klümpen-Neusel (2006): Erbschaftsteuer aktuell – Grundlagen und wichtigste Änderungen ab 1.1.2007.
Scheffler (2006): Besteuerung von Unternehmen I, 9. Aufl., S. 303 - 335.

4. Einkommensteuer

4.1 Persönliche Steuerpflicht, Systematik und Abgrenzung zu anderen Ertragsteuern

4.1.1 Grundlagen – Systematik der Ertragsteuern

Die Einkommensteuer (ESt) ist als **Personensteuer** und **Ertragsteuer** ausgestaltet. In § 1 EStG ist geregelt, dass nur natürliche Personen, also Menschen, einkommensteuerpflichtig sind (persönliche Steuerpflicht). Natürliche Personen unterliegen auch mit den Einkünften, die sie aus einer Personengesellschaft (z. B. KG, OHG) erzielen, der Einkommensteuer; die Personengesellschaft ist also selbst nicht – persönlich – einkommensteuerpflichtig (zur Gewinnermittlung und deren Besteuerung siehe Kap. 4.4.1.4). Die gewerblichen Personengesellschaften unterliegen ebenso wie Kapitalgesellschaften i. d. R. einer eigenständigen Gewerbesteuerpflicht, wobei die zu zahlende Gewerbesteuer als Betriebsausgabe die Bemessungsgrundlage der Einkommensteuer bzw. Körperschaftsteuer mindert.

Von der persönlichen Steuerpflicht ist die in § 2 EStG geregelte sachliche Steuerpflicht abzugrenzen. Die sachliche Steuerpflicht regelt die Bemessungsgrundlage, also das, was der Einkommensbesteuerung unterliegen soll.

Die Körperschaftsteuer als weitere Ertragsteuer ist wie die Einkommensteuer als „Personensteuer" ausgestaltet. Gemäß § 1 KStG unterliegen dieser Ertragsteuer jedoch **juristische** Personen, das sind insbesondere die Kapitalgesellschaften (AG, KGaA, GmbH). Zur Abgrenzung von der Einkommensteuerpflicht sind in § 3 KStG weitere Anweisungen enthalten. Ergänzend zur Ertragsbesteuerung der Körperschaft nach dem KStG kommt es bei Ausschüttungen zusätzlich beim natürlichen Anteilseigner zur Einkommensbesteuerung (§ 20 EStG).

Ab dem 1.1.2008 plant die Große Koalition eine umfassende Unternehmensteuerreform (s. dazu auch Kap. 8). Danach soll insbesondere die Besteuerung der Personengesellschaften bei der Thesaurierungsbelastung an das Recht der Kapitalgesellschaften angepasst werden. Ferner soll die Besteuerung der Kapitalerträge und der Veräußerungsgewinne ab 2009 mit einer Abgeltungsteuer (wahrscheinlich mit einem Steuersatz von 25 %) neu geregelt werden.

Die Lohnsteuer, Kapitalertragsteuer und Zinsabschlagsteuer sind spezielle Erhebungsformen der Einkommensteuer und werden als *derzeit* vorausbezahlte Steuern auf die spätere Einkommensteuerschuld angerechnet.

An die Einkommensteuer bzw. deren Bemessungsgrundlage knüpfen ferner die Kirchensteuer und der Solidaritätszuschlag als sog. Zuschlagsteuern.

4.1.2 Arten der persönlichen Steuerpflicht

Hat eine natürliche Person ihren Wohnsitz bzw. ihren gewöhnlichen Aufenthalt in Deutschland, unterliegt das gesamte Welteinkommen, d. h. auch die ausländischen Einkommensquellen der deutschen Einkommensbesteuerung (**unbeschränkte Einkommensteuerpflicht**). Die deutsche Staatsangehörigkeit hat i. d. R. keine Bedeutung. Eine Ausnahme hiervon gilt nach § 1 Abs. 2 EStG für deutsche Auslandsbeschäftigte, die von einer öffentlichen Kasse Arbeitslohn beziehen (z. B. Diplomaten und Konsularbeamte sowie u. U. deren Angehörige).

Bezieht eine natürliche Person, die weder Wohnsitz noch gewöhnlichen Aufenthalt im Inland hat, jedoch inländische Einkünfte, dann unterliegen nur die in § 49 EStG aufgeführten inländischen Einkunftsquellen der deutschen Einkommensteuer (**beschränkte Steuerpflicht**). Zur Vermeidung der „Steuerflucht" in sog. Niedrigsteuerländer ist im Außensteuergesetz (§ 2 AStG) bei erheblichen wirtschaftlichen Interessen im Inland (Deutschland) für den Zeitraum von zehn Jahren nach dem Wegzug ins Ausland zusätzlich eine „erweiterte beschränkte Steuerpflicht" verankert worden.

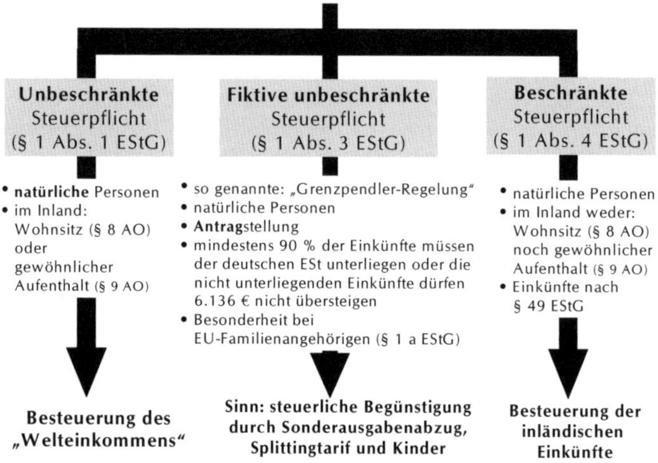

4.1.3 Die Bedeutung von Doppelbesteuerungsabkommen

Eine Doppelbesteuerung wird bei grenzüberschreitenden Tatbeständen ausgelöst, indem sich nationale Steuerrechtsnormen mit ausländischen Rechtsnormen überschneiden. Eröffnet ein Unternehmer beispielsweise eine Betriebsstätte in einem anderen Staat (z. B. Spanien) oder arbeitet ein Franzose mit Wohnsitz in Frankreich als beschränkt Steuerpflichtiger in Deutschland und vermietet dieser zusätzlich noch eine Immobilie in Frankreich, so kommt es zur Kollision bei der Besteuerung (Deutschland – Frankreich – Spanien).

Die beteiligten Staaten begrenzen ihre nationale Steuerhoheit durch gegenseitige Steuerverzichte in einem Doppelbesteuerungsabkommen (bilaterale völkerrechtliche Verträge). Doppelbesteuerungsabkommen (DBA) bezwecken die Vermeidung oder Milderung bestehender (wirtschaftlicher) Doppelbesteuerungen.

Zur Vermeidung einer Doppelbesteuerung gibt es grundsätzlich zwei Methoden: Die Anrechnungsmethode und die Freistellungsmethode. Bei der **Anrechnungsmethode** kann unter bestimmten Voraussetzungen die im Ausland bezahlte Steuer auf die inländische Steuer angerechnet werden. Bei der **Freistellungsmethode** werden die bereits mit ausländischer Steuer belasteten Steuergüter von der inländischen Steuer freigestellt, d. h. sie werden bei der Ermittlung der Bemessungsgrundlage nicht mehr berücksichtigt. Das deutsche Einkommensteuergesetz folgt in § 34 c Abs. 1 EStG der Anrechnungsmethode, während in den

DBA i. d. R. die Freistellungsmethode zur Anwendung kommt. Völkerrechtliche Normen (DBA) haben grundsätzlich Vorrang vor nationalem Recht (§ 2 AO).

4.1.4 Fiktive unbeschränkte Steuerpflicht („Grenzpendler")

Verfügt eine natürliche Person in Deutschland weder über einen Wohnsitz i. S. d. § 8 AO noch über einen gewöhnlichen Aufenthaltsort nach § 9 AO, sondern hat diese Person ihren Wohnsitz im Ausland (Drittland oder Gemeinschaftsgebiet), zu dem sie regelmäßig zurückkehrt und übt diese Person in Deutschland eine berufliche Tätigkeit aus („Grenzpendler"), so unterliegen die daraus resultierenden Einkünfte nicht der unbeschränkten Steuerpflicht nach § 1 Abs. 1 EStG. Der Grenzpendler unterliegt nur mit seinen inländischen Einkünften der beschränkten Einkommensteuerpflicht nach § 49 EStG i. V. m. § 1 Abs. 4 EStG.

Auf Antrag werden nach § 1 Abs. 3 EStG auch diese natürlichen Personen als fiktiv unbeschränkt einkommensteuerpflichtig behandelt, soweit deren Einkünfte im Kalenderjahr $\geq$ 90 % der deutschen Einkommensteuer unterliegen oder die im Kalenderjahr nicht der deutschen Einkommensteuer unterliegenden Einkünfte $\leq$ 6.136 € bzw. bei Zusammenveranlagung von Eheleuten $\leq$ 12.272 € sind (Nachweis erforderlich!).

Mit dem Antrag zur fiktiven unbeschränkten Steuerpflicht wird der Grenzpendler in Deutschland mit allen inländischen Einkünften steuerpflichtig, wobei im Rahmen des Progressionsvorbehalts (§ 32 b EStG; Kap. 4.3.3) die ausländischen Einkünfte einzubeziehen sind.

Für Staatsangehörige eines EU- oder EWR-Staates, die einen Antrag nach § 1 Abs. 3 EStG gestellt haben und die entsprechenden Voraussetzungen erfüllen, ermöglicht § 1 a EStG zusätzlich bestimmte familienpolitische Vergünstigungen. Bei diesen Steuervergünstigungen handelt es sich um das Realsplitting (Unterhaltsleistungen an den geschiedenen oder dauernd getrennt lebenden Ehegatten sind als Sonderausgaben abzugsfähig), die Zusammenveranlagung mit dem im Ausland wohnenden Ehepartner (Versteuerung nach dem Splittingtarif) und den Entlastungsbetrag für Alleinerziehende (§ 24 b i. V. m. § 50 Abs. 1 Satz 4 EStG).

Beispiel: Die Ehegatten Schrödter wohnen zusammen mit ihren beiden Kindern (Max, geb. am 7.8.1991; Moritz, geb. 12.6.1988) in Lauterbourg (Frankreich). Frau Schrödter hat Einkünfte aus der Fremdvermietung einer Eigentumswohnung in Reims (Frankreich) i. H. v. 10.000 €, die in Frankreich zu versteuern sind. Diese versteuerten Einkünfte werden gem. DBA für einen in Deutschland unbeschränkt Steuerpflichtigen freigestellt (Freistellungsmethode).

Herr Schrödter arbeitet in der Produktion der Goldschmuck GmbH in Pforzheim und hat Einnahmen aus nichtselbständiger Tätigkeit i. H. v. 100.000 €. An den 200 Arbeitstagen ist er mit dem privaten Pkw zu seiner Arbeitsstätte gefahren (60 km). Herr Schrödter hatte Vorsorgeaufwendungen i. H. v. 7.000 €, seine Frau i. H. v. 3.000 €.

Da Schrödter weder einen Wohnsitz noch einen gewöhnlichen Aufenthaltsort in Deutschland hat, ist er lediglich mit seinem Arbeitslohn beschränkt einkommensteuerpflichtig nach § 1 Abs. 4 i. V. m. § 49 Nr. 4 EStG. Somit würden ihm die steuerlichen Begünstigungen für Familienangehörige nicht zustehen. Da die Voraussetzungen des § 1 Abs. 3 i. V. m. § 1 a EStG erfüllt werden, kann er die fiktive unbeschränkte Steuerpflicht beantragen. Dies ist empfehlenswert, da Schrödter somit die steuerlichen Begünstigungen für Familienangehörige – hinsichtlich der Ehefrau und der beiden Kinder – nach § 1 a Abs. 1 Nr. 1 bis 3 EStG in Anspruch nehmen kann.

Birk (2006): Steuerrecht, 9. Aufl., S. 63 - 71, 197 - 203;
Breithecker (2002): Einführung in die Internationale Betriebswirtschaftliche Steuerlehre, 2. Aufl., S. 139 - 161, 219 - 239;
Scheffler (2006): Besteuerung von Unternehmen I, 9. Aufl., S. 30 - 33, 41 - 42;
Zenthöfer/Schulze zur Wiesche (2004): Einkommensteuer, 8. Aufl., S. 15 - 22, 1051 - 1064.

4.2 Sachliche Steuerpflicht (§ 2 EStG)

Die tarifliche Einkommensteuer bemisst sich gemäß § 2 Abs. 5 EStG nach dem **„zu versteuernden Einkommen"**. Die Ermittlung dieser Bemessungsgrundlage erfolgt in mehreren Schritten. In einem ersten Schritt sind die Einkünfte aus den sieben verschiedenen Einkunftsarten zu ermitteln.

4.2.1 Einkunftsarten

- Die sieben steuerbaren Einkunftsarten nach § 2 Abs. 1 S. 1 Nr. 1 bis 7 EStG sind Einkünfte aus: (1) Land- und Forstwirtschaft, (2) Gewerbebetrieb, (3) selbständiger Arbeit, (4) nichtselbständiger Arbeit, (5) Kapitalvermögen, (6) Vermietung und Verpachtung und die (7) sonstigen Einkünfte im Sinne des § 22 EStG
- **Abgrenzung** der sieben Einkunftsarten nach § 2 (1) S. 2 i. V. m. §§ 13 bis 24 EStG

GEWINN-Einkünfte
(§§ 13, 15, 18 EStG)

Gewinnermittlungsarten:

a.) Betriebsvermögensvergleich
(§ 4 Abs. 1 EStG)

Betriebsvermögen zum 31.12.01*
./. Betriebsvermögen zum 31.12.00
\+ Entnahmen
./. Einlagen
= **GEWINN/VERLUST**

b.) Einnahmenüberschuss-Rechnung
(§ 4 Abs. 3 EStG)

Einnahmen des Geschäftsjahres
./. Ausgaben des Geschäftsjahres*
= **GEWINN/VERLUST**

c.) Bilanzielle Gewinnermittlung
(§ 5 Abs. 1 EStG)

Handelsbilanzgewinn
+/- steuerrechtliche Sonderregelungen*
= **GEWINN/VERLUST**

ÜBERSCHUSS-Einkünfte
(§§ 19, 20, 21, 22 EStG)

Einnahmen (Zuflussprinzip)
./. Werbungskosten (§ 9, § 11 EStG)
(ggf. Werbungskostenpauschbeträge nach § 9 a Nr. 1 - 3 EStG)
./. Freibeträge (§ 20 Abs. 4 EStG)
(beachte: Freigrenze nach § 22 i. V. m. § 23 Abs. 3 EStG)
= **ÜBERSCHUSS**

* Bezüglich der **nicht abzugsfähigen Betriebsausgaben** ist § 4 Abs. 5 EStG zu beachten.

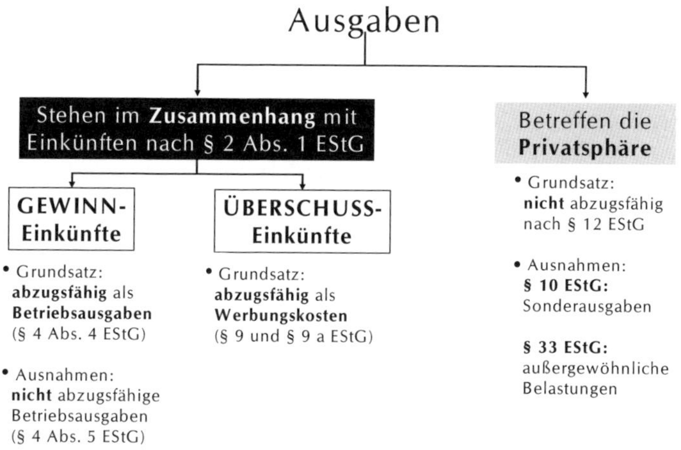

4.2.2 Summe der Einkünfte

Nach Ermittlung der verschiedenen Einkünfte gemäß § 2 Abs. 2 Nr. 1 EStG für Gewinneinkünfte und § 2 Abs. 2 Nr. 2 EStG für Überschusseinkünfte werden die Ergebnisse addiert. Bei jeder der sieben Einkunftsarten können nach § 2 Abs. 3 EStG sowohl **positive** (Gewinne bzw. Überschüsse) als auch **negative** Einkünfte bzw. Verluste entstehen. Die negativen Einkünfte sind grundsätzlich mit anderen positiven Einkünften innerhalb eines Veranlagungszeitraums zu verrechnen. Der **horizontale** Verlustausgleich erfolgt innerhalb der gleichen Einkunftsart. Der anschließende **vertikale** Verlustausgleich bezieht sich auf Einkünfte verschiedener Einkunftsarten. Der horizontale Verlustausgleich geht zwingend dem vertikalen Verlustausgleich vor. Ab dem Jahr 2004 wurde eine Begrenzung des Verlustvortrags eingeführt; *mit weiteren Einschränkungen der Verlustverrechnung durch die Große Koalition ist zu rechnen.*

4.2.3 Gesamtbetrag der Einkünfte

Die Summe der Einkünfte ist eventuell um den **Altersentlastungsbetrag** nach § 24 a EStG, den Entlastungsbetrag für Alleinerziehende (§ 24 b EStG) bzw. den **Freibetrag** für Land- und Forstwirte (§ 13 Abs. 3 EStG) zu mindern. Kommen diese Kürzungen bei Fehlen der entsprechenden Voraussetzungen nicht in Betracht, so ist die Summe der Einkünfte betragsmäßig identisch mit dem Gesamtbetrag der Einkünfte.

4.2.4 Einkommen

Der Gesamtbetrag der Einkünfte, vermindert um die Verlustabzüge, die **Sonderausgaben** (z. B. Unterhaltsleistungen, gezahlte Kirchensteuer, Steuerberatungskosten, Vorsorgeaufwendungen etc.) und die **außergewöhnlichen Belastungen** (z. B. Aufwendungen wegen Krankheit, Behinderung und Tod) ergibt das Einkommen i. S. v. § 2 Abs. 4 EStG. Nach weiteren Kürzungen (u. a. Kinderfreibetrag) kommt man zum zu versteuernden Einkommen. Das zu versteuernde Einkommen ist die Bemessungsgrundlage für die tarifliche Einkommensteuer. Nach Verrechnung der Einkommensteuervorauszahlungen resultiert die vom Steuerpflichtigen letztendlich zu zahlende Einkommensteuer.

4.2.5 Schema zur Ermittlung des zu versteuernden Einkommens (§ 2 Abs. 5 EStG; R 2 Abs. 1 EStR)

	§ 13 EStG: Einkünfte aus Land- und Forstwirtschaft	GEWINN-Einkünfte
	§ 15 EStG: Einkünfte aus Gewerbebetrieb	
+	§ 18 EStG: Einkünfte aus selbständiger Arbeit	
+	§ 19 EStG: Einkünfte aus nichtselbständiger Arbeit	ÜBERSCHUSS-Einkünfte
+	§ 20 EStG: Einkünfte aus Kapitalvermögen	
+	§ 21 EStG: Einkünfte aus Vermietung/Verpachtung	
+	§ 22 i. V. m. § 23 EStG: sonstige Einkünfte	
=	**Summe der Einkünfte (§ 2 Abs. 3 EStG)**	
./.	Altersentlastungsbetrag (§ 24 a EStG)	
./.	Entlastungsbetrag für Alleinerziehende (§ 24 b EStG)	
./.	Freibetrag für Land- und Forstwirtschaft (§ 13 Abs. 3 EStG)	
=	**Gesamtbetrag der Einkünfte (§ 2 Abs. 3 EStG)**	
./.	(ggf. Verlustabzug) und Sonderausgaben (§ 10 EStG)	
./.	außergewöhnliche Belastungen (§§ 33, 33a, 33b EStG)	
=	**Einkommen (§ 2 Abs. 4 EStG)**	
./.	Kinderfreibetrag (§ 32 Abs. 6 EStG)	
=	**zu versteuerndes Einkommen (§ 2 Abs. 5 EStG)**	

4.2.6 Schema zur Ermittlung der zu zahlenden Einkommensteuerschuld (§ 2 Abs. 6 EStG, R 2 Abs. 2 EStR)

	Steuerbetrag laut Grundtarif bzw. Splittingtarif (§ 32 a Abs. 1 und 5; § 50 Abs. 3 EStG) oder nach dem bei Anwendung des Progressionsvorbehalts (§ 32 b EStG) sich ergebenden fiktiven Steuersatz
+	Steuer auf Grund der Berechnung nach den §§ 34 und 34 b EStG (außerordentliche Einkünfte)
=	**tarifliche Einkommensteuer (§ 32 a Abs. 1 und 5 EStG)**
./.	Ausländische Steuern nach § 34 c Abs. 1 EStG und § 12 AStG
./.	Anteilige pauschale Anrechnung der Gewerbesteuer nach § 35 Abs.1 Nr.1 EStG
./.	Steuerermäßigung bestimmter Mitgliedsbeiträge und Spenden (§ 34 g EStG)
./.	Steuerermäßigung für haushaltsnahe Tätigkeiten nach § 35 a EStG
./.	*Steuerermäßigung für ehrenamtliche Tätigkeiten (§ 34 h EStG)*
+	....
+	Anspruch auf Altersvorsorgezulage (§ 10 a Abs. 2 EStG; Sonderausgabenabzug)
+	Kindergeld (soweit das Einkommen um den Kinderfreibetrag gemindert wurde!)
=	**festzusetzende Einkommensteuer (§ 2 Abs. 6 EStG)**
./.	Anrechnung bereits geleisteter Vorauszahlungen (Lohnsteuer nach §§ 38 ff. EStG, Zinsabschlagsteuer und Kapitalertragsteuer nach §§ 43 ff. EStG, Einkommensteuer-Vorauszahlungen nach § 37 EStG)
=	**zu zahlende Einkommensteuerschuld (§ 2 Abs. 6 EStG)**

Das **zu versteuernde Einkommen** ist die Bemessungsgrundlage für die Anwendung des Grund- bzw. Splittingtarifes zur Ermittlung der **tariflichen Einkommensteuer**. Die tarifliche Einkommensteuer wird um die Gewerbesteuer-Anrechnung und bereits geleistete Vorauszahlungen (§ 36 Abs. 2 Satz 2 EStG: Lohnsteuervorauszahlungen nach den §§ 38 ff. EStG; Kapitalertragsteuerzahlungen nach den §§ 43 ff. EStG) gekürzt. Somit ergibt sich die festzusetzende und nach Abzug der Vorauszahlungen die an das Finanzamt (noch) zu zahlende Einkommensteuer des Kalenderjahres.

Durch die Unternehmensteuerreform ist die Anrechnung der Körperschaftsteuer entfallen (Definitivbesteuerung). Die Anrechnung der Körperschaftsteuer wurde durch das **Halbeinkünfteverfahren** ersetzt.

4.2.7 Steuererhebung (§§ 36 ff. EStG)

- **Erhebung der Einkommensteuer:** Die Einkommensteuervorauszahlungen sind nach § 37 Abs. 1 EStG jeweils zum 10. März, 10. Juni, 10. September und 10. Dezember für den jeweiligen Veranlagungszeitraum zu leisten.
- **Abgabe einer Steuererklärung:** Nach § 149 Abs. 2 AO hat der Steuerpflichtige spätestens zum 31. Mai des folgenden Kalenderjahres – bei Vorliegen bestimmter Tatbestände – eine Jahres-Steuererklärung abzugeben.
- **Steuerabzug –** besondere Erhebungsformen bei bestimmten Einkünften:
  - **Einkünfte aus § 19 EStG:** Die Lohnsteuer wird nach § 38 Abs. 1 EStG vom Arbeitslohn abgezogen und vom Arbeitgeber an das Finanzamt abgeführt, hinsichtlich der Lohnsteuerklassen siehe § 38 b EStG. Zu den Einkünften aus nichtselbständiger Arbeit gehören nach § 19 Abs. 1 Nr. 1 EStG neben den laufenden Lohn- und Gehaltszahlungen auch „andere Bezüge und Vorteile", die dem Arbeitnehmer gewährt werden. Auch bei diesen Einkünften ist der Arbeitgeber nach § 38 Abs. 3 Satz 1 EStG verpflichtet, die darauf entfallende Lohnsteuer einzubehalten und an das Finanzamt abzuführen. Die Höhe der Lohnsteuer richtet sich gemäß § 38 a Abs. 1 EStG nach dem Jahresarbeitslohn.

  - Die ordnungsmäßige Abführung der Lohnsteuer ist von Bedeutung, da der Arbeitgeber für die Lohnsteuerschuld des Arbeitnehmers haftet (§ 42 d Abs. 1 EStG). Der Haftungsumfang wird eingeschränkt, wenn den Arbeitgeber kein oder nur ein geringes Verschulden trifft. Die Haftung umfasst laut § 33 Abs. 1 AO i. V. m. § 37 Abs. 1 AO neben der ursprünglichen Lohnsteuerschuld auch die Haftungsschuld des Arbeitgebers. Handelt der Arbeitgeber im Rahmen der ihm obliegenden Pflicht zur Lohnsteuerabführung ordnungswidrig gemäß § 380 AO, so kann ihm eine Geldbuße bis zu 5.000 € auferlegt werden.

  - **Einkünfte aus Kapitalvermögen nach § 20 EStG:** Die nach den §§ 43 ff. EStG zu erhebende Kapitalertragsteuer von bestimmten Kapitalerträgen (z. B. Zinsen, Dividenden) wird vom Leistenden einbehalten und an das Finanzamt abgeführt. Die Steuersätze betragen je nach Kapitalertrag zwischen 20 % und 30 %. Sie entsteht zu dem Zeitpunkt, in dem Kapitalerträge dem Gläubiger zufließen. *Ab 2009 soll bei Einkünften aus Kapitalvermögen eine sog. Abgeltungsteuer von 25 % eingeführt werden.*

- Unter bestimmten Voraussetzungen kann vom Kapitalertragsteuerabzug Abstand genommen werden, z. B. durch Erteilung eines Freistellungsauftrages oder durch Vorlage einer Nichtveranlagungs-Bescheinigung (§ 44a Abs. 2 Nr. 1 und 2 EStG).

Birk (2006): Steuerrecht, 9. Aufl., S. 172 - 176, 194 - 196;
Dölfel/Bilsdorfer/Weimann (2001): Steuerrecht, 4. Aufl., S. 177 - 186;
Lippross/Kreft (2003): Einkommensteuerrecht, 10. Aufl., S. 10 - 19;
Scheffler (2006): Besteuerung von Unternehmen I, 9. Aufl., S. 36 - 41, 43 - 50;
Zenthöfer/Schulze zur Wiesche (2004): Einkommensteuer, 8. Aufl., S. 25 - 39.

4.3 Steuerfreie Einnahmen

Aus sozial- und kulturpolitischen Motiven und aus Vereinfachung des Besteuerungsverfahrens sind bestimmte Einnahmen, die innerhalb der sieben Einkunftsarten anfallen, sachlich steuerbefreit. Da diese Einnahmen normalerweise der sachlichen Steuerpflicht unterliegen, bedarf es konkreter Regelungen (§§ 3 bis 3 c EStG), die von einer Besteuerung absehen.

4.3.1 Überblick: § 3 EStG

- **Nr. 1** Bar- und Sachleistungen aus gesetzlichen und privaten Krankenversicherungen und aus der gesetzlichen Unfallversicherung; Mutterschaftsgeld; etc.
- **Nr. 2** Lohnersatzleistungen (Arbeitslosengeld, Kurzarbeitergeld, Winterausfallgeld, Arbeitslosenhilfe)
- **Nr. 9** *Bis zum 31.12.2005 zugesagte – oder wegen einer bis zum 31.12.2005 gerichtsanhängigen Klage erfolgte –* Abfindungen aufgrund einer vom Arbeitgeber veranlassten Auflösung des Dienstverhältnisses, *sofern die Zahlungen vor dem 1.1.2008 erfolgen,*

höchstens:	7.200 €
ab dem 50. LJ und Dienstverhältnis von mind. 15 Jahren:	9.000 €
ab dem 55. LJ und Dienstverhältnis von mind. 20 Jahren:	11.000 €

  Werden Abfindungen nach dem 1.1.2006 zugesagt, entfällt die bisherige Steuerbefreiung.

- **Nr. 13 und 16** Reisekostenvergütungen, Umzugskostenvergütungen, Trennungsgelder
- **Nr. 26** Aufwandsentschädigungen für nebenberufliche Tätigkeiten als Übungsleiter, Ausbilder, Erzieher, Betreuer oder für eine vergleichbare Tätigkeit zur Förderung gemeinnütziger, mildtätiger und kirchlicher Zwecke bis zu 1.848 € *(geplante Erhöhung in 2007 auf 2.100 €).*
- **Nr. 29** Diplomaten und Konsularangehörige ausländischer Staaten
- **Nr. 31** typische Berufskleidung
- **Nr. 32** Sammelbeförderung für Arbeitnehmer
- **Nr. 33** Unterbringung und Betreuung von Kindern des Arbeitnehmers in Kindergärten
- **Nr. 36** Pflegegeld

- **Nr. 40** Hälfte der Betriebsvermögensmehrungen oder Einnahmen, deren Leistungen beim Empfänger zu Einnahmen i. S. d. § 20 Abs. 1 Nr. 1 EStG führen (Halbeinkünfteverfahren; *ab 2009 voraussichtliche Steuerbefreiung von 40 %; s. Kap. 8.1*)
- **Nr. 44** Stipendien
- **Nr. 45** Vorteile eines Arbeitnehmers aus der privaten Nutzung von betrieblichen PC's und Telekommunikationsgeräten
- **Nr. 51** Trinkgelder
- **Nr. 58** Wohngeld etc.
- **Nr. 67** Eltern- und Erziehungsgeld.
- **§ 3 b EStG:** Steuerfreiheit von Zuschlägen, die neben dem Grundlohn gezahlt werden, für Nachtarbeit (25 %), Sonntagsarbeit (50 %), gesetzliche Feiertagsarbeit (125 % bzw. 150 %), wobei seit dem Veranlagungszeitraum 2004 (z. B. zur Vermeidung der Inanspruchnahme durch Profisportler) für den Basislohn eine Höchstgrenze von 50 €/Std. gilt. Für die Sozialversicherungen gilt nach einer Neuregelung der Großen Koalition inzwischen abweichend vom Steuerrecht eine Höchstgrenze von 25 €/Std.
- **§ 32 b Abs. 1 Nr. 1 EStG – Progressionsvorbehalt:** Ermittlung eines besonderen (fiktiven) Steuersatzes für bestimmte steuerfreie Einnahmen (s. Beispielberechnungen H 32 b EStH).

4.3.2 Verbot des Abzugs von Werbungskosten bzw. Betriebsausgaben

Nach § 3c EStG dürfen Aufwendungen, die in wirtschaftlichem Zusammenhang mit steuerfreien Einnahmen stehen, bei der Ermittlung der steuerpflichtigen Einkünfte nicht abgezogen werden. Das Abzugsverbot gilt sowohl für Betriebsausgaben als auch für Werbungskosten. Beispielsweise sind Aufwendungen im Zusammenhang mit DBA steuerbefreiten ausländischen Einkünften nach § 3 c EStG nicht abzugsfähig.

Nach § 3 c Abs. 2 EStG i. V. m. § 3 Nr. 40 EStG dürfen Betriebsausgaben, Veräußerungskosten oder Werbungskosten nur zur Hälfte *(ab 2009: 60 %)* abgezogen werden (Halbeinkünfteverfahren).

Bei Kapitalgesellschaften gelten für steuerfreie Beteiligungserträge i. S. d. § 8 b Abs. 1 KStG (z. B. Dividenden, Gewinnausschüttungen von anderen Kapitalgesellschaften) sowie für Gewinne aus der Veräußerung von Anteilen an anderen Kapitalgesellschaften (§ 8 b Abs. 2 KStG) abweichende Spezialregelungen. Nach § 8 b Abs. 3 und 5 KStG werden 5 % der steuerfreien Beteiligungserträge und Veräußerungsgewinne als fiktive nicht abziehbare Betriebsausgaben erfasst und dem Gewinn hinzugerechnet. Dafür bleiben die tatsächlichen Betriebsausgaben, die im Zusammenhang mit diesen steuerfreien Einnahmen stehen, abweichend von den Grundsätzen des § 3 c EStG abziehbar.

4.3.3 Progressionsvorbehalt nach § 32b EStG und dessen Auswirkungen

Der Progressionsvorbehalt soll verhindern, dass ein Steuerpflichtiger, der sowohl steuerpflichtige als auch **steuerfreie** Einnahmen bzw. Einkünfte hat, hinsichtlich der Besteuerung besser gestellt ist als diejenigen, die nur steuerpflichtige Einkünfte haben. § 32 b EStG sieht für solche Fälle die Anwendung eines besonderen **fiktiven Steuersatzes** vor (Progressionsvorbehalt).

Dieser besondere fiktive Steuersatz wird angewendet, wenn ein Steuerpflichtiger zeitweise oder während des gesamten Veranlagungszeitraums (Kalenderjahr) entweder

1) steuerfreie **Lohnersatzleistungen** i. S. v. § 32 b Abs. 1 Nr. 1 EStG hatte, wie z. B. Arbeitslosengeld, Kurzarbeitergeld, Winterausfallgeld, Altersübergangsgeld, Krankengeld, Elterngeld, Mutterschaftsgeld, etc. oder

2) **ausländische Einkünfte** i. S. v. § 32 b Abs. 1 Nr. 2 EStG, die im Veranlagungszeitraum nicht der deutschen Einkommensteuer unterlegen haben.

Schritte zur Ermittlung des besonderen fiktiven Steuersatzes:

1) Ermittlung des zu versteuernden Einkommens,

2) Ermittlung des fiktiven zu versteuernden Einkommens:
Dem zu versteuernden Einkommen ist die Summe der bezogenen Lohnersatzleistungen nach Abzug des Arbeitnehmer-Pauschbetrages von 920 € nach § 9 a Nr. 1 EStG **hinzuzurechnen**, der Arbeitnehmer-Pauschbetrag darf nur abgezogen werden, soweit er nicht schon bei der Ermittlung der Einkünfte aus nichtselbständiger Arbeit abgezogen worden ist.

3) Für diesen Steuerbetrag ist der besondere fiktive Steuersatz (Prozentsatz) nach der Tarifformel des § 32 a Abs. 1 EStG zu ermitteln,

4) mit diesem besonderen fiktiven Steuersatz ist die Einkommensteuer vom **tatsächlichen** zu versteuernden Einkommen zu ermitteln.

Sachverhalt 1: Ein Steuerpflichtiger (unbeschränkt steuerpflichtig, ledig), erhält monatlich Arbeitslosengeld i. H. v. 1.000 €, das nach § 3 Nr. 2 EStG **steuerfrei** ist.
Weitere Einkünfte: Zinseinkünfte von 30.000 €; Vermietungseinkünfte von 1.500 €; abziehbare Beträge (Sonderausgaben, außergewöhnliche Belastungen): 5.500 €

	Einkünfte aus Kapitalvermögen (§ 20 EStG):	30.000
+	Einkünfte aus Vermietung und Verpachtung (§ 21 EStG):	1.500
=	**Summe der Einkünfte**	**31.500**
./.	Abziehbare Beträge (Sonderausgaben, außergew. Belastungen):	5.500
=	**zu versteuerndes Einkommen**	**26.000**
§ 32 b Abs. 2 EStG:		
	zu versteuerndes Einkommen (§ 32 a EStG):	26.000
+	Arbeitslosengeld (§ 32 b Abs. 1 Nr. 1a EStG):	12.000 ⟵
./.	Arbeitnehmer-Pauschbetrag (§ 32b Abs. 2 Nr. 1 i. V. m. § 9a EStG):	920
=	**Basis für den Grundtarif**	**37.080**

Berechnung des fiktiven Steuersatzes:

Einkommensteuer laut Tarif (2007): 8.178

durchschnittlicher Steuersatz: $\frac{8.178 \times 100}{37.080}$ 22,055 %

tatsächlich zu versteuerndes Einkommen: 26.000

Ermittlung der Einkommensteuerschuld: 26.000 x 22,055 % = **5.734 €**

Bei einem zu versteuernden Einkommen i. H. v. 26.000 € beträgt – ohne Progressionsvorbehalt – die ESt 2007 4.569 € (17,57 %).

Im Vergleich zur regulären tariflichen Einkommensteuer – ohne Berücksichtigung der steuerfreien Einnahmen bzw. Einkünfte durch den Progressionsvorbehalt – unterliegt beim Sachverhalt 1 das zu versteuernde Einkommen i. H. v. 26.000 € – mit Progressionsvorbehalt – einer tariflichen Einkommensteuer 2007 von 5.734 €. Es ergibt sich eine Differenz gegenüber der tatsächlich zu bezahlenden Einkommensteuer 2007 i. H. v. 1.165 €.

Sachverhalt 2: Ein Steuerpflichtiger (unbeschränkt steuerpflichtig, ledig), erhält Arbeitslosengeld i. H. v. 12.000 € (vom 01.07. bis zum 31.12.), das nach § 3 Nr. 2 EStG **steuerfrei** ist.
Weitere Bezüge: Arbeitslohn 30.920 €; Vermietungseinkünfte von 1.500 €; abziehbare Beträge (Sonderausgaben, außergewöhnliche Belastungen): 5.500 €

	Arbeitslohn:	30.920	
./.	Arbeitnehmer-Pauschbetrag (§ 9 a Satz 1 Nr. 1 EStG):	920	
	Einkünfte aus nichtselbständiger Arbeit (§ 19 EStG):		30.000
+	Einkünfte aus Vermietung und Verpachtung (§ 21 EStG):		1.500
=	**Summe der Einkünfte**		**31.500**
./.	Abziehbare Beträge (Sonderausgaben, außergew. Belastungen):		5.500
=	**zu versteuerndes Einkommen**		**26.000**

§ 32 b Abs. 2 EStG:

	zu versteuerndes Einkommen (§ 32 a EStG):	26.000
+	**Arbeitslosengeld** (§ 32 b Abs. 1 Nr. 1a EStG):	12.000
=	**Basis für die Grundtarif**	**38.000**

Berechnung des fiktiven Steuersatzes:

Einkommensteuer laut Tarif (2007): 8.503 €

durchschnittlicher Steuersatz: $\frac{8.503 \times 100}{38.000}$ 22,376 %

tatsächlich zu versteuerndes Einkommen: 26.000

Ermittlung der Einkommensteuerschuld: 26.000 x 22,376 % = **5.817 €**

Beim Sachverhalt 2 unterliegt das zu versteuernde Einkommen i. H. v. 26.000 € einer tariflichen Einkommensteuer 2007 von 4.569 €. Es ergibt sich eine Differenz gegenüber der tatsächlich zu bezahlenden Einkommensteuer 2007 i. H. v. 1.248 €.

Die Differenz i. H. v. 83 € zwischen der zu zahlenden Einkommensteuer 2007 aus dem Sachverhalt 1 und Sachverhalt 2 beruht auf der unterschiedlichen Ebene der Abzugsfähigkeit des Arbeitnehmer-Pauschbetrags i. H. v. 920 €.

Birk (2006): Steuerrecht, 9. Aufl., S. 177- 184; 191 - 192;
Grefe (2006): Unternehmensteuern, 10. Aufl., S. 237 - 240;
Weitere Beispielberechnungen: **H 32 b EStH.**

4.4 Erläuterung der Gewinn-Einkunftsarten bei Einzelunternehmern, Personengesellschaften und Freiberuflern

4.4.1 Gewerbliche Einkünfte nach § 15 EStG

- **Einzelunternehmen**
  Beispiele: Klempnerei, Einzelhandel, Handelsvertretung, Kfz-Handel, Bauunternehmen.
- **Personengesellschaften**
  Beispiele: oHG (offene Handelsgesellschaft), KG (Kommanditgesellschaft).
- NICHT der Betrieb bzw. die Gesellschaft unterliegt der Einkommensteuer, sondern der Unternehmer bzw. die Gesellschafter als natürliche Person i. S. v. § 1 Abs. 1 EStG. Die von der Gesellschaft erzielten Ergebnisse werden für alle Beteiligten einheitlich ermittelt und anschließend den Gesellschaftern anteilig zugerechnet (additive Gewinnermittlung).

4.4.1.1 Merkmale des Gewerbebetriebs

- **Gesetzliche Regelung: § 15 Abs. 2 EStG**
- **Selbständigkeit (H 15.1 EStH):** Die Tätigkeit muss auf eigene Rechnung, d. h. Übernahme von Unternehmerrisiken und -chancen, und auf eigene Verantwortung (Unternehmerinitiative) ausgeübt werden. Besonderes Kennzeichen der persönlichen Selbständigkeit ist die fehlende Weisungsgebundenheit.
- **Nachhaltigkeit (H 15.2 EStH):** Die Nachhaltigkeit ist anzunehmen, wenn eine Tätigkeit wiederholt ausgeübt wird, wobei die Wiederholungsabsicht ausreichend ist. Nicht ausreichend ist eine einmalige Handlung bzw. eine gelegentliche Betätigung!
- **Gewinnerzielungsabsicht (H 15.3 EStH):** Darunter wird das Streben nach einer Betriebsvermögensmehrung (Reinvermögenszuwachs) in der Gestalt eines Totalgewinns verstanden. Der Totalgewinn stellt das positive Gesamtergebnis des Betriebs von der Gründung bis zur Veräußerung, Aufgabe oder Liquidation dar. Eine gewerbliche Betätigung ist abzugrenzen zur reinen Liebhaberei, bei der die Tätigkeit von Anfang an erkennbar ungeeignet ist, auf Dauer einen Gewinn zu erzielen. Die Ergebnisse (Gewinne bzw. Verluste) der Liebhaberei bleiben steuerlich unberücksichtigt. Auch das alleinige Bestreben nach steuerlichen Vorteilen stellt keine Gewinnerzielungsabsicht dar!
- **Beteiligung am allgemeinen wirtschaftlichen Verkehr (H 15.4 EStH)** durch nachhaltige Teilnahme am Leistungs- oder Güteraustausch und das Auftreten nach außen hin.
- Es darf **keine Land- und Forstwirtschaft (R 15.5 EStR), keine selbständige Arbeit (H 15.6 EStH) und keine Vermögensverwaltung (§ 14 AO, R 15.7 Abs. 1 EStR)** sein!

4.4.1.2 Problembereiche der gewerblichen Abgrenzung

4.4.1.2.1 Abgrenzung zur Land- und Forstwirtschaft

Nach § 13 Abs. 1 Nr. 1 Satz 1 EStG fällt unter die Land- und Forstwirtschaft der gesamte Bereich der planmäßigen nichtgewerblichen Bodenbewirtschaftung. Nichtgewerblich ist die Bodenbewirtschaftung, wenn sie auf die Gewinnung von pflanzlichen und tierischen Erzeugnissen oder auf verwandte Zweige der Urproduktion sowie auf die Verwendung und Verwertung, insbesondere die Veräußerung der selbst gewonnenen Erzeugnisse, gerichtet ist (R 15.5 Abs. 1 EStR). Beim Abbau von Bodenschätzen liegt dagegen eine gewerbliche Bodenbewirtschaftung vor. Einkünfte aus der gewerblichen Bodenbewirtschaftung gehören daher zu den Einkünften aus Gewerbebetrieb nach § 15 Abs. 1 Nr. 1 EStG. Beispielsweise liegt bei einem Bergbauunternehmen oder bei Betrieben zur Gewinnung von Torf, Steinen und Erde ein Gewerbebetrieb vor, soweit sie nicht land- und forstwirtschaftliche Nebenbetriebe sind.

Zu den Einkünften aus Land- und Forstwirtschaft gehören auch die Einkünfte aus der landwirtschaftlichen Tierhaltung. Eine gewerbliche Tierhaltung liegt bei nachhaltigem Überschreiten der gesetzlichen Obergrenzen vor (R 13.2 Abs. 2 EStR).

4.4.1.2.2 Abgrenzung gegenüber der privaten Vermögensverwaltung

Eine Vermögensverwaltung liegt nach § 14 Satz 3 AO vor, wenn Einkünfte lediglich durch bloße Nutzungsüberlassung erzielt werden. Dies ist bei der Vermietung und Verpachtung von Gegenständen, insbesondere von Grundstücken und Gebäuden, sowie bei der bloßen Kapitalnutzung der Fall. In den Bereich der Vermögensverwaltung gehört i. d. R. auch die Verwertung der Substanz. Wer z. B. Wertpapiere kauft und wieder mit Kursgewinnen veräußert, wird durch diese Tätigkeit noch nicht zum Gewerbetreibenden.

Der Tatbestand der reinen privaten Vermögensverwaltung wird jedoch dann verlassen, wenn durch das Hinzutreten weiterer Tätigkeiten oder besonderer Umstände die Gesamttätigkeit sich nicht mehr als Nutzung von Vermögen im Sinne einer Fruchtziehung des zu erhaltenden Substanzwerts darstellt, sondern in ihrer Ausnutzung substanzieller Vermögenswerte durch Umschichtung entscheidend in den Vordergrund tritt (R 15.7 Abs. 1 EStR).

4.4.1.2.3 Gewerblicher Grundstückshandel

Gewinne aus der Veräußerung von Grundstücken des Privatvermögens unterliegen bisher nur dann der Einkommensteuer, wenn die Veräußerung innerhalb der zehnjährigen Frist erfolgt (§ 22 Nr. 2 i. V. m. § 23 Abs. 1 Nr. 1 EStG). Von diesen privaten Veräußerungsgeschäften ist der gewerbliche Grundstückshandel abzugrenzen. Ein Grundstückshandel, der als gewerbliche Tätigkeit einzustufen ist, liegt dann vor, wenn Grundstücke – auch des Privatvermögens – auf eine Art und Weise veräußert werden, welche die Annahme eines Gewerbebetriebs rechtfertigen. Handelt es sich bei den Grundstücksgeschäften um einen Gewerbebetrieb, so besteht folglich sowohl die Einkommensteuerpflicht als auch die Gewerbesteuerpflicht.

Die Annahme eines Gewerbebetriebs erfordert eine selbständige nachhaltige Betätigung, die mit Gewinnerzielungsabsicht unternommen wird, sich als Beteiligung am allgemeinen wirtschaftlichen Verkehr darstellt und über den Rahmen einer Vermögensverwaltung hinausgeht.

Birk (2006): Steuerrecht, 9. Aufl., S. 203 - 207;
Huber-Jahn, in Dommermuth u.a. (2006): Betriebliche Steuern, Band 2, Ertragsteuern, 2. Aufl., S. 58 - 65, 75 - 77;
Lippross/Kreft (2003): Einkommensteuerrecht, 10. Aufl., S. 72 - 79.

4.4.1.3 Gewinnermittlung durch Betriebsvermögensvergleich

➢ **Gesetzliche Regelung: § 4 Abs. 1 EStG**

➢ **Berechtigter Personenkreis:** Hierzu zählen insbesondere

- Freiberufler (Selbständige), die freiwillig ihren Gewinn durch Betriebsvermögensvergleich ermitteln und somit auf die Anwendung des § 4 Abs. 3 EStG verzichten;
- Land- und Forstwirte bei Überschreitung bestimmter Grenzwerte nach § 141 Abs. 1 Nr. 1 bis 5 AO (z. B. Umsätze > 500.000 € [bis 31.12.2006: 350.000 €]; steuerlicher Gewinn > 30.000 €).

4.4.1.3.1 Gewinnermittlungsschema

➢ **Gewinnermittlung durch Betriebsvermögensvergleich nach § 4 Abs. 1 Satz 1 EStG**

	Betriebsvermögen (= Eigenkapital) am Schluss des Wirtschaftsjahres
./.	Betriebsvermögen (= Eigenkapital) am Schluss des vorangegangenen Wirtschaftsjahres
=	**Betriebsvermögenszuwachs bzw. Betriebsvermögensabnahme**
./.	Steuerfreie Einnahmen
+	nicht abzugsfähige Betriebsausgaben (§ 4 Abs. 5 EStG)
+	Entnahmen (§ 4 Abs. 1 Satz 2 EStG; § 6 Abs. 1 Nr. 4 EStG)
./.	Einlagen (§ 4 Abs. 1 Satz 5 EStG; § 6 Abs. 1 Nr. 5 EStG)
=	**steuerlicher Gewinn bzw. Verlust i. S. v. § 4 Abs. 1 EStG**

Das **Betriebsvermögen** (Gesellschaftsvermögen) ist in § 4 Abs. 1 Satz 1 EStG geregelt. Der Begriff der Betriebseinnahmen ist im EStG nicht explizit definiert. Für die Gewinnermittlung erfolgt deshalb die Anlehnung an BFH vom 22.7.1988 (BStBl. II S. 995) und die analoge Anwendung der Grundsätze des § 8 Abs. 1 EStG sowie § 4 Abs. 4 EStG (Betriebsausgaben). Zu den Betriebseinnahmen gehören Geldleistungen und geldwerte Güter im Rahmen der betrieblichen Tätigkeit. Betriebseinnahmen sind insbesondere Entgelte aus Lieferungen und Leistungen (Warenlieferungen, Dienstleistungen, Provisionen), aus Hilfs- und Nebengeschäften (z. B. Veräußerung von Wirtschaftsgütern des Anlagevermögens) sowie betriebliche Zinserträge. Betriebsausgaben sind in § 4 Abs. 4 EStG geregelt. Nach der Legaldefinition sind Betriebsausgaben Aufwendungen, die durch den Betrieb veranlasst sind (Veranlassungsprinzip). Von den Betriebsausgaben nach § 4 Abs. 4 EStG sind die nicht abzugsfähigen Betriebsausgaben abzugrenzen.

➢ Werden Wirtschaftsgüter des Privatvermögens auch betrieblich genutzt, so können die Aufwendungen einschließlich der AfA, die durch die betriebliche Nutzung entstehen, als Betriebsausgaben abgesetzt werden (gemischt genutzte Wirtschaftsgüter). Die betriebliche Nutzung darf nicht nur von untergeordneter Bedeutung sein und der betriebliche Nutzungsanteil muss durch entsprechende Unterlagen von den nicht abziehbaren Kosten der Lebenshaltung nachprüfbar und trennbar sein (H 4.7 EStH, § 12 EStG, R 12.1 EStR).

➢ **MERKMALE**:

- Originäre steuerliche Buchführungspflicht nach § 141 Abs. 1 AO; u. U. derivative Buchführungspflicht bei Erfüllung der Kaufmannseigenschaft eines Land- und Forstwirts nach § 140 AO.
- Durch § 141 Abs. 1 Satz 2 AO ist die analoge Anwendung der wichtigsten handelsrechtlichen Vorschriften für die Buchführung angeordnet. Dadurch gibt es weitgehend keine Unterschiede zur Gewinnermittlung nach § 5 Abs. 1 EStG. Ein wesentlicher Unterschied besteht darin, dass es im Gegensatz zu § 5 Abs. 1 EStG keine Pflicht zur doppelten Buchführung gibt, da es an einem Verweis auf § 242 Abs. 2 und 3 HGB fehlt! Ansonsten sind sinngemäß die §§ 238, 240 bis 242 Abs. 1 und 243 bis 256 HGB anzuwenden.
- Feststellung durch Finanzbehörden
- Beginn/Ende der steuerlichen Buchführungspflicht nach § 141 Abs. 2 AO: Die Verpflichtung zur steuerlichen Buchführung ist vom Beginn des Wirtschaftsjahrs an zu erfüllen, das auf die Bekanntgabe der Mitteilung vom Finanzamt folgt. Die Verpflichtung endet mit dem Ablauf des Wirtschaftsjahres, das auf das Wirtschaftsjahr folgt, in dem die Finanzbehörde feststellt, dass die Voraussetzungen für die steuerliche Buchführung nicht mehr vorliegen.
- Die Größenmerkmale haben für Freiberufler (§ 18 EStG) keine Relevanz!

4.4.1.3.2 Betriebsvermögen

Bei der einkommensteuerlichen Gewinnermittlung ist nur das betrieblich relevante Vermögen von Bedeutung. Das Privatvermögen ist davon abzugrenzen! Zum Betriebsvermögen gehören alle Wirtschaftsgüter (z. B. Produktionsanlagen, Forderungen aus Lieferungen und Leistungen etc.), „die ausschließlich und unmittelbar für eigenbetriebliche Zwecke des Steuerpflichtigen genutzt werden oder dazu bestimmt sind" (R 4.2 Abs. 1 Satz 1 EStR).

Der **Grad der betrieblichen Nutzung** ist maßgebend für die Vermögenszuordnung zum Betriebs- oder Privatvermögen: Wirtschaftsgüter, die ausschließlich und unmittelbar für eigenbetriebliche Zwecke des Steuerpflichtigen genutzt werden, stellen notwendiges Betriebsvermögen dar. Wirtschaftsgüter, die in einem gewissen objektiven Zusammenhang mit dem Betrieb stehen und ihn zu fördern bestimmt und geeignet sind, können als gewillkürtes Betriebsvermögen angesetzt werden (Wahlrecht!). Werden Wirtschaftsgüter zu weniger als 10 % eigenbetrieblich genutzt, so liegt zwingend Privatvermögen vor. Grundstücke und Grundstücksteile, die ausschließlich und unmittelbar eigenbetrieblichen Zwecken des Steuerpflichtigen dienen, gehören regelmäßig zum notwendigen Betriebsvermögen. Wird jedoch ein Teil eines Gebäudes eigenbetrieblich genutzt, so gehört der zum Gebäude gehörende Grund und Boden anteilig zum notwendigen Betriebsvermögen (R 4.2 Abs. 7 EStR).

Jeder unterschiedlich genutzte Gebäudeteil ist ein selbständiges Wirtschaftsgut, das nur ganz zum Betriebsvermögen oder ganz zum Privatvermögen gehören kann und das eine eigene Nutzungsdauer hat. Eine Änderung der Nutzung führt infolgedessen zu einer Privatentnahme oder Privateinlage.

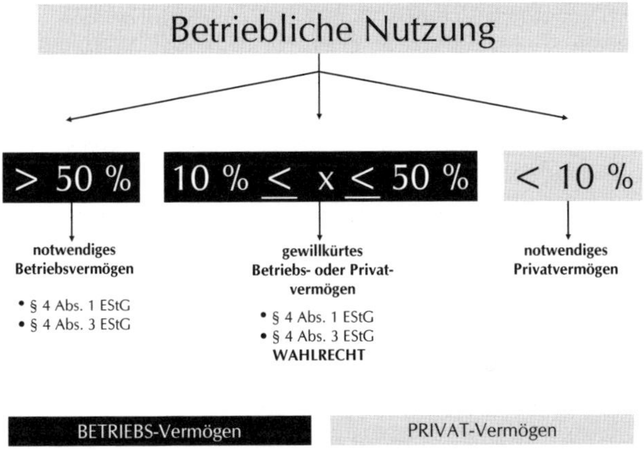

Betriebsvermögen bei Personengesellschaften

Das Betriebsvermögen umfasst bei Personengesellschaften sowohl die Wirtschaftsgüter, die zum Gesamthandsvermögen der Mitunternehmerschaft gehören, als auch diejenigen Wirtschaftsgüter, die einem, mehreren oder allen Mitunternehmern gehören (Sonderbetriebsvermögen). Wirtschaftsgüter, die nicht zum Gesamthandsvermögen der Personengesellschaft gehören, sind notwendiges Betriebsvermögen, wenn sie entweder unmittelbar dem Betrieb der Mitunternehmerschaft dienen (Sonderbetriebsvermögen I), wie z. B. Grundstücke, Maschinen oder wenn sie unmittelbar zur Begründung oder Stärkung der Beteiligung des Mitunternehmers an der Mitunternehmerschaft eingesetzt werden sollen (Sonderbetriebsvermögen II). Derartige Wirtschaftsgüter können zum gewillkürten Betriebsvermögen gehören, wenn sie objektiv geeignet sind und subjektiv dazu bestimmt sind, den Betrieb der Gesellschaft (Sonderbetriebsvermögen I) oder die Beteiligung des Gesellschafters (Sonderbetriebsvermögen II) zu fördern. Auch ein einzelner Gesellschafter kann gewillkürtes Sonderbetriebsvermögen bilden (R 4.2 Abs. 2 EStR).

4.4.1.3.3 Wirtschaftsgut

Wirtschaftsgüter sind Sachen, Rechte oder tatsächliche Zustände, konkrete Möglichkeiten oder Vorteile für den Betrieb, deren Erlangung der Kaufmann sich etwas kosten lässt, die einer besonderen Bewertung zugänglich sind, in der Regel eine Nutzung für mehrere Wirtschaftsjahre (§ 4a EStG) erbringen und zumindest mit dem Betrieb übertragen werden können (BFH vom 19.6.1997 – BStBl. II S. 808, H 4.2 Abs. 1 EStH). Im Gegensatz zum handelsrechtlichen Begriff „Vermögensgegenstand" gibt es steuerlich auch negative Wirtschaftsgüter (z. B. Schulden).

Gebäudeteile, die nicht in einem einheitlichen Nutzungs- und Funktionszusammenhang mit dem Gebäude stehen, sind selbständige Wirtschaftsgüter. Ein Gebäudeteil ist selbständig, wenn er besonderen Zwecken dient, d. h. in einem von der eigentlichen Gebäudenutzung verschiedenen Nutzungs- und Funktionszusammenhang steht. Selbständige Gebäudeteile in diesem Zusammenhang sind

a) Betriebsvorrichtungen (R 7.1 Abs. 3 EStR): Betriebsvorrichtungen sind selbständige Wirtschaftsgüter, weil sie nicht in einem einheitlichen Nutzungs- und Funktionszusammenhang mit dem Gebäude stehen. Sie gehören deshalb zu den beweglichen Wirtschaftsgütern, auch wenn sie wesentliche Bestandteile eines Grundstücks sind.

b) Scheinbestandteile (R 7.1 Abs. 4 EStR): Scheinbestandteile entstehen, wenn bewegliche Wirtschaftsgüter zu einem vorübergehenden Zweck in ein Gebäude eingefügt werden.

c) Ladeneinbauten: z. B. Schaufensteranlagen, Gaststätteneinbauten etc.;

d) sonstige Mietereinbauten;

e) sonstige selbständige Gebäudeteile.

4.4.1.3.4 Entnahmen und Einlagen

Entnahmen nach § 4 Abs. 1 Satz 2 EStG sind alle Wirtschaftsgüter, z. B. Geldentnahmen, Erzeugnisse, Nutzungen, die der Steuerpflichtige aus dem Betriebsvermögen für sich, für seinen Haushalt oder für andere betriebsfremde Zwecke im Laufe des Wirtschaftsjahres entnommen hat (fiktive Anschaffung im Privatbereich).

Entnahmen sind nach § 6 Abs. 1 Nr. 4 EStG mit dem Teilwert zu bewerten. Der Teilwert bildet als Entnahmewert die Grundlage der Anschaffungskosten für die weitere eventuelle Verwendung bei den Überschusseinkünften.

Einlagen nach § 4 Abs. 1 Satz 5 EStG sind alle Wirtschaftsgüter, z. B. Geldeinlagen, sonstige Gegenstände, die der Steuerpflichtige dem Betriebsvermögen im Laufe des Wirtschaftsjahres zugeführt hat. Die Einlage stellt einen „fiktiven" Anschaffungsvorgang dar, bei dem an die Stelle der Anschaffungs-/Herstellungskosten des Rechtsvorgängers der Teilwert gemäß § 6 Abs. 1 Nr. 5 EStG tritt. Bei einem unentgeltlichen Erwerb aus dem Betriebsvermögen einer anderen Person – nicht aus dem Privatvermögen – gilt stattdessen der gemeine Wert als Anschaffungskosten (§ 6 Abs. 4 EStG). Diente das Wirtschaftsgut zuvor der Erzielung von Überschusseinkünften, so verringert sich die Bemessungsgrundlage für die AfA um die bereits verrechneten AfA-Beträge nach § 7 Abs. 1 Satz 4 EStG. Der Differenzwert zum Teilwert ist als Festwert nicht AfA-fähig und wird bis zur Veräußerung bzw. Entnahme des Wirtschaftsguts fortgeführt.

4.4.1.3.5 Nicht abzugsfähige Betriebsausgaben

➢ **Gesetzliche Regelung: § 4 Abs. 5 EStG**

➢ **Grundsatz:**
Nach § 4 Abs. 4 EStG dürfen Betriebsausgaben im Rahmen der Gewinnermittlung nur abgezogen werden, sofern diese Aufwendungen durch den Betrieb veranlasst worden sind (Veranlassungsprinzip).

➢ **Ausnahmen** nach § 4 Abs. 5 EStG:

Geltungsbereiche: Maßgebend bei der Ermittlung der steuerlichen Bemessungsgrundlagen
  ➢ Einkommensteuer: „zu versteuerndes Einkommen" (§ 2 Abs. 5 EStG)
  ➢ Gewerbeertragsteuer: „Gewerbeertrag" (§§ 6 und 7 GewStG)
  ➢ Körperschaftsteuer: „zu versteuerndes Einkommen" (§ 7 Abs. 1 KStG)

- **Abzugsverbot**: Verbot des Vorsteuerabzugs nach § 15 Abs. 1 a UStG
- **Beispiele für nicht abzugsfähige Betriebsausgaben:**
  - **Nr. 1 Sachgeschenke:**
    Sachgeschenke an Personen, die nicht Arbeitnehmer des Steuerpflichtigen sind und deren Anschaffungs- oder Herstellungskosten insgesamt **35 €** (= netto) übersteigen; nicht abziehbar ist auch die darauf entfallende Vorsteuer (§ 15 Abs. 1 a Nr. 1 UStG). Aufwendungen für Warenmuster fallen wohl nicht unter diese Begrenzung, da sie dem Vertrieb direkt dienen und somit kein (persönliches) Geschenk darstellen.
  - **Nr. 2 Bewirtungsaufwendungen:**
    Bewirtungsaufwendungen aus geschäftlichem Anlass (nicht abziehbar: **30 %**); zu beachten ist die Nachweispflicht bezüglich der Höhe und der betrieblichen Veranlassung;
  - **Nr. 3 Aufwendungen für Gästehäuser:**
    Z. B. Aufwendungen für Bewirtung, Beherbergung und Unterhaltung für Gästehäuser, die sich nicht am Ort des steuerpflichtigen Unternehmers (bzw. in dessen Nähe) befinden, dürfen den steuerlichen Gewinn nicht mindern.
  - **Nr. 4 Aufwendungen für Jagd, Fischerei, Segel- oder Motorjachten** sowie für ähnliche Zwecke (z. B. Tennis- oder Golfplätze, Segelflugzeuge) dürfen den steuerlichen Gewinn auch dann nicht mindern, wenn es sich um betriebliche Einrichtungen handelt. Ausnahme: Unmittelbare Zuordnung dieser Tätigkeiten zu betrieblichen Zwecken eines Unternehmers mit der Absicht, Gewinne aus dieser Tätigkeit zu erzielen.
  - **Nr. 5 Verpflegungsmehraufwendungen** bei Überschreiten bestimmter Grenzen:
    - ➔ bei Abwesenheit von 8 bis 14 Stunden: 6 €
    - ➔ bei Abwesenheit von 14 bis 24 Stunden: 12 €
    - ➔ bei Abwesenheit von mehr als 24 Stunden: 24 €
  - **Nr. 6 Private Nutzung des Firmenkraftfahrzeugs**

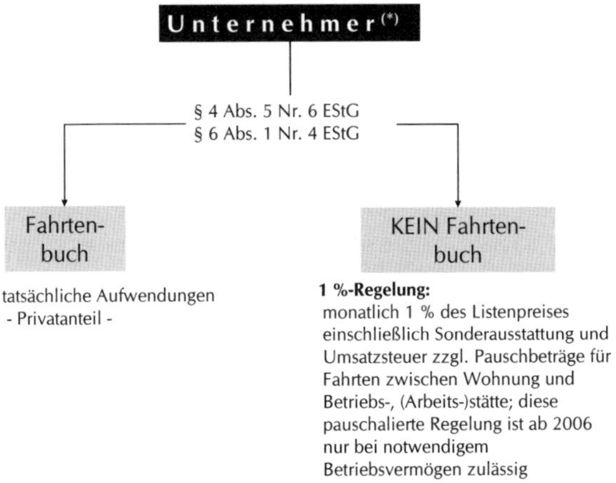

(*) entsprechende Regelung für **Arbeitnehmer** siehe § 8 Abs. 2 EStG

- **Aufhebung der bisherigen Nr. 6 a Mehraufwendungen für doppelte Haushaltsführung:** Bei der doppelten Haushaltsführung liegen notwendige Mehraufwendungen vor, die aus betrieblichem Anlass entstehen. Der Abzug der Aufwendungen für den zweiten Hausstand ist inzwischen wieder zeitlich unbegrenzt möglich. Aufgrund der Vorgaben des Bundesverfassungsgerichtes hat der Gesetzgeber die bisher zeitliche Begrenzung auf insgesamt zwei Jahre rückwirkend für den Veranlagungszeitraum 2003 sowie für alle noch offenen Veranlagungen aufgehoben (§ 52 Abs. 12 i. V. m. § 9 Abs. 1 Satz 3 Nr. 5 EStG). Aufwendungen für die Wege vom Beschäftigungsort zum Ort des eigenen Hausstands und zurück (Familienheimfahrten) können jeweils nur für eine Familienheimfahrt wöchentlich abgezogen werden. Zur Abgeltung der Aufwendungen für eine Familienheimfahrt ist eine Entfernungspauschale von 0,30 € für jeden vollen Kilometer der Entfernung zwischen dem Ort des eigenen Hausstands und dem Beschäftigungsort anzusetzen.
- **Nr. 6 b u. U. Aufwandsbeschränkung für ein häusliches Arbeitszimmer:**
Nicht abzugsfähig sind auch die Aufwendungen für ein häusliches Arbeitszimmer sowie die Kosten der Ausstattung. Ab 2007 entfällt die bisherige Regelung, nach der bei mehr als 50 %iger betrieblicher Nutzung ein (nachzuweisender) Abzugsbetrag von 1.250 € zulässig war. Die Beschränkung der Höhe nach gilt aber auch weiterhin nicht, wenn das Arbeitszimmer den Mittelpunkt der gesamten betrieblichen und beruflichen Betätigung bildet.
- **Nr. 7 unangemessene Aufwendungen**;
- **Nr. 8 und 8 a Geldbußen, Ordnungsgelder** und **bestimmte Zinsen**;
- **Nr. 10 Bestechungs- und Schmiergelder,** sofern diese Zuwendungen eine rechtswidrige Handlung i. S. d. Strafrechts verwirklichen;
- **§ 12 EStG:**
Bestimmte Ausgaben dürfen nicht gewinnmindernd abgezogen werden, vor allem
Nr. 1 Ausgaben für die private Lebensführung;
Nr. 3 Steuern vom Einkommen und sonstige Personensteuern (Einkommensteuer, Solidaritätszuschlag, Körperschaftsteuer) sowie die Umsatzsteuer auf Entnahmen und die Vorsteuerbeträge für nicht abziehbare Aufwendungen nach § 4 Abs. 5 Satz 1 Nr. 1 bis 5; 7 oder Abs. 7 EStG.
Ausnahme: Die Gewerbesteuer gilt als betriebliche Steuer und ist damit als Betriebsausgabe abziehbar (R 4.9 Abs. 2 EStR „abziehbare Steuern"). Eine weitere als Betriebsausgabe abziehbare Steuer ist die Kraftfahrzeugsteuer für Betriebsfahrzeuge.
- **§ 10 KStG** enthält weitere spezielle Regelungen bezüglich der Nichtabziehbarkeit von bestimmten Aufwendungen, insbesondere die
Nr. 2 Steuern vom Einkommen und sonstige Personensteuern (Körperschaftsteuer, Solidaritätszuschlag) sowie die Umsatzsteuer für Umsätze, die unentgeltliche Leistungen (Wertabgaben) oder verdeckte Gewinnausschüttungen sind und die Vorsteuerbeträge auf Aufwendungen, für die das Abzugsverbot des § 4 Abs. 5 Satz 1 Nr. 1 bis 4 und 7, Abs. 7 EStG gilt, z. B. Repräsentationsaufwendungen, Bewirtungsaufwendungen.
Nr. 3 festgesetzte Geldstrafen

Nr. 4 Hälfte der Vergütungen an Mitglieder des Aufsichtsrats, Verwaltungsrats.

➢ **Hinweis:** Die Regelungen der nicht abzugsfähigen Betriebsausgaben nach § 4 Abs. 5 EStG gelten aufgrund des Verweises in § 7 GewStG nicht nur für die Bemessungsgrundlagen der Einkommen- und Körperschaftsteuer, sondern auch für die Gewerbeertragsermittlung!

Die Besteuerung von VIP-Logen – Ein Beispiel für die Pauschalierung von abziehbaren und nichtabziehbaren Betriebsausgaben

Die Unternehmensberatungsgesellschaft ConTel GmbH mietet für Vertriebszwecke bei der FC Sport AG in der Fußballarena eine VIP-Loge für 100.000 € (netto) je Jahr. Neben den Einladungen für die Mandanten nutzt sie die Loge einmal wöchentlich für die Ausbildung der Mitarbeiter. Inwieweit sind die Aufwendungen für die VIP-Loge als Betriebsausgaben abziehbar (ohne Berücksichtigung umsatzsteuerlicher Aspekte)?

Offensichtlich sind die Aufwendungen betrieblich veranlasst (§ 4 Abs. 4 EStG). Allerdings greifen hier die Abzugsverbote für Sachgeschenke (§ 4 Abs. 5 Nr. 1 EStG) und für Bewirtungsaufwendungen (§ 4 Abs. 5 Nr. 2 EStG). Ferner könnte hier die Problematik von sog. gemischten Aufwendungen wegen privater Mitveranlassung (§ 12 Nr. 1 EStG) vorliegen und daher – zumindest – ein partielles Abzugsverbot gelten. Die Finanzverwaltung löst die Abziehbarkeit laut BMF-Schreiben v. 22.8.2005, BStBl. I 2005, S. 845-847; Warnke, Aufwendungen für VIP-Logen in Sportstätten, EStB 2005, S. 381-385) wie folgt:

Gesamtaufwendungen	100.000
./. 15 % pauschale abziehbare Raumkosten	15.000
Zwischensumme	85.000
./. 40 % abziehbare Werbeaufwendungen	34.000
./. 21 % (30% x 70 % [abziehbarer Anteil]) abziehbare Bewirtungsaufwendungen	17.850
./. 6 % (15 % x 40 %) abziehbare Geschenke bei fehlender Benennung der Geschäftsfreunde	5.100
Verbleibender Rest	28.050
- davon nicht abziehbare Bewirtungsaufwendungen (9 % v. 85.000)	7.650
- davon pauschal besteuerte Geschenke an Geschäftsfreunde 9 % [15% x 60 %] v. 85.000)	7.650
- davon (mit 30 % pauschal besteuerbare) Geschenke an Arbeitnehmer (aber als Betriebsausgabe abziehbar)	12.750

Anhand dieses Beispiels wird deutlich, dass 71,95 % der Aufwendungen für VIP-Logen weder vom Zuwendenden noch vom Empfänger besteuert werden müssen. Für die nichtabziehbaren 15.300 € sind von der Contel GmbH etwa 6.000 € Steuern zu bezahlen. Daneben müssen als pauschale Lohnsteuer 3.825 € (zzgl. SolZ) entrichtet werden. Damit beträgt die gesamte Steuerlast auf 100.000 € lediglich etwa 10 %. Im Vergleich zu einer normal nichtabziehbaren Betriebsausgabe fallen also etwa 30 %-Punkte (in diesem Fall etwa 30.000 €) weniger an Steuern an.

Diese Regelungen gelten analog auch für sog. *Business-Seats*, wobei allerdings in derartigen Fällen (wie auch bei der Fußball-Weltmeisterschaft; vgl. BMF v. 30.3.2006, BStBl. I 2006, S. 307) kein Anteil für Werbeaufwendungen angenommen werden kann. Wenn nicht ausdrücklich auch Werbeleistungen vereinbart werden, entfallen 50 % der Aufwendungen auf Geschenke und 50 % auf Bewirtungsaufwendungen. Eine analoge Behandlung ist inzwischen auf bei kulturellen Veranstaltungen (z. B. Oper) möglich (vgl. BMF v. 11.7.2006, BStBl. I 2006, S. 447 f.). Im Rahmen der Fußballweltmeisterschaft 2006 galt für die Angemessenheit von Bewirtungsaufwendungen übrigens eine Höchstgrenze von 1.000 € (!) je Teilnehmer und Veranstaltung (vgl. BMF v. 30.3.2006, BStBl. I 2006, S. 307). Auf diese Höchstgrenze könnte man Betriebsprüfer hinweisen, sofern sie niedrigere Beträge pro Person bei Bewirtungsaufwendungen als nicht angemessen beurteilen.

➢ **Sonderformen des Abzugsverbots nach § 3 c EStG und § 8 b KStG:**
Nach § 3 c EStG dürfen Aufwendungen, die in wirtschaftlichem Zusammenhang mit steuerfreien (Betriebs-)Einnahmen stehen, bei der Ermittlung des Gewinns nicht als Betriebsausgaben abgezogen werden. Hauptanwendungsfall liegt bei Aufwendungen vor, die mit der Gewährung einer Investitionszulage zusammenhängen.

Das Abzugsverbot gilt auch für Werbungskosten. Nach § 3 c Abs. 2 EStG i. V. m. § 3 Nr. 40 EStG dürfen Betriebsausgaben, Veräußerungskosten oder Werbungskosten nur zur Hälfte abgezogen werden (Halbeinkünfteverfahren; *ab 2009: 40 %*).

Fiktive Hinzurechnung von 5 % der steuerfreien Beteiligungserträge und Veräußerungsgewinne erfolgt auf der Ebene der Kapitalgesellschaften (§ 8 b Abs. 3 und 5 i. V. m. Abs. 1 und 2 KStG; s. Kap. 2.3.2 und 6.2.3).

4.4.1.3.6 Erwerbsbedingte Kinderbetreuungskosten

Um die Vereinbarkeit von Familie und Erwerbstätigkeit zu fördern, sind ab 2006 Kinderbetreuungskosten *wie* Betriebsausgaben (oder Werbungskosten) abziehbar, sofern beide Elternteile erwerbstätig sind. Nach § 4 f EStG sind Kinderbetreuungskosten bis zum Höchstbetrag von 4.000 € je Kind abziehbar sein, wobei allerdings nur 2/3 der Aufwendungen abziehbar sind. Um den Höchstbetrag von 4.000 € je Kind (0 bis 14 Jahre) zu erreichen, muss man also (mindestens) 6.000 € an Aufwendungen für Kinderbetreuung geleistet haben. Diese Regelung gilt auch für allein erziehende Erwerbstätige (zu diesem Problemkreis s. BMF v. 19.1.2007, DStR 2007, S. 254 - 257).

4.4.1.4 Bilanzielle Gewinnermittlung nach steuerlichen Vorschriften

4.4.1.4.1 Merkmale

➢ Gewinnermittlung nach **§ 5 Abs. 1 EStG**

➢ **Betreffender (Personen-)Kreis**
- (Handels-)Gewerbetreibende (§ 15 EStG), die nach § 1 und § 2 HGB die Kaufmannseigenschaft innehaben (Kaufleute) und nach den §§ 238 ff. HGB zur Führung von Büchern verpflichtet sind;

- Gewerbetreibende, die freiwillig nach handelsrechtlichen Vorschriften Bücher führen;
- Personengesellschaften (Handelsgesellschaften) nach § 6 Abs. 1 HGB;
- Kapitalgesellschaften (§ 6 Abs. 1 HGB; § 7 Abs. 4 und § 8 Abs. 1 KStG).

➢ **Merkmale:**
- die handelsrechtliche Buchführungspflicht greift über § 140 AO auch für die Besteuerung (= derivative bzw. abgeleitete Buchführungspflicht);
- Maßgeblichkeit der handelsrechtlichen Buchführungspflicht für die steuerliche Gewinnermittlung (§ 5 Abs. 1 Satz 1 EStG).

➢ **Konsequenzen:**
- **Pflicht zur handelsrechtlichen Buchführung nach § 238 HGB;**
- Pflicht zur Erstellung eines handelsrechtlichen Jahresabschlusses (Handelsbilanz + Gewinn- und Verlustrechnung) nach § 242 HGB unter Beachtung der allgemeinen Aufstellungsgrundsätze des § 243 HGB, insbesondere die Beachtung der **GoB** (**G**rundsätze **o**rdnungsmäßiger **B**uchführung nach § 243 Abs. 1 HGB);
- **Betriebsvermögen** (= Gesellschaftsvermögen) im Sinne von § 5 Abs. 1 Satz 1 i. V. m. § 4 Abs. 1 Satz 1 EStG.

➢ **Basis: Grundsatz der Maßgeblichkeit**

➢ Bei den bilanzierenden Kaufleuten und Gesellschaften knüpft der steuerliche Gewinn nach § 5 Abs. 1 Satz 1 EStG an die handelsrechtlichen GoB und nach § 5 Abs. 1 Satz 2 EStG bei steuerrechtlichen WAHLRECHTEN auch an die konkrete Handelsbilanz (= Basis) an.

➢ **Maßgeblichkeit der handelsrechtlichen GoB für**
- den Ansatz (Bilanzierung dem Grunde nach): §§ 243, 246 bis 250 HGB
- die Bewertung (Bilanzierung der Höhe nach): §§ 252 bis 256 HGB

➢ **Formelle Maßgeblichkeit (§ 5 Abs. 1 Satz 2 EStG):**
Maßgeblichkeit des konkreten Wertansatzes bei steuerlichen WAHLRECHTEN;
Beispiel: Nach § 7 Abs. 1 und 2 EStG besteht bei Vorliegen bestimmter Voraussetzungen ein Wahlrecht zwischen linearer und degressiver Abschreibung. Das Wahlrecht ist auch handelsrechtlich zulässig. Wird nun in der Handelsbilanz linear abgeschrieben, so ist dies auch steuerlich v e r b i n d l i c h !

➢ **Spezielle steuerrechtliche Vorschriften:**
- **Ansatz**: §§ 5 Abs. 2 bis 5 EStG

Handels- und steuerrechtliche Unterschiede beim Bilanzansatz

	Handelsrecht	Steuerrecht
Grundsatz (BFH v. 3.2.1969, BStBl. II 1969, S. 291)	Aktivierungs**wahlrecht**	Aktivierungs**gebot**
	Passivierungs**wahlrecht**	Passivierungs**verbot**
Beispiele:		
• Entgeltlich erworbener Geschäfts- und Firmenwert	Aktivierungs**wahlrecht** **(§ 255 Abs. 4 HGB)**	Aktivierungs**pflicht** **(§ 5 Abs. 2 EStG)**
• Disagio	Aktivierungs**wahlrecht** **(§ 250 Abs. 3 HGB)**	Aktivierungs**pflicht** **(§ 5 Abs. 5 S. 1 EStG)**
• Aufwendungen für Ingangsetzung und Erweiterung	Aktivierungs**wahlrecht** (**§ 269 HGB** für Kapitalgesellschaften)	Aktivierungs**verbot** **(kein Wirtschaftsgut laut Rechtsprechung**)
• Aufwandsrückstellungen	Passivierungs**wahlrecht** **(§ 249 Abs. 2 HGB)**	Passivierungs**verbot** **(Rechtsprechung)**
• Drohverlustrückstellungen (Rückstellungen für drohende Verluste aus schwebenden Geschäften)	Passivierungs**pflicht** **(§ 249 Abs. 1 S. 1 HGB)**	Passivierungs**verbot** **(§ 5 Abs. 4 a EStG)**

➢ **Bewertung**:

- Sog. Bewertungsvorbehalt nach § 5 Abs. 6 EStG (steuerliche Korrekturvorschrift);
- Anschaffungs- und Herstellungskosten **⇔** Teilwert nach § 6 Abs. 1 Nr. 1 Satz 3 EStG; Teilwert ist der Betrag, den ein Erwerber des ganzen Unternehmens im Rahmen des Gesamtkaufpreises für das einzelne Wirtschaftsgut ansetzen würde. Der Teilwert darf nicht mit dem gemeinen Wert nach § 9 Abs. 2 BewG verwechselt werden;
- **A**bsetzung **f**ür **A**bnutzung (AfA) nach § 7 EStG;
- Absetzung für außergewöhnliche technische oder wirtschaftliche Abnutzung (AfaA) nach § 7 Abs. 1 Satz 6 EStG; bei Entfallen des Grundes in den Folgeperioden besteht eine Zuschreibungspflicht!
- Erhöhte Absetzung, Sonderabschreibungen sowie Abzüge nach § 6 b EStG und ähnliche Abzüge.
- Die Anpassungsvorschriften sind im Einzelnen steuerlich zu beachten, insbesondere die allgemeine Korrekturvorschrift des § 5 Abs. 6 EStG (Bewertungsvorbehalt)!

4.4.1.4.2 Anschaffungskosten

Die handelsrechtliche Definition in § 255 Abs. 1 HGB ist mangels expliziter steuerlicher Definition auch für das Bilanzsteuerrecht maßgebend. Bei den Anschaffungsnebenkosten muss es sich um Einzelkosten handeln (zu sog. anschaffungsnahen Aufwendungen beim Erwerb von renovierungsbedürftigen Gebäuden s. Kap. 4.4.1.4.3).

Aufwendungen, die Gemeinkostencharakter haben (nicht direkt zurechenbar), sind sofort abzugsfähige Betriebsausgaben (z. B. betriebliche Personal- und Sachausgaben für Transport mit betrieblichen Kfz, Aufstellung durch eigene Arbeitnehmer, Kosten der Beschaffungsabteilung).

ANSCHAFFUNGSPREIS
(vertragliches Hauptentgelt, Nettorechnungspreis, Listenpreis, jeweils **ohne** abzugsfähige Vorsteuer)

./. **ANSCHAFFUNGSPREISMINDERUNGEN**
(z. B. Rabatte, Skonti, Boni, andere Preisminderungen)

\+ **ERWERBSNEBENKOSTEN**
(soweit direkt zurechenbar, z. B. nicht abzugsfähige Vorsteuer, Begutachtungs-, Verpackungs-, Transportkosten, Beurkundungsgebühren, Vermittlungsprovisionen, Grunderwerbsteuer, Zölle)

\+ **AUFWENDUNGEN ZUR VERSETZUNG IN BETRIEBSBEREITSCHAFT**
(soweit direkt zurechenbar, z. B. Kosten für die Montage, Probeläufe, Abnahme)

= URSPRÜNGLICHE ANSCHAFFUNGSKOSTEN

\+ **NACHTRÄGLICHE ANSCHAFFUNGSPREISERHÖHUNG**

./. **NACHTRÄGLICHE ANSCHAFFUNGSPREISMINDERUNG**

\+ **NACHTRÄGLICHE ERWERBSNEBENKOSTEN**
(direkt zurechenbar)

\+ **NACHTRÄGLICHE AUFWENDUNGEN ZUR VERSETZUNG IN BETRIEBSBEREITSCHAFT**
(direkt zurechenbar)

= NACHTRÄGLICHE ANSCHAFFUNGSKOSTEN
+ URSPRÜNGLICHE ANSCHAFFUNGSKOSTEN

= ANSCHAFFUNGSKOSTEN

Vgl. Federmann: Bilanzierung nach Handelsrecht und Steuerrecht, 11. Auflage, Berlin 2000, S. 318.

4.4.1.4.3 Herstellungskosten

Vom Steuerpflichtigen selbst erstellte Wirtschaftsgüter sind mit den Herstellungskosten anzusetzen. Die Begriffsbestimmung des Steuerrechts richtet sich dabei nach dem handelsbilanziellen Begriff des § 255 Abs. 2 HGB:

„Aufwendungen, die durch den Verbrauch von Gütern und die Inanspruchnahme von Diensten für die Herstellung eines Vermögensgegenstandes, seine Erweiterung oder für eine über seinen ursprünglichen Zustand hinausgehende wesentliche Verbesserung entstehen."

	Handelsrecht (§ 255 HGB)	Steuerrecht (R 6.3 EStR)
EINZELKOSTEN (direkt zurechenbar):		
• **Materialeinzelkosten** (Rohstoffe, Teilerzeugnisse, ...)	PFLICHT	PFLICHT
• **Fertigungslöhne** (Löhne und Nebenleistungen im Fertigungsbereich)	PFLICHT	PFLICHT
• **Sondereinzelkosten der Fertigung** (auftragsbezogene Forschungs- / Entwicklungskosten, Entwürfe, Modelle, Lizenzen, Werkzeuge,...)	PFLICHT	PFLICHT
• **Sondereinzelkosten des Vertriebs** (Provisionen, Frachten, Versicherungen,...)	VERBOT	VERBOT
GEMEINKOSTEN (nicht direkt zurechenbar):		
I. GEMEINKOSTEN DES FERTIGUNGSBEREICHES		
• **Materialgemeinkosten** (insbesondere Lagerhaltung, Materialprüfung, Transport)	Wahlrecht	PFLICHT
• **Fertigungsgemeinkosten/Fertigungsbetriebs- und -verwaltungskosten** (z. B. Fertigungsvorbereitung, -kontrolle, technische Betriebsleitung, Versicherungen)	Wahlrecht	PFLICHT
• **Forschungs-, Entwicklungs-, Versuchskosten, soweit sie nicht direkt fertigungsbezogen sind** (z. B. Grundlagenforschung, Neuentwicklung)	VERBOT	VERBOT
• **Wertminderung der Fertigungsanlagen**		
- planmäßige Abschreibungen (AfA)	Wahlrecht	PFLICHT
- außerplanmäßige Abschreibungen (AfaA)	VERBOT	VERBOT
- Sonderabschreibungen, Teilwertabschreibungen	VERBOT	VERBOT
• **Steuern des Fertigungsbereiches** (Grundsteuer, Kraftfahrzeugsteuer)	Wahlrecht	PFLICHT
Kapitalkosten des Fertigungsbereiches		
- Fremdkapitalzinsen	Wahlrecht	Wahlrecht
- Eigenkapitalzinsen	VERBOT	VERBOT
• **Kalkulatorische Kosten** (kalk. Unternehmerlohn, Miete, Zinsen, Abschreibungen, Wagnisse, soweit diese die tatsächlichen Aufwendungen übersteigen)	VERBOT	VERBOT

• **betriebliche Altersversorgung, Ergebnisbeteiligung, freiwillige Beihilfen, freiwillige Sozialleistungen für im Fertigungsbereich Tätige**	Wahlrecht	Wahlrecht
(teilweise) Stilllegung von Produktionsanlagen	VERBOT	VERBOT
• **Kosten der Unterbeschäftigung** - saisonbetriebsüblich	Wahlrecht	PFLICHT
- sonstiger Unterbeschäftigungsanteil	VERBOT	VERBOT
II. ALLGEMEINE VERWALTUNGSKOSTEN (Geschäftsleitung, Einkauf, Wareneingang, Betriebsrat, Personalbüro, Rechnungswesen, Stabsabteilung, Abschreibungen auf Verwaltungsgebäude, Sozialeinrichtungen, ...)	Wahlrecht	Wahlrecht
III. GEMEINKOSTEN DES VERTRIEBSBEREICHS (Fertigwarenlager, Vertriebsabteilungen, Vertriebsorganisation, Werbung, Marktforschung, Abschreibungen auf Anlagevermögen des Vertriebsbereichs, ...)	VERBOT	VERBOT
IV. STEUERN VOM GEWINN UND VERMÖGEN - Einkommensteuer, Körperschaftsteuer, Kirchensteuer	VERBOT	VERBOT
- Gewerbeertragsteuer	VERBOT	Wahlrecht
V. KALKULATORISCHE KOSTENARTEN (z. B. kalkulatorischer Unternehmerlohn)	VERBOT	VERBOT

Vgl. Federmann: Bilanzierung nach Handelsrecht und Steuerrecht, 11. Aufl., Berlin 2000, S. 324 f.
Vgl. Stobbe, in Hermann/Heuer/Raupach: Einkommensteuer-/Körperschaftsteuer-Kommentar, § 6 EStG, Anm. 461ff.

Die Wertuntergrenze im Handelsrecht bilden die Einzelkosten. Für die Gemeinkosten gilt handelsrechtlich lediglich ein Einbeziehungswahlrecht. Die **steuerlichen** Herstellungskosten sind um die angemessenen Teile der notwendigen Material- und die Fertigungsgemeinkosten zu erweitern. Die steuerlichen Herstellungskosten stellen somit eine umfassendere Wertuntergrenze dar als im Handelsrecht und haben somit einen geringeren Bewertungsspielraum.

Bei der Renovierung von Gebäuden liegen bei Substanz erhaltenden Maßnahmen (z. B. Ersatz von Dachziegeln, einer bestehenden Heizung, Austausch von Fernstern, Malerarbeiten) i. d. R. Erhaltungsaufwendungen vor, die sofort als Betriebsausgaben (bzw. bei Einkünften nach § 21 EStG als Werbungskosten) abziehbar sind. Lediglich bei größeren Instandsetzungsmaßnahmen, bei denen sich der Standard von Wohnungen erhöht, liegt nach der neueren BFH-Rechtsprechung eine wesentliche Verbesserung und somit aktivierungspflichtiger Herstellungsaufwand vor. Ebenso liegen nachträgliche Anschaffungskosten (sog. anschaffungsnahe Aufwendungen) vor, wenn ein Haus entsprechend seiner Zweckbestimmtheit noch nicht betriebsbereit (z. B. im Zeitpunkt des Erwerbs verfallenes und nicht bewohnbares Jugendstilhaus) war. Allerdings ist die Aktivierung derartiger anschaffungsnaher Aufwendungen von der Finanzverwaltung erst zu prüfen, wenn die Instandsetzungs- und Modernisierungsaufwendungen 15 % der Anschaffungskosten des Gebäudes innerhalb von 3 Jahren nach dessen Anschaffung überschreiten (vgl. dazu BMF v. 18.7.2003, BStBl. I 2003, S. 386 - 391). Die neue (und frühere) Auffassung der Finanzverwaltung ist durch das Steueränderungsgesetz 2003 im § 6 Abs. 1 Nr. 1 a EStG nun auch gesetzlich verankert worden, wobei dies erstmalig für Baumaßnahmen gilt, die nach dem 31.12.2003 begonnen werden (maßgebend ist hier nach § 52 Abs. 16 Satz 7 EStG der Zeitpunkt der Stellung des Bauantrags).

4.4.1.4.4 Planmäßige, außerplanmäßige und steuerrechtliche Teilwertabschreibungen

Sowohl handels- als auch steuerrechtlich besteht die Verpflichtung zur Vornahme **planmäßiger Abschreibungen** bei Vermögensgegenständen bzw. Wirtschaftsgütern des abnutzbaren Anlagevermögens (§ 253 Abs. 2 HGB, § 6 Abs. 1 Nr. 1 Satz 1 EStG). Diese Abschreibungen dienen einer periodengerechten Gewinnermittlung. Ausgangsgröße für die Berechnung der Abschreibungen sind die Anschaffungs- oder Herstellungskosten. Die Anschaffungs- bzw. Herstellungskosten sind über die planmäßige **Nutzungsdauer**, innerhalb welcher der Gegenstand voraussichtlich verwendet wird, zu verteilen. Die steuerliche Nutzungsdauer für Wirtschaftsgüter des abnutzbaren Anlagevermögens wird i. d. R. durch sog. AfA-Tabellen weitgehend vorgegeben. Will ein Steuerpflichtiger von den Nutzungsdauern der AfA-Tabellen abweichen, so muss er die hierfür maßgebenden Gründe gegenüber dem Finanzamt darlegen. Hinsichtlich der verschiedenen AfA-Methoden (lineare, degressive, leistungsabhängige AfA) siehe § 7 EStG bzw. folgende Abbildung.

Abschreibung des Anlagevermögens

Aufwandsabschreibungen	wirtschaftspolitische Ziele	Vereinfachung
§ 7 EStG: **planmäßiger Werteverzehr:** lineare Abschreibung § 7 Abs. 1 Satz 1 und 5 EStG (zeit- bzw. leistungsbezogen) degressive Abschreibung § 7 Abs. 2 (max. 20 %; *vom 1.1.2006 bis 31.12.2007: 30 %*) und 5 EStG Abschreibung für Substanzverringerung, § 7 Abs. 6 EStG **unregelmäßiger Werteverzehr** Absetzung für außergewöhnliche technische oder wirtschaftliche Abnutzung § 7 Abs. 1 Satz 6 EStG Teilwertabschreibung § 6 Abs. 1 Nr. 1 Satz 2 EStG bzw. bei Grund und Boden (nicht abnutzbar) und Umlaufvermögen § 6 Abs. 1 Nr. 2 Satz 2 EStG	**Sonderabschreibungen** **erhöhte Absetzungen**	**Sofortabschreibung von geringwertigen Wirtschaftsgütern** **Voraussetzungen**: - abnutzbare und bewegliche Wirtschaftsgüter des Anlagevermögens - selbständig nutzbar - Anschaffungs- oder Herstellungskosten (ohne Vorsteuer!) < **410** € ➔ vollständige Absetzung im Jahr der Anschaffung oder Herstellung § 6 Abs. 2 EStG - bei AK/HK < **60** € kann sofort der Aufwand erfasst werden, keine Angabepflicht im gesonderten Konto für „geringwertige Wirtschaftsgüter"

Die bis 2003 in R44 Abs. 2 Satz 3 EStR enthaltene Regelung, nach der bei der Anschaffung von Mobilien die sog. Halb-Jahres-AfA zulässig war, wurde ab dem Veranlagungszeitraum 2004 aufgehoben. Nach § 7 Abs. 1 Satz 4 EStG ist nun im ersten Jahr zeitanteilig nach dem Kalendermonat sowohl bei Mobilien als auch bei Immobilien abzuschreiben.

Neben dem planmäßigen Werteverzehr kann im Wege der AfA für außergewöhnliche technische oder wirtschaftliche Abnutzung (AfaA) der nicht planmäßige Werteverzehr berücksichtigt werden. Beispiele für **außerplanmäßige** AfA sind höhere Gewalt (z. B. Wasserschaden, Brand), erhöhte Abnutzung durch Einführung von Mehrschichtbetrieb, Einfluss des technischen Fortschritts. Entfällt der Grund für eine außerplanmäßige AfA, so ist eine Zuschreibung vorzunehmen.

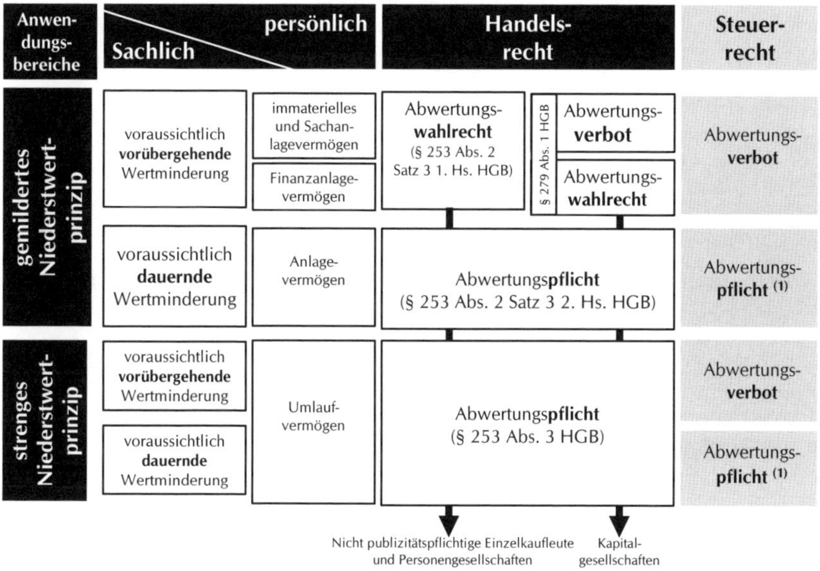

(1) Die **Abwertungspflicht** für Wirtschaftsgüter des Anlagevermögens nach § 6 Abs. 1 Nr. 1 EStG bzw. für Wirtschaftsgüter des Umlaufvermögens nach § 6 Abs. 1 Nr. 2 EStG resultiert in diesem Fall aus dem Maßgeblichkeitsprinzip. Steuerrechtlich wäre normalerweise für die Abwertung ein Wahlrecht vorgesehen („kann angesetzt werden").

Eine voraussichtlich dauernde Wertminderung kann auch im Wege einer **Teilwertabschreibung** berücksichtigt werden. Die Teilwertabschreibung erfasst ausschließlich den nachhaltig gesunkenen Wert des Wirtschaftsguts. Hierfür ist als typischer Abschreibungsgrund das nachhaltige Sinken der Wiederbeschaffungskosten zu erwähnen. Kann der Steuerpflichtige in den Folgejahren den Ansatz zum niedrigeren Teilwert nicht mehr gegenüber dem Finanzamt rechtfertigen, so hat eine Zuschreibung auf die (fortgeführten) Anschaffungs- oder Herstellungskosten zu erfolgen!

Grundsätzlich gilt für Verluste das **Realisationsprinzip** gemäß § 252 Abs. 1 Nr. 4 HGB. Allerdings wird das Realisationsprinzip hinsichtlich des Zeitpunkts der Verlusterfassung durch das Imparitätsprinzip eingeschränkt. Eine Unterform des Imparitätsprinzips ist das **Niederstwertprinzip**. Das Niederstwertprinzip kommt handelsrechtlich in folgenden Varianten vor:

Für das Anlagevermögen gilt es zunächst in **gemilderter** Form, jedoch bei einer voraussichtlich dauernden Wertminderung nach § 253 Abs. 2 Satz 3 HGB ist eine Abschreibung vorzunehmen.

In strenger Form ist es in § 253 Abs. 3 Satz 1, 2 HGB für das Umlaufvermögen geregelt (**strenges Niederstwertprinzip**). Am Bilanzstichtag ist also auf den Börsen-, Marktpreis bzw. beizulegenden Wert handelsrechtlich zwingend abzuschreiben.

Da für die handelsrechtliche Bewertung eine **Abwertungspflicht** besteht, greift diese über die **formelle Maßgeblichkeit** (§ 5 Abs. 1 Satz 2 EStG) auch für den steuerrechtlichen Wertansatz!

4.4.1.4.5 Differenzen zwischen Handelsbilanz und Steuerbilanz

Häufig wird auf Basis einer handelsrechtlichen Gewinn- und Verlustrechnung durch eine **Überleitungsrechnung** der steuerliche Gewinn bzw. Verlust im Sinne des § 5 Abs. 1 EStG ermittelt. Sofern keine eigene Steuerbilanz erstellt wird – meist bei kleinen und mittelgroßen Unternehmen –, kann als Ausgangsbasis für den steuerlichen Gewinn das handelsrechtliche Jahresergebnis (vor Ertragsteuern) herangezogen werden.

Die **Ertragsteuern** sind zunächst auszusondern, da sie vor der Berechnung nicht bekannt sind und nicht bei der Ermittlung der ertragsteuerlichen Bemessungsgrundlage als Betriebsausgaben berücksichtigt werden dürfen.
Die Gewerbeertragsteuer, die als Betriebsausgabe abzugsfähig ist, sollte bei der Überleitungsrechnung zunächst nicht berücksichtigt werden, damit sie selbst ermittelt werden kann. Nach der endgültigen Berechnung der GewSt ist sie bei der einkommensteuerlichen Bemessungsgrundlage abzuziehen.

Schema zur Überleitung vom handelsrechtlichen zum steuerlichen Ergebnis

	Handelsrechtliches Jahresergebnis (vor Ertragsteuern und deren Rückstellungen)
+	Erhöhungen nach bilanzsteuerrechtlichen Vorschriften (z. B. vorverlagerter handelsrechtlicher Aufwand)
./.	Verminderungen nach bilanzsteuerrechtlichen Vorschriften (z. B. nachgelagerter steuerlicher Aufwand in den Folgeperioden)
=	**Steuerbilanzielles Ergebnis** (vor Ertragsteuern und deren Rückstellungen)
./.	Steuerfreie Einnahmen
+	Nichtabziehbare Betriebsausgaben (z. B. § 4 Abs. 5 Nr. 1 EStG – Aufwendungen für Geschenke > 35 €)
=	**Gewerbesteuerliche Bemessungsgrundlage** (§§ 6 und 7 GewStG; vor Hinzurechnungen nach § 8 GewStG und Kürzungen nach § 9 GewStG sowie Gewerbesteuer-Rückstellung)
./.	Gewerbeertragsteuer
=	**Steuerlicher Gewinn bzw. Verlust nach § 5 Abs. 1 EStG**

Beispiel zur Gewinnermittlung nach steuerlichen Vorschriften

Bei der Jodelbauer GmbH (Rosenheim) ergibt sich für das vergangene Wirtschaftsjahr (= Kalenderjahr) aus der handelsrechtlichen Gewinn- und Verlustrechnung folgendes vorläufiges Jahresergebnis vor Ertragsteuern und deren Rückstellungen:

	Umsatzerlöse (netto)	257.000 €
+	Bestandserhöhung von Vorräten (Lederhosen) (steuerliche Herstellungskostenuntergrenze 50.000 €)	30.000 €
+	Erträge aus der Auflösung von Drohverlustrückstellungen	55.000 €
+	Steuerfreie Beteiligungserträge von der Bergbauern GesmbH (Innsbruck)	80.000 €
./.	Personalaufwand	116.500 €
./.	Sachgeschenk an einen Geschäftsfreund (Lederhose)	500 €
./.	außerplanmäßige Abschreibung auf Vorräte wegen vorübergehender Wertminderung	10.000 €
./.	Rechtsberatungskosten für die Bergbauern GesmbH (Innsbruck)	2.500 €
./.	sonstige betriebliche Aufwendungen (einschließlich nichtabziehbarer Vorsteuer)	12.095 €
=	**Jahresüberschuss vor Ertragsteuern**	**280.405 €**

Annahme: Die zutreffende Gewerbesteuerrückstellung soll 30.000 € betragen !!!

Lösungshinweise zur Aufgabe: Gewinnermittlung nach steuerlichen Vorschriften

	Jahresüberschuss vor Ertragsteuern	280.405 €
+	Bestandserhöhung von Vorräten (Differenz der stl. Herstellungskosten, R 6.3 EStR)	20.000 €
+	stl. nicht anerkannte Teilwertabschreibung auf Vorräte (keine dauerhafte Wertminderung, § 6 Abs. 1 Nr. 2 Satz 2 EStG)	10.000 €
./.	Auflösung von handelsrechtlichen Drohverlustrückstellungen (keine stl. Rückstellung; § 5 Abs. 4 a EStG)	55.000 €
=	steuerbilanzielles Ergebnis (vor Ertragsteuern)	255.405 €
./.	steuerfreie Einnahmen (§ 8b Abs. 1 KStG)	80.000 €
+	nicht abziehbare Sachgeschenke (einschl. Vorsteuer; § 4 Abs. 5 Nr. 1 EStG i. V. m. § 15 Abs. 1 a UStG und § 10 Nr. 2 KStG)	595 €
+	5 % der steuerfreien Dividenden (§ 8b Abs. 5 KStG)	4.000 €
=		180.000 €
./.	Gewerbeertragsteuer	30.000 €
=	**stl. Gewinn nach § 5 Abs. 1 EStG**	**150.000** €

Federmann (2000): Bilanzierung nach Handelsrecht und Steuerrecht, 11. Aufl;
Grefe (2006): Unternehmenssteuern, 10. Aufl., S. 113 - 167;
Jurowsky/Graetz/von Campenhausen (2006): Betriebliche Steuern, Bd. 3, Bilanzsteuerrecht, 2. Aufl.

4.4.1.5 Besonderheiten bei Personengesellschaften (Mitunternehmerschaft)

4.4.1.5.1 Voraussetzungen der Mitunternehmerschaft

Der Gewinn bzw. Verlust einer Personengesellschaft (z. B. OHG, KG) wird durch mehrere Personen erwirtschaftet. Die Tatsache, dass der Steuerpflichtige Gesellschafter einer OHG, KG oder einer anderen Gesellschaft ist, reicht jedoch nicht aus, um gewerbliche Einkünfte zu haben (H 15.8 Abs. 1 EStH). Nach § 15 Abs. 1 Satz 1 Nr. 2 Satz 1 EStG ist eine Prüfung dahingehend erforderlich, ob eine „**Mitunternehmerschaft**" vorliegt (R 15.8 EStR). Diese Prüfung erstreckt sich nach der Rechtsprechung auf das Gesamtbild der wirtschaftlichen Verhältnisse.

Mitunternehmer ist danach, wer zivilrechtlich Gesellschafter oder Mitglied einer vergleichbaren Gesellschaft ist, Mitunternehmerinitiative entwickeln kann und ein Mitunternehmerrisiko bei entsprechender Gewinnchance trägt. Der Gesellschafter übernimmt die Beteiligung am Gewinn und Verlust der Gesellschaft einschließlich der stillen Reserven und eines etwaigen Firmenwerts. Außerdem muss der Gesellschafter bei Strukturentscheidungen und ähnlich wichtigen Angelegenheiten der Gesellschaft mitbestimmen können. Maßstab für die Mitunternehmerinitiative ist das Stimm-, Kontroll- und Widerspruchsrecht des Kommanditisten i. S. d. Handelsrechts. Keine Mitunternehmerschaft liegt deshalb vor, wenn durch den Gesellschaftsvertrag das Stimmrecht sowie das Widerspruchsrecht faktisch ausgeschlossen worden sind.

Bei beschränkter Haftung (Kommanditist) ist die besondere Regelung des § 15 a EStG zur Verlustverrechnung zu beachten.

4.4.1.5.2 Steuerpflichtige Bezüge aus Mitunternehmerschaften

Das Einkommensteuergesetz kennt als den Steuerpflichtigen nur die einzelne natürliche Person. Deshalb sind im Rahmen der einheitlichen und gesonderten Feststellung die Einkünfte aus der gewerblichen Tätigkeit für den einzelnen Gesellschafter zu ermitteln. Bei der Gewinnfeststellung von Mitunternehmerschaften ist zu berücksichtigen, dass die Einkünfte aus Gewerbebetrieb nicht nur aus den Gewinn- und Verlustanteilen bestehen, sondern auch **Sondervergütungen** an die Gesellschafter nach § 15 Abs. 1 Nr. 2 EStG einzubeziehen sind. Entscheidend ist die Veranlassung durch das Gesellschaftsverhältnis und nicht die Zahlung durch die Gesellschaft. Auch Vergütungen, die von dritter Seite gezahlt werden, sind als gewerbliche Einkünfte aus der Mitunternehmerschaft zu behandeln, wenn sie durch das Gesellschaftsverhältnis veranlasst sind. Sondervergütungen sind Geschäftsführergehälter an die Gesellschafter oder andere Leistungen wie z. B. Zinsen der Gesellschaft an die Gesellschafter für Darlehen oder Miet- und Pachtzahlungen der Gesellschaft an die Gesellschafter. Für diese Nebeneinkünfte gilt das Subsidiaritätsprinzip, d. h. es liegen z. B. bei Darlehenszinsen keine Einkünfte aus Kapitalvermögen vor, sondern Einkünfte aus Gewerbebetrieb. Das gleiche gilt auch für Vermietungseinkünfte. Die aus dem Sonderbetriebsvermögen resultierenden Kosten stellen keine Werbungskosten dar, sondern (Sonder-)Betriebsausgaben gemäß § 4 Abs. 4 EStG. Der Sondergewinn der Gesellschafter, der sich aus der Differenz zwischen Sonderbetriebseinnahmen und Sonderbetriebsausgaben ergibt, wird durch eine selbständige ergänzende Gewinnermittlung ermittelt. Grundlage für die Gewinnermittlung im Sonderbereich ist das Sonderbetriebsvermögen. In einer separaten Sonderbilanz werden die entsprechenden Gewinnkorrekturen vorgenommen. Die Gewinnkorrekturen betreffen nicht die Gesamthandelsbilanz, sondern den Gewinn der einzelnen Gesellschafter.

4.4.1.5.3 Ermittlung der gewerblichen Einkünfte bei Mitunternehmerschaften

Schema zur additiven Gewinnfeststellung

Jahresergebnis laut Handelsbilanz
± **Korrekturen** aufgrund § 5 Abs. 6 EStG (vgl. § 60 Abs. 2 EStDV)
\+ **Sonstige außerbilanzielle Hinzurechnungen**
(insbesondere § 4 Abs. 5 EStG, nicht abzugsfähige Betriebsausgaben)

= **Korrigierter Steuerbilanz-Gewinn/Verlust**
± Gewinn/Verlust laut **Ergänzungsbilanzen** der Gesellschafter
\+ **Sondergewinn von Gesellschaftern** i. S. d. § 15 Abs. 1 Nr. 2 2. Hs. EStG
\+ Tätigkeitsvergütungen
\+ Vergütungen für:
Mieteinnahmen (Überlassung von Wirtschaftsgütern – Sonderbetriebsvermögen I)
Darlehen (Zinseinnahmen), sonstige Nutzungen/Leistungen
\+ **Sonstige Sonderbetriebseinnahmen** (z. B. aus Sonderbetriebsvermögen II)
\- **Sonderbetriebsausgaben** (unter Beachtung von § 4 Abs. 5 EStG)
\- **Steuerfreie Einnahmen** (z. B. § 3 Nr. 40 EStG)

= **steuerlicher Gesamtgewinn der Mitunternehmerschaft**

Für den einzelnen Gesellschafter ergeben sich folgende Gewinnbestandteile:
Korrigierter Steuerbilanz-Gewinn-/Verlustanteil (§ 15 Abs. 1 S. 1 Nr. 2 1. Hs. EStG)
\+ Gewinnanteil laut Ergänzungsbilanz
\+ Sonderbetriebseinnahmen und Sondervergütungen
(§ 15 Abs. 1 S. 1 Nr. 2 2. Hs. EStG)
\- Sonderbetriebsausgaben

= **steuerlicher Gewinnanteil für den einzelnen Gesellschafter**

Vereinfachtes Beispiel zu Sondervergütungen:

Gesellschafter der A-B-C OHG:

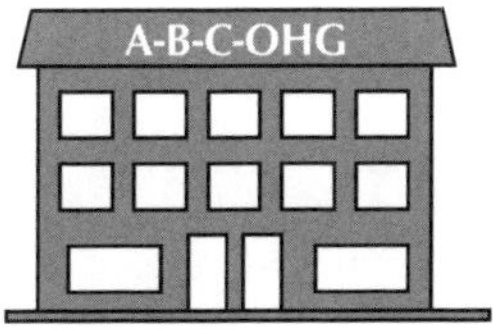

Gewinnverteilung laut Gesellschaftsvertrag

A: 1/3

B: 1/3

C: 1/3

Jahresüberschuss laut Handelsbilanz:	60.000
Geschäftsführer-Gehalt für Gesellschafter A:	40.000
Zinszahlungen an B für ein Darlehen i. H. v. 200.000 (Zinssatz: 10 %):	20.000
Refinanzierungskosten für das Darlehen von B:	18.000
Mietzahlungen an den Gesellschafter C für das Betriebsgebäude:	24.000
Jährliche Abschreibung nach § 7 Abs. 4 EStG (Anschaffungskosten von C im Jahr 2003: 1.000.000):	30.000

Ermittlung der steuerlichen Gewinnanteile der Mitunternehmer:

Gesellschafter	Gewinnanteil		Sonderbetriebseinnahmen		Sonderbetriebsausgaben		§ 15 EStG
A:	20.000	+	40.000			=	60.000
B:	20.000	+	20.000	./.	18.000	=	22.000
C:	20.000	+	24.000	./.	30.000	=	14.000

4.4.1.5.4 Ergänzungsbilanzen

Neben dem Ergebnis aus dem Sonderbetriebsvermögensbereich gehören zum Gewinnanteil nach § 15 Abs. 1 Nr. 2 EStG Gewinne bzw. Verluste aus evtl. vorhandenen Ergänzungsbilanzen. Diese besondere Steuerbilanz enthält Korrekturen zu den Wertansätzen in der Steuerbilanz der Gesellschaft (Gesamthandsbilanz). Sie ist neben der Bilanz der Gesellschaft i. d. R. nach einem Gesellschafterwechsel, bei Einbringungen und bei Inanspruchnahme personenbezogener Steuervergünstigungen (z. B. § 6 b EStG) zu erstellen.

Hat ein Gesellschafter im Rahmen eines Gesellschafterwechsels für den Erwerb seines Mitunternehmeranteils mehr bezahlt, als das vom Veräußerer (Altgesellschafter) übernommene Kapitalkonto auswies, so ist für diesen Gesellschafter der Mehrbetrag in einer Ergänzungsbilanz auszuweisen. Das Gleiche gilt sinngemäß für einen etwaigen Minderbetrag. Die aus der Fortschreibung der Ergänzungsbilanzwerte sich ergebenden Gewinne oder Verluste werden ebenfalls im Rahmen der additiven Gewinnfeststellung bei den Einkünften aus Gewerbebetrieb berücksichtigt.

Ergänzungsbilanzen dürfen nicht mit steuerlichen Sonderbilanzen verwechselt werden. Sonderbilanzen sind besondere Steuerbilanzen, die die Wirtschaftsgüter des Sonderbetriebsvermögens und damit zusammenhängende Sonderbetriebseinnahmen und Sonderbetriebsausgaben der einzelnen Mitunternehmer (Gesellschafter) erfassen. Im Gegensatz dazu beziehen sich Ergänzungsbilanzen nur auf Wirtschaftsgüter des Gesamthandsvermögens.

4.4.1.5.5 Sonderbilanzen, Ergänzungsbilanzen und Gewinnverteilung

Beispiel: Gesellschafter der A-B-C OHG sind A, B und C. Basis für die Gewinnverteilung ist das Festkapital. Im Gesellschaftsvertrag ist geregelt, dass A – aufgrund seiner besonderen Qualifikation – für seine Tätigkeit in der OHG eine Vergütung von 40.000 €/Jahr erhält.

C veräußert aus Altersgründen am 1. Januar des laufenden Jahres an D seinen Gesellschaftsanteil für 500.000 €. Im Kaufvertrag zwischen C und D wurde vorgesehen, dass D das Kapitalkonto von C übernimmt. Da D nicht flüssig ist, muss er einen Kredit über 500.000 € aufnehmen. Für diesen Kredit zahlt D 10 % Zinsen/Jahr. Zwischen D und der OHG bestehen schon seit längerem Geschäftsbeziehungen.

D vermietet seit einigen Jahren der OHG ein Bürogebäude, das zum Betriebsvermögen seines Einzelunternehmens gehört (Buchwerte zum 31. Dezember des Vorjahrs: Grund und Boden 200.000 €, Bürogebäude 282.000 €). Vor 2 Jahren hatte D das Gebäude zu einem Kaufpreis von 500.000 € erworben. Es entfielen auf den Grund und Boden 40 % des Kaufpreises. Die Miete beträgt 30.000 €/Jahr. Das Gebäude wird mit einem 3%igen AfA-Satz abgeschrieben. Die Teilwerte zum 31. Dezember betrugen: Grund und Boden: 300.000 €, Gebäude: 400.000 €.

Die Steuerbilanz der A-B-C OHG sieht zum 1. Januar (Stichtag der Veräußerung) wie folgt aus:

Bilanz der A-B-C OHG zum 1. Januar

Aktiva	*Teilwerte*	Buchwerte		Passiva
Grund/Boden	400.000 €	250.000 €	Kapital A	400.000 €
Gebäude	650.000 €	425.000 €	Kapital B	200.000 €
Maschinen	200.000 €	175.000 €	Kapital C ➔ D	200.000 €
BGA/FP	200.000 €	150.000 €		
Waren	200.000 €	150.000 €		
Forderungen	100.000 €	100.000 €		
Bank	150.000 €	150.000 €	Verbindlichkeiten	600.000 €
	1.900.000 €	1.400.000 €		1.400.000 €

Da D im Rahmen des Gesellschafterwechsels für den Erwerb des Mitunternehmeranteils mehr bezahlt als das von C (Altgesellschafter) übernommene Kapitalkonto ausweist, ist für D der Mehrbetrag (500.000 € ./. 200.000 € = 300.000 €) in einer Ergänzungsbilanz auszuweisen.

Ergänzungsbilanz von D zum 1. Januar

Aktiva	*Ermittlung*	Buchwerte		Passiva
Firmenwert	Rest	175.000 €	Mehr-Kapital D	300.000 €
Grund/Boden	150.000 x 0,25	37.500 €		
Gebäude	225.000 x 0,25	56.250 €		
Maschinen	25.000 x 0,25	6.250 €		
BGA/FP	50.000 x 0,25	12.500 €		
Waren	50.000 x 0,25	12.500 €		
		300.000 €		300.000 €

(Aktivierung der anteiligen Anschaffungskosten des D, die über den jeweiligen Buchwerten liegen, also der entgeltlich erworbenen stillen Reserven!)

Des Weiteren sind, da D in der OHG nun eine Mitunternehmerstellung einnimmt, für den Sonderbereich von D für die Überlassung des Bürogebäudes und für die Aufnahme des Kredits entsprechende Sonderbilanzen zu erstellen. Da ein einzelnes Wirtschaftsgut (Grund/Boden + Bürogebäude) aus einem Betriebsvermögen des D in dessen Sonderbetriebsvermögen bei der OHG übertragen wird, sind nach § 6 Abs. 5 EStG zwingend die Buchwerte anzusetzen.

Sonderbilanz I von D zum 1. Januar
(Sonderbetriebsvermögen I)

Grund/Boden	200.000 €	Sonderkapital	482.000 €
Gebäude	282.000 €		
	482.000 €		482.000 €

Sonderbilanz II von D zum 1. Januar
(Sonderbetriebsvermögen II)

Minderkapital	500.000 €	Darlehen	500.000 €
	500.000 €		500.000 €

Steuerliche Konsequenzen für das laufende Wirtschaftsjahr:

- Die Gesamthandsbilanz (Steuerbilanz der A-B-C OHG) ist entsprechend fortzuführen. Die Kapitalbezeichnung „C" ist auf den Gesellschafter „D" anzupassen!
- C hat einen Veräußerungsgewinn (§§ 16, 34 EStG; s. Kap. 4.4.1.6) von 300.000 €
- Unter Berücksichtigung der Betriebseinnahmen, Betriebsausgaben und bereits berücksichtigten steuerlichen Korrekturen (z. B. für nicht abzugfähige Betriebsausgaben nach § 4 Abs. 5 EStG) des laufenden Jahres ergibt sich ein korrigierter Steuerbilanzgewinn von 210.000 € (= Annahme!).
- Die Ergänzungsbilanz und die Sonderbilanzen des D sind wie folgt fortzuführen:

Ergänzungsbilanz von D zum 31. Dezember

Aktiva *Ermittlung*	**(Rest-) Buchwerte**		**Passiva**
Firmenwert (175.000 €/15 Jahre)	163.333,0 €	Mehr-Kapital D:	300.000,0 €
Grund/Boden (nicht abnutzbar!)	37.500,0 €	./. Verlust	33.354,5 €
Gebäude (56.250 € x 3 %)	54.562,5 €		
Maschinen (6.250 € / 5 Jahre)	5.000,0 €	Mehr-Kapital D:	266.645,5 €
BGA/FP (12.500 € / 2 Jahre)	6.250,0 €		
Waren	0,0 €		
	266.645,5 €		266.645,5 €

Annahmen:

- Die Maschinen haben eine durchschnittliche (Rest-)Nutzungsdauer von noch 5 Jahren. Es wird linear abgeschrieben.
- Bei den Wirtschaftsgütern der Betriebs- und Geschäftsausstattung (BGA) und des Fuhrparks (FP) wird noch eine Nutzungsdauer von 2 Jahren angenommen.
- Die am 1. Januar vorhandenen Waren wurden im laufenden Jahr vollständig verkauft.

Der Verlust aus der Ergänzungsbilanz des D ermittelt sich wie folgt:

	Abschreibung des Firmenwerts nach § 7 Abs. 1 EStG:	11.667,0 €
+	Abschreibung des Bürogebäudes nach § 7 Abs. 4 Nr. 1 EStG:	1.687,5 €
+	Abschreibung der Maschinen:	1.250,0 €
+	Abschreibung der BGA/FP:	6.250,0 €
+	Veräußerung der Waren:	12.500,0 €
=	Verlust aus der Ergänzungsbilanz des D:	33.354,5 €

Sonderbilanz I von D zum 31.12
(Sonderbetriebsvermögen I)

Grund/Boden	200.000 €	Sonderkapital	482.000 €
Gebäude	282.000 €	Gewinn:	21.000 €
./. AfA	9.000 €	(30.000 ./. 9.000)	
	273.000 €		
Kasse	30.000 €		
	503.000 €		503.000 €

Sonderbilanz II von D zum 31.12.
(Sonderbetriebsvermögen II)

Minderkapital	500.000 €	Darlehen	500.000 €
Verlust	50.000 €	Verbindlichkeit	
		(Zins)	50.000 €
	550.000 €		550.000 €

Für den einzelnen Gesellschafter ergeben sich folgende Gewinnbestandteile (Einkünfte aus § 15 EStG):

	Gesellschafter:	A (50 %)	B (25 %)	D (25 %)
	Steuerbilanzgewinn (Rest):	105.000 €	52.500 €	52.500,0 €
./.	Verlust lt. Ergänzungsbilanz:			33.354,5 €
+	Sonderbetriebseinnahmen:			
	Gehalt:	40.000 €		
	Miete:			30.000,0 €
./.	Sonderbetriebsausgaben:			
	Gebäude – AfA:			9.000,0 €
	Darlehenszinsen:			50.000,0 €
=	Einkünfte nach § 15 EStG:	145.000 €	52.500 €	./. 9.854,5 €

Birk (2006): Steuerrecht, 9. Auflage, S. 317 - 324;
Lippross/Kreft (2003): Einkommensteuerrecht, 10. Auflage, S. 79 - 92;
Niehus/Wilke (2005): Die Besteuerung der Personengesellschaften, 3. Auflage, S. 65 - 136;
Rose (2004): Die Ertragsteuern, 18. Auflage, S. 98 - 104;

4.4.1.6 Behandlung von Veräußerungs- und Aufgabevorgängen

4.4.1.6.1 Veräußerungstatbestände

Grundsätzlich sind Veräußerungserfolge aus dem Betriebsvermögen einkommensteuerlich relevant. Was unter Betriebsvermögen verstanden wird, ist in § 4 Abs. 1 und § 5 EStG geregelt. Von diesem Grundsatz gibt es bisher zwei Ausnahmen: (1) Nach § 17 EStG sind Veräußerungen von privat gehaltenen Anteilen an einer Kapitalgesellschaft steuerpflichtig, wenn der Veräußerer innerhalb der letzten 5 Jahre bei mindestens 1 %iger Beteiligungsquote (un-)mittelbar am gesamten Nennkapital beteiligt war und (2) gemäß § 23 EStG sind Veräußerungen von im Privatvermögen befindlichen Wirtschaftsgütern einkommensteuerlich relevant, insbesondere Grundstücke und Wertpapiere, wenn diese innerhalb einer bestimmten Frist veräußert werden.

Veräußerungen aus dem Betriebsvermögen lassen sich unterscheiden in Erfolge aus der Veräußerung **einzelner** Wirtschaftsgüter (z. B. Maschine) und in Erfolge aus der Veräußerung **geschlossener Komplexe** (z. B. eines ganzen Betriebs oder eines Teilbetriebs, eine 100 %ige Beteiligung an einer Kapitalgesellschaft, die sich im Betriebsvermögen befindet und dem Mitunternehmeranteil).

Veräußerung und Aufgabe eines (Teil-)Betriebs

Veräußerung des **GANZEN** Gewerbebetriebs (§ 16 Abs. 1 Nr. 1)	Veräußerung eines **TEIL-** betriebs (§ 16 Abs. 1 Nr. 1)	Veräußerung eines **MITUNTER-NEHMERANTEILS** (§ 16 Abs. 1 Nr. 2)	Betriebs-**AUFGABE** (§ 16 Abs. 3)
• R 16 Abs. 1 EStR Übergang von wesentlichen Betriebsgrundlagen, so dass die Betriebsfortführung durch den Erwerber möglich ist!	• R 16 Abs. 3 EStR Übergang eines mit gewisser Selbständigkeit ausgestatteten, organisatorisch geschlossenen Teils des Gesamtbetriebs, der für sich lebensfähig ist !	• Veräußerung des gesamten Anteils an einer Mitunternehmerschaft nach § 15 Abs. 1 Satz 1 Nr. 2 EStG z. B. OHG, KG	• als fiktive Veräußerung gilt auch die Aufgabe des Gewerbebetriebs • Aufgabeerklärung

Tatbestände des § 17 Abs. 1 EStG:

Veräußerung von Anteilen (im Privatvermögen!) an einer Kapitalgesellschaft, an welcher der Veräußerer innerhalb der letzten 5 Jahre zu $\geq$ 1 % unmittelbar oder mittelbar beteiligt war.

Als Teilbetrieb wird nach § 16 Abs. 1 Nr. 1 Satz 2 EStG auch die 100%ige Beteiligung des Nennkapitals an einer Kapitalgesellschaft verstanden. Im Fall der Auflösung der Kapitalgesellschaft ist § 17 Abs. 4 Satz 1 EStG sinngemäß anzuwenden.

Während die Erfolge aus der Veräußerung **einzelner** Wirtschaftsgüter des Betriebsvermögens zum laufenden Gewinn aus Gewerbebetrieb gehören und gewerbesteuerpflichtig sind, wird der Gewinn aus der Veräußerung geschlossener Komplexe des Betriebsvermögens, insbesondere eines ganzen Gewerbebetriebs, auf zweifache Weise steuerlich begünstigt.

4.4.1.6.2 Ermittlung des Veräußerungsgewinns

Ermittlungsschema zu § 16 Abs. 2 und 3 EStG:

	Veräußerungspreis (bzw. gemeiner Wert i. S. d. § 9 BewG)
./.	Veräußerungskosten (z.B. Notargebühren, Grunderwerbsteuer)
./.	Betriebsvermögen (= Eigenkapital bzw. Kapitalkonto)
=	**Veräußerungsgewinn** (beachte: Freigrenze nach § 16 Abs. 4 Satz 3 EStG)
./.	Freibetrag (beachte: § 16 Abs. 4 Satz 1 und 2 EStG)
=	**steuerpflichtiger Veräußerungsgewinn**

Die Gewinne gehören zu den Einkünften aus Gewerbebetrieb!
Es fällt jedoch i. d. R. keine Gewerbesteuer an, da kein Gewinn aus dem täglichen operativen Geschäft vorliegt !!!

Steuerliche Vergünstigungen (Freibetragsgewährung und begünstigte außerordentliche Einkünfte): Ergibt sich ein Veräußerungsgewinn, so wird dieser nach § 16 Abs. 4 EStG innerhalb bestimmter Grenzen durch einen **Freibetrag** steuerlich begünstigt (bei Veräußerungsgewinnen aus Land- und Forstwirtschaft siehe § 14 Satz 2 und § 14 a EStG und bei Veräußerungsgewinnen aus selbständiger Arbeit siehe § 18 Abs. 3 Satz 2 EStG), wenn der Veräußerer das 55. Lebensjahr vollendet hat oder dauernd berufsunfähig ist. Dieser Freibetrag wird nur einmal gewährt, d. h. bei weiteren Veräußerungen kommt dieser nicht mehr in Betracht. Nach § 16 Abs. 4 EStG beträgt der Freibetrag 45.000 €. Zu beachten ist, dass der Freibetrag sich insoweit vermindert, als der Veräußerungsgewinn 136.000 € (Grenzbetrag) übersteigt. Bei einem Veräußerungsgewinn von > 181.000 € erhält der Veräußerer keinen Freibetrag mehr. Beträgt der Veräußerungsgewinn beispielsweise 150.000 €, erhält der Begünstigte nur noch einen Freibetrag i. H. v. 31.000 € (= 181.000 € ./. 150.000 €).

Die verbleibenden Veräußerungsgewinne, mit Ausnahme der dem Halbeinkünfteverfahren unterliegenden Teile, gehören zu den begünstigten **außerordentlichen** Einkünften (§ 34 Abs. 2 Nr. 1 EStG). Auf die außerordentlichen Einkünfte wird gemäß § 34 Abs. 1 EStG ein ermäßigter Einkommensteuertarif („Fünftelung") angewendet. Der Sondertarif wird nur auf Antrag des Steuerpflichtigen gewährt. Wenn der Steuerpflichtige das 55. Lebensjahr vollendet hat oder dauernd berufsunfähig ist, kann auch der Sondertarif (56 % des Durchschnittsteuersatzes) des § 34 Abs. 3 EStG angewandt werden, allerdings nur für einen einzigen Veräußerungsvorgang.

Dieser Sondertarif greift nur bis zu einem Betrag von 5 Mio. € und darf den Eingangssteuersatz nicht unterschreiten. Der Eingangssteuersatz beträgt ab Veranlagungszeitraum 2005 15 % .

Da die **Betriebsaufgabe** als fiktive Veräußerung gilt, ist auch hier entsprechend der Veräußerungswert zu ermitteln. Um den Aufgabegewinn ermitteln zu können, ist verfahrenstechnisch eine Aufgabeerklärung erforderlich. Nach der Rechtsprechung müssen bei einer Betriebsaufgabe die Wirtschaftsgüter, die eine wesentliche Grundlage des Betriebs bilden, innerhalb kurzer Zeit und damit in einem einheitlichen Vorgang entweder in das Privatvermögen überführt oder an verschiedene Erwerber (teilweise) veräußert werden.

Bei Veräußerung der einzelnen Wirtschaftsgüter sind die jeweiligen Veräußerungspreise anzusetzen. Werden die Wirtschaftsgüter nicht veräußert, so ist der gemeine Wert (Verkehrswert) nach § 9 BewG im Zeitpunkt der Aufgabe anzusetzen. Die Aufgabe gemäß § 16 Abs. 3 EStG wird wie die Veräußerung ganzer Komplexe steuerlich begünstigt.

Bei Veräußerungen von Anteilen (z. B. Aktien, Geschäftsanteile) an Kapitalgesellschaften i. S. v. § 17 EStG wird ein Freibetrag in Höhe von 9.060 € gewährt. Der Freibetrag ist zu kürzen, soweit der Veräußerungsgewinn 36.100 € übersteigt. Zu beachten ist, dass diese Freibetragsgewährung nur bei Veräußerungen einer 100%igen Beteiligung im Privatvermögen greift. Bei Veräußerungen von geringeren Beteiligungen ermäßigen sich diese anteilsmäßig. Beispielsweise wird bei einer Veräußerung von einer 20%igen Beteiligung nur noch ein Freibetrag von 1.812 € gewährt bzw. eine Kürzung schon ab 7.220 € vorgenommen.

Die Veräußerungsgewinne gehören zu den **Einkünften aus Gewerbebetrieb**. Trotz der Gleichstellung zu Einkünften nach § 15 EStG ist auf die begünstigten Veräußerungsgewinne, im Gegensatz zu den laufenden Gewinnen, grundsätzlich **keine Gewerbeertragsteuer** zu bezahlen. Der Grund besteht darin, dass die Veräußerungsgewinne keine Gewinne des täglichen operativen Geschäfts sind!

Dölfel/Bilsdorfer/Weimann (2001): Steuerrecht, 4. Aufl., S. 278 - 293;
Grefe (2006): Unternehmenssteuern, 10. Aufl., S. 99 - 109;
Rose (2004): Die Ertragsteuern, 18. Aufl., S. 107 - 122.

4.4.2 Einkünfte aus selbständiger Arbeit nach § 18 EStG

4.4.2.1 Abgrenzung zu den gewerblichen Einkünften nach § 15 EStG

Die Abgrenzung erfolgt durch Betrachtung des Berufsbildes und des persönlichen Arbeitseinsatzes. Das Berufsbild muss einen freiberuflichen Charakter haben. Unter die freiberuflichen Tätigkeiten fallen nach § 18 EStG:

- Die selbständig ausgeübte wissenschaftliche, künstlerische, schriftstellerische, unterrichtende oder erzieherische Tätigkeit;
- Selbständige Ärzte, Zahnärzte, Tierärzte, Rechtsanwälte, Notare, Patentanwälte, (Vermessungs-) Ingenieure, Architekten, Wirtschaftsprüfer, Steuerberater, beratende Volks- und Betriebswirte, vereidigte Buchprüfer, Steuerbevollmächtigte, Heilpraktiker, Dentisten, Krankengymnasten, Journalisten, Dolmetscher (sog. Katalogberufe).

Angestellte Steuerberater, Rechtsanwälte und Wirtschaftsprüfer fallen jedoch nicht unter den § 18 EStG, da diese in einem Dienstverhältnis zu ihrem Arbeitgeber stehen. Diese in einem abhängigen Arbeitsverhältnis angestellten Mitarbeiter haben Einkünfte nach § 19 EStG.

Der selbständig Tätige muss aufgrund eigener Fachkenntnisse „leitend und eigenverantwortlich tätig" sein. Es ist jedoch nicht schädlich, wenn der Selbständige sich der Mithilfe vorgebildeter Arbeitskräfte bedient.

Die Rechtsprechung sieht u. a. folgende selbständige Tätigkeiten als **gewerblich** an: Artisten, Detektive, Kunstgewerbetreibende, Berufssportler, Hellseher, Makler, Schaufenstergestalter, Markt- und Meinungsforscher, Fotomodelle, Werbeberater, Public-Relations-Berater und Organisationsberater für die Datenverarbeitung (vgl. H 15.6 EStH).

4.4.2.2 Einnahmenüberschuss-Rechnung

- **Gewinnermittlungsmethode nach § 4 Abs. 3 EStG**
- **berechtigter Personenkreis:**
  - Freiberufler (§ 18 EStG)
  - Nicht buchführungspflichtige Gewerbetreibende (§ 15 EStG)
  - Land- und Forstwirte (§ 13 EStG)
  - Bedingung: Der entsprechende Personenkreis führt nicht freiwillig Bücher und erstellt keine Bilanzen!

➢ **Grundformel für die Gewinnermittlung:**

	Summe der Betriebseinnahmen
./.	Summe der Betriebsausgaben
=	**Gewinn bzw. Verlust**

➢ **Merkmale:**

- keine Bestandsrechnung, sondern eine Stromgrößenrechnung, die an den Zahlungszeitpunkt anknüpft!
- Zeitliche Erfassung der Betriebseinnahmen und Betriebsausgaben nach dem Zufluss- und Abflussprinzip gemäß § 4 Abs. 3 EStG und § 11 EStG.
- Nach § 60 Abs. 4 EStDV ist der Steuererklärung eine Gewinnermittlung nach amtlich vorgeschriebenem Vordruck beizufügen. Das entsprechende Formular ist inzwischen mehrfach überarbeitet worden (für den Veranlagungszeitraum 2006 siehe BMF v. 21.9.2006, BStBl. I 2006, S. 549 - 558). Dieses Formular ist ab dem Veranlagungszeitraum 2005 verbindlich, sofern die Betriebseinnahmen den Betrag von 17.500 € nicht unterschreiten.
- **Ausnahmen** (§ 11 Abs. 1 Satz 2 und Abs. 2 Satz 2 EStG): Regelmäßig wiederkehrende Einnahmen und Ausgaben (z. B. Mieten, Gehälter, Versicherungsaufwendungen, Zinsen), die zeitnah – in etwa innerhalb von **10** Tagen vor oder nach Beendigung des Kalenderjahres – zufließen bzw. abfließen, sind dem Kalenderjahr zu zurechnen, zu dem sie wirtschaftlich gehören!

➢ **Abweichende Behandlung bestimmter Sachverhalte gegenüber dem Betriebsvermögensvergleich (§ 4 Abs. 1 EStG) bzw. der bilanziellen Gewinnermittlung (§ 5 EStG):**

- **Behandlung der Umsatzsteuer:**
  - Die erhaltene Umsatzsteuer ist als Betriebseinnahme zu behandeln. Im Gegensatz dazu ist bei der bilanziellen Gewinnermittlung die Umsatzsteuer als durchlaufender Posten zu behandeln (§ 4 Abs. 3 Satz 2 EStG).
  - Die an das Finanzamt abgeführte Umsatzsteuer ist als Betriebsausgabe zu behandeln.
  - Vom Finanzamt erstattete Vorsteuerüberhänge sind als Betriebseinnahmen zu behandeln. Maßgebend für die zeitliche Erfassung als Betriebseinnahme ist der Rückzahlungszeitpunkt.
  - Die bei Einkäufen bezahlte Umsatzsteuer, die im Rahmen der Umsatzsteuererklärung als Vorsteuer abgezogen werden kann, ist im Zahlungszeitpunkt der Rechnung als Betriebsausgabe zu behandeln. Dies gilt nicht nur beim Umlaufvermögen, sondern auch beim Kauf von Anlagevermögen, wobei das nach § 12 Nr. 3 EStG geltende Abzugsverbot für die Entnahme-Umsatzsteuer und für nicht abziehbare Vorsteuerbeträge gilt.

- **Gewillkürtes Betriebsvermögen**
  - Bei einer betrieblichen Nutzung zwischen 10 % und 50 % ist die Aufnahme des Wirtschaftsgutes als gewillkürtes Betriebsvermögen aufgrund des BFH-Urteils v. 2.10.2003 (IV R 13/03, BFH/NV 2004, S. 132) auch bei der Gewinnermittlung nach § 4 Abs. 3 EStG zulässig (abweichend noch die früher geltende Rechtsauffassung der Finanzverwaltung).
  - Der Anteil der betrieblichen Nutzung ist als gewinnmindernde Nutzungseinlage zu behandeln, sofern das Wirtschaftsgut nicht als Betriebsvermögen behandelt wird.
- **Keine Erfassung von Forderungen und Verbindlichkeiten**
  - Deshalb ist kein Wertberichtigungsbedarf für Forderungen erforderlich!
  - Aber: Gesonderte Erfassung von Darlehen (H 4.5 EStH „Darlehen"), wobei die geleisteten Zinsen im Zahlungszeitpunkt als Betriebsausgabe gelten!
- **Keine Bilanzierung von Vorräten**
  - Keine Bestandsaufnahme (Inventur) der Vorräte und
  - keine Teilwertabschreibungen auf das Umlaufvermögen.
  - Der Wareneinsatz und die Roh-, Hilfs- und Betriebsstoffe können sofort bei Zahlung als Betriebsausgabe abgezogen werden!
- **Keine Rückstellungen und Rechnungsabgrenzungsposten**
  - Keine Berücksichtigung von Risiken und
  - keine zeitliche Abgrenzung (Ausnahme: 10-Tages-Regel).
- **Anlagevermögen**
  - Für nicht abnutzbare Wirtschaftsgüter des Anlagevermögens gilt die besondere Regelung nach § 4 Abs. 3 Satz 3, 4 und 5 EStG. Die Anschaffungs- oder Herstellungskosten (ohne abziehbare Vorsteuer) für nicht abnutzbare Wirtschaftsgüter des Anlagevermögens sind erst im Zeitpunkt der Veräußerung oder Entnahme als Betriebsausgaben zu berücksichtigen. Die nicht abnutzbaren Wirtschaftsgüter des Anlagevermögens sind unter Angabe des Anschaffungs- oder Herstellungsdatums und der Anschaffungs- oder Herstellungskosten oder des an deren Stelle getretenen Werts in einem besonderen Verzeichnis festzuhalten.
  - Die bezahlte Umsatzsteuer (abziehbare Vorsteuer) auf das Anlagevermögen ist zum Zahlungszeitpunkt in voller Höhe als Betriebsausgabe zu behandeln.
  - Abnutzbare Wirtschaftsgüter: Die Vorschriften nach § 7 EStG über die AfA oder Substanzverringerung sind zu befolgen. Die AfA-Beträge sind als Betriebsausgabe zu behandeln. Teilwertabschreibungen (z. B. bei einer Fehlmaßnahme) sind keine Betriebsausgaben!
  - Bei Veräußerung von abnutzbaren Wirtschaftsgütern des Anlagevermögens ist der (Rest-) Buchwert als Betriebsausgabe zu behandeln. Der Veräußerungserlös ist in voller Höhe als Betriebseinnahme zu behandeln.

  - Bei Veräußerung von nicht abnutzbaren Wirtschaftsgütern des Anlagevermögens (z. B. Grundstücke) sind die ursprünglichen Anschaffungskosten (Buchwert) als Betriebsausgabe zu behandeln.
  - Geringwertige Wirtschaftsgüter können nach § 6 Abs. 2 EStG bis zu einem Betrag von 410 € als sofortige Betriebsausgaben behandelt werden.

- **Besondere Aktivierung** von Anteilen an Kapitalgesellschaften, Wertpapieren u.ä. sowie von Grundstücken und Gebäuden des Umlaufvermögens ab dem Jahr 2006 (§ 4 Abs. 3 Satz 4 EStG).

- **Einlagen**
  - Geldeinlagen sind keine Betriebseinnahmen;
  - Sacheinlagen (z. B. Waren) sind i. d. R. gewinnmindernd zu behandeln, da aufgrund der Einlage eine Betriebsausgabe vermieden wird (fiktive Betriebsausgabe);
  - Nutzungseinlagen (z. B. betriebliche Kraftfahrzeug-Nutzung eines im Privatvermögen gehaltenen Pkw) sind gewinnmindernd zu behandeln, da Betriebsausgaben vermieden werden (fiktive Betriebsausgaben).

- **Entnahmen**
  - Geldentnahmen sind keine Betriebsausgaben;
  - Sachentnahmen (z. B. Waren) sind in Höhe des Teilwerts nach § 6 Abs. 1 Nr. 4 EStG gewinnerhöhend zu behandeln, da sie zum Zahlungszeitpunkt bereits als Betriebsausgaben abgezogen worden sind (Korrektur durch fiktive Betriebseinnahmen);
  - Nutzungsentnahmen (z. B. private Kfz-Nutzung des dem Betriebsvermögen zugeordneten Pkw oder private Leistungen durch Arbeitnehmer des Betriebs) sind gewinnerhöhend zu behandeln, da deren Sach-, Lohn- und Gehaltsaufwendungen als Betriebsausgaben erfasst worden sind.

- **Erweitertes Gewinnermittlungsschema für § 4 Abs. 3 EStG:**

	Betriebseinnahmen des Kalenderjahrs
./.	**Betriebsausgaben** des Kalenderjahrs
=	**Einnahmen- bzw. Ausgabenüberschuss** des Kalenderjahrs
./.	steuerfreie Einnahmen
+	nicht abziehbare Betriebsausgaben (z. B. § 4 Abs. 5 Nr. 1 EStG – Aufwendungen für Geschenke > 35 €)
+	Ausgaben für im Laufe des Kalenderjahres zugegangene abnutzbare und nicht abnutzbare Anlagegüter
./.	Abschreibungen (AfA, AfaA) auf abnutzbare Anlagegüter
./.	Buchwert veräußerter oder entnommener abnutzbarer oder nicht abnutzbarer Anlagegüter
+	fiktive Betriebseinnahmen für (Sach- und Nutzungs-)Entnahmen
./.	fiktive Betriebsausgaben für (Sach- und Nutzungs-)Einlagen
=	**Gewinn bzw. Verlust nach § 4 Abs. 3 EStG**

Beispiel zur Erläuterung des Grundschemas:

Rechtsanwalt Grantig, der aufgrund seiner selbständigen Tätigkeit (§ 18 EStG) seinen Gewinn nach § 4 Abs. 3 EStG und seine Umsatzsteuer nach § 20 UStG ermittelt, hat folgende Geschäftsfälle in den Akten:

1. Am 15.01.01 geht für eine Beratung des Jahres 00, deren Rechnung am 28.12.00 gestellt wurde, auf dem Kontokorrentkonto ein Betrag von 1.190 € (einschl. USt) ein.
2. Am 28.12.00 wird die Kfz-Versicherung des Jahres 01 für den betrieblichen Pkw in Höhe von 1.000 € bezahlt.
3. Der alte PC wird am 2.01.01 (Buchwert am 31.12.00: 500 €) für 357 € verkauft und bar bezahlt.
4. Am 18.2.01 erhält Grantig für seine USt-Jahreserklärung 00 einen Vorsteuerbetrag von 450 € auf seinem Konto vom Finanzamt gutgeschrieben. Grantig braucht für das Jahr 01 keine USt-Voranmeldungen abzugeben.
5. Am 1.7.01 wird ein Laptop für 2.142 € (einschl. USt; Nutzungsdauer 3 Jahre) für die betriebliche Nutzung gekauft.
6. Rechtsanwalt Grantig schenkt seinem wichtigsten Firmenkunden zu Weihnachten 01 einen im Lager liegenden Aktenkoffer (Teilwert = Einkaufspreis von je 238 € einschl. USt). Dieses Geschenk macht er auch seiner Tochter.
7. Der private Nutzungsanteil des betrieblichen Pkw beträgt nach einem ordnungsgemäßen Fahrtenbuch 30 Prozent. Die gesamten Pkw-Kosten des Jahres 01 betragen 6.000 €, wovon 2.500 € im Jahr 01 zahlungswirksam sind und 3.500 € auf planmäßige Abschreibungen entfallen.
8. Am 28.12.01 wird die Kfz-Versicherung des Jahres 02 für den betrieblichen Pkw in Höhe von 900 € bezahlt.
9. Am 20.12. kauft Grantig Aktien der Rechtsanwalts-Telefonservice AG für 2.000 € für sein Umlaufvermögen.
10. Für verschiedene Gutachten von Herrn Grantig des Jahres 01 sind im Jahr 01 Zahlungseingänge von 35.700 € (einschl. USt) zu verzeichnen. Ferner hat Grantig am 27.12.01 noch eine Rechnung in Höhe von 4.760 € (einschl. USt) gestellt, die erst am 8.1.02 bezahlt wurde. Die zahlungswirksamen Betriebsausgaben für das Umlaufvermögen und für bezogene Leistungen betragen im Jahr 01 11.900 € (einschl. USt).

Ermitteln Sie den Gewinn des Jahres 01 nach § 4 Abs. 3 EStG!

Lösung:

Betriebseinnahmen des Kalenderjahrs:	€
- Geschäftsvorfall 1 (Zahlung im Jahr 01)	1.190
- Geschäftsvorfall 3 (Veräußerungserlös)	357
- Geschäftsvorfall 10 (laufende Einnahmen ohne Rechnung vom 27.12.01)	35.700
- Geschäftsvorfall 4: Vorsteuererstattung	450
Zwischensumme	37.697

Übertrag	37.697
Betriebsausgaben des Kalenderjahrs	
- Geschäftsvorfall 2: wiederkehrende Ausgabe kurz vor Ablauf des vergangenen Kalenderjahrs (Zuordnung zu Jahr 01; § 11 Abs. 2 Satz 2 i. V. m. Abs. 1 Satz 1 EStG	- 1.000
- Geschäftsvorfall 5: Kauf Laptop (s. unten)	- 2.142
- Geschäftsvorfall 7: zahlungswirksame Aufwendungen	- 2.500
- Geschäftsvorfall 8: keine Zuordnung zu Jahr 01	0
- Geschäftsvorfall 10: Umlaufvermögen, Leistungen	- 11.900
Zwischensumme	20.155
Nichtabziehbare Betriebsausgabe (§ 4 Abs. 5 Satz 1 Nr. 1 EStG: Geschenk): Aktenkoffer für Firmenkunden (netto, da nichtabziehbare Vorsteuer erst in 02 bezahlt wird)	+ 200
Korrektur Aktivierung Laptop (Geschäftsvorfall 5)	+ 1.800
Abschreibung Laptop (1/2-Jahres-AfA)	- 300
Buchwert-Abgang PC (Geschäftsvorfall 3)	- 500
Abschreibung (Geschäftsvorfall 7)	- 3.500
Keine Betriebsausgabe bei Geschäftsvorfall 9 (§ 4 Abs. 3 Satz 4 EStG)	0
Entnahmen:	
- Aktenkoffer für Tochter (netto; USt in 02)	+ 200
- private Kfz-Nutzung (30 % von Euro 6.000; USt in 02)	+ 1.800
Gewinn nach § 4 Abs. 3 EStG	19.855

4.4.2.3 Veräußerungsgewinne (§ 18 Abs. 3 EStG)

Die Gewinne aus der Veräußerung des einer selbständigen Arbeit dienenden Vermögens oder aus der Aufgabe der selbständigen Arbeit gehören gemäß § 18 Abs. 3 EStG zu den Einkünften aus § 18 EStG.

Die Veräußerungserlöse werden dem Betriebsreinvermögen im Veräußerungszeitpunkt bzw. Aufgabezeitpunkt gegenübergestellt. Hat der Veräußerer zuvor den laufenden Gewinn im Rahmen des § 4 Abs. 3 EStG ermittelt, d. h. den Überschuss der Betriebseinnahmen über den Betriebsausgaben – wie oben beschrieben –, so muss er für den Veräußerungs- bzw. Aufgabezeitpunkt eine Steuerbilanz nach den Grundsätzen des § 4 Abs. 1 EStG erstellen.

4.5 Erläuterung der Überschuss-Einkunftsarten

- **Überschusseinkünfte**: Überschuss der Einnahmen (§ 8 EStG) über die Werbungskosten (§ 9 EStG) nach § 2 Abs. 2 Nr. 2 EStG;

- **Zufluss- und Abflussprinzip** (§ 11 EStG):

  Grundsatz: **Einnahmen** im Sinne des § 11 Abs. 1 EStG gelten innerhalb des Kalenderjahres als bezogen, in dem sie dem Steuerpflichtigen zugeflossen sind. **Ausgaben** (Werbungskosten) im Sinne des § 11 Abs. 2 EStG sind in dem Kalenderjahr abzusetzen, in dem sie dem Steuerpflichtigen abgeflossen sind.

  Ausnahmen: Regelmäßig wiederkehrende Einnahmen und Ausgaben, die kurze Zeit (= Zeitraum von 10 Tagen) vor Beginn oder kurze Zeit nach Beendigung des Kalenderjahres zugeflossen bzw. abgeflossen sind, gelten in dem Kalenderjahr als bezogen bzw. verausgabt, zu dem sie wirtschaftlich gehören (H 11 EStH: Erlangung der wirtschaftlichen Verfügungsmacht!).

- **Ermittlung der Überschusseinkünfte:**

	Einnahmen im Sinne von § 8 Abs. 1 EStG (§§ 19 bis 22 EStG)
./.	**Werbungskosten nach § 9 EStG** (bzw. Werbungskostenpauschbeträge nach § 9 a EStG)
=	**Überschuss**

Einnahmen sind alle Güter, die in Geld oder Geldeswert bestehen und dem Steuerpflichtigen im Rahmen einer der Einkunftsarten des § 2 Abs. 1 Nr. 4 bis 7 zufließen.

Aufwendungen zur Erhebung, Sicherung und Erhaltung der Einnahmen, das heißt, es muss ein finaler Zusammenhang zu den Einnahmen vorliegen!

4.5.1 Einkünfte aus nichtselbständiger Arbeit (§ 19 EStG)

4.5.1.1 Begriffsbestimmung und Lohnsteuerabzug

§ 19 EStG enthält keine Definition des Begriffs der nichtselbständigen Arbeit. Jedoch muss die unselbständige Tätigkeit im Rahmen eines **Dienstverhältnisses** als **Arbeitnehmer** ausgeführt werden bzw. bei einem früheren Dienstverhältnis ausgeführt worden sein. Ein Dienstverhältnis liegt vor, wenn der Arbeitnehmer dem Arbeitgeber seine Arbeitskraft schuldet und als Gegenleistung einen Arbeitslohn erhält. Der Arbeitnehmer unterliegt im Rahmen seiner Tätigkeit (Innenverhältnis) dem geschäftlichen Willen des Arbeitgebers und ist folge dessen weisungsgebunden (vgl. § 1 Abs. 1 und 2 LStDV). Als **Arbeitslohn** kommen sowohl ein festes Gehalt, aber auch ergebnisabhängige Bezüge, z. B. Tantiemen sowie Sachbezüge (z. B. Arbeitgeber-Wohnung und Essen, private Nutzung des Firmenwagens) in Betracht. Beziehen Arbeitnehmer Waren oder Dienstleistungen des Arbeitgebers verbilligt, so sind diese Vorteile nach Abzug eines Abschlags von 4 % sowie eines zusätzlichen Rabattfreibetrages von 1.080 € als Einnahmen zu erfassen (§ 8 Abs. 3 EStG). Für Aufmerksamkeiten des Arbeitgebers (Gelegenheitsgeschenke, freier Bierbezug bei Brauereien) gilt nach § 8 Abs. 2 Satz 9 EStG eine Freigrenze von 44 € je Kalendermonat.

Für Pensionen des öffentlichen Dienstes, Betriebsrenten sowie für Witwen- und Waisengelder, die für Hinterbliebene aufgrund eines Dienstverhältnisses eines Verstorbenen gezahlt werden, gelten für die Bemessungsgrundlage besondere Regelungen. Nach § 19 Abs. 2 EStG bleiben 40 % derartiger **Versorgungsbezüge**, höchstens aber bei Erstbezug im Jahr 2007: 2.760 € (2006: 2.880 €: 2005: 3.000 €; 2004: 3.072 €) steuerfrei (sog. Versorgungsfreibetrag).

Dieser **Versorgungsfreibetrag** wird nach dem Alterseinkünftegesetz ab dem Jahr 2005 schrittweise (zunächst in Stufen von 1,6 %-Punkten/120 € beim Höchstbetrag, ab 2020 von 0,8 %-Punkte/60 €) bis zum Jahr 2040 auf Null reduziert. Daneben wird als Ausgleich für die Reduzierung des Arbeitnehmer-Pauschbetrages ein Zuschlag zum Versorgungsfreibetrag für das Jahr 2007 in Höhe von 828 € (2006: 864 €) gewährt; dieser Zuschlag sinkt jährlich in 36 €-Schritten bis zum Jahr 2020 auf 360 €, danach in 18 €-Schritten bis zum Jahr 2040 auf Null (s. dazu die Tabelle in § 19 Abs. 2 EStG). Der Arbeitnehmer-Pauschbetrag von 920 € wird ab 2005 durch einen Versorgungs-Pauschbetrag von 102 € ersetzt (§ 9 a Satz 1 Nr. 1 b EStG). Der Versorgungsfreibetrag wird für den erstmaligen Bezug von Versorgungsbezügen (frühestens aber für Januar 2005) festgestellt und für die Zukunft dauerhaft – also auch für die Jahre ab 2007 – festgeschrieben.

Beispiel: Max Huber, 63 Jahre, erhält von der BMW AG ab dem Januar 2007 eine monatliche Betriebsrente von 1000 €.

Die Jahresrente beträgt	12.000 €
./. Versorgungsfreibetrag: 36,8 % von 12.000 € = 4.416 €, maximal aber	2.760 €
./. Zuschlag zum Versorgungsfreibetrag	828 €
./. Versorgungs-Pauschbetrag (§ 9a Satz 1 Nr. 1 b EStG)	102 €
Einkünfte nach § 19 EStG	8.310 €

Der Versorgungsfreibetrag und dessen Zuschlag wird für Max Huber dauerhaft auf 3.588 € festgeschrieben. Es gelten für die folgenden Jahre also nicht die niedrigeren Sätze aus der Tabelle.

Für die Einkünfte aus nichtselbständiger Arbeit gilt für die Steuererhebung die Besonderheit, dass der Arbeitgeber von dem Arbeitslohn des Arbeitsnehmers Lohnsteuer einbehalten und diese ans Finanzamt abführen muss. Für diese Zwecke wird dem Arbeitnehmer von dessen Wohnsitz-Gemeinde eine Lohnsteuerkarte ausgestellt, die dem Arbeitgeber für die Bemessung des Lohnsteuerabzuges, der sich nach den Steuerklassen (Ledige: I; Verheiratete: III und V oder beide Ehegatten IV; zusätzliche Steuerkarte: VI) richtet, dient.

4.5.1.2 Werbungskosten

Für Einkünfte aus nichtselbständiger Arbeit schreibt § 2 Abs. 2 Nr. 2 EStG als Ermittlungsmethode die Feststellung des Überschusses der Einnahmen über die Werbungskosten vor und verweist in diesem Zusammenhang auf die §§ 8 bis 9 a EStG. Nach § 9 Abs. 1 Satz 1 EStG sind Werbungskosten „Aufwendungen zur Erwerbung, Sicherung und Erhaltung der Einnahmen". Ist die berufliche Veranlassung der Werbungskosten durch den objektiven Zusammenhang nachgewiesen, so können u. a. folgende Aufwendungen abgezogen werden:

➢ **§ 9 EStG; R 33 bis 47 LStR:**

- **R 34 LStR: Aufwendungen für die Fortbildung:** Die **Fortbildung** ist steuerlich von der Ausbildung abzugrenzen. Aufwendungen für eine Ausbildung stellen **Sonderausgaben** nach § 10 Abs. 1 Nr. 7 EStG dar. **Fort-** oder **Weiterbildungskosten**, d. h. Aufwendungen, die ein Arbeitnehmer leistet, um seine Kenntnisse und Fertigkeiten im ausgeübten Beruf zu erhalten, zu erweitern oder den sich ändernden Anforderungen anzupassen, stellen **unbegrenzt** abziehbare **Werbungskosten** dar. Die Aufwendungen, die durch die Teilnahme an einer Fortbildungsveranstaltung veranlasst sind, können gegebenenfalls in sinngemäßer Anwendung von R 37 bis 43 LStR als Werbungskosten berücksichtigt werden. **Umstritten** war in den letzten Jahren insbesondere, unter welchen Bedingungen die Aufwendungen für ein Hochschulstudium als Werbungskosten in voller Höhe abgesetzt werden konnten. Bei einer (dem Erwerb dienenden und ggf. zum Berufswechsel führenden) **Umschulung** oder einem **berufsbegleitenden Erststudium** (z. B. in einer Steuerberatungskanzlei – zeitweise [Semesterferien] – arbeitender Steuerfachangestellter studiert BWL mit dem Schwerpunkt Steuern und/oder Revision, um später Steuerberater zu werden) sollten diese Aufwendungen nach der geänderten BFH-Rechtsprechung (vgl. BFH v. 4.12.2002, BStBl. II 2003, S. 403 u. v. 17.12.2002, BStBl. II 2003, S. 407) vollständig als Werbungskosten absetzbar sein. Nach der Neuregelung des § 12 Nr. 5 EStG gelten die Aufwendungen für ein Erststudium, das nicht im Rahmen eines Dienstverhältnisses durchgeführt wird, ab dem Veranlagungszeitraum 2004 als nicht abzugfähige Ausgaben, weshalb sie nicht mehr als Werbungskosten, jedoch begrenzt aufgrund der Spezialregelung in § 10 EStG als Sonderausgaben abziehbar sind (zur Rechtsentwicklung s. Drenseck, DStR 2004, S. 1766, OFD Hannover v. 19.8.2004, DStR 2004, S. 1760; BMF v. 4.11.2005, BStBl. I 2005, S. 955).

  Berücksichtigung als Sonderausgaben (Ausbildung oder Erststudium ohne Dienstverhältnis): In derartigen Fällen sind im Kalenderjahr Aufwendungen des Steuerpflichtigen für seine Berufsausbildung ab 2004 4.000 € abzugsfähig (Begrenzung nach § 10 Abs. 1 Nr. 7 EStG; bis 2003: 920 € bzw. 1.227 € bei auswärtiger Unterbringung).

- **R 12.2 EStR, R 36 LStR:** Studienreisen; Fachkongresse; Beiträge für Berufsverbände

- **R 37 bis 40a LStR: Reisekosten für Dienstreisen**
  0,30 € je Fahrtkilometer (H 38 LStH „Pauschale Kilometersätze“)

- **R 41 LStR: Umzugskosten**

- **§ 9 Nr. 5; R 43 LStR: Mehraufwendungen bei doppelter Haushaltsführung:** Bei der doppelten Haushaltsführung liegen notwendige Mehraufwendungen vor, die einem Arbeitnehmer aus beruflichem Anlass entstehen. Der Arbeitnehmer ist dabei außerhalb des Ortes, in dem er einen eigenen Hausstand unterhält, beschäftigt und wohnt auch gleichzeitig am Beschäftigungsort. Der Abzug der Aufwendungen für den zweiten Hausstand ist inzwischen wieder unbegrenzt – früher nur zwei Jahre – möglich (zur Übergangsregelung s. Kap. 4.4.1.3.5).

  Aufwendungen für die Wege vom Beschäftigungsort zum Ort des eigenen Hausstands und zurück (Familienheimfahrten) können jeweils nur für **eine** Familienheimfahrt **wöchentlich** – zeitlich unbegrenzt – abgezogen werden. Zur Abgeltung der Aufwendungen für eine Familienheimfahrt ist eine **Entfernungspauschale** von 0,30 € für jeden vollen Kilometer der Entfernung zwischen dem Ort des eigenen Hausstands und dem Beschäftigungsort anzusetzen.

- **§ 9 Nr. 6; R 44 LStR: Aufwendungen für Arbeitsmittel:** Beispielsweise können Aufwendungen für Fachbücher, Fachzeitschriften, PC, Werkzeuge und typische Berufskleidung (Arbeitsmittel), deren Anschaffungs- oder Herstellungskosten einschließlich Umsatzsteuer im Jahr der Anschaffung oder Herstellung in voller Höhe als Werbungskosten abgesetzt werden, wenn sie ohne Umsatzsteuer für das einzelne Arbeitsmittel 410 € nicht übersteigen. Anschaffungs- oder Herstellungskosten von mehr als 410 € sind auf die Kalenderjahre der voraussichtlichen gesamten Nutzungsdauer des Arbeitsmittels zu verteilen und in jedem dieser Jahre anteilig (Maßstab: Monat) als Werbungskosten zu berücksichtigen. Wird ein als Arbeitsmittel genutztes Wirtschaftsgut veräußert, so ist ein eventuell sich ergebender Veräußerungserlös bei den Einkünften aus nichtselbständiger Arbeit nicht zu erfassen.

  Nicht selten werden Arbeitsmittel, die beruflich genutzt werden, auch für private Zwecke benutzt. Ist die private Nutzung nicht nur von untergeordneter Bedeutung, ist eine Anerkennung als Arbeitsmittel nicht möglich (vgl. H 44 LStH „Aufteilung“).

- **R 45 LStR: Häusliches Arbeitszimmer:** Ein häusliches Arbeitszimmer ist ein zur Wohnung gehörender, aber vom übrigen Wohnbereich abgetrennter Raum. Dieser Raum wird ausschließlich oder nahezu ausschließlich zu betrieblichen und/oder zu beruflichen Zwecken genutzt. Das häusliche Arbeitszimmer muss zur Erzielung von Einkünften genutzt werden. Die Einkunftsart ist dabei unerheblich, das Arbeitszimmer kann z. B. im Rahmen von Einkünften aus Vermietung und Verpachtung, von Kapitaleinkünften oder von sonstigen Einkünften genutzt werden.

  Beim häuslichen Arbeitszimmer werden *bis Ende 2006* folgende drei Fallgruppen unterschieden:

unbegrenzter Abzug	begrenzter Abzug	Abzugsverbot
Mittelpunkt der gesamten betrieblichen oder beruflichen Betätigung	a) Zeitgrenze: Nutzung des Arbeitszimmers zu mehr als die Hälfte der gesamten Tätigkeit oder b) Es steht kein anderer Arbeitsplatz zur Verfügung. Maximal dürfen 1.250 € abgezogen werden, wenn sie nachgewiesen bzw. glaubhaft gemacht werden (Streichung ab 2007).	In allen anderen Fällen dürfen Aufwendungen für ein häusliches Arbeitszimmer nicht als Werbungskosten bzw. Betriebsausgaben abgezogen werden.

Zu den Aufwendungen, die unter den begrenzten Abzug in Höhe von 1.250 € oder unter das Abzugsverbot fallen, gehören insbesondere die anteiligen Aufwendungen für Miete, Gebäude-AfA, Schuldzinsen für bestimmte Kredite, Wasser- und Energiekosten, Reinigungskosten, Grundsteuer, Müllabfuhrgebühren, Renovierungskosten sowie die Aufwendungen für die Ausstattung des Zimmers, z. B. Lampen, Fenstervorhänge, Tapeten, Teppichböden. Nicht zur Ausstattung gehören Arbeitsmittel wie z. B. Büromöbel, PC, die unbegrenzt abziehbar sind. Die Voraussetzungen und Begrenzungen des § 4 Abs. 5 Nr. 6b und des § 9 Abs. 1 Nr. 7 EStG sind entsprechend zu beachten (vgl. BMF-Schreiben betr. einkommensteuerrechtliche Behandlung der Aufwendungen für ein häusliches Arbeitszimmer, vom 16.6.1998, BStBl. I S. 863 = Beck'sche Steuererlasse, 1 § 4/9). Ab 2007 ist der begrenzte Werbungskostenabzug von 1.250 € nicht mehr zulässig.

- **Werbungskosten im Zusammenhang mit Telekommunikationsgeräten:** Aufwendungen für die beruflich veranlasste Nutzung des Telefonanschlusses in der Wohnung, des eigenen Mobiltelefons einschließlich des Autotelefons, Internet- und sonstiger Online-Verbindungen sind als Werbungskosten abziehbar. Die berufliche Veranlassung und das darauf entfallende Entgelt sind vom Steuerpflichtigen durch Einzelverbindungsnachweise der Telefongesellschaft nachzuweisen. Sind derartige Voraussetzungen nicht erfüllt, kann nach einer vorgegebenen Schlüsselung der Finanzverwaltung verfahren werden. Die Aufwendungen für die Anschaffung, den Einbau und den Anschluss der Geräte können anteilig nach dem für den jeweiligen Veranlagungszeitraum ermittelten Aufteilungsschlüssel in Höhe der Absetzungen für Abnutzung nach der amtlichen AfA-Tabelle als Werbungskosten geltend gemacht werden. Der Werbungskostenabzug entfällt jedoch, soweit der Arbeitgeber diese Aufwendungen steuerfrei ersetzt (vgl. BMF-Schreiben betr. Auslagenersatz, Werbungskosten und geldwerter Vorteil im Zusammenhang mit Telekommunikation des Arbeitnehmers, vom 24.10.2000, BStBl. I S. 1421 i. V. m. BMF v. 11.6.1990, BStBl. I S. 290).

- **§ 9 Abs. 2: Aufwendungen für Wege zwischen Wohnung und Arbeitsstätte** gelten ab dem Veranlagungszeitraum 2007 nicht mehr als Werbungskosten. Zur Vermeidung von erhöhten Belastungen sind die Aufwendungen ab dem 21. Entfernungskilometer mit einer Pauschale von 0,30 € für jeden Arbeitstag für jeden vollen Kilometer der Entfernung *wie* Werbungskosten abziehbar, maximal jedoch 4.500 € im Jahr. Ein höherer Betrag als 4.500 € ist anzusetzen, soweit der Arbeitnehmer den eigenen oder ihm zur Nutzung überlassenen Kraftwagen benutzt und die Höhe der tatsächlichen Aufwendungen nachweist (z. B. Fahrtenbuch). Die Kilometerpauschale gibt es unabhängig davon, ob man den täglichen Arbeitsweg mit dem Auto, dem Zug oder dem Fahrrad zurücklegt! Jedoch gilt diese Pauschale nur für jeden vollen Kilometer. Bei Vorliegen von nicht vollen Kilometern sind diese abzurunden.

  Beispiel: Ein Arbeitnehmer fährt an 200 Arbeitstagen von seiner Wohnung zur Arbeitsstätte je (einfache) Strecke 40 Kilometer. Der Arbeitnehmer kann im Jahr 2007 insgesamt pro Tag 6,00 € (20 km x 0,30 €) abziehen. Insgesamt sind 1.200 € wie Werbungskosten für die Fahrten im Jahr 2007 abziehbar. Im Jahr 2006 hätte man noch 2.400 € (40 km x 0,30 € x 200 Tage) als Werbungskosten abziehen können, da bis 2006 noch kein „Selbstbehalt" von 20 km je Arbeitstag galt.

Unfallkosten sind mit der Pauschale abgegolten (§ 9 Abs. 2 Satz 10 EStG: Abgeltung sämtlicher Aufwendungen durch die Entfernungspauschale). Für Familienheimfahrten gilt der „Selbstbehalt" von 20 km nicht; hier ist also die vollständige Entfernung mit 0,30 € je Entfernungskilometer abziehbar (§ 9 Abs. 2 Satz 8 EStG).

Für die Bestimmung der Entfernung ist die kürzeste Straßenverbindung zwischen Wohnung und Arbeitsstätte maßgebend. Hat ein Arbeitnehmer mehrere Wohnungen, so sind die Wege von einer Wohnung, die nicht der Arbeitsstätte am nächsten liegt, nur zu berücksichtigen, wenn sie den Mittelpunkt der Lebensinteressen des Arbeitnehmers bildet und nicht nur gelegentlich aufgesucht wird! Nicht zulässig ist die Anwendung der Pauschale bei Flugstrecken und bei steuerfreier Sammelbeförderung nach § 3 Nr. 32 EStG.

- **Kinderbetreuungskosten (§ 4 f i. V. m. § 9 Abs. 5 Satz 1 EStG)** sind bis zum Höchstbetrag von 4.000 € je Kind (0 bis 14 Jahre) wie Werbungskosten abziehbar, wenn beide Elternteile erwerbstätig sind, wobei nur 2/3 der Aufwendungen abziehbar sind (s. auch Kap. 4.4.1.3.6 und BMF v. 19.1.2007, DStR 2007, S 254 – 257). Derartige Aufwendungen können zusätzlich zum Werbungskosten-Pauschbetrag nach § 9 a Abs. 1 Nr. 1 a EStG abgesetzt werden.

Werbungskosten sind gemäß § 11 Abs. 2 Satz 1 EStG grundsätzlich für das Kalenderjahr (Veranlagungszeitraum) abzusetzen, in dem sie geleistet worden sind. Weist ein Arbeitnehmer keine tatsächlichen Werbungskosten nach oder sind diese geringer, so wird vom Finanzamt automatisch der **Arbeitnehmer-Pauschbetrag i. H. v. 920 €** (§ 9 a Satz 1 Nr. 1 a EStG) berücksichtigt. Der Arbeitnehmer-Pauschbetrag ist nicht aufzuteilen und wird einem Arbeitnehmer bei mehreren Dienstverhältnissen insgesamt nur einmal gewährt. Bei Versorgungsbeziehern i. S. d. § 19 Abs. 2 EStG beträgt der Pauschbetrag lediglich 102 € (§ 9 a Satz 1 Nr. 1 b EStG). Der Abzug darf nicht zu negativen Einkünften aus § 19 EStG führen oder einen Verlust aus § 19 EStG erhöhen (§ 9 a Satz 2 EStG). Nachgewiesene Werbungskosten, die unter dem Arbeitnehmer-Pauschbetrag liegen, dürfen hingegen zu Verlusten führen.

Für den Abzug als Werbungskosten ist es jedoch nicht erforderlich, dass tatsächlich schon Einnahmen erzielt worden sind. Sie können bereits vor der Einnahmeerzielung anfallen (vorweggenommene Werbungskosten), wie z. B. Bewerbungskosten.

Herrler, in Dommermuth u.a. (2006): Betriebliche Steuern, Bd. 2, Ertragsteuern, 2. Aufl., S. 125 - 150.

4.5.1.3 Formular 2006: Anlage N (Einkünfte aus nichtselbständiger Arbeit)

2006

1 Name

2 Vorname

Anlage N

Jeder Ehegatte mit Einkünften aus nichtselbständiger Arbeit hat eine eigene Anlage N abzugeben.

3 **Steuernummer** — X Stpfl. / Ehemann — X Ehefrau

4 eTIN lt. Lohnsteuerbescheinigung(en) — eTIN lt. weiterer Lohnsteuerbescheinigung(en)

Einkünfte aus nichtselbständiger Arbeit 4

Angaben zum Arbeitslohn

Zeile		Kz	Lohnsteuerbescheinigung(en) StKl 1 – 5 (EUR, Ct)	Kz	Lohnsteuerbescheinigung(en) StKl 6 oder einer Urlaubskasse (EUR, Ct)
5	**Steuerklasse**	168			
6	Bruttoarbeitslohn	110	, —	111	, —
7	Lohnsteuer	140	,	141	,
8	Solidaritätszuschlag	150	,	151	,
9	Kirchensteuer des Arbeitnehmers	142	,	143	,
10	Nur bei konfessionsverschiedener Ehe: Kirchensteuer für den Ehegatten	144	,	145	,

Zeile		Kz	1. Versorgungsbezug	Kz	2. Versorgungsbezug
11	**Steuerbegünstigte Versorgungsbezüge** (in Zeile 6 enthalten)	200	, —	210	, —
12	Bemessungsgrundlage für den Versorgungsfreibetrag lt. Nr. 27 der Lohnsteuerbescheinigung	201	, —	211	, —
13	Maßgebendes Kalenderjahr des Versorgungsbeginns lt. Nr. 28 und / oder 31 der Lohnsteuerbescheinigung	206	J J J J	216	J J J J
14	**Bei unterjähriger Zahlung:** Erster und letzter Monat, für den Versorgungsbezüge gezahlt wurden lt. Nr. 29 der Lohnsteuerbescheinigung	202	Monat M M – 203 Monat M M	212	Monat M M – 213 Monat M M
15	Sterbegeld, Kapitalauszahlungen / Abfindungen und Nachzahlungen von Versorgungsbezügen lt. Nr. 30 der Lohnsteuerbescheinigung (in den Zeilen 6 und 11 enthalten)	204	, —	214	, —
16	Steuerbegünstigte Versorgungsbezüge für mehrere Jahre lt. Nr. 9 der Lohnsteuerbescheinigung	205	, —	215	, —

17 **Entschädigungen** (Bitte Vertragsunterlagen beifügen) / **Arbeitslohn für mehrere Jahre** 166 , —

Zeile			Kz			Kz	
18	Steuerabzugsbeträge zu den Zeilen 16 und 17	Lohnsteuer	146	,	Solidaritätszuschlag	152	,
19		Kirchensteuer Arbeitnehmer	148	,	Kirchensteuer Ehegatte	149	,

20 Steuerpflichtiger Arbeitslohn, von dem kein Steuerabzug vorgenommen worden ist 115 , —

21 Steuerfreier Arbeitslohn nach Doppelbesteuerungsabkommen / zwischenstaatlichen Übereinkommen — Staat / Organisation — 139 , —

Bei Freistellung aufgrund von Doppelbesteuerungsabkommen:
Bitte Nachweis über die Steuerfreistellung oder Steuerentrichtung im Tätigkeitsstaat beifügen. Unter bestimmten Voraussetzungen erfolgt eine Mitteilung über die Höhe des in Deutschland steuerfrei erklärten Arbeitslohns an den anderen Staat. Einwendungen gegen eine solche Weitergabe bitte als Anlage beifügen.

22 Steuerfreier Arbeitslohn nach Auslandstätigkeitserlass — Staat — 136 , —

23 Grenzgänger nach (Beschäftigungsland) — Arbeitslohn in ausländischer Währung 116 , — — Schweizerische Abzugsteuer in SFr 135 ,

24 Steuerfrei erhaltene Aufwandsentschädigungen / Einnahmen — aus der Tätigkeit als — EUR , —

25 **Kurzarbeitergeld, Winterausfallgeld, Zuschuss zum Mutterschaftsgeld, Verdienstausfallentschädigung nach dem Infektionsschutzgesetz, Aufstockungsbeträge nach dem Altersteilzeitgesetz, Altersteilzeitzuschläge nach Besoldungsgesetzen (lt. Nr. 15 der Lohnsteuerbescheinigung)** 119 , —

26 **Insolvenzgeld** lt. Bescheinigung der Agentur für Arbeit 121 , —

27 **Andere Lohn- / Entgeltersatzleistungen** (z. B. Arbeitslosengeld lt. Bescheinigung der Agentur für Arbeit und Krankengeld, Mutterschaftsgeld lt. Leistungsnachweis) 120 , —

28 **Angaben über Zeiten und Gründe der Nichtbeschäftigung** (Bitte Nachweise beifügen)

2006AnlN031 — Aug. 2006 — 2006AnlN031

Steuernummer

Ergänzende Angaben zu den Vorsorgeaufwendungen

8

Es bestand 2006 **keine gesetzliche Rentenversicherungspflicht** aus dem aktiven Dienstverhältnis / aus der Tätigkeit

31 als Beamter. | als Vorstandsmitglied / GmbH-Gesellschafter-Geschäftsführer. | im Rahmen von Ehegattenarbeitsverträgen, die vor dem 1. 1. 1967 abgeschlossen wurden.

32 als (z. B. Praktikant, Student im Praktikum)

Aufgrund des vorgenannten Dienstverhältnisses / der Tätigkeit bestand **eine** Anwartschaft auf Altersversorgung

33 – ganz oder teilweise ohne eigene Beitragsleistungen — Ja — Nein

34 – durch steuerfreie Beiträge zu einer betrieblichen Altersversorgung — Ja — Nein

35 Im Rahmen des vorgenannten Dienstverhältnisses / der Tätigkeit wurden steuerfreie Arbeitgeberzuschüsse zur Kranken-, Pflege-, Renten- oder Arbeitslosenversicherung gezahlt. — Ja — Nein

36 Ich habe 2006 bezogen — beamtenrechtliche oder gleichgestellte Versorgungsbezüge. — Altersrente aus der gesetzlichen Rentenversicherung.

Werbungskosten

Wege zwischen Wohnung und Arbeitsstätte (Entfernungspauschale)

37 Die Wege wurden ganz oder teilweise zurückgelegt mit einem eigenen oder zur Nutzung überlassenen — privaten Pkw — Firmenwagen — Letztes amtl. Kennzeichen

	Arbeitsstätte in (Ort und Straße) – ggf. nach besonderer Aufstellung	Arbeitstage je Woche	Urlaubs- und Krankheitstage
38			
39			
40			
41			

	Arbeitsstätte lt. Zeile	aufgesucht an	einfache Entfernung	davon mit eigenem oder zur Nutzung überlassenem Pkw zurückgelegt	davon mit Sammelbeförderung zurückgelegt	davon mit öffentl. Verkehrsmitteln, Motorrad, Fahrrad o. Ä., als Fußgänger, als Mitfahrer einer Fahrgemeinschaft zurückgelegt	Behinderungsgrad mind. 70 oder mind. 50 und Merkzeichen „G"
42		40 Tagen	41 km	68 km	78 km	km	36 1 = Ja
43		43 Tagen	44 km	69 km	79 km	km	37 1 = Ja
44		46 Tagen	47 km	70 km	80 km	km	38 1 = Ja
45		65 Tagen	66 km	71 km	81 km	km	39 1 = Ja

46 Aufwendungen für Fahrten mit öffentlichen Verkehrsmitteln (ohne Flug- und Fährkosten) – **Bitte stets auch die Zeilen 42 bis 45 ausfüllen** – — 49 EUR ,—

47 Arbeitgeberleistungen lt. Nr. 17 und 18 der Lohnsteuerbescheinigung und von der Agentur für Arbeit gezahlte Fahrtkostenzuschüsse — steuerfrei gezahlt 73 EUR ,— — pauschal besteuert 50 ,—

Beiträge zu Berufsverbänden (Bezeichnung der Verbände)

48 — 51 ,—

Aufwendungen für Arbeitsmittel – soweit nicht steuerfrei ersetzt –
(Art der Arbeitsmittel bitte einzeln angeben)

49 — EUR ,—

50 — + ,— ▶ 52 ,—

Aufwendungen für ein häusliches Arbeitszimmer

51 — 74 ,—

Weitere Werbungskosten – soweit nicht steuerfrei ersetzt –

Fortbildungskosten

52 — ,—

Reisekosten bei Dienstreisen, Fahrt- und Übernachtungskosten bei Einsatzwechseltätigkeit

53 — + ,—

Flug- u. Fährkosten bei Wegen zwischen Wohnung und Arbeitsstätte

54 — + ,—

Sonstiges (z. B. Bewerbungskosten, Kontoführungsgebühren)

55 — + ,— ▶ 53 ,—

2006AnlN032 2006AnlN032

4.5.2 Einkünfte aus Kapitalvermögen (§ 20 EStG)

4.5.2.1 Überblick

Die Einkünfte aus Kapitalvermögen resultieren aus der Anlage von Geldkapitalvermögen. In § 20 Abs. 1 EStG lassen sich insbesondere folgende Hauptgruppen erkennen:

(1) Erträge aus der **Beteiligung an juristischen Personen** (z. B. Aktiengesellschaften);

(2) Erträge aus **stillen Beteiligungen und partiarischen Darlehen**;

(3) **Zinsen** aus anderen Kapitalanlagen (ohne Beteiligungscharakter).

zu (1): Zur ersten Gruppe gehören gemäß § 20 Abs. 1 Nr. 1 EStG vor allem die Gewinnanteile von Kapitalgesellschaften (Dividenden), die offen an die Anteilseigner ausgeschüttet werden, sowie sog. „verdeckte Gewinnausschüttungen", die Kapitalgesellschaften ihren Gesellschaftern zukommen lassen (z. B. unangemessener Teil des Geschäftsführergehalts eines Gesellschafters).

zu (2): Gemäß § 20 Abs. 1 Nr. 4 EStG liegen nur bei einer Beteiligung als stiller Gesellschafter oder aus der Hingabe eines partiarischen Darlehens Einkünfte aus Kapitalvermögen vor, d. h. nur wenn der stille Gesellschafter oder Darlehensgeber nicht als Mitunternehmer anzusehen ist (zur Abgrenzung siehe Kap. 4.5.2.3).

zu (3): Zu den **Zinsen** gehören die Erträge aus Kapitalforderungen jeder Art gegenüber Kreditinstituten (Banken, Sparkassen), gegenüber Unternehmen oder auch gegenüber Privatpersonen. Ferner werden die Zinsanteile aus ausgezahlten Lebensversicherungen – allerdings nur bei einer Laufzeit von weniger als zwölf Jahren – hier erfasst. Zu den Erträgen aus sonstigen Kapitalforderungen nach § 20 Abs. 1 Nr. 7 EStG gehören insbesondere folgende Beispiele:

gegenüber Kreditinstituten	**sonstige private Kapitalforderungen**	**öffentliche und private Anleihen**
z. B. Sparzinsen, Festgeldzinsen, Sparbriefzinsen und Zinsen aus einem Bausparguthaben	z. B. private Darlehenszinsen, Verzugszinsen, Erstattungszinsen	a) Öffentliche Anleihen: z. B. Bundesanleihen, Kassenobligationen, Finanzierungsschätze und Schuldscheindarlehen (Bundesschatzbriefe) b) Private Anleihen: z. B. Industrieobligationen, Pfandbriefe, Wandelanleihen, Optionsanleihen, Schuldscheindarlehen

4.5.2.2 Das Halbeinkünfteverfahren

Bei der Besteuerung von Kapitalgesellschaften und ihren Anteilseignern kam es zum 01.01.2001 zu einem Systemwechsel vom Anrechnungsverfahren zum sog. Halbeinkünfteverfahren. Der tarifliche Körperschaftsteuersatz beträgt nun 25 % (§ 23 Abs. 1 KStG) und wirkt definitiv. Der Anteilseigner kann die Körperschaftsteuer bei ausgeschütteten Gewinnen (Ausschüttungsbelastung) nicht mehr auf seine persönliche Einkommensteuerschuld anrechnen. Da die Ausschüttung an die Anteilseigner durch den Wegfall der Körperschaftsteueranrechnung nicht mehr bevorzugt wird, wird es zu sog. Einsperreffekten („Lock-in-Effekt") kommen, wodurch insbesondere die Selbstfinanzierung der Unternehmen gestärkt werden soll.

Um eine wirtschaftliche Doppelbelastung des Anteilseigners durch Körperschaftsteuer und durch die persönliche Einkommensteuer annähernd zu vermeiden, gilt für bestimmte Einkünfte aus Kapitalvermögen das sog. Halbeinkünfteverfahren. Der Besteuerung unterliegen nur noch die Hälfte der in § 3 Nr. 40 EStG abschließend aufgezählten Einnahmen. Die andere Hälfte der Einnahmen ist steuerfrei und unterliegt nicht dem Progressionsvorbehalt nach § 32 b EStG. Hält ein Steuerpflichtiger die Beteiligung nicht im Privatvermögen, sondern in einem Betriebsvermögen, so liegen nach der Subsidiaritätsklausel des § 20 Abs. 3 EStG Einkünfte aus der jeweiligen Gewinneinkunftsart vor. Auch diese sind zur Hälfte steuerbefreit (§ 3 Nr. 40 Satz 2 EStG). Fließen die Ausschüttungen nicht einer natürlichen Person oder Personengesellschaft zu, sondern einer anderen Kapitalgesellschaft, so sind sie dort nach § 8 b Abs. 1 KStG von der Körperschaftsteuer befreit.

Folgende Einnahmen nach § 3 Nr. 40 EStG sind zur Hälfte (ab 2009 voraussichtlich zu 40 %; s. Kap. 8.1) steuerbefreit:

Gewinnausschüttungen

§ 3 Nr. 40 Satz 1 Buchstaben a, d bis i EStG:

a) Betriebsvermögensmehrungen (Wertaufholung) bzw. Betriebseinnahmen bei Gewinneinkünften, die zu den bereits aufgeführten Einkünften gehören, aber aufgrund der Subsidiaritätsklausel in § 20 Abs. 3 EStG keine Kapitaleinkünfte aus § 20 EStG sind;
d) Gewinnausschüttungen (z. B. Dividenden) i.S.d. § 20 Abs. 1Nr. 1 EStG und Einnahmen i.S.d. § 20 Abs. 1 Nr. 9 EStG;
e) Bezüge durch Kapitalherabsetzung oder Auflösung i.S.d. § 20 Abs. 1 Nr. 2 EStG;
f) besondere Entgelte und Vorteile i.S.d. § 20 Abs. 2 Satz 1 Nr. 1 EStG;
g) Einnahmen aus der Veräußerung von Dividendenscheinen und sonstigen Ansprüchen i.S.d. § 20 Abs. 2 Satz 1 Nr. 2 a EStG;
h) Einnahmen aus der Abtretung von Dividendenansprüchen i.S.d. § 20 Abs. 2 Satz 2 EStG;
i) Bezüge i.S.d. § 22 Nr. 1 Satz 2 EStG von einer steuerpflichtigen Körperschaft.

Veräußerungsgewinne

§ 3 Nr. 40 Satz 1 Buchstaben a bis c, j EStG:

a) Erlöse aus der Veräußerung von Anteilen an Kapitalgesellschaften aus dem Betriebsvermögen eines Personenunternehmens;
b) der Veräußerungspreis bei einer Betriebsveräußerung (§ 16 Abs. 2 EStG) bzw. der gemeine Wert bei einer Betriebsaufgabe (§ 16 Abs. 2 EStG), soweit sich der Preis bzw. der Wert aus Anteilen an Kapitalgesellschaften zusammensetzt, die im Betriebsvermögen gehalten werden; Veräußerung von einbringungsgeborenen Anteilen nach § 21 UmwStG;
c) der Veräußerungspreis oder der gemeine Wert nach § 17Abs. 2 EStG, bei einer 1%igen Beteiligung und einer Behaltefrist von mindestens 5 Jahren;
j) und der Veräußerungspreis nach § 23 Abs. 3 EStG, wenn die Kapitalanteile innerhalb der Veräußerungsfrist von 12 Monaten veräußert werden.

Entstehen dem Anteilseigner Aufwendungen im Zusammenhang mit den hälftig (ab 2009 zu 40 %) steuerbefreiten Einnahmen, so darf er auch diese nur zur Hälfte (ab 2009 zu 60 %) als Werbungskosten bzw. bei Anteilen im Betriebsvermögen nur zur Hälfte (ab 2009 zu 60 %) als Betriebsausgaben abziehen (§ 3 c Abs. 2 EStG). Diese Vorschrift kann sich insbesondere bei der Finanzierung von Beteiligungen durch Fremdkapital nachteilig auswirken.

Auch bei ausländischen Dividenden kommt das Halbeinkünfteverfahren (ab 2009: Teileinkünfteverfahren zu 60 %; s. Kap. 8.1) zur Anwendung. Bei Abzug von Quellensteuern sind diese jedoch in voller Höhe abziehbar (§ 34 c Abs. 1 EStG).

Bei einer unbeschränkt steuerpflichtigen Körperschaft als Dividendenempfänger – unabhängig von der Höhe der Beteiligung – sind inländische und ausländische Bezüge i. S. d. § 20 Abs. 1 Nr. 1, 2, 9 und 10 a EStG steuerfrei (§ 8 b KStG). Verlässt der Gewinn die Ebene der Körperschaft und erfolgt ein Zufluss nach § 11 EStG bei einer natürlichen Person, so greift jedoch der Besteuerungstatbestand.

Die Kapitalertragsteuer (§§ 43 - 45 d EStG) ist auf die volle Dividende anzuwenden. In den Fällen des § 43 Abs.1 Nr. 1 EStG beträgt die Kapitalertragsteuer 20 % des Kapitalertrags, wenn der Gläubiger Träger der Steuer ist. Wenn der Schuldner Träger ist, hat eine 25 %ige Besteuerung des tatsächlichen ausgezahlten Betrages zu erfolgen.

Gegenüberstellung des Anrechnungsverfahrens und des Halbeinkünfteverfahrens:
Bei einer Ausschüttung ist das bisherige Anrechnungsverfahren vorteilhaft, sofern der Einkommensteuersatz **< 40 %** ist. Das Halbeinkünfteverfahren ist ab einem persönlichen Einkommensteuersatz von > 40 % günstiger. Die nur zur Hälfte steuerpflichtigen Dividendeneinnahmen schonen den Sparer-Freibetrag nach § 20 Abs. 4 EStG.

		Anrechnungs-verfahren:	**Halbeinkünfte-verfahren**
	Einkommen:	100	100
./.	Gewerbesteuer (pauschal 20 %):	20	20
=	körperschaftsteuerliche Bemessungsgrundlage:	80	80
	Körperschaftsteuer 40 %:	32	---
	Körperschaftsteuer 25 % (Definitivbelastung):	—	20
	Gesamte Steuerbelastung (bei Thesaurierung):	**52**	**40**
	Einkünfte beim Gesellschafter (Anteilseigner):	80	60 (nur hälftig steuerpflichtig !)
./.	Einkommensteuer auf 100 % bzw. 50 % der Einkünfte:		
	a) bei einem Steuersatz von 30 %:	24	9
	b) bei einem Steuersatz von 40 %:	32	12
	c) bei einem Steuersatz von 42 %:	33,6	12,6
	d) bei einem Steuersatz von 45 %	36	13,5
	Nettoeinkünfte (***Steuersumme***)		
	a) bei einem Steuersatz von 30 %:	56 (***44***)	51 (***49***)
	b) bei einem Steuersatz von 40 %:	48 (***52***)	48 (***52***)
	c) bei einem Steuersatz von 42 %:	46,4 (***53,6***)	47,6 (***52,6***)
	d) bei einem Steuersatz von 45 %:	44 (***56***)	46,5 (***53,5***)

4.5.2.3 Abgrenzung der typischen und atypischen stillen Beteiligung

Vergleich der t y p i s c h e n und a t y p i s c h e n stillen Beteiligung:

	Typische stille Gesellschaft	**ATYPISCHE stille Gesellschaft**
Grundlage:	Gesellschaftsvertrag (§ 230 HGB)	Gesellschaftsvertrag (§ 230 HGB)
Dauer:	zeitlich befristet, unbestimmte Dauer	keine Begrenzung, Regelung wie bei einer Personengesellschaft
Vermögensrechte:	Gewinn- und Verlustbeteiligung Rückzahlung der geleisteten Einlage zum Nennwert	Gewinn- und Verlustbeteiligung Rückzahlung der Einlage zuzüglich anteiliger stiller Reserven und eines anteiligen Firmenwertes
Mitwirkungs- und Kontrollrechte:	lediglich Kontrollrecht	Einfluss auf die Geschäftsführung oder nach § 164 HGB, im Innenverhältnis Stellung eines Kommanditisten
Einkunftsart:	Einkünfte aus Kapitalvermögen (§ 20 Abs. 1 Nr. 4 EStG); Einbehaltung von Kapitalertragsteuer (§ 43 Abs. 1 Nr. 3 EStG)	Einkünfte aus Gewerbebetrieb (§ 15 Abs. 1 Nr. 2 EStG) keine Einbehaltung von KapESt
Einkunftsermittlung:	Überschuss (§ 2 Abs. 2 Nr. 2 EStG)	Gewinn (§ 2 Abs. 2 Nr. 1 EStG)
Zeitpunkt der Erfassung:	Zufluss (§ 11 Abs. 1 EStG)	Betriebsvermögensvergleich (§ 4 Abs. 1 bzw. § 5 Abs. 1 EStG) Wirtschaftsjahr (§ 4 a Abs. 2 Nr. 2 EStG)
Aufwendungen:	Werbungskosten (§ 9 Abs. 1 EStG)	Sonderbetriebsausgaben (§ 4 Abs. 4 EStG)
Freibeträge:	§ 20 Abs. 4 EStG (1.370 €)	kein Freibetrag
Vermögensverluste:	keine Berücksichtigung	Gewinnminderung (sonst. Aufwand)
Vergütungen (z. B. Vermietung)	weder Sonderbetriebseinnahmen noch § 20 Abs. 1 Nr. 4 EStG; sondern jeweilige Einkunftsart (z. B. § 21 EStG)	Sonderbetriebseinnahmen (z. B. Tätigkeitsvergütungen, Zinsen, Nutzungsvergütungen)
Vorschüsse:	Einnahmen	keine Erträge
Gewinnüberweisung:	Einnahmen	keine Erträge (Entnahmen)

Vgl. H 15.8 Abs. 1 „Stiller Gesellschafter" EStH; Zenthöfer, Schulze zur Wiesche, Einkommensteuer, 8. Aufl., Stuttgart 2004, S. 759.

Das partiarische Darlehen unterscheidet sich von der stillen Beteiligung dadurch, dass es nicht auf einem Gesellschaftsverhältnis beruht. Es fehlt an der gemeinsamen Zweckverfolgung. Bei einem partiarischen Darlehen wird i. d. R. neben einer Gewinnbeteiligung eine feste Verzinsung oder eine Mindestverzinsung gewährt. Der partiarische Darlehensgeber hat nicht die Kontrollrechte aus § 233 HGB. Eine Verlustbeteiligung schließt ein partiarisches Darlehen aus.

Die einkommensteuerliche Behandlung eines partiarischen Darlehens entspricht der einer typischen stillen Beteiligung. Die Zinsen und Gewinnanteile sind Einnahmen aus § 20 Abs. 1 Nr. 4 EStG und unterliegen der Kapitalertragsteuer von 25 %.

4.5.2.4 Zinsen aus Lebensversicherungen

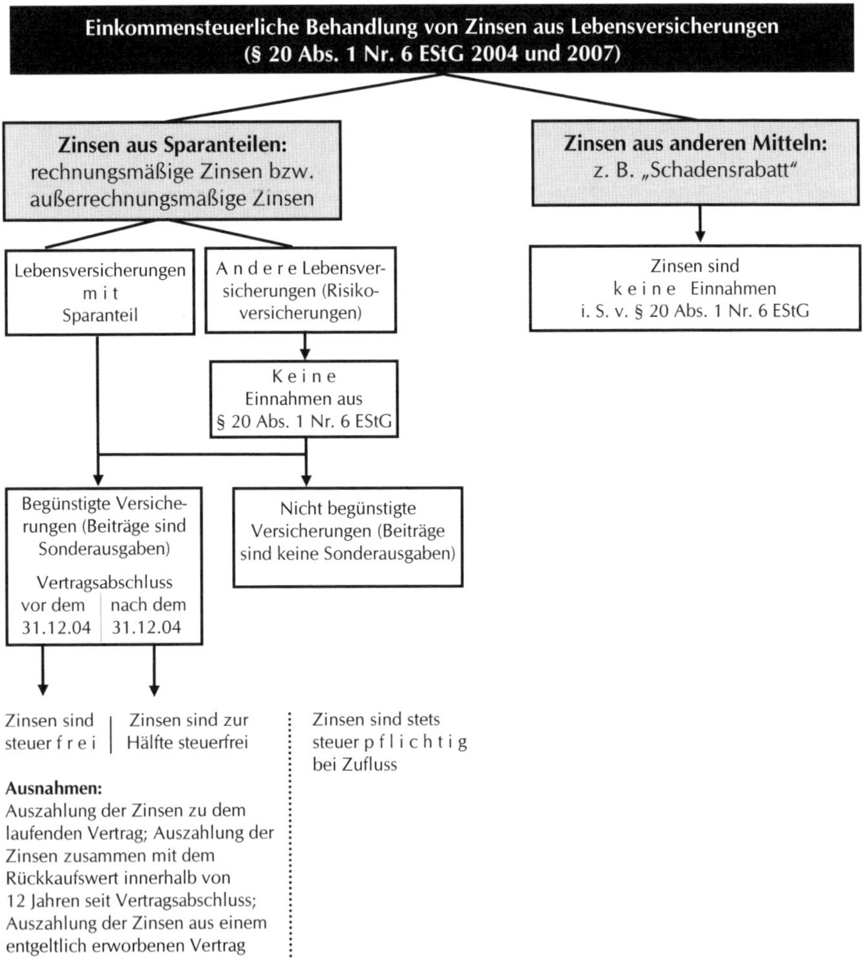

Vgl. Zenthöfer; Schulze zur Wiesche: Einkommensteuer, 8. Aufl., Stuttgart 2004, S. 767.

Nach § 20 Abs. 1 Nr. 6 Satz 4 EStG (i. d. F. bis 2004) werden Zinsen aus Sparanteilen, die in den Beiträgen zu Versicherungen auf den Erlebens- oder Todesfall enthalten sind, als Einkünfte erfasst, wenn die Versicherungsbeiträge nach § 10 Abs. 2 Satz 2 EStG n i c h t als Sonderausgaben abzugsfähig sind, sofern die Ausnahmen des § 10 Abs. 2 Satz 2 Buchstabe a und b EStG nicht gegeben sind.

Im Falle des Buchstaben c werden die Zinsen in dem Veranlagungszeitraum erfasst, in welchem ein Sonderausgabenabzug der Versicherungsprämien nicht zulässig ist.

Dies gilt nicht bei Zinsen aus Versicherungen i. S. d. § 10 Abs. 1 Nr. 2 Buchstabe b EStG, die mit Beiträgen verrechnet oder beim Versicherungsfall bzw. im Fall des Rückkaufs des Vertrags nach Ablauf von 12 Jahren seit dem Vertragsabschluss ausgezahlt werden (vgl. im Einzelnen zu Sonderausgaben: BMF-Schreiben vom 19.5.1993, BStBl. I 406 und vom 2.11.1993 BStBl. I 901, H 10.5 EStH zu „Lebensversicherung"). Sofern die Kapitallebensversicherungsverträge nach dem 31.12.2004 abgeschlossen wurden, sind die Zinsen nur zur Hälfte in die Bemessungsgrundlage einzubeziehen, sofern die Auszahlung erst nach der Vollendung des 60. Lebensjahrs erfolgt.

4.5.2.5 Freibetrag und Freistellungsauftrag

Nach Abzug der Werbungskosten gewährt § 20 Abs. 4 EStG einen Sparer-Freibetrag in Höhe von 750 € (bis 31.12.2006: 1.370 €) bzw. bei zusammenveranlagten Eheleuten nach § 26 b EStG von 1.500 € (bis 31.12.2006: 2.740 €). Der Abzug des Sparer-Freibetrags darf nicht zu negativen Einkünften führen! Bei Vorliegen eines Freistellungsauftrags nach amtlichem Vordruck wird vom Kapitalertragsteuerabzug abgesehen (§ 44 a Abs. 2 Nr. 1 EStG) oder die Kapitalertragsteuer erstattet (§ 44 b EStG). Dies gilt auch bei Vorliegen einer sog. Nichtveranlagungs-Bescheinigung („NV-Bescheinigung" nach § 44 a Abs. 2 Nr. 2 EStG). *Nach der Unternehmensteuerreform sollen der Werbungskosten-Pauschbetrag (51 € bzw. 102 €) sowie der Sparer-Freibetrag zukünftig zu einem einheitlichen Sparer-Pauschbetrag (801 € bzw. 1.602 €) zusammengefasst werden (s. Kap. 8.1).*

4.5.2.6 Kapitalertragsteuer

Von bestimmten Kapitalerträgen wird die Einkommensteuer in Form einer Abzugsteuer (Kapitalertragsteuer) einbehalten. Geregelt ist die Kapitalertragsteuer in den §§ 43 – 45 d EStG. Danach hat der Schuldner von bestimmten Kapitalerträgen (z. B. Dividenden oder bestimmte Zinsen) für Rechnung des Gläubigers (z. B. Aktionär) bei der Auszahlung des Kapitalertrags einen Steuerabzug vorzunehmen. Diesen Steuerbetrag hat der Schuldner an das Finanzamt abzuführen.

Eine Kapitalertragsteuer in Höhe von 20 % (§ 43 a Abs. 1 Nr. 1 EStG) wird vor allem von Erträgen aus Beteiligungen an einer Kapitalgesellschaft (Dividenden) erhoben und zwar von dem Gesamtbetrag und nicht von den hälftigen Kapitalerträgen (Halbeinkünfteverfahren). Bei Einnahmen aus der Beteiligung als typischer stiller Gesellschafter bzw. aus partiarischen Darlehen beträgt die Steuer 25 % (§ 43 a Abs. 1 Nr. 2 EStG).

Eine 30 %ige Kapitalertragsteuer wird als sog. „Zinsabschlagsteuer" von den meisten Zinserträgen einbehalten (§ 43 a Abs. 1 Nr. 3 EStG). Die Kapitalertragsteuer ist uneingeschränkt als Steuer-Vorauszahlung des Ertragsbeziehers anzusehen und bei unbeschränkter Steuerpflicht auf die Einkommensteuer anrechenbar.

Ab 2009 soll nach dem Referentenentwurf einer Unternehmensteuerreform für Kapitalerträge eine Abgeltungsteuer von 25 % eingeführt werden (s. Kap. 8.1).

4.5.2.7 Ermittlung der Einkünfte aus Kapitalvermögen

Von den Einnahmen aus Kapitalvermögen sind nach § 9 a Satz 1 Nr. 2 EStG jährlich 51 € bzw. bei Zusammenveranlagung 102 € abzuziehen (Werbungskosten-Pauschbetrag), sofern keine individuellen Werbungskosten, z. B. Depotgebühren, Fahrtkosten zu einer Gesellschafterversammlung, Refinanzierungskosten, geltend gemacht werden.

Beispiel A: Ludwig Knödel (ledig) erhält auf seinem Girokonto – ohne Freistellungsauftrag – die Dividende i. H. v. 8.000 € aus seiner Beteiligung an der Lederhosen AG gutgeschrieben. Wie hoch sind seine Einkünfte aus Kapitalvermögen, wenn ihm durch diese Beteiligung noch Finanzierungskosten i. H. v. 3.000 € angefallen sind?

	Nettodividende (Zufluss):	8.000 €	
+	KapESt (20/80):	2.000 €	(§ 43 a Abs. 1 Nr. 1 EStG)
=	Bruttodividende:	10.000 €	
./.	Steuerfreie Einnahmen:	5.000 €	(§ 3 Nr. 40 EStG)
=	Steuerpflichtige Einnahmen:	5.000 €	
./.	Werbungskosten:	1.500 €	(§ 3 c Abs. 2 EStG; kein WK-Pauschbetrag)
=	Zwischensumme:	3.500 €	
./.	Freibetrag:	750 €	(§ 20 Abs. 4 EStG)
=	**Einkünfte nach § 20 EStG:**	**2.750 €**	

Beispiel B: Sepp Hinterhuber (ledig) erhält für sein Festgeld Zinsen i. H. v. 7.000 € gutgeschrieben, wobei er keinen Freistellungsauftrag gestellt hat. Wie hoch sind seine Einkünfte aus Kapitalvermögen, wenn er keine individuellen Werbungskosten geltend machen kann?

	Zinsen (Zufluss):	7.000 €	
+	Zinsabschlagsteuer (=KapESt: 30/70):	3.000 €	(§ 43 a Abs. 1 Nr. 3 EStG)
=	Steuerpflichtige Einnahmen:	10.000 €	(kein § 3 Nr. 40 EStG !)
./.	Werbungskosten-Pauschbetrag:	51 €	(§ 9 a Satz 1 Nr. 2 EStG)
=	Zwischensumme:	9.949 €	
./.	Freibetrag:	750 €	(§ 20 Abs. 4 EStG)
=	**Einkünfte nach § 20 EStG:**	**8.199 €**	

Dölfel/Bilsdorfer/Weimann (2001): Steuerrecht, 4. Aufl., S. 293 - 311;
Herrler, in Dommermuth u.a. (2006): Betriebliche Steuern, Bd. 2, Ertragsteuern, 2. Aufl.; S. 150 - 168;
Rose (2004): Die Ertragsteuern, 18. Aufl., S. 48 - 50, 190 - 195.

4.5.2.8 Formular 2006: Anlage KAP (Einkünfte aus Kapitalvermögen)

2006

1	Name / Gemeinschaft	**Anlage KAP**
2	Vorname	X zur Einkommensteuererklärung
3	**Steuernummer**	X zur Feststellungserklärung

Einkünfte aus Kapitalvermögen, Anrechnung von Steuern

Bitte Steuerbescheinigung(en) im Original beifügen!

Inländische Kapitalerträge 54

Zeile	Zinsen und andere Erträge (ohne Dividenden)	Einnahmen (**einschließlich freigestellter** Einnahmen, anzurechnender / vergüteter Kapitalertragsteuer / Zinsabschlag / Solidaritätszuschlag / Körperschaftsteuer) Stpfl. / Ehemann / Gemeinschaft 1 EUR	Ehefrau 2 EUR	Anzurechnen sind **inländische(r)** Zinsabschlag / Kapitalertragsteuer lt. beigefügter Steuerbescheinigungen 3 EUR Ct
4	aus Guthaben und Einlagen (z. B. Sparguthaben)	,—	,—	,
5	aus Bausparguthaben	,—	,—	,
6	aus verzinslichen Wertpapieren (einschl. Stückzinsen)	,—	,—	,
7	aus Tafelgeschäften mit festverzinslichen Wertpapieren	,—	,—	,
8	aus Investmentanteilen (einschl. Zwischengewinne)	,—	,—	,
9	aus sonst. Kapitalforderungen jeder Art, die dem Zinsabschlag unterliegen (z. B. Instandhaltungsrücklagen)	,—	,—	,
10	**Summe der Zeilen 4 bis 9** (Zinsabschlag)			40 ,
11	aus Wandelanleihen und Gewinnobligationen	,—	,—	,
12	aus Lebensversicherungen, soweit einkommensteuerpflichtig	,—	,—	,
13	aus stiller Gesellschaft / bei partiarischen Darlehen	,—	,—	,
14	**Summe der Zeilen 11 bis 13** (Kapitalertragsteuer)			35 ,
15	aus sonst. Kapitalforderungen jeder Art, die **nicht** dem Zinsabschlag unterliegen (z. B. Darlehen zwischen Privatpersonen)	,—	,—	
16	**Summe der Zeilen 4 bis 15**	30 ,—	31 ,—	
17	die vom Finanzamt für Steuererstattungen gezahlt wurden	56 ,—	57 ,—	
	Dividenden und ähnliche Erträge – Anrechnungsverfahren –			
18	aus Investmentanteilen	14 ,—	15 ,—	60 ,
19	anzurechnende Körperschaftsteuer zu Zeile 18			34 ,
20	Summe der vergüteten Körperschaftsteuer			88 ,
	Dividenden und ähnliche Erträge – Halbeinkünfteverfahren –			Kapitalertragsteuer
21	aus Aktien und anderen Anteilen (auch bei Tafelgeschäften)	,—	,—	,
22	aus Investmentanteilen	,—	,—	,
23	aus Leistungen einer nicht von der Körperschaftsteuer befreiten Körperschaft, Personenvereinigung oder Vermögensmasse	,—	,—	,
24	**Summe der Zeilen 21 bis 23**	16 ,—	17 ,—	61 ,

2006AnlKAP051 – Aug. 2006 – 2006AnlKAP051

Steuernummer

Ausländische Kapitalerträge

Anlage AUS beachten

Zeile	(Einnahmen einschl. der anzurechnenden / abzuziehenden ausländischen Quellensteuern, die in Zeile 44 oder in den Zeilen 6 bis 22 der Anlage AUS einzutragen sind, soweit sie nicht aus inländischem Sondervermögen stammen)	Einnahmen (**einschließlich** freigestellter Einnahmen, anzurechnender / vergüteter Kapitalertragsteuer / Zinsabschlag / Solidaritätszuschlag) Stpfl. / Ehemann / Gemeinschaft 1 EUR	Ehefrau 2 EUR	Anzurechnen ist **inländischer** Zinsabschlag lt. beigefügter Steuerbescheinigungen 3 EUR Ct
31	Erträge aus ausländischen Investmentanteilen (Auslandinvestment-Gesetz)	22 ,—	23 ,—	62 ,
32	Zinsen und andere Erträge (ohne Dividenden) aus Sparguthaben, festverzinsl. Wertpapieren, ausländ. Investmentanteilen (Investmentsteuergesetz) und sonstige ausländ. Kapitalerträge	32 ,—	33 ,—	63 ,
33	Dividenden u. ähnl. Erträge – Halbeinkünfteverfahren – aus Aktien und anderen Anteilen	24 ,—	25 ,—	
34	aus ausländischen Investmentanteilen (Investmentsteuergesetz)	54 ,—	55 ,—	
35	Hinzurechnungsbetrag nach § 10 AStG	28 ,—	29 ,—	

Erträge aus Beteiligungen

Zeile			
36	1. Beteiligung (Gemeinschaft, Finanzamt, Steuernummer)	Stpfl. / Ehemann	Ehefrau
37	2. Beteiligung (Gemeinschaft, Finanzamt, Steuernummer)	Stpfl. / Ehemann	Ehefrau

Zeile		Stpfl. / Ehemann / Gemeinschaft	Ehefrau
38	Inländische Zinsen und andere Erträge einschl. Erträge aus Sondervermögen (ohne Dividenden)	42 ,—	43 ,—
39	Inländ. Dividenden u. ähnliche Erträge, für die noch das Anrechnungsverfahren gilt	46 ,—	47 ,—
40	Inländische Dividenden und ähnliche Erträge, für die das Halbeinkünfteverfahren gilt (einschl. Erträge aus Sondervermögen)	48 ,—	49 ,—
41	Ausländische Zinsen u. andere Erträge sowie Erträge aus ausländ. Investmentanteilen (Auslandinvestment-Gesetz)	44 ,—	45 ,—
42	Ausländische Dividenden und ähnliche Erträge – Halbeinkünfteverfahren–	50 ,—	51 ,—

Anzurechnende Steuern

aus Beteiligungen und anderen Einkunftsarten

Zeile	Kapitalertragsteuer EUR Ct	Zinsabschlag EUR Ct	Körperschaftsteuer EUR Ct
43	64 ,	65 ,	66 ,

Anzurechnende ausländische Quellensteuern nach der Zinsinformationsverordnung (ZIV)

Zeile		EUR Ct
44	Summe aller anzurechnenden ausländischen Quellensteuern nach der ZIV (lt. beigefügter Bescheinigung)	67 ,

Anzurechnende Solidaritätszuschläge

Zeile		EUR Ct
45	Summe aller anzurechnenden Solidaritätszuschläge zur Kapitalertragsteuer / zum Zinsabschlag	39 ,

Werbungskosten

Zeile		Stpfl. / Ehemann / Gemeinschaft EUR	Ehefrau EUR	davon gesondert und einheitlich festgestellt EUR
46	Werbungskosten zu den inländischen Kapitalerträgen lt. den Zeilen 4 bis 17, 18, 38 und 39	12	13	
47	Werbungskosten zu den inländischen Kapitalerträgen lt. den Zeilen 21 bis 23 und 40	82	83	
48	Abzuziehende ausländische Steuern n. § 34 c Abs. 2 und 3 EStG zu den Zeilen 8, 18 u. 22	52	53	
49	Werbungskosten zu den ausländischen Kapitalerträgen lt. den Zeilen 31, 32 und 41	18	19	
50	Werbungskosten zu den ausländischen Kapitalerträgen lt. den Zeilen 33, 34 und 42	86	87	
51	Abzuziehende ausländische Steuern n. § 34 c Abs. 2 u. 3 EStG z. d. Zeilen 31 bis 34, 41 u. 42	26	27	

Steuerstundungsmodelle

Zeile		Stpfl. / Ehemann / Gemeinschaft EUR	Ehefrau EUR
52	Einkünfte aus Gesellschaften / Gemeinschaften / ähnl. Modellen i. S. d. § 15 b EStG (Erläuterungen auf besonderem Blatt)	,—	,—

2006AnlKAP052 2006AnlKAP052

4.5.3 Einkünfte aus Vermietung und Verpachtung

Einkünfte aus Vermietung und Verpachtung nach § 21 EStG sind die Erträge aus der entgeltlichen Überlassung bestimmter Vermögensarten an andere Personen zur Nutzung im Wege der Miete (§ 535 BGB), Pacht (§ 581 BGB) oder aufgrund einer ähnlichen Abrede. Bei der Verpachtung wird die Gebrauchsüberlassung durch das Recht der Fruchtziehung (z. B. Gemüsegarten) ergänzt. Eine ausdrückliche Definition enthält § 21 EStG allerdings nicht. Maßgeblich ist der wirtschaftliche Zusammenhang der Einnahmen mit der Nutzungsüberlassung. Die von den beteiligten Parteien gewählte Bezeichnung für die Überlassung ist dabei unerheblich. Als Einnahme ist deshalb alles anzusetzen, was Ausfluss aus der Nutzung des Objekts ist (BFH vom 05.05.1971, BStBl II 1971, S. 624). Hierzu gehört auch die Umsatzsteuer im Falle der Option nach § 9 UStG. Erlöse aus der Veräußerung des Mietobjekts gehören jedoch nicht zu den Einnahmen aus Vermietung und Verpachtung. Die Wirtschaftsgüter, deren entgeltliche Gebrauchsüberlassung unter § 21 EStG fällt, sind im § 21 EStG abschließend aufgezählt.

unbewegliches Vermögen	**Sachinbegriffe und Überlassung von Rechten**	**Veräußerung**
Grundstücke, Gebäude, Gebäudeteile (Wohnungen, Zimmer), im Schiffsregister eingetragene Schiffe und bestimmte Rechte (z. B. Erbbaurecht, Mineralgewinnungsrecht)	a) bewegliches Betriebsvermögen (Gewerbebetrieb, landwirtschaftliches Inventar, Wohnungseinrichtung) b) zeitlich begrenzte Überlassung von schriftstellerischen, künstlerischen und gewerblichen Urheberrechten, von gewerblichen Erfahrungen und von anderen Rechten	Erlöse aus der Abtretung von Miet- und Pachtzinsforderungen

In der Aufzählung des § 21 EStG sind bewegliche Sachen (z. B. Vermietung eines Pkw) nicht enthalten. Bei der Vermietung von beweglichen Sachen handelt es sich nicht um § 21 EStG-Einkünfte, sondern um Einkünfte nach § 22 Nr. 3 EStG. Werden jedoch bewegliche Sachen mit Sachinbegriffen vermietet (z. B. Pkw mit Wohnwagenanhänger und Einrichtung), liegen Einkünfte i. S. d. § 21 Abs. 1 Nr. 2 EStG vor. Sachinbegriff ist eine Mehrheit beweglicher Sachen, die durch einen gemeinsamen wirtschaftlichen Zweck zu einer Einheit verbunden sind. Weitere Beispiele sind Wohnungseinrichtung, landwirtschaftliches Inventar, freiberufliche Praxis, Bibliothek. Unter § 21 EStG fällt die Überlassung nur bei Zugehörigkeit zum Privatvermögen.

Gemäß § 21 Abs. 3 EStG ist die Subsidiaritätsklausel zu beachten. Soweit die in § 21 EStG aufgezählten Einkünfte aus Vermietung und Verpachtung zu anderen Einkunftsarten gehören, sind sie diesen zuzurechnen. Die Art der Bewirtschaftung eines Objektes kann z. B. bewirken, dass eine Vermietung oder eine Verpachtung einkommensteuerlich zu den Einkünften aus Gewerbebetrieb gehört. Diese geht dann über die reine Vermögensverwaltung hinaus. Beispielsweise hat ein Hotelier oder Inhaber einer Pension Einkünfte aus Gewerbebetrieb, obwohl sie Zimmer vermieten.

Werden selbst genutzte Gebäude(-teile) vorübergehend oder gelegentlich vermietet und übersteigen die Einnahmen nicht 520 €, kann im Einverständnis mit dem Steuerpflichtigen aus Vereinfachungsgründen von der Besteuerung der Einkünfte abgesehen werden (Freigrenze; R 21.2 Abs. 1 EStR). Die Verlustausgleichsbeschränkungen des § 22 Nr. 3 Sätze 3 und 4 EStG sind zu beachten.

Macht ein Mieter auf das Mietobjekt übliche vertragliche Instandhaltungsaufwendungen – sog. Schönheitsreparaturen – liegen beim Vermieter keine Einnahmen aus § 21 EStG vor (R 21.5 Abs. 3 Satz 6 EStR). Werden die durchzuführenden Instandsetzungsarbeiten vom Vermieter getragen und der Mieter zahlt den Betrag an den Vermieter, liegen Einnahmen aus Vermietung vor. Der Vermieter kann die Reparaturkosten als Werbungskosten geltend machen.

4.5.3.1 Einkünfte aus der Fremdvermietung von Grundstücken, Gebäuden und sonstigem Vermögen

Mieteinnahmen (einschließlich Nebenkosten)	**Einnahmen**
./. **Schuldzinsen** nach § 9 Abs. 1 Nr. 1 EStG ./. **Absetzung für Abnutzung (AfA)** nach § 7 EStG ./. **Sonstige Nebenkosten** (z. B. Grundsteuer, Hausverwaltung, Gebäudeversicherung, Erhaltungsaufwendungen, Umlagen, Heizkosten, Strom, Müll und ähnliches, soweit die Kosten vom Vermieter an die Stadtwerke (bei Erstattung vom Mieter) gezahlt werden	**Werbungskosten**
= Einkünfte aus Vermietung und Verpachtung (Überschuss)	

4.5.3.2 Werbungskosten

Maßgeblich für das Vorliegen von Werbungskosten ist der wirtschaftliche und nicht der rechtliche Zusammenhang der Aufwendungen mit den Einnahmen aus Vermietung und Verpachtung. Zu den typischen Werbungskosten im Rahmen der Einkunftsart Vermietung und Verpachtung gehören die Schuldzinsen nach § 9 Abs. 1 Satz 3 Nr. 1 EStG. Für die Abzugsfähigkeit ist unerheblich, ob ein Grundstück im Grundbuch belastet ist oder nicht.

Maßgebend ist der Anlass für die Schuldaufnahme, d. h. der wirtschaftliche Zusammenhang zwischen den Grundstücksmieteinnahmen und der Schuld. Zu den Schuldzinsen gehören die laufenden Zinsen und die einmaligen Entgelte (z. B. Disagio) für die Kapitalüberlassung.

Weitere typische Werbungskosten sind die Grundsteuer, die sonstigen öffentlichen Abgaben und Beiträge zu Gebäudeversicherungen sowie Beiträge an den Haus- und Grundbesitzerverein und die Absetzung für Abnutzung. Abzugsfähige Werbungskosten liegen auch z. B. für Heizung, Strom, Wasser, Hausverwaltung vor, soweit der Vermieter diese Kosten auf die Mieter umlegt. Sind diese Kosten zusätzlich zur Kaltmiete zu bezahlen, so gehören sie bei Zufluss zu den Mieteinnahmen.

Soweit Steuerberatungskosten auf die Ermittlung der Einkünfte aus Vermietung und Verpachtung entfallen, sind sie Werbungskosten bei den Einkünften aus Vermietung und Verpachtung und keine Sonderausgaben i. S. d. § 10 Abs. 1 Nr. 6 EStG a. F.

4.5.3.3 Abgrenzung von Erhaltungsaufwand und Herstellungsaufwand

Aufwendungen an Gebäuden können sofort abzugsfähige Erhaltungsaufwendungen (R 21.1 Abs. 1 EStR) oder grundsätzlich nur im Wege der AfA zu berücksichtigende Herstellungsaufwendungen (R 21.1 Abs. 2 EStR) sein. Die Unterscheidung zwischen Erhaltungs- und Herstellungsaufwand ist einkommensteuerlich wegen des Zeitpunkts der Abzugsfähigkeit als Werbungskosten bzw. Betriebsausgaben von Bedeutung.

Beim **Erhaltungsaufwand** erfolgt keine Veränderung der Wesensart und dieser dient der Erhaltung des ordnungsmäßigen Zustands eines Gebäudes. Zum Erhaltungsaufwand gehören die Aufwendungen für die laufende Instandhaltung und für die Instandsetzung. Schönheitsreparaturen (Außenanstrich), Ausbesserungen, Dachreparaturen sind u. a. Beispiele für die laufende Instandhaltung bereits vorhandener Teile, Einrichtungen oder Anlagen. Die Erneuerung einer defekten und wirtschaftlich verbrauchten Heizungsanlage, Beseitigung von Hausschwamm sind u. a. Beispiele für Instandsetzungsarbeiten. Der Begriff des Erhaltungsaufwands wurde durch die Rechtsprechung des BFH darüber hinaus noch erweitert. Danach liegt Erhaltungsaufwand auch bei Erneuerung von bereits in den Herstellungskosten des Gebäudes enthaltenen Teilen vor, wenn die Anlage bzw. das Bauteil die bisherige Funktion für das einheitliche Gebäude in vergleichbarer Weise erfüllt; so z. B. der Austausch von Fenstern – Holzrahmen gegen Aluminiumrahmen, Einfachglas gegen Doppelglas –, Ersatz von mit Kohle beheizten Einzelöfen durch Elektro-Speicheröfen, Ersatz eines vorhandenen Fahrstuhls durch einen modernen Fahrstuhl, Umdeckung des Daches. Erhaltungsaufwendungen sind im Veranlagungszeitraum des Abflusses als Werbungskosten bzw. Betriebsausgaben abzugsfähig.

Als **Herstellungsaufwand** gelten grundsätzlich die Herstellung eines neuen Wirtschaftsguts, der nachträgliche Herstellungsaufwand bei einer Gebäudeerweiterung oder bei einer über den ursprünglichen Zustand hinausgehenden wesentlichen Verbesserung des Gebäudes (§ 255 Abs. 2 HGB). Eine Erweiterung liegt gem. BMF vom 18.7.2003 (BStBl I 2003, S. 386, 388, Tz. 19 - 24) vor bei Aufstockung, Anbau, Substanzvermehrung (z. B. Einbau von zusätzlichen Trennwänden, Außentreppe, Alarmanlage, Sonnenmarkise, Kachelofen), Vergrößerung der nutzbaren Fläche, Verlängerung der Nutzungsdauer bzw. der Periodenkapazität oder beim nachträglichen Einbau von Bestandteilen, die bisher noch nicht vorhanden waren. Die Aufwendungen sind beim Gebäude oder Gebäudeteil zu erfassen und einheitlich mit dem Gebäude oder dem selbständigen Gebäudeteil abzuschreiben. Beispiele sind der (Erst-)Einbau einer Fahrstuhlanlage, Ausbau des Dachgeschosses, Anbau eines Balkons, Änderung einer Großraumwohnung in Kleinwohnungen.

Eine über den ursprünglichen Zustand (Anschaffungs-, Herstellungszeitpunkt) hinausgehende wesentliche Verbesserung liegt vor, wenn die Maßnahmen in ihrer Gesamtheit über eine zeitgemäße substanzerhaltende Erneuerung hinausgehen, den Gebrauchswert des Gebäudes insgesamt deutlich erhöhen und damit für die Zukunft eine erweiterte Nutzungsmöglichkeit geschaffen wird. Ein klassisches Beispiel ist in diesem Fall die Umgestaltung einer einfachen Altbauwohnung in eine gehobene Komfortwohnung. Herstellungsaufwendungen sind nur im Wege der AfA über die Nutzungsdauer als Werbungskosten bzw. Betriebsausgaben zu berücksichtigen (sog. Erhöhung des Standards, vgl. BMF v. 18.7.2003, a. a. O., Tz. 9 - 14).

Bei engem räumlichen, zeitlichen und sachlichen Zusammentreffen von Herstellungsaufwand und Erhaltungsaufwand ist inzwischen nach der (neueren) Auffassung der Finanzverwaltung eine Aufteilung der Aufwendungen vorzunehmen (vgl. ebenda, Tz. 33 -35). Schönheitsreparaturen führen auch beim Zusammentreffen mit Herstellungsaufwand zu Erhaltungsaufwendungen.

Ab dem Veranlagungszeitraum 2004 können bei Wohngebäuden des Privatvermögens größere Erhaltungsaufwendungen nach § 82 b EStDV (wieder) gleichmäßig auf fünf Jahre verteilt werden.

Erhaltungsaufwand

- R 21.1 Abs. 1 EStR
- Aufwendungen für die laufende Instandhaltung und für die Instandsetzung eines Gebäudes
- keine Veränderung der Wesensart
- dient der Erhaltung des ordnungsmäßigen Zustandes eines Gebäudes
- im Veranlagungszeitraum des Abflusses abzugsfähig als Werbungskosten bzw. Betriebsausgaben
- Beispiele für Instandhaltung: Schönheitsreparaturen (Außenanstrich), Dachreparatur
- Beispiele für Instandsetzung: Erneuerung einer defekten und wirtschaftlich verbrauchten Heizungsanlage, Beseitigung von Hausschwamm

Herstellungsaufwand

- R 21.1 Abs. 2 und § 255 Abs. 2 HGB
- Herstellung eines neuen Wirtschaftsgutes
- Wesensartänderung
- Gebäudeerweiterung (Aufstockung, Anbau, Substanzvermehrung, Vergrößerung der nutzbaren Fläche, Verlängerung der Nutzungsdauer bzw. der Periodenkapazität)
- über den ursprünglichen Zustand hinausgehende wesentliche Nutzungswertverbesserung des Gebäudes
- Berücksichtigung der Aufwendungen nur im Wege der AfA über die Nutzungsdauer
- Beispiele: (Erst-)Einbau einer Fahrstuhlanlage, Ausbau des Dachgeschosses, Anbau Balkon, zusätzliche Garage, Änderung einer Großwohnung in Kleinwohnungen

Nach § 6 Abs. 1 Nr. 1 a EStG zählen auch Aufwendungen für Instandsetzungs- und Modernisierungsaufwendungen zu den Herstellungskosten, wenn sie in den ersten drei Jahren nach der Anschaffung 15 % der Anschaffungskosten des Gebäudes übersteigen (sog. anschaffungsnahe Aufwendungen).

4.5.3.4 Abschreibung von Gebäuden (§ 7 Abs. 4 und 5 EStG)

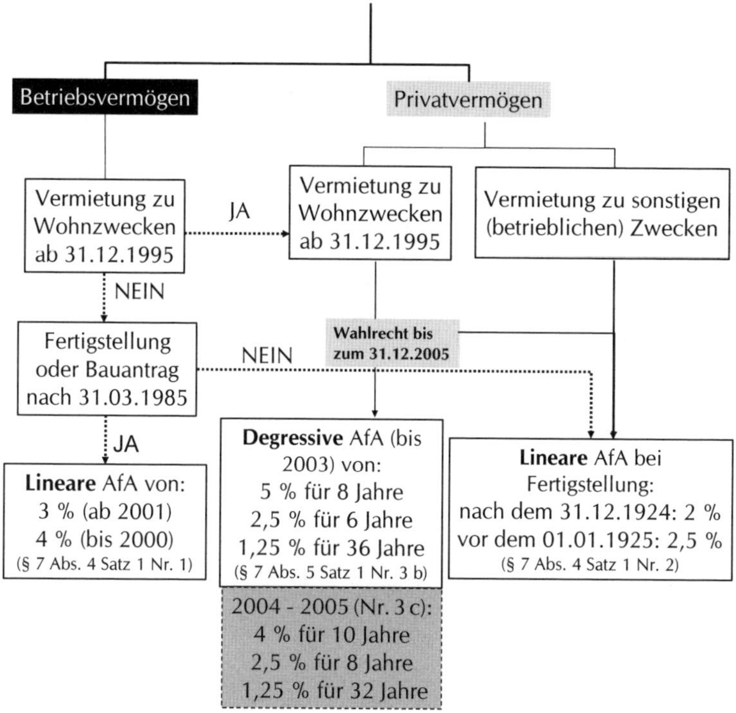

Beginn der AfA: Die AfA ist vorzunehmen, sobald ein Wirtschaftsgut angeschafft oder hergestellt ist. Ein Wirtschaftsgut ist grundsätzlich im Zeitpunkt seiner Lieferung angeschafft. Ist Gegenstand eines Kaufvertrags über ein Wirtschaftsgut auch dessen Montage durch den Verkäufer, so ist das Wirtschaftsgut erst mit der Beendigung der Montage geliefert. Wird die Montage durch den Steuerpflichtigen oder in dessen Auftrag durch einen Dritten durchgeführt, so ist das Wirtschaftsgut bereits bei Übergang der wirtschaftlichen Verfügungsmacht an den Steuerpflichtigen geliefert. Ein Wirtschaftsgut ist zum Zeitpunkt seiner **Fertigstellung** hergestellt.

AfA im Jahr der Anschaffung oder Herstellung: Bei Wirtschaftsgütern, die im Laufe eines Jahres angeschafft oder hergestellt werden, kann für das Jahr der Anschaffung oder Herstellung grundsätzlich nur der Teil des auf ein Jahr entfallenden AfA-Betrags abgesetzt werden, der dem Zeitraum zwischen der Anschaffung oder Herstellung des Wirtschaftsguts und dem Ende des Jahres entspricht. Dies gilt nicht für die degressive AfA nach § 7 Abs. 5 EStG. Der Zeitraum vermindert sich um den Teil des Jahres, in dem das Wirtschaftsgut nicht zur Erzielung von Einkünften verwendet wird.

Bemessung der AfA nach der Nutzungsdauer: Die AfA ist grundsätzlich so zu bemessen, dass die Anschaffungs- oder Herstellungskosten nach Ablauf der betriebsgewöhnlichen Nutzungsdauer des Wirtschaftsguts voll abgesetzt sind. Bei einem Gebäude gilt dies nur, wenn die technischen oder wirtschaftlichen Umstände dafür sprechen, dass die **tatsächliche** Nutzungsdauer eines Wirtschaftsgebäudes (§ 7 Abs. 4 Satz 1 Nr. 1 EStG) weniger als 33 Jahre (bei Bauantrag/obligatorischem Vertrag nach dem 31.12.2000) oder 25 Jahre (bei Bauantrag/obligatorischem Vertrag vor dem 1.1.2001) ist. Die Regelung der gestaffelten Abschreibung von Wohngebäuden nach § 7 Abs. 5 Satz 1 Nr. 3 Buchst. c (Beginn mit 4 %) gilt für Neubauten, deren Bauantrag nach dem 31.12.2003 und vor dem 1.1.2006 gestellt wurde oder deren Anschaffung durch einen Abschluss eines obligatorischen Vertrags nach dem 31.12.2003 und vor dem 1.1.1006 erfolgte. Für Neuanschaffungen oder Herstellungen ab dem Veranlagungszeitraum 2006 ist die **degressive Abschreibung nicht mehr zulässig**. In derartigen Fällen darf nur noch linear mit 2 % bzw. 2,5 % nach § 7 Abs. 4 Satz Nr. 2 EStG abgeschrieben werden.

BMF vom 18.7.2003, BStBl. I 2003, S. 386 , R 21.1 EStR mit Hinweisen;
Dölfel/Bilsdorfer/Weimann (2001): Steuerrecht, 4. Aufl., S. 311 - 321;
Lippross/Kreft (2003): Einkommensteuerrecht, 10. Aufl., S. 176 - 204;
Rauser (2006): Steuerlehre für Ausbildung und Praxis, 33. Aufl., S.251 - 263.

4.5.3.5 Formular 2006: Anlage V (Einkünfte aus Vermietung und Verpachtung)

2006

Anlage V

zur Einkommensteuererklärung

zur Körperschaftsteuererklärung

zur Feststellungserklärung

1 Name / Gemeinschaft / Körperschaft

2 Vorname

3 **Steuernummer** — Lfd. Nr. der Anlage

Einkünfte aus Vermietung und Verpachtung

(Bei ausländischen Einkünften: Anlage AUS beachten.)

Einkünfte aus dem bebauten Grundstück — 25

Lage des Grundstücks / der Eigentumswohnung

4 Straße, Hausnummer — Angeschafft am T T M M J J J J

5 Postleitzahl, Ort — Fertig gestellt am T T M M J J J J

6 Einheitswert-Aktenzeichen 00

7 Eigengenutzter oder unentgeltlich an Dritte überlassener Wohnraum m² — als Ferienwohnung genutzter Wohnraum m²

		Erdgeschoss	1. Obergeschoss	2. Obergeschoss	weitere Geschosse		EUR
8	**Mieteinnahmen für Wohnungen** (ohne Umlagen)	€	€	€	€	01	,–
9		Anzahl / Wohnfläche m²	Anzahl / Wohnfläche m²	Anzahl / Wohnfläche m²	Anzahl / Wohnfläche m²		
10	**für andere Räume** (ohne Umlagen)	€	€	€	€	02	,–
11	**Einnahmen für an Angehörige vermietete Wohnungen** (ohne Umlagen)				Anzahl / Wohnfläche m²	03	,–

Umlagen, verrechnet mit Erstattungen (z. B. Wassergeld, Flur- u. Kellerbeleuchtung, Müllabfuhr, Zentralheizung usw.)

12	auf die Zeilen 8 und 10 entfallen	04	,–
13	auf die Zeile 11 entfallen	05	,–
14	Vereinnahmte Mieten für frühere Jahre / auf das Kalenderjahr entfallende Mietvorauszahlungen aus Baukostenzuschüssen	06	,–
15	Einnahmen aus Vermietung von Garagen, Werbeflächen, Grund und Boden für Kioske usw. sowie erstattete Umsatzsteuer	07	,–
16	Öffentliche Zuschüsse nach dem Wohnraumförderungsgesetz oder zu Erhaltungsaufwendungen, Aufwendungszuschüsse, Guthabenzinsen aus Bausparverträgen und sonstige Einnahmen — Gesamtbetrag €		
17	davon entfallen auf Wohnungen lt. Zeile 7 – € ▶ =	08	,–
18	**Summe der Einnahmen**		,–
19	**Summe der Werbungskosten** (Übertrag aus Zeile 51)	–	,–
20	**Überschuss** (zu übertragen nach Zeile 21)	=	,–

			Stpfl. / Ehemann / Gesellschaft EUR		Ehefrau EUR
21	**Zurechnung des Betrags aus Zeile 20**	20	,–	21	,–

Anteile an Einkünften aus

(Gemeinschaft, Finanzamt, Steuernummer)

			Stpfl. / Ehemann / Gesellschaft EUR		Ehefrau EUR
22	Bauherrengemeinschaften / Erwerbergemeinschaften	876	,–	877	,–
23	geschlossenen Immobilienfonds	874	,–	875	,–
24	Grundstücksgemeinschaften	856	,–	857	,–
25		858	,–	859	,–
26	Gesellschaften / Gemeinschaften / ähnlichen Modellen i. S. d. § 15 b EStG		,–		,–

Andere Einkünfte

27	**Einkünfte aus Untervermietung von gemieteten Räumen** (Berechnung auf besonderem Blatt)	866	,–	867	,–
28	**Einkünfte aus Vermietung und Verpachtung unbebauter Grundstücke**, von anderem **unbeweglichen Vermögen**, von **Sachinbegriffen** sowie aus **Überlassung von Rechten** (Erläuterung auf besonderem Blatt)	852	,–	853	,–

2006AnlV101 — Aug. 2006 — 2006AnlV101

Steuernummer

Werbungskosten

aus dem bebauten Grundstück in den Zeilen 4 und 5

Zeile		Gesamtbetrag EUR (1)	Nur ausfüllen, wenn die Aufwendungen für das Gebäude nur teilweise Werbungskosten sind (siehe Anleitung zu den Zeilen 31 bis 50) – Ausgaben, die nicht mit Vermietungseinkünften zusammenhängen, wurden durch direkte Zuordnung ermittelt (2)	verhältnismäßig ermittelt (3)		Abzugsfähige Werbungskosten EUR (4)
	Absetzung für Abnutzung nach den §§ 7, 7 b Abs. 1 S. 2, 7 k Abs. 1 S. 3 EStG, §§ 14 a, 14 d BerlinFG			%		
31	linear / degressiv , % / wie 2005 / lt. bes. Blatt				30	,–
32	Erhöhte Absetzungen nach den §§ 7 h, 7 i EStG, Schutzbaugesetz / wie 2005 / lt. bes. Blatt				31	,–
33	Sonderabschreibungen nach § 4 Fördergebietsgesetz / wie 2005 / lt. bes. Blatt				32	,–
34	Schuldzinsen (ohne Tilgungsbeträge)				33	,–
35	Geldbeschaffungskosten (z. B. Schätz-, Notar-, Grundbuchgebühren)				34	,–
36	Renten, dauernde Lasten (Einzelangaben auf besonderem Blatt)				35	,–
37	2006 voll abzuziehende Erhaltungsaufwendungen, die direkt zugeordnet werden können		×		36	,–
38	verhältnismäßig zugeordnet werden				37	,–
39	Auf bis zu 5 Jahre zu verteilende Erhaltungsaufwendungen (§§ 11 a, 11 b EStG, § 82 b EStDV) Gesamtaufwand € / davon 2006 abzuziehen				38	,–
40	aus früheren Jahren – aus 2002				39	,–
41	aus 2003				40	,–
42	aus 2004				41	,–
43	aus 2005				42	,–
44	Grundsteuer, Straßenreinigung, Müllabfuhr				43	,–
45	Wasserversorgung, Entwässerung, Hausbeleuchtung				44	,–
46	Heizung, Warmwasser				45	,–
47	Schornsteinreinigung, Hausversicherungen				46	,–
48	Hauswart, Treppenreinigung, Fahrstuhl				47	,–
49	Verwaltungskosten				48	,–
50	Sonstiges				49	,–
51	**Summe der Werbungskosten** (zu übertragen nach Zeile 19)					,–

Zusätzliche Angaben

Zeile		Stpfl. / Ehemann	Ehefrau
52	2006 vereinnahmte oder bewilligte Zuschüsse aus öffentlichen Mitteln zu den Anschaffungs- / Herstellungskosten (Erläuterungen auf besonderem Blatt)	€	€

2006AnlV102 2006AnlV102

4.5.4 Sonstige Einkünfte (§ 22 EStG)

Unter „sonstige[n] Einkünfte[n]" wird nicht verstanden, dass nun alle bisher nicht erfassten denkbaren Einkünfte zu berücksichtigen sind. In § 22 EStG sind vielmehr ganz bestimmte, abschließend aufgezählte Einkunftsarten geregelt:

- **Nr. 1 – Einkünfte aus wiederkehrenden Bezügen:**
  Grundsätzlich versteht die Rechtsprechung unter wiederkehrenden Bezügen solche Bezüge, „die in gewissen Zeitabständen wiederkehren". Zu den wiederkehrenden Bezügen gehören die dauernden Lasten, Leibrenten, Zeitrenten und die sonstigen geldwerten Vorteile.
  Dauernde Lasten: Wiederkehrende Bezüge, die auf einem besonderen Verpflichtungsgrund (z. B. Vertrag, Testament) beruhen, wobei die Möglichkeit besteht, die Höhe der Leistungen zu ändern. Es fehlt somit im Gegensatz zu Renten am Stammrecht.

  Renten (Leibrenten oder Zeitrenten): Wiederkehrende Bezüge, die auf einem besonderen Verpflichtungsgrund (Rentenstammrecht) beruhen und die regelmäßig wiederkehrend in **gleichmäßigen** Leistungen (Geld oder vertretbare Sachen) erbracht werden.
  Die **Zeitrente** ist auf eine bestimmte Zeit begrenzt. Nach Fristablauf entfällt der Leistungsanspruch. Zeitrenten werden in voller Höhe als Einnahmen erfasst und teilweise als Kaufpreisraten – in diesem Fall fällt der Zinsanteil unter § 20 EStG – interpretiert; die **Leibrenten**, die nicht aus den Sozialversicherungen o. ä. stammen, hängen hingegen von der Lebensdauer der Anspruchsberechtigten ab (z. B. bei einer Veräußerungs- oder Versorgungsrente). Die Ansprüche gehen folglich mit dem Tod unter. Bei Leibrenten wird nur der sogenannte Ertragsanteil nach § 22 Nr. 1 Satz 3 Buchstabe a EStG i. V. m. § 55 EStDV berücksichtigt. Hat ein Rentenberechtigter beispielsweise bei Beginn seiner Rente das 63. Lebensjahr vollendet, so unterliegt der Anspruch aus der Leibrente nur zu 20 % (2004: 29 %) der Besteuerung bei den sonstigen Einkünften (Ertragsanteil). Diese Ertragsanteilbesteuerung gilt für Renten aus den Sozialversicherungssystemen jedoch nicht mehr seit dem 31.12.2004.

  Neuregelung ab 2005: Nach dem Alterseinkünftegesetz werden die Renten aus den gesetzlichen Sozialversicherungssystemen und den berufsständischen Versorgungswerken aufgrund der Vorgaben des Bundesverfassungsgerichtes wegen der Gleichmäßigkeit der (Renten- und Pensions-)Besteuerung (Art. 3 GG) mit einem größeren Anteil in die Bemessungsgrundlage einbezogen. Danach wird der Besteuerungsanteil für Renten bis zum Eintrittszeitpunkt im Jahr 2005 – als Ausgleich für die steuerfreien Arbeitgeberbeiträge zur Rentenversicherung – auf 50 % festgesetzt. Bei erstmaligem Rentenbezug im Jahr 2007 beträgt der Besteuerungsanteil 54 % (2006: 52 %). Dieser Prozentsatz wird nach Abhängigkeit des erstmaligen Rentenbezugs bis zum Jahr 2020 um jeweils 2 %-Punkte, danach um 1 %-Punkt/Jahr bis zum Jahr 2040 auf 100 % steigen (s. dazu die Abbildung auf der nächsten Seite). Für die Ermittlung des steuerfreien Anteils wird für das Jahr, das dem erstmaligen Rentenbezug folgt, ein sog. Rentenfreibetrag ermittelt, der dann für die folgenden Jahre festgeschrieben wird. Für die Rentensteigerungen gelten in den Folgejahren die Steuerermäßigungen nach der Tabelle nicht; sie sind folglich voll steuerpflichtig.

Darstellung des Besteuerungsanteils bei Rentenbeginn ab 2005

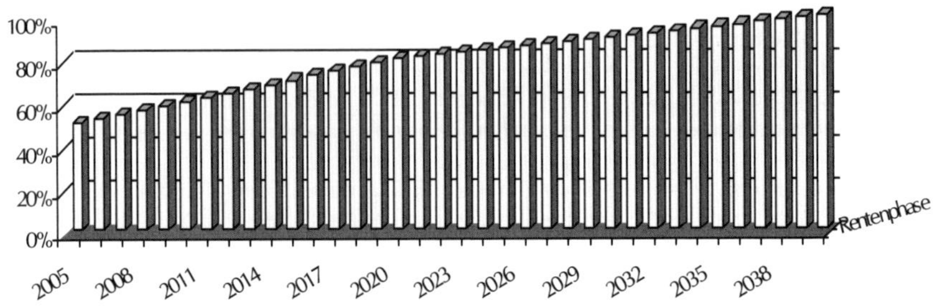

Werbungskosten: Tatsächlich nachgewiesene Ausgaben, die im Zusammenhang mit den wiederkehrenden Bezügen stehen. Liegen keine nachgewiesenen Ausgaben vor, wird ein Pauschbetrag nach § 9a Satz 1 Nr. 3 EStG von insgesamt 102 € gewährt.

Beispiel: Emma Maier erhält ab 1.7.2006 eine Rente aus der gesetzlichen Rentenversicherung von 1000 € monatlich. Die Rente erhöht sich ab 1.8.2007 auf 1.020 € und am 1.11.2007 auf 1.050 € monatlich.

Lösung: Im Jahr 2006 ist entsprechend der Tabelle 52% der Rente steuerfrei.

Einnahmen (6 x 1.000 €)	6.000 €
./. Steuerfreier Anteil (48 %)	2.880 €
Zwischensumme:	3.120 €
./. Werbungskosten-Pauschbetrag § 9 a Satz 1 Nr. 3 EStG	102 €
Einkünfte nach § 22 EStG	3.018 €

Für das Jahr 2007 ist der sog. „Rentenfreibetrag" auf der Basis des Besteuerungsanteils des Jahres 2006 (52 %) zu ermitteln.

Einnahmen (7 x 1.000 € + 5 x 1.020 €)	12.100 €
./. Rentenfreibetrag (steuerfreier Anteil: 48 %)	5.808 €
Zwischensumme:	6.292 €
./. Werbungskosten-Pauschbetrag § 9 a Satz 1 Nr. 3 EStG	102 €
Einkünfte nach § 22 EStG	6.190 €

Im Jahr 2008 und in den folgenden Jahren ist dann der Rentenfreibetrag aus dem Jahr 2007, der dauerhaft festgeschrieben wird, abzuziehen.

Einnahmen (10 x 1.020 € + 2 x 1.050 €)	12.300 €
./. Rentenfreibetrag (aus dem Jahr 2006)	5.808 €
Zwischensumme:	6.492 €
./. Werbungskosten-Pauschbetrag § 9 a Satz 1 Nr. 3 EStG	102 €
Einkünfte nach § 22 EStG	6.390 €

Die Rentensteigerung des Jahres 2008 ist also voll steuerpflichtig, da der Rentenfreibetrag aus dem Jahr 2007 unverändert bleibt. Das Jahr 2007 wird als Bezugsjahr genommen, da dies das erste Jahr ist, in dem während des gesamten Jahres Rente bezogen wird. Der Besteuerungsanteil richtet sich aber nach dem Jahr, in dem erstmalig (hier 2006) die Rente bezogen wird.

Versorgungsbezüge: Wiederkehrende Bezüge sind von den Versorgungsbezügen (Beamtenpensionen, Betriebsrenten u. ä.) nach § 19 Abs. 2 EStG abzugrenzen. Versorgungsbezüge gehören zu den Einkünften aus nichtselbständiger Arbeit.

- **Nr. 1 a – Einkünfte aus Unterhaltsleistungen:**
Unterhaltsleistungen sind Leistungen von einem geschiedenen oder dauernd getrennt lebenden Ehegatten. Allerdings darf der zahlende Ehegatte die Leistungen als Sonderausgaben nach § 10 Abs. 1 Nr. 1 EStG nur abziehen, wenn der Leistungsempfänger diese bei seiner Veranlagung als sonstige Einkünfte angibt.
Begrenzung des Sonderausgabenabzugs (Höchstbetrag): 13.805 €

- **Nr. 2 – Einkünfte aus privaten Veräußerungsgeschäften:**
Die einkommensteuerlich verbindliche Definition des privaten Veräußerungsgeschäfts (ehemals: „Spekulationsgeschäfte") ist in § 23 Abs. 1 Satz 1 EStG geregelt.
Gewinne aus privaten Veräußerungsgeschäften (§ 23 Abs. 1 EStG) bleiben nach § 23 Abs. 3 Satz 6 EStG dann steuerfrei, wenn im Kalenderjahr weniger als 512 € Gewinn erzielt worden ist (**Freigrenze**). Übersteigt der Jahres-Gesamtgewinn 512 €, so findet eine vollständige Besteuerung statt. Des Weiteren ist zu beachten, dass Verluste aus privaten Veräußerungsgeschäften nur beschränkt innerhalb der gleichen Einkunftsart verrechenbar sind. Somit dürfen Verluste nicht mit Überschüssen oder Gewinnen aus anderen Einkunftsarten noch mit Überschüssen aus den übrigen „sonstigen Einkünften" gemäß § 23 Abs. 3 Satz 8 EStG ausgeglichen werden.
Gegenstand eines privaten Veräußerungsvorgangs können nur Wirtschaftsgüter sein, die nicht zu einem Betriebsvermögen gehören. Es muss sich also um Gegenstände des Privatvermögens handeln:

Grundstücke und Gebäude (§ 23 Abs. 1 Nr. 1 Satz 1 EStG),
bei denen der Zeitraum zwischen Erwerb und Veräußerung $\leq$ **10** Jahre („Spekulationsfrist") ist; ausgenommen sind solche, die im Zeitraum zwischen Erwerb bzw. Fertigstellung und Veräußerung ausschließlich zu eigenen Wohnzwecken oder im Jahr der Veräußerung und in den beiden vorangegangenen Jahren zu eigenen Wohnzwecken genutzt worden sind;

Sonstige Wirtschaftsgüter (§ 23 Abs. 1 Nr. 2 EStG):
Veräußerungsgeschäfte bei anderen Wirtschaftsgütern, beispielsweise Wertpapiere, bei denen der Zeitraum zwischen Erwerb und Veräußerung $\leq$ **1** Jahr („Spekulationsfrist") beträgt. Da der Gesetzgeber nur von „anderen Wirtschaftsgütern" spricht und der Begriff des Wirtschaftsguts aus dem Bilanzsteuerrecht stammt, könnten auch Gewinne und Verluste aus anderen Veräußerungsgeschäften in Betracht kommen. Beispielsweise könnte die Veräußerung eines im Privatvermögen gehaltenen Jahreswagens mit Verlust mit Gewinnen aus Wertpapiergeschäften verrechnet werden (bei Nichtanerkennung durch das Finanzamt: Einspruch einlegen!). Handelt es sich bei den veräußerten Wirtschaftsgütern um Anteile an einer Kapitalgesellschaft, so ist nach dem Halbeinkünfteverfahren der Veräußerungspreis gemäß § 3 Nr. 40 j EStG nur zur Hälfte anzusetzen, die damit zusammenhängenden Aufwendungen sind nach § 3 c Abs. 2 EStG aber auch nur zur Hälfte abziehbar.

Bei einer Kollision zwischen den Vorschriften § 17 und § 23 EStG geht nach § 23 Abs. 2 Satz 2 EStG der **§ 23 EStG vor**. Werden also Anteile, die zu einer in § 17 EStG geregelten Beteiligung ($\geq$ 1 %) an einer Kapitalgesellschaft gehören, für ein Privatvermögen erworben und innerhalb der 1-Jahresfrist wieder veräußert, so liegen nicht Einkünfte aus Gewerbebetrieb nach § 17 Abs. 1 EStG vor, sondern „sonstige Einkünfte" gemäß § 22 Nr. 2 i. V. m. § 23 EStG. Dies hat zur Folge, dass im Falle eines Gewinns kein Freibetrag nach § 17 Abs. 3 EStG und im Verlustfall keine Ausgleichsmöglichkeit nach § 23 Abs. 3 Satz 8 EStG besteht! Jedoch ist § 23 Abs. 2 Satz 1 EStG gegenüber anderen Einkunftsarten **nachrangig** zu behandeln. Gehört also der Veräußerungsgewinn/-verlust von Wirtschaftsgütern zu den Betriebseinnahmen oder zu den anderen Überschusseinkünften, so findet § 23 EStG **keine** Anwendung!

Geplante Neuregelung ab 2009: *Ab 2009 wird voraussichtlich die Steuerbefreiung für private Veräußerungsgeschäfte bei Aktien u. ä. entfallen. Danach soll es für derartige Wirtschaftsgüter keine Frist mehr geben. Die Veräußerungsgewinne werden nach dem Referentenentwurf zur Unternehmensteuerreform zukünftig bei den Einkünften aus Kapitalvermögen (§ 20 EStG) als steuerbarer Tatbestand erfasst (s. Kap. 8.1). Hierfür soll dann ab 2009 wahrscheinlich ein spezieller Steuersatz von 25 % gelten. Die Freigrenze von 512 € soll voraussichtlich auch entfallen.*

- **Nr. 3 – Einkünfte aus gelegentlichen Leistungen:**
  Sonstige Leistungen i. S. d. § 22 Nr. 3 EStG können in einem Tun, Dulden oder Unterlassen bestehen. Beispiele hierfür sind die gelegentliche Vermittlung von Leistungen, Vermietung von Mobilien sowie die entgeltliche Durchführung von Tutorien, sofern die Tätigkeiten nicht anderen Einkunftsarten zu zuordnen sind. § 22 Nr. 3 Satz 2 EStG lässt die Einkünfte aus sonstigen Leistungen steuerfrei, wenn sie im Kalenderjahr weniger als 256 € betragen (Freigrenze).
- **Nr. 4 – Abgeordnetenbezüge etc.**
- **Nr. 5 – Leistungen aus Altersvorsorgeverträge (Bezüge/Renten aus der „Riester-Rente")**

4.5.5 Einnahmen i. S. d. § 24 EStG

Die aus den Nr. 1 bis 3 resultierenden Einnahmen (Nr. 1: Entschädigungen; Nr. 2: Einkünfte aus ehemaligen Tätigkeiten; Nr. 3: Nutzungsvergütungen) gehören zu den Einkünften im Sinne des § 2 Abs. 1 EStG! Zu beachten sind in diesem Zusammenhang auch die speziellen Regelungen des § 34 EStG.

Dölfel/Bilsdorfer/Weimann (2001): Steuerrecht, 4. Aufl., S. 321 - 343;
Grefe (2006): Unternehmenssteuern, 10. Aufl., S. 179 - 189;
Neeb (1999): Grundkurs Einkommensteuer, S. 97 - 110;
Rose (2004): Die Ertragsteuern, 18. Aufl., S. 53 - 55, 125 - 158.

4.5.6 Formular 2006: Anlage SO (Sonstige Einkünfte)

2006

Zeile		
1	Name / Gemeinschaft	**Anlage SO**
2	Vorname	X zur Einkommensteuererklärung
3	**Steuernummer**	X zur Feststellungserklärung

Sonstige Einkünfte (ohne Renten und ohne Leistungen aus Altersvorsorgeverträgen) 55

Zeile		Kz	Stpfl. / Ehemann EUR	Kz	Ehefrau EUR
	Wiederkehrende Bezüge				
4	Einnahmen aus	158	,–	159	,–
	Unterhaltsleistungen				
5	soweit sie vom Geber als Sonderausgaben abgezogen werden können	146	,–	147	,–
	Werbungskosten				
6	zu den Zeilen 4 und 5	160	,–	161	,–
	Leistungen				
7	Einnahmen aus Stillhaltergeschäften im Optionshandel		,–		,–
8	Einnahmen aus	+	,–	+	,–
9	Einnahmen aus	+	,–	+	,–
10	Summe der Zeilen 7 bis 9	164	,–	165	,–
11	Werbungskosten zu den Zeilen 7 bis 9	176 –	,–	177 –	,–
12	Einkünfte		,–		,–
13	Die nach Maßgabe des § 10 d Abs. 1 EStG in 2005 vorzunehmende Verrechnung nicht ausgeglichener negativer Einkünfte 2006 aus Leistungen (Zeile 12) soll wie folgt begrenzt werden		,–		,–
	Abgeordnetenbezüge				
14	Steuerpflichtige Einnahmen ohne Vergütung für mehrere Jahre	200	,–	201	,–
15	In Zeile 14 enthaltene Versorgungsbezüge	202	,–	203	,–
16	Bemessungsgrundlage für den Versorgungsfreibetrag	204	,–	205	,–
17	Maßgebendes Kalenderjahr des Versorgungsbeginns	216	J J J J	217	J J J J
18	**Bei unterjähriger Zahlung:** Erster und letzter Monat, für den Versorgungsbezüge gezahlt wurden	206	Monat M M – 208 Monat M M	207	Monat M M – 209 Monat M M
19	Sterbegeld, Kapitalauszahlungen / Abfindungen und Nachzahlungen von Versorgungsbezügen (in Zeile 14 enthalten)	210	,–	211	,–
20	In Zeile 14 **nicht** enthaltene Vergütungen für mehrere Jahre (Angaben auf besonderem Blatt)	212	,–	213	,–
21	In Zeile 20 enthaltene Versorgungsbezüge	214	,–	215	,–
	Steuerstundungsmodelle				
22	Einkünfte aus Gesellschaften / Gemeinschaften / ähnlichen Modellen i. S. d. § 15 b EStG (Erläuterungen auf besonderem Blatt)		,–		,–

2006AnlSO131 – Aug. 2006 – 2006AnlSO131

Steuernummer

Private Veräußerungsgeschäfte

Grundstücke und grundstücksgleiche Rechte (z. B. Erbbaurecht) In den Zeilen 34 und 40 bitte nur den steuerpflichtigen Anteil erklären.

Bezeichnung des Grundstücks (Lage) / des Rechts

31

32 Zeitpunkt der Anschaffung (z. B. Datum des Kaufvertrags, Zeitpunkt der Entnahme aus dem Betriebsvermögen) — Datum T T M M J J — Zeitpunkt der Veräußerung (z. B. Datum des Kaufvertrags, auch nach vorheriger Einlage ins Betriebsvermögen) — Datum T T M M J J

Nutzung des Grundstücks bis zur Veräußerung

33 X zu eigenen Wohnzwecken — von – bis — m² — X zu anderen Zwecken (z. B. als Arbeitszimmer, zur Vermietung) — von – bis — m²

			EUR
34	Veräußerungspreis oder an dessen Stelle tretender Wert (z. B. Teilwert, gemeiner Wert)		, –
35	Anschaffungs- / Herstellungskosten oder an deren Stelle tretender Wert (z. B. Teilwert, gemeiner Wert) ggf. zzgl. nachträglicher Anschaffungs- / Herstellungskosten	–	, –
36	Absetzungen für Abnutzung / Erhöhte Absetzungen / Sonderabschreibungen	+	, –
37	Werbungskosten im Zusammenhang mit dem Veräußerungsgeschäft	–	, –
38	Gewinn / Verlust (zu übertragen nach Zeile 39)	=	, –

			Stpfl. / Ehemann / Gemeinschaft EUR		Ehefrau
39	**Zurechnung des Betrags aus Zeile 38**	110	, –	111	, –
40	Gewinne / Verluste aus weiteren Veräußerungen von Grundstücken und grundstücksgleichen Rechten (Erläuterungen bitte auf einem besonderen Blatt)	112	, –	113	, –

41 **Andere Wirtschaftsgüter (insbesondere Wertpapiere)** — Art des Wirtschaftsguts

42 Zeitpunkt der Anschaffung (z. B. Datum des Kaufvertrags) — Datum T T M M J J — Zeitpunkt der Veräußerung (z. B. Datum des Kaufvertrags) — Datum T T M M J J

			EUR
43	Veräußerungspreis oder an dessen Stelle tretender Wert (z. B. gemeiner Wert)		, –
44	Anschaffungskosten (ggf. gemindert um Absetzung für Abnutzung) oder an deren Stelle tretender Wert (z. B. Teilwert, gemeiner Wert)	–	, –
45	Werbungskosten im Zusammenhang mit dem Veräußerungsgeschäft	–	, –
46	Gewinn / Verlust (zu übertragen nach Zeile 47 oder 49)	=	, –

			Stpfl. / Ehemann / Gemeinschaft EUR		Ehefrau
	Dem **Halbeinkünfteverfahren** unterliegend				
47	**Zurechnung des Betrags aus Zeile 46**	126	, –	127	, –
48	Gewinne / Verluste aus weiteren Veräußerungen von anderen Wirtschaftsgütern (Erläuterungen bitte auf einem besonderen Blatt)	128	, –	129	, –
	Nicht dem **Halbeinkünfteverfahren** unterliegend				
49	**Zurechnung des Betrags aus Zeile 46**	114	, –	115	, –
50	Gewinne / Verluste aus weiteren Veräußerungen von anderen Wirtschaftsgütern (Erläuterungen bitte auf einem besonderen Blatt)	116	, –	117	, –

51 **Termingeschäfte (z. B. Optionen, Optionsscheine, Futures)** — Bezeichnung des Termingeschäfts

52 Zeitpunkt des Erwerbs des Rechts (z. B. Kauf eines Optionsscheins) — Datum T T M M J J — Zeitpunkt der Beendigung des Rechts — Datum T T M M J J

			EUR
53	Differenzausgleich, Geldbetrag oder sonstiger Vorteil aus dem Termingeschäft		, –
54	Werbungskosten im Zusammenhang mit dem Termingeschäft (z. B. Aufwendungen für den Erwerb des Rechts)	–	, –
55	Gewinn / Verlust (zu übertragen nach Zeile 56)	=	, –

			Stpfl. / Ehemann / Gemeinschaft EUR		Ehefrau
56	**Zurechnung des Betrags aus Zeile 55**	118	, –	119	, –
57	Gewinne / Verluste aus weiteren Termingeschäften (Erläuterungen bitte auf einem besonderen Blatt)	120	, –	121	, –

58 **Anteile an Einkünften** (einschl. des steuerfreien Teils der Einkünfte, für die das Halbeinkünfteverfahren gilt) — Gemeinschaft, Finanzamt, Steuernummer

59		134	, –	135	, –
60	In Zeile 59 enthaltene Einkünfte, für die das **Halbeinkünfteverfahren** gilt	136	, –	137	, –
61	Die nach Maßgabe des § 10 d Abs. 1 EStG in 2005 vorzunehmende Verrechnung nicht ausgeglichener negativer Einkünfte 2006 aus privaten Veräußerungsgeschäften soll wie folgt begrenzt werden		, –		, –

2006AnlSO132 2006AnlSO132

4.5.7 Altersentlastungsbetrag (§ 2 Abs. 3 i. V. m. § 24 a EStG)

Altersabhängige Steuervergünstigung: Wie der Versorgungsfreibetrag nach § 19 Abs. 2 EStG soll der Altersentlastungsbetrag die im Alter bezogenen Einkünfte des Steuerpflichtigen steuerlich begünstigen. Da der Altersentlastungsbetrag – im Gegensatz zum Versorgungsfreibetrag – sich nicht auf eine einzelne Einkunftsart bezieht, darf er nicht bereits bei der Ermittlung der Einkünfte abgezogen werden. Nicht begünstigt sind Betriebsrenten und Beamtenpensionen (§ 19 Abs. 2 EStG) sowie Renten (§ 22 Nr. 1 EStG).

- Begünstigungssatz: 40 %, maximal 1.900 € (2005; 1908 € für 2004)
  38,4 %, maximal 1.824 € (2006)
  36,8 %, maximal 1.748 € (2007).

  Bis zum Jahr 2020 wird der Prozentsatz jährlich jeweils um 1,6 %-Punkte sowie der Maximalbetrag jeweils um 76 € gesenkt. Von 2021 - 2040 betragen die Herabsetzungen je Jahr 0,8 %-Punkte bzw. 38 € (s. dazu die Tabelle im § 24 a EStG). Der Prozentsatz und der Höchstbetrag werden festgeschrieben mit den Werten, die in dem Jahr galten, als der Steuerpflichtige den Altersentlastungsbetrag erstmalig in Anspruch nehmen durfte.
- Voraussetzung: Vor Beginn des jeweiligen Veranlagungszeitraums (Kalenderjahr) muss der Steuerpflichtige das **64. Lebensjahr** vollendet haben.
- Im Fall der Zusammenveranlagung von Ehegatten kann es zum Abzug zweier Altersentlastungsbeträge kommen, sofern beide Ehegatten begünstigte Einkünfte beziehen.

Beispiel zum Altersentlastungsbetrag:

Ein Steuerpflichtiger, geboren am 10. Dezember 1942, hat im laufenden Kalenderjahr (2007) einen Arbeitslohn in Höhe von 4.000 € (Alternative II: 50.000 €) bezogen. Tatsächliche Werbungskosten kann er keine nachweisen. Seine Einkünfte aus Kapitalvermögen belaufen sich auf 400 € (Alternative II: 5.000 €). Aus der Vermietung einer Ferienwohnung hat er einen Verlust i. H. v. 500 € (Alternative II: 3.000 €).

Zur Ermittlung der Höhe des Altersentlastungsbetrags sind vorab folgende Schritte vorzunehmen:

1) Prüfung der altersmäßigen Voraussetzung: Vollendung des 64. Lebensjahres.
2) Ermittlung des Arbeitslohns (Einnahmen) und der Einkünfte aus nichtselbständiger Arbeit, soweit es sich nicht um Versorgungsbezüge handelt.
3) Ermittlung der Summe der Einkünfte (nicht der Einnahmen!) aus den anderen Einkunftsarten, jedoch gehören hierzu nicht die Leibrenten und die Abgeordneten-Versorgungsbezüge aus den sonstigen Einkünften!

	Alternative I	Alternative II
Arbeitslohn:	4.000 €	50.000 €
Versorgungsbezüge i. S. v. § 19 Abs. 2 EStG: 0 €		
./. Arbeitnehmer-Pauschbetrag (§ 9 a Nr. 1 EStG):	920 €	920 €
= Einkünfte aus nichtselbständiger Arbeit:	3.080 €	49.080 €
+ Einkünfte aus Kapitalvermögen:	400 €	5.000 €
+ Einkünfte aus Vermietung und Verpachtung:	- 500 €	- 3.000 €
= Summe der Einkünfte:	2.980 €	51.080 €

Bemessungsgrundlage für den Altersentlastungsbetrag:

Arbeitslohn:	4.000 €	50.000 €
+ positive Summe der übrigen Einkünfte: (jedoch NICHT Einkünfte aus nichtselbständiger Arbeit!)	–	2.000 €
	4.000 €	52.000 €
davon 36,8 % für den Altersentlastungsbetrag:	1.472 €	19.136 €
Prüfung des Maximalbetrags:	1.748 €	1.748 €
anzuwendender Altersentlastungsbetrag nach § 24a EStG:	**1.472 €**	**1.748 €**

4.5.8 Entlastungsbetrag für Alleinerziehende (§ 2 Abs. 3 i. V. m. § 24 b EStG)

Alleinerziehende, die mit mindestens einem Kind unter 18 Jahren eine Haushaltsgemeinschaft in einer gemeinsamen Wohnung bilden, können ab dem Veranlagungszeitraum 2004 einen Entlastungsbetrag von **1.308 €** von der Summe der Einkünfte (§ 2 Abs. 3 EStG) abziehen. Dieser Abzugsbetrag wird nur gewährt, sofern die Voraussetzungen für die Ehegattenveranlagung nicht erfüllt sind und der Steuerpflichtige nicht mit einer anderen zusätzlichen Person (z. B. Lebenspartner) zusammenwohnt (s. dazu BMF v. 29.10.2004, BStBl. I 2004, S. 1042 - 1044), es sei denn, dass ihnen ein Kind einkommensteuerlich zugerechnet wird (Kinderfreibetrag oder Kindergeld). Dieser Entlastungsbetrag ersetzt den inzwischen abgeschafften Haushaltsfreibetrag (§ 32 Abs. 7 EStG).

4.5.9 Übungsfall zur Ermittlung des Gesamtbetrags der Einkünfte

Hubert Witzig, Stuttgart, geb. 02.03.1942, wird mit seiner Ehefrau Traute, die am 01.12.1944 geboren wurde, zusammen veranlagt. Aus den Büchern und Unterlagen der Eheleute Witzig ergibt sich für 2007 folgendes:

1) Gewinn des Ehemannes aus der Tätigkeit als Handelsvertreter 15.000,00 €.

2) Der Ehemann ist an einer OHG beteiligt. Sein Gewinnanteil hat 2.500,00 € betragen.

3) Der Ehemann hat am 11.01.2007 in Freudenstadt ein Einfamilienhaus (150 qm Wohnfläche), das 1964 errichtet worden ist, für 150.000,00 € erworben. Auf den Grund und Boden entfallen 20.000,00 €. Die Mieteinnahmen haben 8.500,00 € betragen. Als Werbungskosten werden neben der AfA nach § 7 Abs. 4 EStG geltend gemacht:

Grundsteuer	750,00 €
Zinsen	3.550,00 €
Reparatur	45,00 €
andere Werbungskosten	1.105,00 €

4) Die Ehefrau ist Steuerbevollmächtigte. Die Betriebseinnahmen haben 32.500,00 € und die Betriebsausgaben auf dem Kontokorrentkonto 16.000,00 € betragen. Traute Witzig ermittelt ihren Gewinn nach § 4 Abs. 3 EStG. Neben den eingegangenen Rechnungen hat Traute Witzig am 31.12.2007 Forderungen in Höhe von 10.000,00 €, von denen wegen der Insolvenz eines Kunden 2.500,00 € (10 % Insolvenzquote) zweifelhaft sind, sowie Verbindlichkeiten in Höhe von 10.000,00 €. Ferner stellt die Steuerbevollmächtigte fest, dass sie am 01.07.2007 die Versicherungsbeiträge für die Berufshaftpflicht für den Zeitraum vom 01.07.2007 - 30.06.2008 in Höhe von 1.000,00 € bezahlt und vollständig als Betriebsausgabe erfasst hat.

5) Die Ehefrau ist an einem Einzelunternehmen als typische stille Gesellschafterin in Karlsruhe beteiligt. Ihr Gewinnanteil hat 2.750,00 € betragen. Abzugsfähige Aufwendungen fielen für Fahrtkosten zur Gesellschafterversammlung im Mai 2007 (75 km für die einfache Fahrt) an.

6) Hubert Witzig erhielt seit dem 01.04.2006 eine Rente aus der gesetzlichen Rentenversicherung in Höhe von 500,00 € monatlich.

a) Berechnen Sie den Gesamtbetrag der Einkünfte der Eheleute Witzig für 2007!

b) Berechnen Sie den Gesamtbetrag der Einkünfte unter der Annahme, dass Traute Witzig ihren Gewinn durch Betriebsvermögensvergleich (abweichend von Nr. 4) ermittelt und dass am 01.01.2007 keine Forderungen und Verbindlichkeiten bestanden (Wirtschaftsjahr/Kalenderjahr). Ferner war das Anlagevermögen sowohl am 01.01.2007 als auch am 31.12.2007 vollständig abgeschrieben.

Lösungshinweise zum Übungsfall: Ermittlung des Gesamtbetrags der Einkünfte

a) Einkünfte aus Gewerbebetrieb (§ 15 EStG)		
- Handelsvertreter (Nr. 1)	15.000	
- OHG-Beteiligung (Nr. 2)	2.500	
		17.500
Einkünfte aus selbständiger Arbeit (§ 18 EStG)		
Selbständige Tätigkeit als Steuerbevollmächtigte (Nr. 4)		
Einnahmen	32.500	
./. Betriebsausgaben	16.000	16.500
Übertrag		34.000

Übertrag		34.000
Anmerkungen:		
- Forderungsabschreibung und Bildung eines Rechnungsabgrenzungspostens sind bei einem sog. § 4 Abs. 3 Rechner nicht möglich.		
- Kein Ansatz von Verbindlichkeiten		
Einkünfte aus Kapitalvermögen (§ 20 EStG)		
Einnahmen aus stiller Beteiligung (aus Nr. 5)		
- Gewinnanteil	2.750	
./. Werbungskosten (0,3 € x 75 km x 2 = 45 €) H 38 LStH		
Pauschale Werbungskosten (§ 9 a EStG)	102	
Gesamt	2.648	
./. Freibetrag (§ 20 Abs. 4 EStG):	1.500	1.148
Merkposten: Abzug der KapESt (25 %): 687,50 (§ 43 a Abs. 1 Nr. 1 EStG)		
Einkünfte aus Vermietung und Verpachtung (§ 21 EStG)		
Einnahmen (aus Nr. 3)	8.500,00	
./. Schuldzinsen (§ 9 Abs. 1 Nr. 1 EStG):	3.550,00	
./. AfA (§ 9 Abs. 1 Nr. 7 i. V. m. § 7 Abs. 4 Nr. 2 a EStG: 2 % v. 130.000)	2.600,00	
./. Grundsteuer	750,00	
./. Sonstige Nebenkosten	1.150,00	
		450
Sonstige Einkünfte (§ 22 EStG)		
Rentenbezüge (§ 22 Nr. 1 EStG, Tabelle) 12 x 500 =	6.000	
./. Rentenfreibetrag (Bezug 2006; Besteuerungsanteil: 48 %)	2.880	
./. Werbungskostenpauschale (§ 9 a Nr. 3 EStG)	102	3.018
Summe der Einkünfte		38.616
Altersentlastungsbetrag § 24 a EStG		
Bemessungsgrundlage: Ehemann (64 J. am 1.1.07)		
1. + 2. + 3.: 17.950, hiervon 36,8 %: 6.605,60 höchstens 1.748		./. 1.748
Bemessungsgrundlage: Ehefrau (62 J. am 1.1.07)		
=> kein Altersentlastungsbetrag		0
Gesamtbetrag der Einkünfte		**36.668**

b) Gewinn nach § 4 Abs.1 bzw. § 5 EStG

Nr. 4: Ausgangsbasis	16.500	
+ Forderungen	10.000	
./. Wertberichtigung	2.250	
./. Verbindlichkeiten	10.000	
+ aktive RAP	500	
Gewinn	14.750	
=> Summe der Einkünfte:		36.866
Altersentlastungsbeträge unverändert		./. 1.748
=> Gesamtbetrag der Einkünfte:		**35.118**

4.6 Sonderausgaben (§§ 10 ff. EStG)

4.6.1 Überblick

Der „Gesamtbetrag der Einkünfte" wird u. a. um die Sonderausgaben – zu denen auch der Verlustabzug gehört – gemindert, um das Einkommen zu ermitteln. Grundsätzlich dürfen Aufwendungen der privaten Lebensführung nicht abgezogen werden. Eine Ausnahme stellen die Sonderausgaben dar, die eigentlich Privataufwendungen sind. Im Gesetz werden die Sonderausgaben in unbeschränkt abzugsfähige und beschränkt abzugsfähige Aufwendungen unterschieden.

Sonderausgaben

Verlustabzug	unbeschränkt abzugsfähig	beschränkt abzugsfähig
§ 10 d EStG: Soweit ein Verlustausgleich bei der Einkommensermittlung erfolglos blieb, kann zunächst der Restbetrag durch einen **Verlustrücktrag** bis zu 511.500 € vorgenommen werden; soweit dies nicht möglich ist oder der Betrag von 511.500 € überstiegen wird, erfolgt die Verlustverrechnung durch einen **Verlustvortrag**.	**Renten und dauernde Lasten** **§ 10 Abs. 1 Nr. 1 a EStG** **gezahlte Kirchensteuer** **§ 10 Abs. 1 Nr. 4 EStG**	**Unterhaltsleistungen an den geschiedenen oder dauernd getrennt lebenden Ehegatten** **§ 10 Abs. 1 Nr. 1 EStG** **Vorsorgeaufwendungen durch Versicherungsbeiträge** **§ 10 Abs. 1 Nr. 2 EStG** **Berufsausbildungskosten** **§ 10 Abs. 1 Nr. 7 EStG** **Kinderbetreuungskosten** **§ 10 Abs. 1 Nr. 5 u. 8 EStG** **Schulgeld** **§ 10 Abs. 1 Nr. 9 EStG** **Spenden** **§ 10 b EStG**

Gesetzliche Regelungen i. e. S.: §§ 10, 10 b, 10 c, (10 d) EStG

Beispiele für abzugsfähige Sonderausgaben nach § 10 Abs. 1 EStG, die weder Betriebsausgaben noch Werbungskosten sein dürfen:

Nr. 1 – Unterhaltsleistungen bis zu 13.805 €, dauernde Lasten und Renten;

Nr. 4 – Gezahlte Kirchensteuer, abzüglich erstatteter Kirchensteuer
Die Kirchensteuer ist eine Personensteuer i. S. d. § 12 Nr. 3 EStG, die normalerweise nicht abzugsfähig ist!

Nr. 6 a. F. – Steuerberatungskosten und Steuerfachliteratur; der Sonderausgabenabzug wurde für Steuererklärungen ab dem Jahr 2006 durch die Große Koalition abgeschafft. Der Betriebsausgabenabzug für die Gewinnermittlung, die USt- und GewSt-Erklärungen sowie der Werbungskostenabzug für die Aufstellungen der einzelnen Einkünfte (Anlagen N, KAP, VuV) sind von der Änderung nicht erfasst und somit weiterhin zulässig!

Nr. 7 – Aufwendungen für die Berufsausbildung (maximal 4.000 €); hiervon sind die Kosten der Fortbildung abzugrenzen, da diese Werbungskosten bzw. Betriebsausgaben darstellen (s. dazu im Detail Kap. 4.5.1.2)!

Nr. 9 – 30 % der Schulgelder für eine Ersatz- oder Ergänzungsschule

Nr. 5 und 8: Private Kinderbetreuungskosten sind bei Alleinverdiener-Eltern ab 2006 in Höhe von 2/3 der Aufwendungen für Kindergartenplätze bis zum Höchstbetrag von 4.000 € als Sonderausgaben abziehbar, wenn die Kinder zwischen 3 und 6 Jahre alt sind. Wenn ein Elternteil erwerbstätig ist und sich der andere Elternteil in Ausbildung befindet, soll die Abzugsfähigkeit nach § 10 Abs. 1 Nr. 8 EStG – analog zu § 4 f EStG – für Kinder von 0 bis 14 Jahren gelten.

4.6.2 Begrenzte abziehbare Vorsorgeaufwendungen nach dem Alterseinkünftegesetz

Abziehbare Altersvorsorgeaufwendungen (§ 10 Abs. 1 Nr. 2 S. 1 EStG AltEinkG)

Abzugsfähig sind ab dem 01.01.2005 im Rahmen eines Höchstbetrags von 20.000 € (bei Zusammenveranlagung 40.000 €) Beiträge zur gesetzlichen Rentenversicherung (Arbeitgeber- und Arbeitnehmeranteil), für begünstigte Leibrentenversicherungen und Beiträge an berufsständische Versorgungswerke (z. B. Ärzte, Steuerberater). Bei Steuerpflichtigen, die ohne Anspruch auf steuerfreie Arbeitgeberbeiträge ganz oder teilweise einen Anspruch auf eine Altersvorsorge erhalten (z. B. Beamte), vermindert sich dieser Höchstbetrag um einen fiktiven Gesamtrentenversicherungsbeitrag, der bezogen auf deren Einnahmen dem Gesamtbeitrag zur gesetzlichen Rentenversicherung entspricht (2007: RV-Satz 19,9 %).

Im Kalenderjahr 2007 ist dieser Höchstbetrag zunächst nur zu 64 % (2005: 60 %) von 20.000 € bzw. 40.000 € – also zu 12.800 € bzw. bei Ehegatten zu 25.600 € – der begünstigten Altersvorsorgeaufwendungen berücksichtigungsfähig (siehe Beispiel I). Der sich ergebende Betrag ist um den steuerfreien Arbeitgeberanteil zur gesetzlichen Rentenversicherung zu kürzen, der Restbetrag ist als Sonderausgabe abziehbar. Der zu berücksichtigende Anteil der Altersvorsorgeaufwendungen erhöht sich in den folgenden Kalenderjahren pro Jahr um 2 %-Punkte. Ab dem Jahr 2025 sind diese Aufwendungen dann zu 100 % als Sonderausgaben abzugsfähig.

Darstellung der abziehbaren Altersvorsorgeaufwendungen als Sonderausgaben nach dem AltEinkG

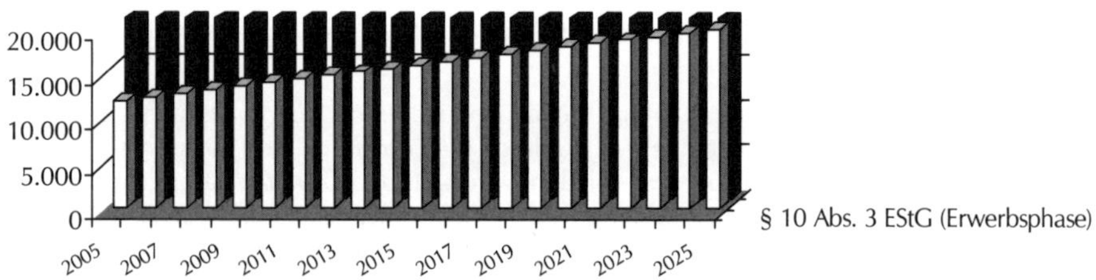

Andere abziehbare Vorsorgeaufwendungen (§ 10 Abs. 1 Nr. 3 EStG AltEinkG)

Beiträge zu Versicherungen gegen Arbeitslosigkeit, zu Erwerbs- oder Berufsunfähigkeitsversicherungen, zu Kranken-, Unfall- und Haftpflichtversicherungen sowie für Kapitallebensversicherungen (88 %), die bis zum 31.12.2004 abgeschlossen wurden, sind als Sonderausgaben nur zu maximal € 1.500 beschränkt abzugsfähig. Werden die Krankenversicherungsbeiträge ausschließlich von dem Steuerpflichten allein getragen, z. B. bei Selbstständigen, erhöht sich dieser Sonderausgabenabzugsbetrag auf € 2.400.

Beispiel I (Veranlagungsjahr 2007): Xaver Huber, **Arbeitnehmer** (ledig, 45 Jahre), hat für 2007 einen Arbeitslohn von 20.000 €. Arbeitgeber- und Arbeitnehmeranteil zur Rentenversicherung betragen je 2.000 €. Die Beiträge zur Kranken-, Arbeitslosen- und Pflegeversicherung betragen je 1.600 €. Er bezahlt für eine private Leibrentenversicherung i. S. v. § 10 Abs. 1 Nr. 2 b EStG in 2007 Beiträge in Höhe von 500 €.

Ermittlung des Sonderausgabenabzugs bei Vorsorgeaufwendungen:

	Rentenversicherung (AN-/AG-Anteil)	4.000 €	
+	Private Leibrentenversicherung	500 €	
=	begünstigte Altersvorsorgeaufwendungen	4.500 €	
	davon 64 %		2.880 €
	Höchstbetrag 64 % von 20.000 = 12.800 €		
./.	Arbeitgeberanteil zur RV (steuerfrei)		2.000 €
=	abzugsfähige Altersvorsorgeaufwendungen		880 €
+	andere abziehbare Vorsorgeaufwendungen (§ 10 Abs. 4 S. 2 EStG)		1.500 €
	Vorsorgeaufwendungen		**2.380 €**

Beispiel II (Veranlagungsjahr 2007): Sepp Hösl, **Beamter** und ledig, hat für 2007 Beamtenbezüge von 32.000 €. Er bezahlt für eine private Leibrentenversicherung (sog. „Rürup-Rente" i. S. d. § 10 Abs. 1 Nr. 2 b EStG) in 2007 Beiträge in Höhe von 2.100 €. Die sonstigen Vorsorgeaufwendungen (Kranken-, Unfall- und Haftpflichtversicherungen) betragen 3.400 €.

Ermittlung des Sonderausgabenabzugs bei Vorsorgeaufwendungen:

Höchstbetrag		20.000 €	
./.	fiktiver Rentenversicherungsbeitrag (RV-Satz 19,9 % x 32.000 €)	6.368 €	
	individueller Höchstbetrag des **Beamten**	13.632 €	
	davon 64 %	8.724,48 €	
	jedoch höchstens 64 % der tatsächlichen Aufwendungen in Höhe von 2.100 €		1.344 €
+	sonstige Vorsorgeaufwendungen (§ 10 Abs. 4 Satz 2 EStG)		1.500 €
	Vorsorgeaufwendungen		**2.844** €

Beispiel III (Veranlagungsjahr 2007): Alois Hinterhuber, **Beamter,** verheiratet und zusammen veranlagt mit seiner nicht berufstätigen Frau Franziska, hat für 2007 Beamtenbezüge von 70.000 €. Er bezahlt für eine private Leibrentenversicherung (sog. „Rürup-Rente" i. S. d. § 10 Abs. 1 Nr. 2 b EStG) in 2007 Beiträge in Höhe von 4.500 €, sowie für eine Kapitallebensversicherung, die im Jahr 2001 abgeschlossen wurde und die eine Laufzeit von über 12 Jahren hat, insgesamt 2.000 €. Die Krankenversicherung beträgt für beide Eheleute 2.600 €.

Ermittlung des Sonderausgabenabzugs bei Vorsorgeaufwendungen:

Höchstbetrag (Zusammenveranlagung)		40.000 €	
./.	fiktiver Rentenversicherungsbeitrag (RV-Satz 19,9 % x 63.000 €; Beitragsbemessungsgrenze des Jahres 2007)	12.537 €	
individueller Höchstbetrag des **Beamten**		27.463 €	
	davon 64 % 17.576,32 €		
	jedoch höchstens 64 % der tatsächlichen Aufwendungen in Höhe von 4.500 €		2.880 €
+	sonstige Vorsorgeaufwendungen		
	Kapitallebensversicherung 0,88 x 2000 € =	1.760 €	
	Krankenversicherung	2.600 €	
	Zwischensumme	4.360 €	
	Maximal aber: 2 x 1.500 €		3.000 €
	Vorsorgeaufwendungen		**5.880 €**

4.6.3 Günstigerprüfung der abziehbaren Vorsorgeaufwendungen als Vergleich mit der Rechtslage des Jahres 2004

Sind die abzugsfähigen Vorsorgeaufwendungen nach der Neuregelung des Alterseinkünftegesetzes niedriger als in 2004, kann bis 2019 der Abzug nach dem noch in 2004 geltenden Steuerrecht gewählt werden (Günstigerprüfung). Daher muss eine Alternativrechnung der abziehbaren Vorsorgeaufwendungen nach der für das Jahr 2004 geltenden Rechtslage durchgeführt werden.

Begrenzte Abzugsfähigkeit von Vorsorgeaufwendungen nach § 10 Abs. 2 und 3 EStG nach der Regelung des Jahres 2004:

Voraussetzung für den Abzug der in § 10 Abs. 1 Nr. 2 EStG bezeichneten Versicherungsbeiträge (Vorsorgeaufwendungen) ist, dass diese nicht in unmittelbarem wirtschaftlichen Zusammenhang mit steuerfreien Einnahmen stehen! Lebensversicherungen mit Kapitalwahlrecht können im Rahmen der Höchstbeträge im Jahr 2004 nur noch in Höhe von 88 Prozent berücksichtigt werden.

Für die Versicherungsbeiträge im Sinne von § 10 Abs. 1 Nr. 2 a EStG sind folgende **Höchstbeträge** nach § 10 Abs. 3 EStG zu beachten:

Nr. 3 – Freiwillige Pflegeversicherung:
184 € je Steuerpflichtigen, der nach dem 31.12.1957 geboren worden ist;

Nr. 2 – Vorwegabzug: 3.068 € bzw. bei Ehegatten 6.136 €
Diese Beträge sind um 16 % der Summe der Einnahmen aus nichtselbständiger Arbeit im Sinne des § 19 EStG ohne Versorgungsbezüge im Sinne des § 19 Abs. 2 EStG zu kürzen, wenn für die Zukunftssicherung des Steuerpflichtigen Leistungen im Sinne des § 3 Nr. 62 EStG erbracht werden oder der Steuerpflichtige zum Personenkreis des § 10 c Abs. 3 Nr. 1 oder 2 EStG gehört (Satz 2 Buchstabe a + b);

Nr. 1 – Grundhöchstbetrag: 1.334 € bzw. bei Ehegatten 2.668 €

Nr. 4 – Hälftiger Höchstbetrag: Übersteigende Beträge können höchstens bis zu 50 % des Grundhöchstbetrags abgezogen werden!

Nach dem Jahressteuergesetz 2007 kann ab 2006 zusätzlich ein Erhöhungsbetrag für (neue) Lebensversicherungsbeiträge für sog. „Rürup-Renten" (lebenslange Leibrenten) i. S. d. § 10 Abs. 1 Nr. 2 b EStG berücksichtigt werden, wobei die Begrenzungen nach § 10 Abs. 3 EStG analog (also mit dem jeweils für das betreffende Jahr gesetzlich festgeschriebenen Prozentsatz) gelten.

Beispiele für die begrenzte Abzugsfähigkeit von Vorsorgeaufwendungen als Sonderausgaben:

__Sachverhalt I:__ Xaver Huber, Arbeitnehmer (ledig, 45 Jahre) erhält einen Arbeitslohn im Sinne von § 19 EStG in Höhe von 20.000 €. Hiervon wurden als Rentenversicherungsbeiträge in Höhe von 1.500 € sowie als sonstige Sozialversicherungsbeiträge 1.600 € (Arbeitnehmeranteil) einbehalten. Daneben bezahlt er für eine private Leibrentenversicherung 500 € i. S. v. § 10 Abs. 1 Nr. 2 b EStG.

		ohne LV	mit LV	
Vorsorgeaufwendungen (= Versicherungsbeiträge)		3.100	3.600	
__I. Ermittlung des Vorwegabzugs:__				
vorläufiger Vorwegabzug:	3.068			
./. __Kürzung__ (16 % von 20.000):	3.200			
= **Vorwegabzug**:	0			**0**
= Verbleibende Versicherungsbeiträge:		3.100	3.600	
II. Grundhöchstbetrag nach § 10 Abs. 3 Nr. 1 EStG				**1.334**
= Verbleibende Versicherungsbeiträge:		1.766	2.266	
III. Hälftiger Grundhöchstbetrag (Hälfte der noch verbleibenden Vorsorgeaufwendungen [883/1.133 €], höchstens bis zu 50 % des Grundhöchstbetrags [667 €])				**667**
= Abzugsfähige Vorsorgeaufwendungen (Sonderausgaben) ohne Erhöhungsbetrag (1.334 € + 667 €)			**2.001**	

Zunächst ist die Günstigerprüfung mit den Lebensversicherungen i. S. d. § 10 Abs. 1 Nr. 2 b EStG (sog. „Rürup-Rente") zu berechnen (§ 10 Abs. 4 a Satz 2). Danach (im Beispiel Beiträge von 3.600 €) ergibt sich allerdings auch ein Betrag von 2.001 €. Bei der Alternativberechnung nach § 10 Abs. 4 a Satz 3 EStG ist zu dem Betrag von 2.001 € zusätzlich der Betrag der Lebensversicherung von 500 €, der mit dem für 2007 verbindlichen Prozentsatz von 64 % zu multiplizieren ist, zu addieren. Somit gilt für die Günstigerprüfung:
2.001 € + (0,64 x 500 €) = 2.001 €+ 320 €= 2.321 € (< 2.380 €).
Nach neuem Recht konnte man aber 2.380 € ansetzen. Somit führt die Günstigerprüfung in diesem Fall zu keinem günstigeren Ergebnis.

Sachverhalt II: Sepp Hösl, Beamter und ledig, hat für 2007 Beamtenbezüge von 32.000 €. Die Versicherungsbeiträge entsprechen den Daten aus dem Beispiel II aus dem Kapitel 4.6.2.

Vorsorgeaufwendungen (ohne Lebensversicherung):		3.400	
I. Ermittlung des Vorwegabzugs:			
vorläufiger Vorwegabzug:	3.068		
./. **Kürzung** (16 % von 32.000):	5.120		
= **Vorwegabzug (entfällt):**	0		**0**
= Verbleibende Versicherungsbeiträge:		3.400	
II. Grundhöchstbetrag nach § 10 Abs. 3 Nr. 1 EStG			**1.334**
= Verbleibende Versicherungsbeiträge:		2.066	
III. Hälftiger Grundhöchstbetrag (Hälfte der noch verbleibenden Vorsorgeaufwendungen [1.034 €], höchstens bis zu 50 % des Grundhöchstbetrags [667 €])			**667**
= **Abzugsfähige Vorsorgeaufwendungen (Sonderausgaben) ohne Erhöhungsbetrag** (1.334 € + 667 €)			**2.001**

Mit den Lebensversicherungsbeiträgen nach § 10 Abs. 1 Nr. 2 b EStG (2.100 €) würde sich dieser Betrag nicht mehr nach § 10 Abs. 4 a Satz 2 EStG erhöhen. Allerdings kann der Erhöhungsbetrag nach § 10 Abs. 4 a Satz 3 EStG wie folgt berücksichtigt werden:
2.100 € x 0,64 = 1.344 €.

Mit dem Erhöhungsbetrag ergibt sich für die Günstigerprüfung somit ein Betrag von 3.345 €. Bei diesem Sachverhalt führt die Günstigerprüfung dazu, dass die bisherige Rechtslage mit dem neuen Erhöhungsbetrag nach dem Jahressteuergesetz 2007 um 501 € (3.345 € - 2.844 €) im Vergleich zum § 10 Abs. 3 EStG besser ist.

Sachverhalt III: Alois Hinterhuber, Beamter, und seine nicht berufstätige Frau Franziska werden zusammen veranlagt und haben die Bezüge und Versicherungsbeträge, die dem Beispiel III aus dem Kapitel 4.6.2 entsprechen

Vorsorgeaufwendungen (ohne sog. „Rürup-Renten"-Beiträge) (= Versicherungsbeiträge: [0,88 x 2.000] + 2.600):		4.360	
I. Ermittlung des Vorwegabzugs:			
vorläufiger Vorwegabzug:	6.136		
./. **Kürzung** (16 % von 70.000):	11.200		
= **Vorwegabzug (entfällt):**	0		**0**
= Verbleibende Versicherungsbeiträge:		4.360	
II. Grundhöchstbetrag nach § 10 Abs. 3 Nr. 1 EStG (doppelt)			**2.668**
= Verbleibende Versicherungsbeiträge:		1.692	
III. Hälftiger Grundhöchstbetrag (Hälfte der noch verbleibenden Vorsorgeaufwendungen [846 €], höchstens bis zu 50 % des Grundhöchstbetrags [1.334 €])			**846**
= **Abzugsfähige Vorsorgeaufwendungen (Sonderausgaben) ohne Erhöhungsbetrag** (2.668 € + 846 €)			**3.514**

Nach § 10 Abs. 4 a Satz 2 EStG könnte auch der hälftige Grundhöchstbetrag von 1.334 € voll ausgenutzt werden; dann ergäbe sich insgesamt ein Betrag von 4.002 €. Allerdings führt der Erhöhungsbetrag nach § 10 Abs. 4 a Satz 3 EStG zu einem höheren Betrag. Danach wären nach § 10 Abs. 4 a EStG abziehbar:

3.514 € + (4.500 € x 0,64) = 3.514 €+ 2.880 €= 6.394 €.

Auch in diesem Fall führt die Günstigerprüfung zu einem besseren Ergebnis. Dies zeigt, dass man die „alte" Rechtslage bei der Berechnung von Vorsorgeaufwendungen nicht vernachlässigen darf. Das Jahressteuergesetz 2007 führt mit dem neuen Erhöhungsbetrag wieder zu neuen – nicht zu vernachlässigenden – Gestaltungsmöglichkeiten.

4.6.4 Begrenzte Abzugsfähigkeit von Spenden nach § 10 b EStG

Spenden sind freiwillige Zuwendungen in Geld oder Sachwerten, denen keine unmittelbare Gegenleistung gegenübersteht. Voraussetzung ist, dass die Ausgaben zur Förderung mildtätiger, kirchlicher, religiöser und wissenschaftlicher Zwecke dienen (steuerbegünstigte Zwecke). Die Ausgaben sind bis zur Höhe von 5 % des Gesamtbetrags der Einkünfte oder 2 ‰ der Summe der gesamten Umsätze und der im Kalenderjahr aufgewendeten Löhne und Gehälter als Sonderausgaben abzugsfähig. Bei Spenden für wissenschaftliche, mildtätige und besonders förderungswürdige Zwecke erhöht sich der Satz um weitere 5 %. *Nach einer geplanten Reform des Spendenrechts sollen zukünftig – ab 2007 – bis zu 20 % des Gesamtbetrags der Einkünfte als Spenden abziehbar sein. Auch die bisherigen Begrenzungen bei Einzelzuwendungen nach § 10 b Abs. 1 EStG sollen entfallen. Höchstbeträge wird es dann voraussichtlich nur noch bei Parteispenden (1.650 € bzw. 3.300 € bei Zusammenveranlagung nach § 10 b Abs. 2 EStG) geben. Der (zusätzliche) Abzugsbetrag für Zuwendungen an eine steuerbefreite Stiftung soll nach der geplanten Reform insgesamt 750.000 € betragen, wobei eine Verteilung auf zehn Veranlagungszeiträume möglich ist (§ 10 b Abs. 1 a EStG-Entwurf).*

4.6.5 Sonderausgaben-Pauschbetrag nach § 10 c EStG

Für bestimmte Sonderausgaben (z. B. Kirchensteuer, Spenden) wird automatisch ein Pauschbetrag von 36 € abgezogen, soweit der Steuerpflichtige keine höheren Aufwendungen tatsächlich nachweist. Hat der Steuerpflichtige Arbeitslohn bezogen, so wird für die Vorsorgeaufwendungen ebenfalls automatisch ein Pauschbetrag berücksichtigt, soweit keine höheren Aufwendungen nachgewiesen werden (Vorsorgepauschale nach § 10 c Abs. 2 EStG). Die Vorsorgepauschale entspricht dem Arbeitnehmeranteil an der Rentenversicherung (derzeit 9,95 %) zuzüglich 11 % des Arbeitslohns, maximal aber 1.500 € (bei Zusammenveranlagung: 3.000 €), für sonstige Vorsorgeaufwendungen. Alternativ ist aber auch hier das alte Recht in die Günstigerprüfung einzubeziehen, wobei die in § 10 Abs. 5 EStG festgelegten Grenzwerte nicht überschritten werden dürfen!

Grefe (2006): Unternehmenssteuern, 10. Aufl., S. 204 - 223;
Langen (2004): Alterseinkünftegesetz, Zeitschrift für Steuern und Recht, 2004, S. 224 - 230;
Lippross/Kreft (2003): Einkommensteuerrecht, 10. Aufl., S. 236 - 248;
Rauser (2006): Steuerlehre für Ausbildung und Praxis, 33. Aufl., S. 334 - 357.

4.7 Private Altersvorsorge – „Riester-Rente"

Das Niveau der gesetzlichen Altersrente wird sinken. Der Grund: Die Menschen in Deutschland werden immer älter, gleichzeitig gibt es aber zunehmend weniger jüngere Beitragszahler. Steigende Ausgaben und rückläufige Einnahmen – auf dieser Basis ist das gegenwärtige staatliche Rentensystem nicht mehr finanzierbar. Für die Rentner von morgen droht eine Versorgungslücke. Bei gleicher – wenn nicht sogar noch steigender – Beitragsbelastung durch die Pflichtversicherung haben sie von dieser später wenig zu erwarten. Eine **zusätzliche private Absicherung** wird damit für einen Lebensabend ohne Verzicht mehr denn je zum Muss!

Kernelemente und Ziele: Der Rentenbeitragssatz liegt derzeit bei 19,9 % des Bruttolohns und soll trotz zunehmender Alterung der Gesellschaft bis zum Jahr 2020 unter 20 % gehalten werden und bis 2030 nicht über 22 % steigen. Das Nettorentenniveau – derzeit etwa 70 % des letzten Nettoeinkommens – wird schrittweise gesenkt, soll aber nicht unter 67 % fallen. Zur Stabilisierung des Beitragsatzes sind jedoch Einschnitte bei den gesetzlichen Renten erforderlich. Durch eine Privatrente sollen die Lücken der gesetzlichen Rente ausgeglichen werden. Diese Eigenvorsorge wird staatlich gefördert.

Durchführung der Förderung (Zulageförderung und Sonderausgabenabzug):
Zulageberechtigte können für private Altersvorsorgeverträge eine Altersvorsorgezulage erhalten, die sich aus der **Grundzulage** und der **Kinderzulage** zusammensetzt. Anspruch auf Förderung haben alle, die Pflichtbeiträge zur gesetzlichen Rentenversicherung einzahlen, sowie Beamte und gleichgestellte Personen. Eingeschlossen sind auch: Versicherte während einer anzurechnenden Kindererziehungszeit (Dauer: drei Jahre), Pflegepersonen, Wehr- und Zivildienstleistende, geringfügig Beschäftigte, die auf die Versicherungsfreiheit verzichtet haben, Bezieher von Lohnersatzleistungen wie Arbeitslosen- oder Krankengeld einschließlich der Arbeitslosenhilfeberechtigten, auch wenn deren Leistungen auf Grund der Anrechnung von Einkommen und Vermögen ruht, versicherungspflichtige Selbständige sowie die Ehepartner der genannten Personen.

Jeder Zulageberechtigte, soweit er einen geförderten privaten Altersvorsorgevertrag abgeschlossen hat und hierfür Beiträge zahlt, erhält eine jährliche Grundzulage unabhängig von seinen persönlichen finanziellen Verhältnissen und seinem Familienstand. Die **Grundzulage** beträgt gemäß § 84 EStG: 2006 und 2007 **114 €** und ab 2008 **154 €**. Bei einem Ehepartner, der nicht versicherungspflichtig ist, steht bei Zusammenveranlagung die Grundzulage jedem gesondert zu, wenn beide eigenständige Altersversorgungsansprüche erwerben.

Der Zulageberechtigte hat für jedes Kind Anspruch auf **Kinderzulage**, soweit ihm im Veranlagungszeitraum Kindergeld für dieses Kind ausgezahlt wird (§ 85 EStG). Maßgeblich ist also nicht der Anspruch auf Kindergeld, sondern der tatsächliche Bezug. Die Kinderzulage beträgt jährlich je Kind: 2006 und 2007 **138 €** und ab 2008 **185 €**.

Das Zulagesystem sieht vor, dass der Zulageberechtigte entsprechend seinen im vorangegangenen Kalenderjahr erzielten rentenversicherungspflichtigen Einnahmen (i. d. R. das Bruttogehalt) einen **Mindesteigenbeitrag** zu seiner zusätzlichen Altersvorsorge leisten muss. Wird der Mindesteigenbeitrag nicht oder in zu geringer Höhe gezahlt, so werden sowohl Grund- als auch Kinderzulage gekürzt. Gemäß § 86 Abs. 1 Satz 5 EStG erfolgt die Kürzung nach dem Verhältnis der Altersvorsorgebeiträge zum Mindesteigenbeitrag. Der Mindesteigenbetrag wird zum einen durch eine prozentuale Grenze bestimmt, die in 2006/07 3 % beträgt und bis zu 4 % des beitragspflichtigen Entgelts ab 2008 ansteigt, abzüglich der Zulage. Von diesen Grenzen sind unabhängig maximal die Höchstbeträge des alternativ zulässigen Sonderausgabenabzugs, vermindert wiederum um die Zulage, zu leisten.

Veranlagungs-zeitraum	Mindesteigenbeiträge des beitrags-pflichtigen Entgelts	Maximaler Mindest-eigenbeitrag ohne Kind	Maximaler Mindest-eigenbeitrag bei einem Kind
2006/2007	3 %	1.461 €	1.323 €
ab 2008	4 %	1.946 €	1.761 €

Sind beide Ehegatten förderungsberechtigt, so ist grundsätzlich der Mindesteigenbeitrag eines jeden Ehegatten getrennt zu ermitteln. Dabei ist zu beachten, dass die Kinderzulage bei nicht getrennt lebenden Ehegatten regelmäßig der Mutter zugerechnet wird (Ausnahme: Antrag gemäß § 85 Abs. 2 EStG).

Mit Ablauf des Kalenderjahrs, in dem die Altersvorsorgebeiträge geleistet wurden, entsteht der Anspruch auf Zahlung der Zulage. Hierzu ist ein Antrag auf einem amtlich vorgeschriebenen Formular beim Anbieter des Altersvorsorgevertrags zu stellen, der diesen entsprechend weiterzuleiten hat. Dieser Antrag ist bis spätestens zum Ende des zweiten Kalenderjahrs zu stellen, das auf das Jahr der Beitragszahlung folgt. Die Zulagen werden durch die zuständige Finanzkasse unmittelbar an den Anbieter ausgezahlt. Der Anbieter schreibt die Zulagen unverzüglich den begünstigten Altersvorsorgeverträgen als Beitragszahlungen gut.

Alternativ können die Altersvorsorgebeiträge einschließlich der zustehenden Zulage bis zu dem nachstehend genannten Höchstbetrag als **Sonderausgaben** (§ 10 a EStG) abgezogen werden: Den tatsächlich gezahlten Altersvorsorgebeiträgen werden die zustehenden Zulagen hinzugerechnet, unabhängig davon, ob diese ausgezahlt wurden oder nicht. Werden Ehegatten zusammen zur Einkommensteuer veranlagt und sind beide förderungsberechtigt, so kann jeder den Sonderausgabenabzug bis zu den nebenstehenden Beträgen in Anspruch nehmen (Höchstbetrag).

Veranlagungs-zeitraum	Höchstbetrag
2006/2007	1.575 €
ab 2008	2.100 €

Beim Sonderausgabenabzug nach § 10 a EStG ist zu beachten, dass durch den Steuervorteil aus dem Sonderausgabenabzug zugleich die Steuerverhaftung eintritt. Das bedeutet, dass die korrespondierenden späteren Leistungen aus dem Vorsorgevertrag der vollen Einkommensbesteuerung gemäß § 22 Nr. 5 EStG unterliegen.

Vergleichbar mit der automatischen Prüfung zwischen Kindergeld und Kinderfreibetrag wird im Rahmen der Einkommensteuerveranlagung geprüft, ob im jeweiligen Einzelfall die zu gewährende Zulage oder der Sonderausgabenabzug für den Steuerpflichtigen günstiger ist (**Günstigerprüfung**). Diese Prüfung wird vom Finanzamt automatisch („von Amts wegen") durchgeführt. Ist die Steuerersparnis geringer als der Zulagenanspruch, so verbleibt es bei der Zulage. Ist der Steuervorteil jedoch höher, so wird in der Steuerveranlagung der Sonderausgabenabzug vorgenommen und die Steuerbelastung reduziert.

Der Steuerpflichtige hat kein Wahlrecht, ob er die Zulagenzahlung oder den Sonderausgabenabzug beanspruchen möchte. Hierbei ist insbesondere § 10 a Abs. 2 Satz 2 EStG zu beachten. Der Sonderausgabenabzug ist folglich ausgeschlossen, soweit der Zulageanspruch höher ist. Um die Förderung zu erhalten, ist deshalb eine Antragstellung auf Zulagezahlung erforderlich.

Beispiel zur Günstigerprüfung: Das Beispiel stellt auf die Förderung der privaten kapitalgedeckten Altersvorsorge im Jahr 2008 ab. Es wird unterstellt, dass der Steuerpflichtige (alleinstehend, 2 Kinder, beitragspflichtige Einnahmen im Vorjahr 25.000 €) über keine weiteren Einkünfte verfügt. Die berechnete Steuerermäßigung basiert auf Schätzwerten, da die Berechnungsgrundlagen sich bis zum Jahr 2008 noch ändern können:

I. Zulageberechnung:

Beitragspflichtige Einnahmen im Vorjahr:		25.000 €
Mindesteigenbeitrag (§ 86 Abs. 1 Satz 2 EStG)		
4 % der beitragspflichtigen Einnahmen	1.000 €	
maximal	2.100 €	
somit ist anzusetzen	1.000 €	
./. der Zulage (1 x 154 € + 2 x 185 €)	524 €	
Mindestbeitrag nach § 86 Abs. 1 Satz 2 EStG:		476 €
Sockelbetrag (§ 86 Abs. 1 Satz 4 EStG):		60 €

Der Mindesteigenbetrag zur Erlangung der Höchstbeiträge beträgt somit 476 €, da der Betrag nach § 86 Abs. 1 Satz 2 EStG höher ist als der Sockelbetrag. Der geleistete Eigenbetrag des Zulageberechtigten beträgt somit 476 €. Der Zulageberechtigte erhält eine ungekürzte Zulage.

II. Sonderausgabenabzug:

Eigenbeiträge des Steuerpflichtigen:	476 €	
Anspruch auf Zulage:	524 €	
Beiträge i. S. d. § 10 a Abs. 1 EStG insgesamt:	1.000 €	
Maximal als Sonderausgabe zu berücksichtigen:	2.100 €	
Anzusetzen somit:		1.000 €
daraus resultierende Verminderung der tariflichen ESt:		163 €

Da die Zulage größer als die sich aus dem zusätzlichen Sonderausgabenabzug ergebende Steuerermäßigung ist, erfolgt kein Abzug der Altervorsorgeaufwendungen als Sonderausgabe.
Gesamte Förderung: 524 €.

Vgl. **Myßen, Michael**: Die private Altersvorsorge nach dem Altersvermögensgesetz, in: NWB, Heft-Nr. 29, 16.7.2001, S. 2439 - 2443;
ERNST & YOUNG (2001): Ratgeber zur Altersvorsorge, S. 117 - 130.

4.8 Grundzüge der außergewöhnlichen Belastungen (§§ 33 ff. EStG)

Bei den außergewöhnlichen Belastungen handelt es sich eigentlich um Kosten der steuerlich irrelevanten privaten Lebensführung nach § 12 EStG. Das Gesetz lässt trotzdem den Abzug zu. In § 33 EStG ist die allgemeine Begriffsbestimmung geregelt. Ergänzt und teilweise auch verdrängt wird diese allgemeine Regelung durch die speziellen Pauschalregelungen der §§ 33a und 33b EStG. Die §§ 33 a und 33 b EStG gehen der allgemeinen Regelung des § 33 EStG gemäß § 33 a Abs. 5 EStG vor!

Begriff: Zwangsläufige größere Aufwendungen, denen sich der Steuerpflichtige aus rechtlichen, tatsächlichen oder sittlichen Gründen nicht entziehen kann! Die in diesem Zusammenhang getätigten Ausgaben – keine Betriebsausgaben, Werbungskosten, Sonderausgaben – müssen bewusst und gewollt getätigt werden. Dies ist z. B. bei Brand-, Unfall- oder Diebstahlschäden nicht der Fall! Außerdem treffen die Ausgaben den Steuerpflichtigen nur als Teil einer Minderheit und belasten ihn endgültig (sogenanntes Belastungsprinzip). Die Ausgaben sind dem Jahr zuzuordnen, in dem der Steuerpflichtige tatsächlich belastet wird. Sind Ausgaben im Jahr der Zahlung nicht berücksichtigt worden, können diese Beträge nicht auf spätere Jahre übertragen werden.

Die steuerliche Berücksichtigung dieser Aufwendungen setzt einen **Antrag** des Steuerpflichtigen voraus. Dieser Antrag erfolgt im Rahmen der Einkommensteuererklärung durch entsprechende Angaben.

Die steuerliche Berücksichtigung liegt in der Ermäßigung der Einkommensteuer. Ein bestimmter zumutbarer Teil der Belastungen (Eigenanteil) im Sinne von § 33 Abs. 3 EStG bleibt unberücksichtigt. Nur der übersteigende Betrag darf vom Gesamtbetrag der Einkünfte abgezogen werden! Der zumutbare Teil der Belastungen gilt nur für § 33 EStG, jedoch **nicht** bei den § 33 a und § 33 b EStG. Die zumutbaren Belastungen sind in der Tabelle des § 33 Abs. 3 EStG geregelt. Sie richten sich nach der Veranlagungsart, nach der Anzahl der Kinder sowie nach der Höhe des Gesamtbetrages der Einkünfte.

	Gesamtbetrag der Einkünfte (§ 2 Abs. 3 EStG)
./.	Verlustabzug und Sonderausgaben
./.	**außergewöhnliche Belastungen** (= Gesamtbelastungen – zumutbare Belastungen)
=	Einkommen (§ 2 Abs. 4 EStG)

§ 33 EStG	**§ 33a EStG**	**§ 33b EStG**
Beispiele: Krankheits-, Beerdigungs-, Scheidungs-, Strafprozesskosten, Schadensersatzleistungen, Versorgung von Eltern **§ 33 Abs. 3 EStG (Tabelle):** Abzug zumutbarer Belastungen	**Unterhaltsaufwendungen:** § 33 a Abs. 1 EStG z. B. für Kinder, Verlobte **Ausbildungsfreibetrag** [1] § 33 a Abs. 2 EStG Aufwendungen für Haushaltshilfen oder Heimunterbringung § 33 a Abs. 3 EStG	**pauschale Abzugsbeträge:** Behinderten-Pauschbetrag § 33 b Abs. 1 - 3 EStG Hinterbliebenen-Pauschbetrag § 33 b Abs. 4 EStG Pflegepauschbetrag § 33 b Abs. 6 EStG

[1] **§ 33a Abs. 2 EStG – Ausbildungsfreibetrag:** Die Staffelung für auswärtige Unterbringung ist grundsätzlich mit Wirkung zum 01.01.2002 abgeschafft worden. Nur für auswärtig untergebrachte volljährige Kinder in Berufsausbildung wird noch ein Freibetrag von 924 € gewährt. Bei der Ermittlung des Ausbildungsfreibetrags beim Berechtigten sind die Einkünfte des Kindes zu berücksichtigen. Dieser vermindert sich jeweils um die eigenen Einkünfte und Bezüge des Kindes, soweit diese 1.848 € im Kalenderjahr übersteigen.

Ab 2006 wurde der bisherige § 33 c EStG für sog. „private" Kinderbetreuungskosten durch einen neuen Sonderausgabenabzug ersetzt; wenn beide Elternteile erwerbstätig sind, kommt § 4 f i. V. m. § 9 Abs. 5 EStG zur Anwendung. In derartigen Fällen können Kinderbetreuungskosten als Betriebsausgaben oder Werbungskosten abgezogen werden (s. dazu Kap. 4.4.1.3.6). Wenn nur ein Elternteil erwerbstätig ist, gelten die Regelungen zu den Sonderausgaben (§ 10 Abs. 1 Nr. 5 und 8 EStG; s. Kap. 4.6.1).

Birk (2006): Steuerrecht, 9. Aufl., S. 298 - 307;
Grefe (2006): Unternehmenssteuern, 10. Aufl., S. 224 - 231;
Lippross/Kreft (2003): Einkommensteuerrecht, 10. Aufl., S. 250 - 257;
Rauser (2006): Steuerlehre für Ausbildung und Praxis, 33. Aufl., S. 378 - 392.

4.9 Verlustverrechnung

Innerhalb der sieben Einkunftsarten können jeweils sowohl positive als auch **negative** Einkünfte entstehen. Aus diesen Einkünften ist nach § 2 Abs. 3 Satz 1 EStG „die Summe der Einkünfte" zu bilden. Grundsätzlich müssen hierzu die negativen Einkünfte bzw. Verluste, die nach Durchführung des horizontalen Verlustausgleichs bei den jeweiligen gleichen Einkunftsarten verblieben sind, mit positiven Einkünften aus den anderen Einkunftsarten verrechnet werden (vertikaler Verlustausgleich). Von diesem Grundsatz der Verlustverrechnung gibt es jedoch einige **Ausnahmen**, die den Ausgleich **nicht** oder nur in **eingeschränkter** Weise zulassen:

Beispiele:

1) Verluste aus der nicht steuerbaren „**Liebhaberei**" (fehlende Einkunftserzielungsabsicht!);
2) Verluste aus **steuerfreien** Einnahmequellen gemäß § 3 c EStG;
3) Verluste aus der **beschränkten Haftung eines Kommanditisten** gemäß § 15 a Abs. 1 EStG;
4) Verluste bei sog. Steuerstundungsmodellen nach § 15 b EStG (ab 2006);
5) Verluste aus (atypisch) stillen Gesellschaften, soweit nicht natürliche Personen oder Mitunternehmer – also Kapitalgesellschaften – von der Verlustverrechnung betroffen sind (§ 15 Abs. 4 Sätze 6 - 8 EStG);
6) Verluste, die zu den **Einkünften aus sonstigen Leistungen** gehören (§ 22 Nr. 3 Satz 3 EStG);
7) Verluste aus der Veräußerung **privat gehaltener Anteile** an Kapitalgesellschaften (§ 17 EStG) und Verluste aus **privaten Veräußerungsgeschäften**, soweit die Verluste die Gewinne aus diesen Geschäften übersteigen (§ 23 Abs. 3 Satz 8 EStG).

4.9.1 Innerperiodische Verlustverrechnung nach § 2 Abs. 3 EStG

Beim sog. **horizontalen Verlustausgleich** erfolgt die Verrechnung der positiven und negativen Einkünfte aus verschiedenen Ertragsquellen **derselben** Einkunftsart. Soweit ausreichend hohe positive Gewinne bzw. Einnahmenüberschüsse gegeben sind, können die negativen Einkünfte bzw. Verluste **vollständig** gegengerechnet werden!

Der **vertikale Verlustausgleich**, d. h. der Verlustausgleich zwischen den **verschiedenen** Einkunftsarten, ist seit dem Veranlagungszeitraum 2004 wie der horizontale Verlustausgleich wieder uneingeschränkt möglich. Die frühere (komplizierte) Begrenzung des vertikalen Verlustausgleiches nach § 2 Abs. 3 EStG a. F. (Steuerentlastungsgesetz 1999/2000/2002) ist zum 1.1.2004 aufgehoben worden.

4.9.2 Verlustabzug nach § 10d EStG

Soweit eine Verlustverrechnung unter den oben erläuterten Regeln erfolglos blieb, ist mit dem verbleibenden (restlichen) Verlustbetrag wie folgt zu verfahren.

4.9.2.1 Verlustrücktrag

In § 10 d Abs. 1 EStG geht es um verbleibende negative Einkünfte, die bei der Ermittlung des Gesamtbetrags der Einkünfte nicht ausgeglichen werden können.

Die dann noch verbleibenden negativen Einkünfte (Verluste) sind bis zu einem Betrag von 511.500 € (bei zusammenveranlagten Ehegatten: 1.023.000 €) vom Gesamtbetrag der Einkünfte des unmittelbar vorangegangenen Veranlagungszeitraums (1 Jahr) vorrangig vor Sonderausgaben, außergewöhnlichen Belastungen und sonstigen Abzugsbeträgen zu kürzen (Verlustrücktrag). Der Steuerpflichtige kann aber durch einen Antrag ganz oder teilweise auf die Anwendung des Verlustrücktrags verzichten. Im Antrag ist die Höhe des Verlustrücktrags anzugeben. Erfolgt kein Verzicht, berücksichtigt das Finanzamt automatisch die negativen Einkünfte (Verluste) bis zu einem Betrag von 511.500 € (bzw. 1.023.000 €) im Rahmen des Verlustrücktrags.

4.9.2.2 Verlustvortrag

Negative Einkünfte (Verluste), die nicht im Rahmen des Verlustrücktrags geltend gemacht werden, bzw. Restbeträge aus dem Verlustrücktrag, die 511.500 € (bzw. 1.023.000 €) übersteigen, sind gemäß § 10 d Abs. 2 EStG in den folgenden Veranlagungszeiträumen vom Gesamtbetrag der Einkünfte vorrangig vor Sonderausgaben, außergewöhnlichen Belastungen und sonstigen Abzugsbeträgen abzuziehen (Verlustvortrag). In jedem folgenden Veranlagungszeitraum ist wie folgt vorzugehen: Der Verlustvortrag ist bis zu einem Betrag von 1 Mio. € (2 Mio. € bei Zusammenveranlagung) je Kalenderjahr in voller Höhe vorzunehmen. Verbleibt dann noch ein positives Einkommen, so sind die verbleibenden Verlustvorträge bis zu maximal 60 % des verbleibenden Einkommens verrechenbar (s. dazu das Beispiel in Kap. 6.4).

Der verbleibende Verlustvortrag ist gesondert festzustellen (§ 179 ff. AO).

➔ Zur optimalen Ausnutzung des Verlustverrechnungspotenzials muss der Verlustrücktrag und/oder -vortrag unter Beachtung der **Auswirkungen der tariflichen Progression** erfolgen! Dabei ist zu beachten, dass das Wahlrecht zum (einjährigen) Verlustrücktrag auch nur anteilig erfolgen kann. Ein Wahlrecht für einen Verlustvortrag existiert nicht; es kann also nicht (teilweise) auf einen Verlustvortrag verzichtet werden.

Vereinfachtes Beispiel zur Verlustverrechnung nach § 10 d EStG:

Gesetzliche Regelung	Vorangegangenes Jahr		Laufendes Jahr		Folgendes Jahr
Einkünfte: (§ 2 Abs. 3 EStG)	+ 200.000		**./. 200.000** ↓		+ 200.000
§ 10 d EStG:	./. 100.000	◄········	+ 200.000	········►	./. 100.000
nach Verlustverrechnung:	= 100.000		= 0		= 100.000

Birk (2006): Steuerrecht, 9. Aufl., S. 178 - 181;
Grefe (2006): Unternehmenssteuern, 10. Aufl., S. 189 - 194, 200 - 204.

4.10 Kinderfreibetrag/Kindergeld und Erziehungsgeld

Das „Einkommen" nach § 2 Abs. 5 EStG ist zur Ermittlung der tariflichen Einkommensteuer noch um die Freibeträge nach § 32 Abs. 6 EStG und um sonstige abziehbare Beträge zu kürzen.

Die steuerliche Freistellung des Existenzminimums für Kinder wird i. d. R. durch das **Kindergeld** im sog. „Familienleistungsausgleich" nach § 31 EStG bewirkt. Für unbeschränkt Steuerpflichtige finden sich die einschlägigen Regelungen zum Kindergeld in den §§ 62 bis 78 EStG. Das Kindergeld beträgt ab 2002 für das erste, zweite und dritte Kind jeweils 154 € monatlich (Jahresbetrag 1.848 €) und für alle weiteren Kinder je 179 € monatlich (Jahresbetrag 2.148 €). Die Auszahlung erfolgt nach § 31 Satz 3 EStG als Steuervergütung durch die Familienkasse bzw. beim öffentlichen Dienst durch den Arbeitgeber. Wird die steuerliche Sicherung des Existenzminimums durch das Kindergeld nicht in vollem Umfang bewirkt, sind bei der Veranlagung zur Einkommensteuer die Freibeträge nach § 32 Abs. 6 EStG abzuziehen („**Günstigerprüfung**" nach § 31 Satz 1 EStG). Die **Kinderfreibeträge** sind in § 32 Abs. 1 bis 6 EStG geregelt. Den steuerlichen Begriff „Kind" definiert § 32 Abs. 1 EStG. In den Absätzen 2 bis 5 des § 32 EStG ist geregelt, wann ein Kind zu berücksichtigen ist. Ein Kind (älter 21 Jahre) darf bis zur Vollendung des 25. Lebensjahr (zuzüglich der Zeit für den Wehr- oder Zivildienst bzw. für ein freiwilliges soziales oder ökologisches Jahr) nur berücksichtigt werden, soweit dessen Einkünfte und Bezüge < 7.681 € sind. Nach § 32 Abs. 6 EStG betragen die zu berücksichtigenden Freibeträge für die zusammenveranlagten Eltern je Kind 3.648 € für das Existenzminimum sowie ein Freibetrag je Kind für Betreuungs- oder Ausbildungszwecke von 2.160 €. Der frühere Haushaltsfreibetrag (§ 32 Abs. 7 EStG a. F.) für sog. „Alleinerziehende" ist ab dem Veranlagungszeitraum 2004 durch den neuen Entlastungsbetrag nach § 24 b EStG (s. Kap. 4.5.8) ersetzt worden.

Zu den **sonstigen abziehbaren Beträgen** gehören insbesondere die nach den § 46 Abs. 3 EStG, § 70 EStDV freibleibenden Beträge. Nach § 46 Abs. 3 EStG ist bei der Veranlagung „ein Betrag in Höhe der Einkünfte, von denen der Steuerabzug vom Arbeitslohn nicht vorgenommen worden ist (Lohnsteuerabzug), vom Einkommen abzuziehen, wenn diese Einkünfte insgesamt nicht mehr als 410 € betragen". Für die Gewährung dieses Freibetrags und der sich daraus ergebenden Freigrenze aus § 46 Abs. 5 EStG und § 70 EStDV wird jedoch vorausgesetzt, dass eine Veranlagung zur Einkommensteuer nach § 46 Abs. 2 EStG erfolgt.

Seit dem 1.1.2007 haben Eltern für die ersten 12 bzw. 14 Monate nach der Geburt eines Kindes Anspruch auf sog. „Elterngeld". Dieses beträgt bis zu 67 % des letzten Nettogehalts, maximal aber 1.800 €. Damit wird das bisherige Erziehungsgeld nach dem Bundeserziehungsgeldgesetz abgeschafft. Das Kindergeld, das Eltern- und Erziehungsgeld sind nach § 3 Nr. 24 und Nr. 67 EStG **steuerfrei**.

Einkommen
./. Kinderfreibetrag (alternativ zum Kindergeld!)
./. sonstige abzuziehende Beträge

= zu versteuerndes Einkommen

Kinderfreibetrag | **Kindergeld** | **sonstige Beträge**

„Günstigkeitsprüfung"

3.648 € (=2 x 1.824 €) + 2.160 €

freibleibende Beträge (Arbeitslohn < 410 €)

Der Kinderfreibetrag 3.648 € (2 x 1.824 €) sowie der Betreuungsfreibetrag 2.160 € von in der Summe 5.808 € werden im Rahmen der Veranlagung angesetzt, wenn die daraus resultierende Einkommensteuerminderung höher ist als das im Verlauf des Kalenderjahres ausbezahlte Kindergeld. In Abhängigkeit von der Zahl der berücksichtigungsfähigen Kinder gelten die Grenzwerte in der folgenden Tabelle:

Anzahl der Kinder	**Kindergeld**	**Kinder- und Betreuungsfreibetrag**	**Kritischer (Differenz-) Steuersatz**
1	1.848 €	5.808 €	31,818 %
2	3.696 €	11.616 €	31,818 %
3	5.544 €	17.424 €	31,818 %
4	7.692 €	23.232 €	33,110 %
5	9.840 €	29.040 €	33,884 %
6	11.988 €	34.848 €	34,401 %

Der kritische Steuersatz wurde beispielsweise für das erste Kind wie folgt berechnet: 1.848 / 5.808 = 31,818 %, d. h. dass 31,818 % des Kinder- und Betreuungsfreibetrags i. H. v. 5.808 € dem Jahreskindergeld von 1.848 € entspricht (= Steuervorteil durch den Kinderfreibetrag). Wird bei einem Einkommen von 62.694 € der Kinderfreibetrag und Betreuungsfreibetrag von 5.808 € abgezogen, entspricht bei Zusammenveranlagung die Steuerentlastung (Differenzsteuersatz von 31,818 % multipliziert mit der Summe Kinder- und Betreuungsfreibetrag von 5.808 €) der Höhe des Kindergeldes. Bei zwei Kindern wird ab einem Einkommen von 62.694 € für ein Kind der Freibetrag abgezogen und für das andere Kind das Kindergeld wahrgenommen. Ab einem Einkommen von 65.598 € wird für beide Kinder jeweils der Kinder- und Betreuungsfreibetrag in Anspruch genommen. Ab dem vierten Kind erhöht sich der kritische Differenzsteuersatz aufgrund des höheren Kindergelds kontinuierlich.

Dölfel/Bilsdorfer/Weimann (2001): Steuerrecht, 4. Aufl., S. 389 - 401;
Scheffler (2006): Besteuerung von Unternehmen I, 9. Aufl., S. 161 - 164.

4.11 Veranlagung (§§ 25 ff. EStG)

Die Einkommensteuer ist eine Jahressteuer und Veranlagungssteuer. Für bestimmte Einkunftsarten (§§ 19, 20 EStG) werden in speziellen Erhebungsformen (z. B. Lohnsteuer, Kapitalertragsteuer) Vorauszahlungen, die von Dritten (z. B. Arbeitgeber, Kreditinstitute) für den Steuerpflichtigen an das Finanzamt abgeführt werden müssen, verlangt. Bei Einkünften aus anderen Einkunftsarten ist der Steuerpflichtige i. d. R. selbst dazu verpflichtet, vierteljährlich (10.3., 10.6., 10.9., 10.12.) Einkommensteuervorauszahlungen zu leisten (§ 37 EStG).

Veranlagungszeitraum ist nach § 25 Abs. 1 EStG in der Regel das Kalenderjahr (§ 56 EStDV, § 149 Abs. 2 AO). Die Höhe der zu zahlenden Einkommensteuer wird in einem förmlichen Verfahren, der Einkommensteuererklärung des Steuerpflichtigen und einem Einkommensteuerbescheid des Finanzamtes, festgesetzt. Der Steuerpflichtige hat für den abgelaufenen Veranlagungszeitraum bis zu 5 Monate danach (31. Mai) eine Einkommensteuererklärung abzugeben (§ 149 Abs. 2 AO).

Das Gesetz unterscheidet folgende **Veranlagungsformen**:

- **Grundsatz**: Einzelveranlagung nach § 25 Abs. 3 Satz 1 EStG, d. h. alle Steuerpflichtigen, für die nicht die Ehegattenveranlagung in Betracht kommt, werden automatisch einzeln veranlagt!
- **Ausnahme:** Veranlagung von Ehegatten nach § 25 Abs. 3 Satz 2 und 3 EStG
  a) Zusammenveranlagung (§ 26 und § 26 b EStG)
  b) Getrennte Veranlagung (§ 26 a EStG)
  c) Besondere Veranlagung im Jahr der Eheschließung, Scheidung bzw. im Jahr nach dem Tod eines Ehegatten (§ 26 c EStG)
  Gnadensplitting nach § 32 a Abs. 6 EStG für verwitwete oder geschiedene Steuerpflichtige

Für die Veranlagung von Ehegatten wird kumulativ vorausgesetzt, dass die Ehegatten im Veranlagungszeitraum (mindestens 1 Tag) verheiratet gewesen sind und nicht dauernd getrennt lebten und unbeschränkt steuerpflichtig waren! Diese Ehepaare können zwischen der Zusammenveranlagung und der getrennten Veranlagung wählen. Für den Veranlagungszeitraum der Eheschließung kommt auch die besondere Veranlagung in Betracht. Üben die Ehepartner das Wahlrecht zur Zusammenveranlagung nicht aus, so wird vom Finanzamt automatisch unterstellt, dass sie zusammenveranlagt werden wollen. Für Ehepartner, die zusammenveranlagt werden, findet das sog. „Splitting"-Verfahren nach § 32 a Abs. 5 EStG Anwendung. Für unverheiratete zusammenlebende Paare und für Lebenspartnerschaften gilt das „Splitting"-Verfahren nicht!

Veranlagung beim Bezug von Einkünften aus nichtselbständiger Arbeit (§ 46 EStG):
Grundsatz bei der Arbeitnehmer-Veranlagung: Besteht das Einkommen ganz oder teilweise aus Einkünften aus nichtselbständiger Arbeit, von denen ein Steuerabzug (Lohnsteuerabzug) vorgenommen worden ist, so besteht keine Veranlagungspflicht, soweit die Summe der nicht lohnsteuerpflichtigen Einkünfte, u. a. vermindert um den darauf entfallenden Altersentlastungsbetrag nach § 24 a EStG, oder die Summe der Einkünfte und Leistungen, die dem Progressionsvorbehalt nach § 32 b EStG unterliegen, weniger als 410 € betragen. Der Grund ist darin zu sehen, dass die Steuerzahlung an das Finanzamt bereits im Rahmen der Lohnsteuerabführung durch den Arbeitgeber durchgeführt worden ist (§ 38 ff. EStG).

Die **Pflicht** zur Veranlagung besteht jedoch nach § 46 Abs. 2 EStG, wenn der Steuerpflichtige nebeneinander von mehreren Arbeitgebern Arbeitslohn bezogen hat oder zu dem Personenkreis des § 10 c Abs. 3 EStG gehört, für die die Lohnsteuer im Veranlagungszeitraum oder für einen Teil des Veranlagungszeitraums nach den Steuerklassen I bis IV zu erheben war, oder beide Ehegatten Arbeitslohn bezogen haben und einer für den Veranlagungszeitraum oder einen Teil davon nach der Steuerklasse V oder VI besteuert worden ist. Für weitere Gründe siehe § 46 Abs. 2 EStG. In den Fällen des Absatzes 2 ist ein Betrag in Höhe der einkommensteuerpflichtigen Einkünfte, von denen der Steuerabzug vom Arbeitslohn nicht vorgenommen worden ist, vom Einkommen abzuziehen, wenn diese Einkünfte insgesamt nicht mehr als 410 € betragen haben.

Der Betrag vermindert sich um den Altersentlastungsbetrag, soweit dieser 40 % des Arbeitslohns – mit Ausnahme der Versorgungsbezüge im Sinne des § 19 Abs. 2 EStG – übersteigt und um den nach § 13 Abs. 3 EStG zu berücksichtigenden Betrag. Kommt nach § 46 Abs. 2 EStG eine Veranlagung zur Einkommensteuer nicht in Betracht, so gilt die Einkommensteuer, die auf die Einkünfte aus nichtselbständiger Arbeit entfällt, durch den Lohnsteuerabzug i. d. R. als abgegolten.

Dölfel/Bilsdorfer/Weimann (2001): Steuerrecht, 4. Aufl., 158 - 164;
Dommermuth u.a. (2006): Betriebliche Steuern, Bd. 2, Ertragsteuern, 2. Aufl., S. 38 - 47;
Grefe (2006): Unternehmenssteuern, 10. Aufl., S. 83 - 87;
Rauser (2006): Steuerlehre für Ausbildung und Praxis, 33. Aufl., S. 403 - 414;
Rose (2004): Die Ertragsteuern,18. Aufl., S. 36 - 38, 159 - 163;
Scheffler (2006): Besteuerung von Unternehmen I, 9. Aufl., S. 147 - 152.

4.12 Steuertarif

Aufgrund des Steuersenkungsgesetzes 2000 und des Haushaltsbegleitgesetzes 2004 sind der Eingangssteuersatz von 19,9 % im Jahr 2001 auf inzwischen auf 15 % im Jahr 2005 (2004: 16 %) sowie der Spitzen-Grenzsteuersatz von 48,5 % (2001) auf 42 % im Jahr 2005 (2004: 45 %) gesenkt worden. Der Spitzen-Grenzsteuersatz wird ab dem Jahr 2007 ab dem Betrag von 250.000 € (bei Zusammenveranlagung ab 500.000 €) wieder auf 45 % (sog. „Reichensteuer") erhöht. Allerdings soll im Veranlagungszeitraum 2007 diese Erhöhung nicht für die Gewinneinkunftsarten gelten. Für diese wird nach § 32 c EStG eine Tarifbegrenzung auf 42 % in der Form gewährt, dass die betroffenen Steuerpflichtigen einen Entlastungsbetrag erhalten. Diese Regelung soll aber nur im Jahr 2007 gelten. *Wie der neue Spitzensteuersatz ab 2008 im Rahmen der Unternehmensteuerreform gestaltet wird, ist derzeit noch offen.*

Das sog. steuerfreie Existenzminimum (Grundfreibetrag) ist im Jahr 2004 auf 7.664 € erhöht worden. Die verschiedenen Stufen der Steuersatzsenkung sind dem folgenden Schaubild zu entnehmen.

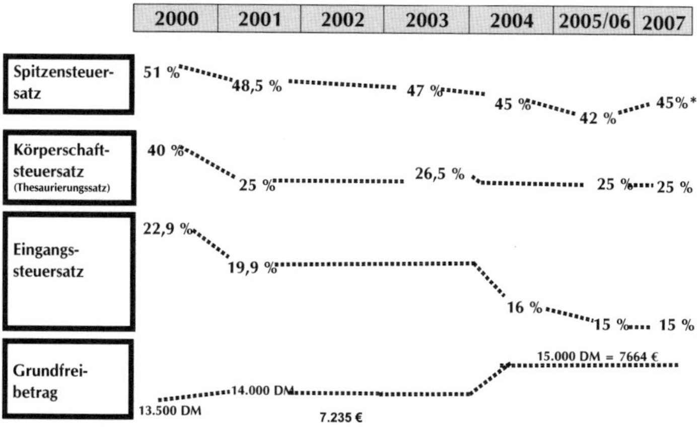

Anmerkung: Bei den im Grundfreibetrag dargestellten DM - Beträgen, handelt es sich um gerundete Beträge!

Entwicklung der Steuersätze und des Grundfreibetrags von 2000 bis 2007
(*Anmerkung: Im Jahr 2007 steigt der Spitzensteuersatz ab 250.000 € nur für die Überschusseinkunftsarten auf 45%; bei Gewinneinkunftsarten gilt weiterhin 42 %)

$$\textbf{Durchschnittssteuersatz} \quad \frac{\text{Steuerschuld}}{\text{Bemessungsgrundlage}}$$

$$\textbf{Grenzsteuersatz} \quad \frac{\text{Veränderung der Steuerschuld}}{\text{Veränderung der Bemessungsgrundlage}}$$

Der **Durchschnittsteuersatz** gibt die durchschnittliche steuerliche Belastung an. Die Ermittlung erfolgt durch Division der Steuerschuld und der jeweiligen Bemessungsgrundlage. Der **Grenzsteuersatz** (Differenzsteuersatz) resultiert aus der Erhöhung der Bemessungsgrundlage und der sich daraus ergebenden zusätzlichen Steuerschuld. Bei diesem Steuersatz handelt es sich um eine Marginalbetrachtung, d. h. es wird der Steuersatz ermittelt, mit dem die letzte Einheit (z. B. 1 €) der Bemessungsgrundlage belastet wird. Betrachtet man den Normaltarif für das Kalenderjahr 2007 nach § 32 a Abs. 1 EStG, so unterliegt der erste Tarifbereich, in Höhe von $\leq$ 7.664 € des zu versteuernden Einkommens, nicht der Einkommensteuer (Grundfreibetrag). Das zu versteuernde Einkommen der zweiten und dritten Tarifstufe – zwischen 7.664 € und 52.151 € – unterliegt mit ansteigenden (Grenz-)Steuersätzen zwischen 15 % und 42 % der Einkommensbesteuerung. Das zu versteuernde Einkommen von > 52.151 € unterliegt einer Grenzsteuerbelastung, die bis 250.000 **€** 42 % ausmacht. Von diesem Betrag werden zur Ermittlung der Gesamtbelastung aufgrund der geringeren Steuersätze in den vorangegangenen Tarifstufen 7.914 € abgezogen.

Der tatsächliche Einkommensteuersatz, d. h. der durchschnittliche Steuersatz, resultiert letztendlich aus dem tariflichen Aufbau (Stufentarif) der Einkommensteuer.

Kennzeichen des Einkommensteuertarifs ist der linear progressive Verlauf mit einer Nullzone, dem Grundfreibetrag, einem niedrigen Eingangssteuersatz und anschließend eine bis zum Spitzensteuersatz (2004: 45 %, 2005: 42 %) ansteigende Gerade für den Grenzsteuersatz. Ab dem Jahr 2007 gibt es bei einem Einkommen von 250.000 € eine Stufe beim Grenzsteuersatz auf 45 % für die Überschusseinkunftsarten. Der Durchschnittsteuersatz ergibt sich aus der Tarifkurve, die nachfolgend dargestellt ist.

	Einkommensteuertarif 2004:	**Einkommensteuertarif 2005/2007:**
I.	bis 7.664 € (Grundfreibetrag): 0	bis 7.664 € (Grundfreibetrag): 0
II.	7.665 € ≤ z. v. E. < 12.740 €: (793,10 y + 1.600) * y	7.665 € ≤ z. v. E. < 12.740 €: (883,74 y + 1.500) * y
III.	12.740 € ≤ z. v. E. < 52.152 €: (265,78 z + 2.405) * z + 1.016	12.740 € ≤ z. v. E. < 52.152 €: (228,74 z + 2.397) * z + 989
IV.	52.152 € ≤ z. v. E.: 0,45 x – 8.845	52.152 € ≤ z. v. E. < 250.001 € 0,42 x – 7.914
V.	---------	**2007:** 250.001 € ≤ z. v. E.: 0,45 x – 15.414

y ist ein Zehntausendstel des 7.664 € übersteigenden Teils des auf den nächsten vollen Euro-Betrag abgerundeten zu versteuernden Einkommens.

z ist ein Zehntausendstel des 12.739 € übersteigenden Teils des auf den nächsten vollen Euro-Betrag abgerundeten zu versteuernden Einkommens.

x ist das auf den nächsten vollen Euro-Betrag abgerundete zu versteuernde Einkommen.

Der sich ergebende Steuerbetrag ist nach § 32 a Abs. 1 Satz 5 EStG abzurunden!

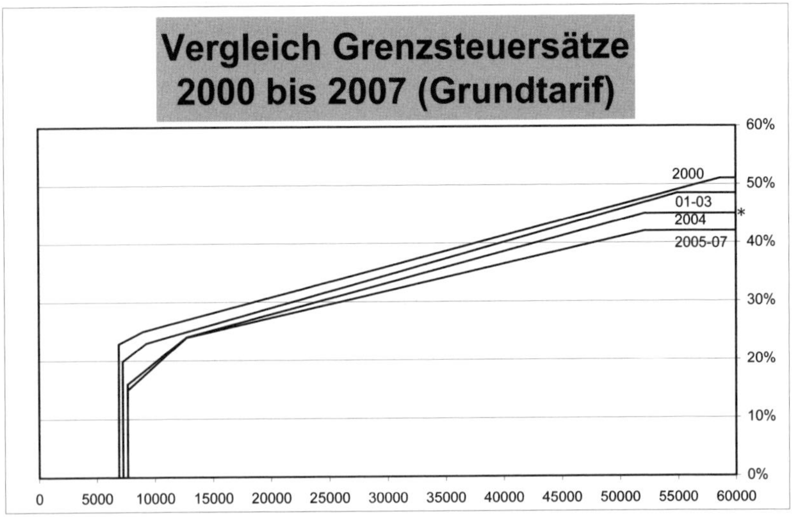

* 2007: ab 250.000 € 45 %

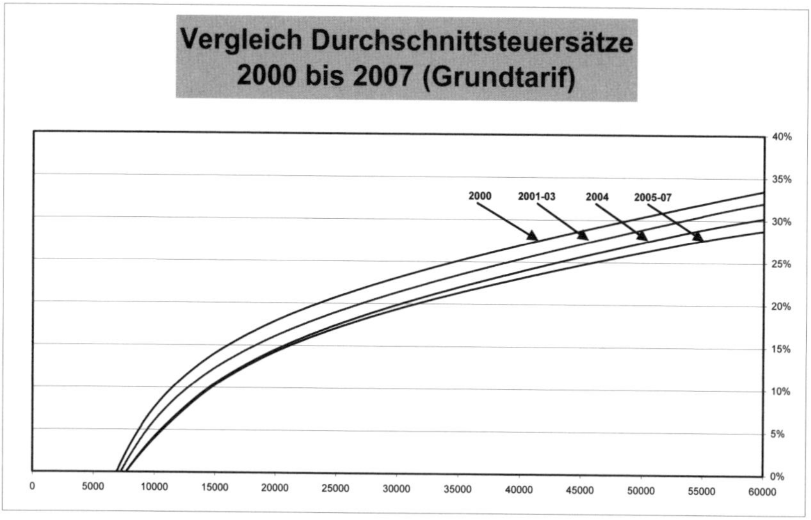

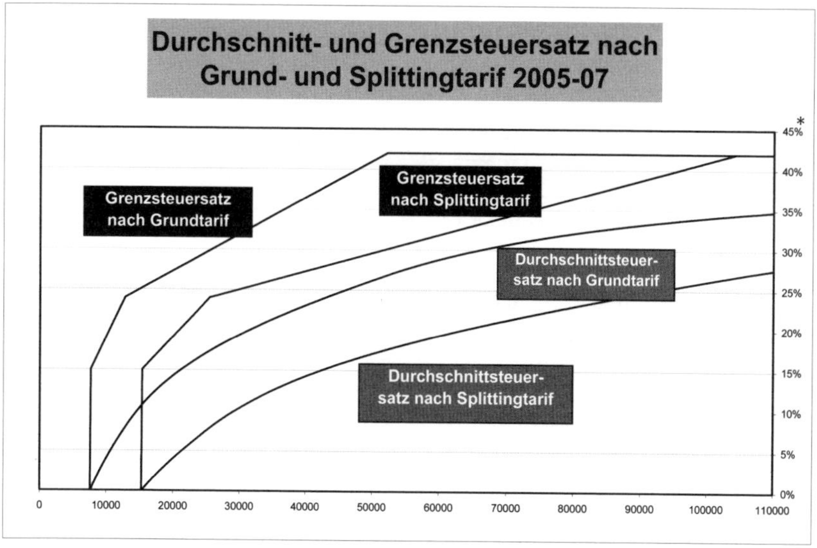

* 2007: ab 250000 € (500000 bei ZV) 45 %

4.12.1 Grundtarif (§ 32a Abs. 1 EStG)

Bemessungsgrundlage für die **tarifliche Einkommensteuer** ist das zu versteuernde Einkommen. Die tarifliche Einkommensteuer beträgt im Jahr 2007 vorbehaltlich der § 32 b (Progressionsvorbehalt), § 32 c (Tarifbegrenzung), § 34 (außerordentliche Einkünfte: Fünftelregelung und ermäßigter [56 %-] Durchschnittsteuersatz) und § 34c EStG (Steuerermäßigung für ausländische Einkünfte) für die

Stufe 1: bis 7.664 € (Grundfreibetrag)	= = >	0 €
Stufe 2: von 7.665 € bis 12.739 €	= = >	(883,74 · y + 1.500) · y;
Stufe 3: von 12.740 € bis 52.151 €	= = >	(228,74 · z + 2.397) · z + 989;
Stufe 4: von 52.152 € bis 250.000 €	= = >	0,42 x ./. 7.914;
Stufe 5: von 250.001 € an	= = >	0,45 x ./. 15.414.

"**y**" ist ein Zehntausendstel des 7.664 € übersteigenden Teils des zu versteuernden Einkommens, das auf den nächsten vollen Euro-Betrag abzurunden ist. "**z**" ist ein Zehntausendstel des 12.739 € übersteigenden Teils des auf den nächsten vollen Euro-Betrag abgerundeten zu versteuernden Einkommens. "**x**" ist das (ebenso) abgerundete zu versteuernde Einkommen.

Beispielberechnungen:

Zu versteuerndes Einkommen:	**4.000 €**	**8.000 €**	**40.000,0 €**	**60.000,0 €**	**200.000,0 €**
Stufe 1:	0 €	0,0 €	0,0 €	0,0 €	0,0 €
Stufe 2:	-----	51,4 €	-----	-----	-----
Stufe 3:	-----	-----	9.223,4 €	-----	-----
Stufe 4:	-----	-----	-----	17.286,0 €	76.086,0 €
ESt 2005:	**0 €**	**51 €**	**9.223 €**	**17.286 €**	**76.086 €**
Ø-Satz:	**0 %**	**0,6 %**	**23,1 %**	**28,8 %**	**38,0 %**

Rechenschritte bei 8.000 €:

(8.000 € ./. 7.664 €) = 336 €
[883,74 x (336 / 10.000) + 1.500)] x 336 / 10.000
= 51,40 €

Rechenschritte bei 40.000 €:

(40.000 € ./. 12.739 €) = 27.261 €
[228,74 x (27.261 / 10.000) + 2.397)] x (27.261 / 10.000) + 989
= 9.223,37 €

Die bis zum Veranlagungszeitraum 2003 geltende Abrundungsregelung des § 32a Abs. 2 EStG a.F. („Das zu versteuernde Einkommen ist auf den nächsten durch 36 ohne Rest teilbaren vollen Euro-Betrag abzurunden, wenn es nicht bereits durch 36 ohne Rest teilbar ist, und um 18 Euro zu erhöhen“) ist ab 2004 entfallen. Ebenso gibt es ab dem Jahr 2004 auch keine offiziellen Tabellen mehr. Dementsprechend ist die Steuer nach den oben genannten Formeln zu ermitteln.

4.12.2 Splittingtarif (§ 32a Abs. 5 EStG)

Der Splittingtarif gilt nur für Ehegatten, die nach den §§ 26, 26b EStG **zusammen** zur Einkommensteuer veranlagt werden. Die tarifliche Einkommensteuer beträgt danach vorbehaltlich der § 32b, § 34, § 34b und § 34c das **Zweifache** des Steuerbetrags, der sich für die Hälfte ihres gemeinsam zu versteuernden Einkommens, das nach § 32a Abs. 1 EStG zu ermitteln ist, ergibt (Splitting-Verfahren; Beispiel siehe in der Aufgabe in Kap. 4.13).

4.12.3 „Reichensteuer“ und Tarifbegrenzung nach § 32 c EStG

Ab dem Jahr 2007 wird bei Alleinstehenden (Einzelveranlagten) ab 250.000 €, bei zusammen veranlagten Ehegatten ab 500.000 € der Spitzen-(Grenz-)Steuersatz um 3-Prozentpunkte auf 45 % erhöht werden, sofern es sich Einkünfte aus Überschusseinkunftsarten handelt. Diese sog. „Reichensteuer“ soll im Veranlagungszeitraum 2007 nicht für Einzelunternehmer, Landwirte und Freiberufler – also nicht für die Gewinneinkunftsarten – gelten. Erreicht werden soll dies durch die neu eingeführte Tarifbegrenzung nach § 32 c EStG, die wie folgt über einen Entlastungsbetrag erreicht wird:

Ermittlung des Entlastungsbetrags:

1. Anteil der Gewinneinkünfte an der Summe der Einkünfte
   = Gewinneinkünfte / Summe der Einkünfte
2. Spitzensteuersteuersatzbetrag
   = zu versteuerndes Einkommen ./. EUR 250.000
3. Bemessungsgrundlage Entlastungsbetrag
   = Spitzensteuersatzbetrag
   x Anteil der Gewinneinkünfte an der Summe der Einkünfte
4. Entlastungsbetrag = Bemessungsgrundlage Entlastungsbetrag x 3 %

Bei zusammen veranlagten Ehegatten verdoppelt sich der Entlastungsbetrag, der sich für die Hälfte des gemeinsam zu versteuernden Einkommens nach den oben genannten Rechenschritten 1. bis 4. ergibt.

Beispiel: Steuerberater Xaver Unertl (ledig) hat 2007 Einkünfte aus § 18 EStG in Höhe von 360.000 € sowie Einkünfte aus Vermietung und Verpachtung (§ 21 EStG) in Höhe von 240.000 €. Nach Abzug von Sonderausgaben und außergewöhnlichen Belastungen beträgt sein z. v. E. 540.000 €.

1. Anteil der Gewinneinkünfte an der Summe der Einkünfte = 60 %

2.	Spitzensteuersatzbetrag: 540.000 (z. v. E) ./. 250.000 =	290.000 €
	Belastung bis 250.000 € (0,42 x 250.000 ./. 7.914):	97.086 €
	Erhöhte Belastung für übersteigenden Betrag:	
	540.000 ./. 250.000 = 290.000	
	Steuer auf 290.000: 0,45 x 290.000 =	130.500 €
	Einkommensteuer ohne Tarifermäßigung:	227.586 €
3.	Bemessungsgrundlage Entlastungsbetrag: 290.000 x 60 % =	174.000 €
4.	Entlastungsbetrag: 174.000 EUR x 3 % =	5.220 €
5.	Endgültige Einkommensteuer (227.586 ./. 5.220 =)	222.366 €

Die unter Berücksichtigung der Gewinneinkünfte ermittelte tarifliche Einkommensteuer kann Xaver Unertl also um den Betrag von 5.220 € kürzen.

Durch die Tarifbegrenzung kann es im Spitzensteuerbereich zu erheblichen ökonomischen, aber auch gestaltbaren Verzerrungen zwischen den verschiedenen Einkunftsarten kommen. Vorteilhaft ist dies – wie in dem oben dargelegten Beispiel – insbesondere dann, wenn eine Tarifbegrenzung gewährt wird, obwohl bei den Einkunftsarten nach §§ 13 und 18 EStG keine Gewerbesteuer anfällt. Aber auch bei Gewerbesteuerpflicht kann es im Veranlagungszeitraum 2007 aufgrund der Abziehbarkeit der Gewerbesteuer bei der Bemessungsgrundlage, der Gewerbesteuer-Anrechnung (s. Kap. 5.7) sowie des niedrigeren Einkommensteuertarifes insgesamt zu niedrigeren Belastungen als bei Einkünften aus §§ 19, 20 oder 21 kommen. Insoweit wäre zu prüfen, ob 2007 eine Verlagerung in die Gewinneinkunftsarten vorteilhaft wäre. *Ab 2008 soll im Rahmen der Unternehmensteuerreform diese Entlastung wieder abgeschafft werden.*

4.12.4 Besteuerung der außerordentlichen Einkünfte

Außerordentliche Einkünfte (§ 34 EStG) sind Einkünfte innerhalb der sieben Einkunftsarten, die wirtschaftlich mehreren Veranlagungszeiträumen zuzurechnen sind, aber in einem Veranlagungszeitraum geballt versteuert werden sollen. Durch den progressiven Einkommensteuertarif können sich steuerliche Härten für den Steuerpflichtigen ergeben. Um diese Härten zu vermeiden, kann der Steuerpflichtige im Rahmen seiner Veranlagung einen Antrag nach § 34 Abs. 1 EStG stellen und erhält einen ermäßigten Steuersatz auf die außerordentlichen Einkünfte.

Nach § 34 Abs. 2 EStG kommen als **außerordentliche Einkünfte** u. a. in Betracht:

1) **Veräußerungsgewinne** und Aufgabegewinne von (Teil-) Betrieben, mit Ausnahme der dem Halbeinkünfteverfahren unterliegenden Veräußerungsgewinne von Anteilen an Kapitalgesellschaften;
2) **Entschädigungen** i. S. d. § 24 Nr. 1 EStG;
3) **Nutzungsvergütungen** und Zinsen i. S. d. § 24 Nr. 3 EStG, soweit sie für einen Zeitraum von mehr als drei Jahren nachgezahlt werden.
4) Vergütungen für mehrjährige Tätigkeiten.

In den Fällen (1) bis (4) unterliegen außerordentliche Einkünfte einem **ermäßigten Steuersatz**. Dieser Steuersatz errechnet sich für den Normalfall nach § 34 Abs. 1 Sätze 2 bis 4 EStG („**Fünftelregelung**"). Danach werden die außerordentlichen Einkünfte gefünftelt und das Fünftel dem ohne die außerordentlichen Einkünfte errechneten zu versteuernden Einkommen hinzugerechnet. Die auf das fiktive Einkommen entfallende Einkommensteuer wird verglichen mit der Einkommensteuer, die für das ohne die außerordentlichen Einkünfte entstehende zu versteuernde Einkommen zu zahlen wäre. Der Differenzbetrag wird mit 5 multipliziert und stellt dann die ermäßigte Einkommensteuer auf die außerordentlichen Einkünfte dar (Berechnungsbeispiele siehe in H 34.2 EStH). Der Steuervorteil aus der antragsgebundenen „Fünftel-Regelung" des § 34 Abs. 1 EStG wird immer geringer, je größer das verbleibende zu versteuernde Einkommen ist. Liegen die zu begünstigenden Steuerpflichtigen mit ihren übrigen Einkünften schon im Bereich der Spitzenbesteuerung, sind die Auswirkungen der Steuervergünstigung i. d. R. nur noch von untergeordneter Bedeutung.

Für die in § 34 Abs. 2 Nr. 1 EStG genannten Veräußerungsgewinne kann der Steuerpflichtige auch – allerdings nur einmal im Leben und nur für einen einzigen Veräußerungs- oder Aufgabegewinn – die Anwendung eines auf **56 % des durchschnittlichen Steuersatzes** ermäßigten Steuersatzes beantragen. Der ermäßigte Steuersatz muss mindestens 15 % betragen. Weiterhin wird vorausgesetzt, dass der betreffende Steuerpflichtige das 55. Lebensjahr vollendet hat oder im sozialversicherungsrechtlichen Sinne berufsunfähig ist und der Antrag auf außerordentliche Einkünfte den Betrag von 5 Mio. € nicht übersteigt (§ 34 Abs. 3 EStG).

Zunächst ist das gesamte zu versteuernde Einkommen einschließlich der einkommensteuerpflichtigen außerordentlichen Einkünfte und einschließlich der dem Progressionsvorbehalt unterliegenden Einkünfte zu ermitteln. Für das so ermittelte zu versteuernde Einkommen wird die dazugehörende Steuer ermittelt. Anschließend ist der durchschnittliche Steuersatz festzustellen, in dem die ermittelte Einkommensteuer zum gesamten zu versteuernden Einkommen ins Verhältnis gesetzt wird. Mit 56 % des so ermittelten durchschnittlichen Steuersatzes wird der Teil der außerordentlichen Einkünfte besteuert (maximal jedoch 5 Mio. €). Auf das restliche zu versteuernde Einkommen ist grundsätzlich der normale ESt-Tarif anzuwenden.

4.12.5 Steuerermäßigung bei Einkünften aus Gewerbebetrieb

Um bei Einkünften aus Gewerbebetrieb die **Mehr**-Belastung mit Gewerbeertragsteuer zu mildern, ist seit dem Veranlagungszeitraum 2001 in § 35 EStG eine pauschale Steuerermäßigung vorgesehen. Die tarifliche Einkommensteuer ist, soweit sie anteilig auf im zu versteuernden Einkommen enthaltene gewerbliche Einkünfte entfällt, nun entsprechend zu kürzen. Anrechenbar ist das 1,8fache des jeweils festgesetzten Gewerbesteuermessbetrags. § 35 EStG ist auf den jeweiligen Veranlagungszeitraum beschränkt. Somit dürfen eventuelle Anrechnungsüberhänge nicht in andere Veranlagungszeiträume übertragen werden.

Beispiel:

	Einkünfte aus Gewerbebetrieb (= Gewerbeertrag):	800.000 €
+	Andere Einkünfte:	200.000 €
=	Gesamtbetrag der Einkünfte:	1.000.000 €
./.	Sonderausgaben und außergewöhnliche Belastungen:	30.000 €
=	Einkommen:	970.000 €
./.	Kinderfreibeträge:	20.000 €
=	zu versteuerndes Einkommen:	950.000 €

Gewerbliche Einkünfte nach § 15 EStG / Summe der Einkünfte (vgl. BMF v. 15.5.2002, BStBl.I 2002, 533 Tz. 15; strittig !): 800.000 € / 1.000.000 € = 80 %	
Einkommensteuer aus 950.000 € (Tarif 2006)	391.086 €
Gewerbesteuer-Messbetrag aus 800.000 € Gewerbeertrag unter Beachtung des Freibetrags und des Staffeltarifs: 800.000 € ./. 24.500 € = 775.500 €;	
120 € + 240 € + 360 € + 480 € + 36.375 € =	37.575 €
1,8 x 37.575 (Gewerbesteuer-Messbetrag):	67.635 €
Anteilig auf Einkünfte aus Gewerbebetrieb entfallende ESt (80 %):	312.868 €
Ermäßigung nach § 35 Abs. 1 EStG:	67.635 €
Einkommensteuer vor Ermäßigung:	391.086 €
./. Ermäßigung nach § 35 Abs. 1 EStG:	67.635 €
= **endgültige Einkommensteuer:**	**323.451 €**

4.12.6 Steuerermäßigung für haushaltsnahe Beschäftigungsverhältnisse

Für Aufwendungen von haushaltsnahen Beschäftigungsverhältnissen in Privathaushalten sind zur Bekämpfung der Schwarzarbeit im § 35 a EStG Steuerabzugsbeträge verankert worden, die von der Art der Sozialversicherungspflicht der Beschäftigten abhängen. Bei geringfügig entlohnter (pauschalversteuerter) Beschäftigung beträgt der Abzugsbetrag 10 % der Aufwendungen, höchstens aber 510 €. Bei steuer- und sozialversicherungspflichtiger Beschäftigung erhöht sich der Betrag auf 12 % der Aufwendungen, maximal aber 2.400 €.

Bei haushaltsnahen Dienstleistungen, die durch selbständige Unternehmer (z. B. Gärtner, selbständige Reinigungskraft) erbracht und durch eine Rechnung nachgewiesen werden, beträgt die Steuerermäßigung nach § 35 a Abs. 2 EStG 20 % der Aufwendungen, höchstens aber 600 €. Ab 2006 wurde diese Steuerermäßigung auf Kinderbetreuungs- und Pflegeleistungen erweitert. Für sog. Pflegedienste wird ein zusätzlicher Betrag von 600 € (insgesamt also 1200 €) gewährt werden. Ferner sind es ab 2006 bei Inanspruchnahme von Handwerkerleistungen für Renovierungs-, Erhaltungs- und Modernisierungsmaßnahmen 20 % der Aufwendungen, die auf Arbeitskosten entfallen, höchstens aber 600 €, von der tariflichen Einkommensteuerschuld als Steuerermäßigung abziehbar (zur Erläuterung s. BMF v. 3.11.2006, BStBl. I 2006, S. 711 - 714).

4.12.7 Steuerermäßigung für unentgeltliche ehrenamtliche Tätigkeiten

Nach § 34 h EStG-Entwurf soll im Jahr 2007 nach einem Gesetzentwurf für Steuerpflichtige, die im Kalenderjahr mindestens 20 Stunden unentgeltlich alte, kranke oder behinderte Menschen betreuen, die Einkommensteuer um 300 € (als Abzugsbetrag von der Steuerschuld) ermäßigt werden.

Dommermuth u. a. (2006): Betriebliche Steuern, Band 2, Ertragsteuern, 2. Aufl., S. 47 - 56;
Grefe (2006): Unternehmenssteuern, 10. Aufl., S. 234 - 251;
Rose (2004): Die Ertragsteuern, 18. Aufl., S. 35 - 36, 61 - 63, 164 - 166.;
Scheffler (2006): Besteuerung von Unternehmen I, 9. Aufl., S. 131 - 137.

4.13 Übungsfall zur Einkommensteuer

Thomas Fröhlich, geb. am 15.06.1953, wird mit seiner Ehefrau Nicole, die am 23.03.1957 geboren wurde, zusammen veranlagt. Thomas und Nicole wohnen gemeinsam mit ihrem Sohn Alex, geb. am 10.6.1992, Schüler, in Rastatt. Die Familie Fröhlich ist konfessionslos. Aus den Büchern und Unterlagen ergibt sich für 2007 Folgendes:

1) Ausgeschütteter Gewinnanteil aus einer Beteiligung des Ehemannes an einer GmbH (nach Abzug der Kapitalertragsteuer) 8.400,00 €; abzugsfähige Ausgaben 195,00 €.

2) Die Ehefrau ist an einer KG als Kommanditistin zu 25 % in Rastatt beteiligt. Ihr Gewinnanteil hat für das Wirtschaftsjahr 2007 5.000,00 € betragen. Neben ihrem Gewinnanteil erhielt die Ehefrau einen Unternehmerlohn in Höhe von 18.500,00 € p. a. Aufgrund ihrer Tätigkeit fielen bei Nicole Fröhlich 600,00 € an abzugsfähigen Aufwendungen an.

3) Der Ehemann ist als Rechtsanwalt eigenverantwortlich tätig. Er hat 2007 aus dieser Tätigkeit 50.000,00 € vereinnahmt. An Betriebsausgaben hat er in diesem Zeitraum 17.000,00 € abgesetzt (Gewinnermittlung nach § 4 Abs. 3 EStG). Unter den schon berücksichtigten Betriebsausgaben befindet sich auch eine Mietzahlung für den Januar 2008 in Höhe von 1.000,00 €, die am 28.12.2007 überwiesen wurde. Thomas Fröhlich hat außerdem eine zweifelhafte Forderung in Höhe von 10.000,00 € gegenüber einem Unternehmer, der inzwischen Insolvenz angemeldet hat, wobei mit einer Insolvenzquote von 40 % gerechnet wird.

4) Zinsen auf dem Sparkonto der Ehefrau nach Abzug der Zinsabschlagsteuer: 1.050,00 € (kein Freistellungsantrag).

5) Thomas Fröhlich hat am 11.02.2007 Aktien für 15.000,00 € erworben. Er hat diese Aktien am 21.11.2007 für 18.000,00 € wieder verkauft. Durch den An- und Verkauf sind ihm Kosten in Höhe von 705,00 € entstanden. Weitere Verkäufe von Wertpapieren haben die Ehegatten Fröhlich im Jahr 2007 nicht getätigt.

6) Thomas Fröhlich hat im Juni 2007 an eine gemeinnützige Forschungseinrichtung eine Spende in Höhe von 150,00 € überwiesen.

7) Das Ehepaar Fröhlich hat für Krankenversicherungen 5.000,00 € ausgegeben. Daneben hat Nicole Fröhlich für eine private Rentenversicherung (ohne Kapitalwahlrecht nach neuem Recht) Ausgaben in Höhe von 4.000,00 € getätigt.

   a) Ermitteln Sie für das Jahr 2007 die Einkünfte je Einkunftsart!
   b) Wie hoch ist im Jahr 2007 der Gesamtbetrag der Einkünfte?
   c) Ermitteln Sie das "Einkommen"!
   d) Prüfen Sie, ob das Ehepaar Fröhlich Kindergeld beziehen oder den Kinderfreibetrag in Anspruch nehmen soll!
   e) Wie hoch ist unter Berücksichtigung Ihrer Entscheidung im Fall d) das "zu versteuernde Einkommen" des Jahres 2007?
   f) Berechnen Sie die Einkommensteuer des Jahres 2007!
   g) Wie hoch ist die noch zu zahlende Einkommensteuerschuld (unter Vernachlässigung der anrechenbaren Gewerbesteuer)?

Lösungshinweise

a) Ermittlung der Einkünfte

- Einkünfte aus Gewerbebetrieb (§ 15 EStG)		22.900,00
KG-Gewinnanteil (Nr. 2):	5.000,00	
+ Unternehmerlohn (Nr. 2):	18.500,00	
./. Betriebsausgaben (Nr. 2):	600,00	
- Einkünfte aus selbständiger Arbeit (§ 18 EStG)		34.000,00
Rechtsanwalt (Nr. 3)		
Einnahmen	50.000,00	
./. Betriebsausgaben (vorläufig)	17.000,00	
+ Miete Januar 08 (§ 11 EStG)-Korrektur	1.000,00	

Zweifelhafte Forderung ist hier nicht als Korrektur zu berücksichtigen, da diese bei der sog. Einnahmen-/Ausgaben-Rechnung nach § 4 Abs. 3 EStG im Gegensatz zur bilanziellen Gewinnermittlung noch nicht als Ertrag bzw. Einnahme erfasst ist.

- Einkünfte aus nichtselbständiger Arbeit (§ 19 EStG)		0,00
- Einkünfte aus Kapitalvermögen (§ 20 EStG)		5.148,00

a) Ehemann (Nr. 1):		b) Ehefrau (Nr. 4)	
Zufluss	8.400		1.050
KapESt (20/80)	2.100	+ ZASt (3/7)	450
Zwischensumme	10.500		1.500
./. 50 % steuerfrei (§ 3 Nr. 40 EStG)	5.250		
	5.250		

Summe für beide Ehegatten (vereinfacht)	6.750
./. Werbungskosten (§ 3 c Abs. 2 EStG: 50 % von 195 = 97,5 < 102 => § 9 a Nr. 2 EStG)	102
./. Freibetrag (§ 20 Abs. 4 EStG)	1.500
Summe (§ 20 EStG)	5.148

- Einkünfte aus Vermietung und Verpachtung (§ 21 EStG)	0,00
- Sonstige Einkünfte (§ 22 Nr. 2 i. V. m. § 23 EStG):	
Private Veräußerungsgeschäfte	1.147,50

Aktienverkauf: Frist < 1 Jahr (§ 23 Abs. 1 Nr. 2 EStG);
über Freigrenze (512 €; Abs. 3 Satz 6)
- Berechnung:
(18.000,00 ./. 15.000,00 ./. 705) x 0,5 = 1.147,50
Es gilt für den Veräußerungspreis das Halbeinkünfteverfahren nach § 3 Nr. 40 j EStG. Werbungskosten dürfen nach § 3 c Abs. 2 EStG nur zur Hälfte abgezogen werden.

Summe der Einkünfte (Abrundung)	**63.195,00**

b) **Gesamtbetrag der Einkünfte**			**63.195**
Ermittlung: = Summe der Einkünfte, da keine sonstigen Abzüge			
c) **Ermitteln Sie das "Einkommen"**			**54.143**
Berechnung:			
Ausgangsgröße: Bezeichnung: GdE		63.195	
Abziehbarkeit nach neuem Recht:			
Altersvorsorgeaufwendungen (§ 10 Abs. 3 EStG): max. 64 % von 40.000 (ZV) = 24.800, jedoch nicht mehr als 64 % der gezahlten Rentenversicherungen:	0,64 x 4.000 =	2.560	
Sonstige Vorsorgeaufwendungen 5.000, maximal aber 2 x 2.400 (§ 10 Abs. 4 EStG) =		4.800	
Abziehbare Vorsorgeaufwendungen:		**7.360**	
Günstigerprüfung (§ 10 Abs. 4 a Satz 2 EStG):			
Abziehbarkeit nach altem Recht:			
Beschränkt abziehbare Sonderausgaben: (Rentenversicherung vollständige Berücksichtigung, nicht zu 88 %)		9.000	
Ermittlung: Abzug: Vorwegabzug (§ 10 Abs. 3 Nr. 2 EStG 2004): – keine Kürzung, da kein Arbeitslohn		6.136	
Grundhöchstbetrag (§ 10 Abs. 3 Nr. 1 EStG 2004):		2.668	
Summe:		8.804	
Differenz:		196	
(§ 10 Abs. 3 Nr. 4 EStG 2004) hälftig abziehbar (maximal 1.334)		98	
Abziehbar nach altem Recht: 6.136 + 2.668 + 98 =		**8.902**	

Alternativrechnung nach § 10 Abs. 4 a Satz 3 EStG:

Krankenversicherung (innerhalb des Vorwegabzugs)	5.000
Erhöhungsbetrag:	
„Rürup-Renten"-Beiträge: 0,64 x 4.000 =	2.560
	7.560

Günstigerprüfung führt zur Anwendung des alten Rechts (§ 10 Abs. 4 a Satz 2; abziehbar somit: 8.902 statt 7.360)

Sonstige Sonderausgaben (§ 10 b EStG)
Bezeichnung/Höhe: **Spende:** **150**
Sonstige Abzüge: Bezeichnung: keine

d) Kinder- und Betreuungsfreibetrag oder Kindergeld? **54.143**

Kindergeld: 1 Kind (§ 66 EStG): 154 x 12 Monate = 1.848 Zahlung

Minderung der Bemessungsgrundlage bei Freibeträgen:

§ 32 Abs. 6: Kinderfreibetrag :1.824 x 2 =	3.648	(Zusammenveranlagung)
Betreuungs-/Erziehungsfreibetrag:	2.160	(doppelt)
Summe	5.808	

Bemessungsgrundlage bei Inanspruchnahme des Kinderfreibetrags

54.143 – 5.808 = 48.335

Splitting-Tarif: 48.335/2 = 24.167; z = (24.167 ./. 12.739)/10.000 = 1,1428;

ESt/2 = ([228,74 x 1,1428] + 2.397) x 1,1428 + 989 = 4.027

=> ESt = 2 x 3.846 =	8.054
Rückzahlung Kindergeld:	+ 1.848
Gesamtbelastung	9.902

Einkommensteuer auf z. v. E. von 54.143 laut Splittingtarif: 9.788

=> Inanspruchnahme der Freibeträge ist schlechter, da Gesamtbelastung von 9.902 bei Rückzahlung des Kindergeldes größer als die Steuerbelastung auf 54.143 (zu versteuerndes Einkommen ohne Freibeträge) ist. Die sog. „Günstigerprüfung" (§ 31 EStG) erfolgt automatisch durch das Finanzamt.

e) Zu versteuerndes Einkommen (vgl. d)) **54.143**

f) Einkommensteuer laut Splittingtarif (2007) **9.788**

g) Einkommensteuerschuld

Ermittlung:

ESt:	9.788,00	
. /. KapESt	2.100,00	
. /. ZASt	450,00	
Rest-ESt	**7.238,00**	
+ Kindergeld	0,00	(§ 36 Abs. 2 Satz 1 EStG Rückzahlung entfällt, da kein Freibetrag in Anspruch genommen wurde)
ESt-Schuld	**7.238,00**	

4.14 Kirchensteuer

Besteuert wird aufgrund der Zugehörigkeit zu einer kirchlichen Körperschaft. Steuerpflichtig sind alle Mitglieder und zwar in dem Kirchengebiet der Konfession, in dem sie wohnen. Bemessungsgrundlage für die Kirchensteuer ist grundsätzlich die Jahreseinkommensteuer (bzw. die Lohnsteuer). Die Berechnung erfolgt aufgrund von § 51 a Abs. 2 EStG. Der Steuersatz schwankt je nach Bundesland zwischen **8 %** und **9 %** der Einkommensteuer (Lohnsteuer). In einigen Kirchensteuergesetzen ist eine Mindestkirchensteuer vorgesehen.

4.15 Solidaritätszuschlag

Zur Finanzierung der Vollendung der Einheit Deutschlands wird seit dem 1. Januar 1995 ein Zuschlag zur Lohn-, Einkommen- und Körperschaftsteuer von allen Steuerpflichtigen erhoben.

Bemessungsgrundlage:

Einkommensteuer ➔ festgesetzte Einkommensteuer

Körperschaftsteuer ➔ festgesetzte Körperschaftsteuer

Der Solidaritätszuschlag beträgt derzeit **5,5 %** der jeweiligen Bemessungsgrundlage. Das Aufkommen aus dem Solidaritätszuschlag steht dem Bund zu.

4.16 Exkurs: Grundlagen der Eigenheimzulage

Unbeschränkt Steuerpflichtige i. S. d. EStG haben *für bis zum 31.12.2005 erworbene Objekte* nach dem Eigenheimzulagengesetz (§ 1 EigZulG) unter bestimmten Voraussetzungen Anspruch auf eine Eigenheimzulage (siehe Schaubild): Grundsätzlich muss es sich um ein begünstigtes Objekt nach § 2 EigZulG handeln. Begünstigt ist die Herstellung oder Anschaffung einer Wohnung im eigenen Haus oder einer eigenen Eigentumswohnung. Der Belegenheitsort muss jeweils im Inland sein. Nicht begünstigt ist u. a. eine Ferien- oder Wochenendwohnung. Unter den Begriff der Herstellung fallen auch Ausbauten und Erweiterungen an einer inländischen Wohnung. Der Anspruchsberechtigte kann die Eigenheimzulage im Jahr der Fertigstellung oder Anschaffung und in den sieben folgenden Jahren in Anspruch nehmen (Förderzeitraum nach § 3 EigZulG), soweit er die Wohnung zu eigenen Wohnzwecken nutzt.

Die Eigenheimzulage wurde durch die neue Große Koalition ab dem 1.1.2006 abgeschafft. Die bisherige Begünstigung läuft aber für die auslaufenden Objekte, die vor dem 1.1.2006 erworben oder für die im Fall der Herstellung noch ein Bauantrag vor diesem Stichtag gestellt wurde, noch acht Jahre weiter. Daher hat die bisherige Regelung noch bis zum Jahr 2013 Bedeutung.

Die bisherigen Regelungen sind dem folgenden Schaubild zu entnehmen.

Recht bis 31.12.2003	Recht vom 01.01.2004 bis 31.12.2005

Anspruch auf Eigenheimzulage

Recht bis 31.12.2003

Anspruch auf Eigenheimzulage besteht, wenn eine Wohnung oder ein Haus für **eigene Wohnzwecke** erworben wird und das Einkommen im Erwerbsjahr und Vorjahr zusammen ≤ 81.807 € (zusammenveranlagte Eheleute: 163.614 €) beträgt.

Die Einkommensgrenze erhöht sich für jedes haushaltszugehörige, steuerlich zu berücksichtigende Kind um 30.678 €

Recht vom 01.01.2004 bis 31.12.2005

Für Gebäude, die nach dem 31.12.2003 angeschafft bzw. mit deren Herstellung begonnen wird, sinkt diese Einkommensgrenze (= Summe der positiven Einkünfte) auf 70.000 € bzw. 140.000 € (zzgl. 30.000 € für jedes Kind). *Der Anspruch auf Eigenheimzulage entfällt, wenn der Erwerb (sog. obligatorisches Geschäft) oder der Bauantrag nach dem 31.12.2005 erfolgt.*

➔ **Steuerliche Auswirkung:** Kreis der anspruchsberechtigten Personen wird sinken !

Höhe der steuerlichen Förderung

Recht bis 31.12.2003

Die Höhe der steuerlichen Förderung ist vom **Alter** des Objekts abhängig.

Neubauten: 5 % der Aufwendungen, höchstens 2.556 €/Jahr im Jahr des Erwerbs und den folgenden 7 Jahren. Für jedes Kind erhöht sich die Förderung um 767 €/Jahr.

Altbauten/Ausbauten/Erweiterungen: 2,5 % der Aufwendungen, höchstens 1.278 €/Jahr im Jahr des Erwerbs und den folgenden 7 Jahren. Für jedes steuerlich anzuerkennende und haushaltszugehörige Kind erhöht sich die Förderung um 767 €/Jahr.

„Öko-Zulagen“:

Für Niedrigenergiegebäude gibt es zusätzlich zur Grundförderung für Neu- oder Altbauten 205 €/ Jahr. Der Einbau einer Wärmepumpenanlage mit einer spezifischen Leistungszahl, Solaranlagen oder eine Anlage zur Wärmerückgewinnung wird zusätzlich zur Grundförderung für Alt- und Neubauten mit 2 % der insoweit entstehenden Aufwendungen, jedoch höchstens mit 256 € gefördert.

Recht vom 01.01.2004 bis 31.12.2005

Die bisherigen Förderbeträge sollen nur noch gewährt werden, wenn das Objekt vor dem 1.1.2004 **angeschafft** oder mit der **Errichtung** begonnen worden ist. Es wird nicht mehr zwischen **Alt**- und **Neu**objekten unterschieden.

Neu-/Alt-/Ausbauten/Erweiterungen: 1 % der Aufwendungen, höchstens 1.250 €/Jahr im Jahr des Erwerbs und den folgenden 7 Jahren. Für jedes steuerlich anzuerkennende und haushaltszugehörige Kind erhöht sich die Förderung um 800 €/Jahr.

„Öko-Zulagen“: Entfallen für Anschaffungen / Einbauten ab dem 1.1.2003!

5. Gewerbesteuer

Als Gemeindesteuer gehört die Gewerbesteuer, auch als Gewerbeertragsteuer bezeichnet, zu den Real- oder Objektsteuern. Der Zweck der Gewerbesteuer liegt darin, als Einnahmen der Gemeinden zur Deckung von Lasten durch Gewerbebetriebe beizutragen. Seit dem Veranlagungszeitraum 2004 sind die Gemeinden verpflichtet, die Gewerbesteuer mit einem Hebesatz von mindestens 200 % (§ 16 Abs. 4 Satz 2 GewStG) zu erheben. Das Aufkommen der Gewerbesteuer steht nach Artikel 106 Abs. 6 GG somit den Gemeinden zu. Bund und Länder sind durch eine Umlage auch daran beteiligt. Durch die Festsetzung der Hebesätze kann die Gemeinde die Höhe des Gewerbeertragsteueraufkommens beeinflussen. Gegenstand der Besteuerung ist ein Objekt (siehe 5.1), d. h. ohne Rücksicht darauf, wem das Objekt gehört und wem die daraus erwirtschafteten Erträge zufließen. Die persönlichen Verhältnisse bleiben somit bei der Festsetzung und Erhebung der Gewerbesteuer weitgehend unberücksichtigt.

5.1 Steuergegenstand der Gewerbesteuer (Steuerobjekt)

Nach § 2 Abs. 1 GewStG unterliegt der **Gewerbebetrieb** im Sinne des Einkommensteuergesetzes (§ 15 Abs. 2 EStG) als Objekt der Gewerbesteuer, nicht die natürliche Person (Gesellschafter). Der Gewerbebetrieb ist für die Gewerbesteuer heranzuziehen, soweit er im Inland betrieben wird, d. h. in einer „deutschen" Gemeinde eine – oder mehrere – Betriebsstätte(n) nach § 12 AO unterhalten werden. Es gibt folgende Formen des Gewerbebetriebs:

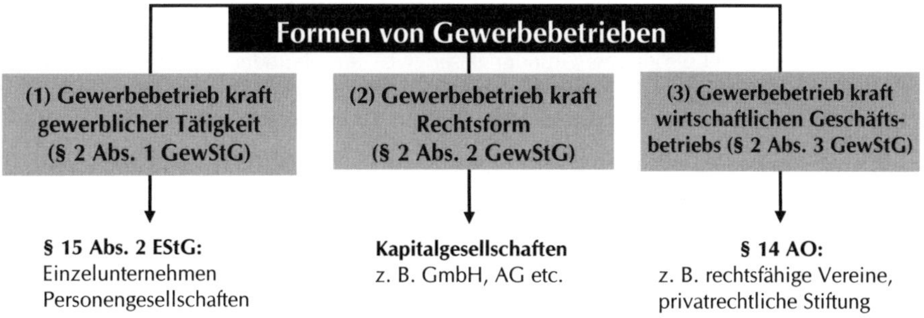

Beispiel zu (3): Der Kegel-Verein gibt Speisen und Getränke gegen Entgelt an seine Mitglieder ab. Diese Tätigkeit wird – wie eine Gastwirtschaft – als Gewerbebetrieb behandelt.

Befinden sich **mehrere** inländische Betriebe in der Hand eines Gewerbetreibenden, so ist dies gewerbesteuerlich wie folgt zu beurteilen:

1) Bei Einzelunternehmen ist nach der Art der Betätigung zu differenzieren. Werden mehrere Betriebe verschiedener Art betrieben, beispielsweise ein Buchhandel und eine Brauerei, so ist jeder Betrieb als eigenständiges Steuerobjekt zu behandeln (R 16 Abs. 1 GewStR). Ob die einzelnen Betriebe in derselben Gemeinde oder in verschiedenen Gemeinden liegen, ist in diesem Fall bedeutungslos. Werden mehrere Betriebe gleicher Art betrieben, sind sie als ein Gewerbebetrieb anzusehen, wenn sie eine wirtschaftliche Einheit darstellen. Als gleichartig gelten Betriebe, wenn sie sachlich, vor allem wirtschaftlich, finanziell oder organisatorisch innerlich zusammenhängen (R 16 Abs. 2 GewStR).

2) **Personengesellschaften** (Mitunternehmerschaften) und **Kapitalgesellschaften** gelten stets als einheitlicher Gewerbebetrieb (R 16 Abs. 3 und 4 GewStR). Betreibt beispielsweise die Tee OHG in Pforzheim einen Teeladen für ausgefallene Teesorten, ein Verlagsgeschäft und ein Schmuckgeschäft, so liegt ein einheitlicher Gewerbebetrieb vor, obwohl die Tee OHG in drei ganz unterschiedlichen Geschäftszweigen tätig ist.

Die Frage, ob beim Vorhandensein von mehreren Betrieben eine wirtschaftliche Einheit vorliegt, hat **Bedeutung** für die Ergebnisverrechnung und für die Gewährung von Freibeträgen und Staffeltarifen.

5.2 Steuerschuldner

Von der sachlichen Steuerpflicht, d. h. der Frage nach dem Steuergegenstand, ist die persönliche Steuerpflicht zu trennen, d. h. die Frage, wer die zu zahlende Steuer entrichten muss. Nach § 5 Abs. 1 Satz 1 GewStG ist der **Unternehmer** (Einzelunternehmer, die Personengesellschaft oder die Kapitalgesellschaft als juristische Person selbst) Steuerschuldner der Gewerbeertragsteuer. Zeitlich entsteht nach § 18 GewStG die Gewerbeertragsteuer mit Ablauf des jeweiligen Erhebungszeitraums. Grundsätzlich ist das Kalenderjahr maßgebend (§ 14 Satz 2 GewStG). Eine Ausnahme besteht bei einem Rumpfwirtschaftsjahr (< 12 Monate), das bei Betriebseröffnung (Gründung), -erwerb, -aufgabe oder -veräußerung entsteht. In diesem Fall besteht die Gewerbesteuerpflicht nicht während eines ganzen Kalenderjahres, sondern es kommt entsprechend der kürzere Erhebungszeitraum nach § 14 Satz 3 GewStG zur Anwendung.

5.3 Generelle Vorgehensweise zur Ermittlung der Gewerbeertragsteuer

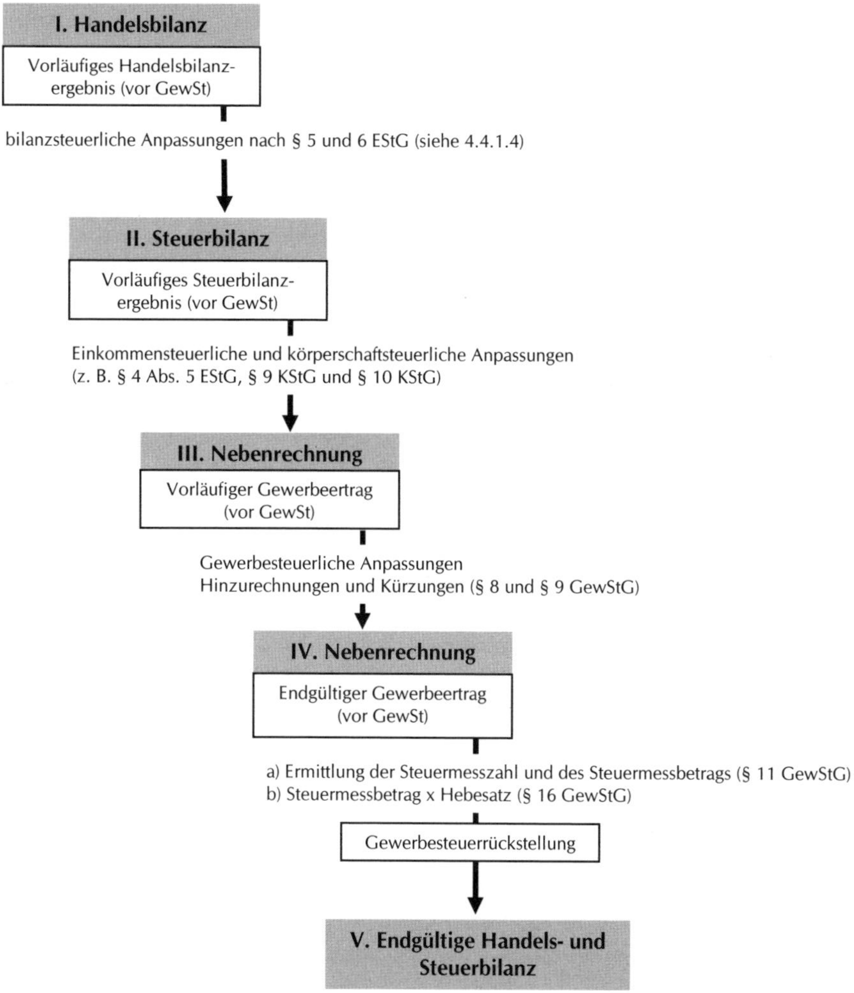

5.4 Bemessungsgrundlage der Gewerbeertragsteuer

Bemessungsgrundlage für die Gewerbeertragsteuer ist der **Gewerbeertrag** nach § 6 Abs. 1 GewStG. Basis für den zu ermittelnden Gewerbeertrag ist der nach den Vorschriften des Einkommensteuergesetzes oder des Körperschaftsteuergesetzes korrigierte steuerliche Gewinn (§ 7 GewStG). Steuerliche Korrekturen sind z. B. für die nach § 4 Abs. 5 EStG nicht abzugsfähigen Betriebsausgaben erforderlich. Dieser angepasste steuerliche Gewinn ist im Hinblick auf den Objektsteuercharakter durch Hinzurechnungen (§ 8 GewStG) und Kürzungen (§ 9 GewStG) – nochmals für die Gewerbeertragsteuer – anzupassen und ergibt den modifizierten Erfolg (Gewinn oder Verlust) aus dem Gewerbebetrieb. Durch die entsprechenden Kürzungen sollen vor allem Doppelbelastungen mit Objektsteuern vermieden werden. Da nur die inländischen Betriebsstätten steuerpflichtig sind, sind außerdem von der Bemessungsgrundlage sämtliche auf ausländische Betriebsstätten entfallenden Besteuerungsgrundlagen auszusondern.

Bei natürlichen Personen und bei Personengesellschaften ist zu beachten, dass nur der laufende Erfolg aus dem Gewerbebetrieb in Betracht kommt. Die Einkünfte aus Gewerbebetrieb, die sich aus dem § 16 EStG ergeben, also außerordentliche Gewinne aus der Veräußerung oder der Aufgabe von (Teil-)Betrieben oder Mitunternehmeranteilen gehören nicht zur Ausgangsgröße für die Berechnung des Gewerbeertrags. Die zu gewerblichen Einkünften erklärten Erfolge aus der Veräußerung von Anteilen (≥ 1 %) an Kapitalgesellschaften fallen nicht in einem Gewerbebetrieb an, folglich unterliegen sie schon allein aus diesem Grund nicht der Gewerbesteuer.

5.4.1 Ermittlungsschema der Gewerbesteuer

	GEWINN gemäß § 7 GewStG im Sinne des EStG und KStG
+	Hinzurechnungen gemäß § 8 GewStG
./.	Kürzungen gemäß § 9 GewStG
=	**Gewerbeertrag** gemäß § 6 und § 7 GewStG
./.	ggf. Gewerbeverlust gemäß § 10 a GewStG
./.	Freibetrag gemäß § 11 Abs. 1 Nr. 1 GewStG (24.500 € für Persongesellschaften und Abrundung auf volle 100 € nach § 11 Abs. 1 Satz 3 GewStG)
=	**maßgebender Gewerbeertrag X Steuermesszahl** (§ 11 GewStG) (für Personengesellschaften: Staffeltarif gemäß § 11 Abs. 2 Nr. 1 GewStG)
=	**Steuermessbetrag**
	Steuermessbetrag x Hebesatz der Gemeinde (§ 16 GewStG)
=	**Gewerbesteuer**

5.4.2 Hinzurechnungen (§ 8 GewStG, R 45 - 55 GewStR)

Voraussetzung für die Hinzurechnung der in § 8 GewStG bezeichneten Beträge ist, dass diese den Gewinn zunächst gemindert haben. Was nicht zu Lasten des Gewinns berücksichtigt wurde, ist auch nicht hinzurechnungspflichtig. *Ab 2008 werden sich voraussichtlich im Rahmen der Unternehmensteuerreform bei den Hinzurechnungen (z. B. Zinsen und Gebäudemieten) erhebliche Änderungen ergeben (s. dazu Kap. 8.2).*

Nr. 1: Hinzurechnung der **Hälfte** der Entgelte für Dauerschulden (**Dauerschuldzinsen**; R 45 und R 46 GewStR). Zu den Dauerschulden gehören zum einen Schulden, die wirtschaftlich mit der Gründung oder dem Erwerb des (Teil-)Betriebs oder eines Anteils am Betrieb oder mit einer Erweiterung bzw. Verbesserung des Betriebs zusammenhängen. Zinszahlungen, gewinnabhängige Vergütungen für die Darlehensüberlassung sind u. a. Beispiele hierfür. Zum anderen gehören zu den Dauerschulden auch Schulden, die der nicht nur vorübergehenden Verstärkung des Betriebskapitals dienen. Die Stärkung des Betriebskapitals muss auf jeden Fall dauerhaft, also nachhaltig sein. Typische Beispiele hierfür sind Anleihen und Obligationen, Hypothekenschulden und langfristige Bankkredite. Schulden des laufenden Geschäftsverkehrs mit einer Laufzeit von weniger als zwölf Monaten, wie beispielsweise Kontokorrentschulden aus Warenlieferungen, haben keinen Dauerschuldcharakter und gehören deshalb nicht zu den Dauerschulden.
Als **Entgelt** kommen neben der laufenden Verzinsung auch einmalige gezahlte Zinsen, wie z. B. das Damnum und Disagio, in Betracht.

Nr. 2: Erhöhung um **Renten** und **dauernde Lasten**, die wirtschaftlich mit der Gründung oder dem Erwerb des (Teil-)Betriebs oder eines Anteils zusammenhängen. Eine Hinzurechnung erfolgt deshalb nur, soweit die Beträge bei der Ermittlung der Ausgangsgröße als Betriebsausgabe abgesetzt worden sind. Pensionszahlungen an Arbeitnehmer und Aufwendungen aus der Aufstockung von Pensionsrückstellungen für Arbeitnehmer des Betriebs sind keine nach § 8 Nr. 2 GewStG hinzurechnungspflichtigen Renten.

Nr. 3: Hinzurechnung von Gewinnanteilen der **echten (typischen) stillen Gesellschafter**, soweit die Gewinnanteile nicht beim Empfänger der Gewerbesteuer unterliegen (Vermeidung einer Doppelbesteuerung!). Der Empfänger der Gewinnanteile darf also die Beteiligung nicht in einem inländischen gewerblichen Betriebsvermögen halten.

Nr. 5: Hinzurechnungen aufgrund der Steuerbefreiungen für Dividenden nach § 3 Nr. 40 EStG und § 8 b KStG, sofern keine Beteiligung von mindestens 10 % („Schachtelgesellschaft") vorliegt (sog. Streubesitz). Die nicht abziehbaren Betriebsausgaben nach § 3 c Abs. 2 EStG oder § 8 b Abs. 5 KStG sind bei der Bemessungsgrundlage dieser Hinzurechnung abzuziehen.

Nr. 7: Erhöhung um die **Hälfte** der **Miet**- und **Pachtzinsen** für Wirtschaftsgüter des Anlagevermögens, die nicht in Grundbesitz bestehen und sich im Eigentum einer anderen Person befinden. Beispiele hierfür sind: Mietzahlungen für Maschinen, maschinelle Anlagen, Betriebe etc. Die Einbeziehung des Grundbesitzes entfällt deshalb, da dieser bereits mit der Grundsteuer belastet ist (Vermeidung einer Doppelbesteuerung!). Zu beachten ist, dass bei einem gewerbesteuerpflichtigen Vermieter die Hinzurech-

nung beim Mieter nur dann erfolgt, wenn der Gegenstand ein (Teil-)Betrieb ist und die entsprechenden Aufwendungen 125.000 € übersteigen.
Hiermit korrespondiert eine entsprechende Kürzung beim gewerbesteuerpflichtigen Vermieter nach § 9 Nr. 4 GewStG. Mietet oder pachtet ein Gewerbebetrieb Wirtschaftsgüter des Anlagevermögens, die nicht in Grundbesitz bestehen, von einem Privatmann oder einem ausländischen Gewerbetreibenden, so ist die Hälfte der Miet- und Pachtaufwendungen wieder hinzuzurechnen, ohne dass eine entsprechende Kürzungsmöglichkeit vorliegt.

Nr. 8: Hinzurechnung der **Verlustanteile** an einer anderen gewerbetreibenden Personengesellschaft (Mitunternehmerschaft), da diese Personengesellschaft über einen Verlustvortrag selbst geltend machen kann.

5.4.3 Kürzungen (§ 9 GewStG, R 59 – 65 GewStR)

Nr. 1: Für den zum Betriebsvermögen gehörenden **Grundbesitz** ist eine Kürzung in Höhe von 1,2 % des maßgebenden Einheitswerts vorzunehmen. Der Grund für die Kürzung ist darin zu sehen, dass das Grundstück bereits mit der Grundsteuer (Realsteuer) belastet worden ist (Vermeidung einer Doppelbelastung). In § 20 Abs. 1 Satz 1 GewStDV ist geregelt, inwieweit Grundbesitz zum Betriebsvermögen gehört. Die Zugehörigkeit richtet sich dabei nach den Vorschriften des Einkommensteuergesetzes oder des Körperschaftsteuergesetzes. Maßgebend für die Zugehörigkeit sind grundsätzlich die Verhältnisse zu Beginn des Kalenderjahrs. Die Bemessungsgrundlage bildet der maßgebende Einheitswert. Da der Einheitswert auf den Stichtag 1.1.1964 abstellt, sind die zwischenzeitlich eingetretenen Wertsteigerungen durch einen Zuschlag von 40 % zu berücksichtigen (§ 121 a BewG).

Beispiel:
Einheitswert sei 100.000 €, Kürzungsbetrag: [100.000 x 140 %] x 1,2 % = 1.680 €.

Nr. 2: **Gewinnanteile** aus **Personengesellschaften** (Mitunternehmerschaft), da die andere Personengesellschaft Gewerbesteuer zahlt (Vermeidung einer Doppelbelastung).

Nr. 2 a und 7: **Gewinne** aus Anteilen an **Kapitalgesellschaften**, wobei zur Vermeidung einer doppelten Gewerbesteuerbelastung für diese Gewinne ein so genanntes Schachtelprivileg gilt und zwar sowohl für nicht steuerbefreite inländische als auch für internationale Kapitalgesellschaften. Zwingend erforderlich ist in beiden Fällen eine zu Beginn des Erhebungszeitraums bereits vorhandene Mindestbeteiligung von ≥ 10 % am Grund- oder Stammkapital. Folglich bleibt es bei einer Beteiligung von < 10 % bei einer mehrfachen Gewerbeertragsteuerbelastung der Beteiligungserträge. Die nichtabziehbaren Betriebsausgaben nach § 8 b Abs. 5 KStG in Höhe von 5 % der Beteiligungserträge können allerdings nach dem Jahressteuergesetz 2007 nicht gekürzt werden. Erhalten Personengesellschaften Dividenden von Kapitalgesellschaften, ist der zu kürzende Beteiligungsertrag zuvor mit den in unmittelbar Zusammenhang stehenden Aufwendungen zu verrechnen.

Nr. 3: Da der Gewerbesteuer nach § 2 Abs. 1 GewStG nur der inländische Gewerbebetrieb unterliegt, ist dementsprechend der auf den **ausländischen Betriebstätten** entfallende Anteil des Gewerbeertrags zu kürzen.

Nr. 5: Bestimmte aus Mitteln des Gewerbebetriebs geleistete **Spenden.**

Gründe für Hinzurechnungen und Kürzungen beim Gewerbeertrag			
Aufrechterhaltung des O b j e k t steuercharakters	**Einmalige Belastung mit Objektsteuern**	**Besteuerung am Ort des wirtschaftlichen Einsatzes**	**Besteuerung nur der inländischen Gewerbeerträge**
Hinzurechnung der 1. Entgelte für **Dauerschulden** (50%) gem. § 8 Nr. 1 2. Renten und dauernden Lasten gem. § 8 Nr. 2 3. Gewinnanteile stiller Gesellschafter gem. § 8 Nr. 3 4. Gewinnanteile von persönlich haftenden Gesellschaftern einer KGaA gem. § 8 Nr. 4 5. steuerfreien Dividenden in Streubesitz (§ 3 Nr. 40 EStG, § 8 b KStG) gem. § 8 Nr. 5	**Hinzurechnung** der Anteile am Verlust einer Personengesellschaft gem. § 8 Nr. 8 **Kürzung** um 1. 1,2 % vom Einheitswert der Betriebsgrundstücke gem. § 9 Nr. 1 Satz 1 2. Anteile am Gewinn von Personengesellschaften gem. § 9 Nr. 2 3. die Gewinne aus bestimmten Anteilen gem. § 9 Nr. 2 a und 2 b 4. die vom Mieter oder Pächter nach § 8 Nr. 7 hinzugerechneten Miet- und Pachtzinsen gem. § 9 Nr. 4	**Hinzurechnung** der Hälfte der Miet- und Pachtzinsen der nicht im Grundbesitz bestehenden Wirtschaftsgüter des Anlagevermögens gem. § 8 Nr. 7	**Hinzurechnung** der ausländischen Steuern auf ausländische Einkünfte, die nicht im Gewerbeertrag enthalten sind, gem. § 8 Nr. 12 **Kürzung** um 1. den auf eine nicht im Inland gelegene Betriebsstätte entfallenden Teil des Gewerbeertrags gem. § 9 Nr. 3 2. die Gewinne aus Anteilen an ausländischen Kapitalgesellschaften gem. § 9 Nr. 7 und an bestimmten ausländischen Gesellschaften gem. § 9 Nr. 8

Vgl. Endriss, Baßendowski, Küpper: Steuerkompendium, Band 1, 11. Aufl., 2007, S. 500.

Nr. 10 a. F.: Nach § 8 a KStG werden bei Überschreiten bestimmter Finanzierungsrelationen (Eigenkapital: Fremdkapital: 1 : 1,5) die im Rahmen der Bereitstellung von **Fremdkapital** durch wesentlich (> 25 %) **beteiligte Gesellschafter** erwachsenden Aufwendungen, also die **Vergütungen,** in verdeckte Gewinnausschüttungen umqualifiziert, wobei für den Mittelstand eine Freigrenze von 250.000 € gewährt wird. Im Körperschaftsteuerrecht dürfen diese Aufwendungen für das Gesellschafterfremdkapital (verdeckte Gewinnausschüttungen) das körperschaftsteuerliche Ergebnis nicht mindern, folglich sind sie in der Ausgangsgröße nach § 7 GewStG enthalten. Die Auswirkungen des § 8 a KStG schlagen ab dem Veranlagungszeitraum 2004 auf die Gewerbesteuer voll durch, da die bisherige Kürzung (§ 9 Nr. 10 GewStG a. F.) mit der Neuregelung des § 8 a KStG abgeschafft wird (s. dazu Kap. 6.2.4). Die von den Gesellschaftern zugeführten Finanzmittel, die nicht die Voraussetzungen des § 8 a KStG erfüllen (z. B. Zinsen unterhalb der Freigrenze) haben jedoch weiterhin den Charakter von Fremdkapital. Damit ist das entsprechende Entgelt für die Kapitalüberlassung als Entgelt für Dauerschulden nach § 8 Nr. 1 GewStG anzusehen.

Beispiel zur Ermittlung des Gewerbeertrags nach §§ 6 und 7 GewStG

Anmerkung: Bemessungsgrundlage vor Steuerrückstellung

Ausgangsdaten:

- Handelsrechtlicher Jahresüberschuss vor Steuern:	0 €
- Sachgeschenke (> 35 € netto):	2.500 €
- Bewirtungsaufwendungen (netto):	7.000 €
- aktivierte Ingangsetzungsaufwendungen:	55.000 €
- Dauerschuldzinsen:	100.150 €

Ermittlung des Gewerbeertrags:

	Ausgangsbasis: Handelsrechtlicher Jahresüberschuss vor Steuern:	0 €
./.	aktivierte Ingangsetzungsaufwendungen [(1)]:	55.000 €
+	Sachgeschenke (> 35 €; § 4 Abs. 5 Nr. 1 EStG) [(2)]:	2.500 €
+	nicht abzugsfähige Vorsteuer (19 % von 2.500 €)[(2)]:	475 €
+	Bewirtungsaufwendungen (30 % vom Nettobetrag; ohne Vorsteuer) [(2)]:	2.100 €
=	vorläufiges körperschaftsteuerliches zu versteuerndes Einkommen:	./. 50.075 €
+	Dauerschuldzinsen nach § 8 Nr. 1 GewStG (50 % von 100.000 €):	50.075 €
=	**Gewerbesteuerliche Bemessungsgrundlage nach § 6 und § 7 GewStG:**	**0** €

➔ Da die Bemessungsgrundlage 0,00 € beträgt, fällt keine Gewerbeertragsteuer an!

Anmerkungen:

(1) Die Aufwendungen für Ingangsetzung und Erweiterung können handelsrechtlich aktiviert werden (Aktivierungswahlrecht) oder sofort als Aufwand erfasst werden. Da laut Rechtsprechung für die Aufwendungen für Ingangsetzung und Erweiterung kein Wirtschaftsgut vorliegt, besteht steuerlich ein Aktivierungs**verbot**, d. h. diese Aufwendungen sind im Jahr des Anfalls als Betriebsausgabe zu erfassen!

(2) Zu den nicht abzugsfähigen Betriebsausgaben siehe unter 4.4.1.3.5. und 2.7 (Vorsteuer; Berücksichtigung der neuen BFH-Rechtsprechung),

5.4.4 Freibetrag für Einzelgewerbetreibende und Personengesellschaften

Der aufgrund von Hinzurechnungen und Kürzungen ermittelte positive Gewerbeertrag nach § 11 Abs. 1 Satz 3 GewStG ist auf volle 100 € nach unten abzurunden. Dieser abgerundete Wert ist bei natürlichen Personen (Einzelgewerbetreibende) und Personengesellschaften (Mitunternehmerschaften) um einen **Freibetrag** von 24.500 € zu mindern. Ist der abgerundete Gewerbeertrag geringer als 24.500 €, so reduziert sich der Freibetrag auf die Höhe des Gewerbeertrags.

Für bestimmte juristische Personen (z. B. Vereine) – nicht aber für reguläre Kapitalgesellschaften – ist nach § 24 KStG i. V. m. § 7 Satz 1 GewStG ein Freibetrag von 3.835 € vorgesehen.

Aus der Multiplikation des gestaffelten Gewerbeertrags mit einer **Steuermesszahl** (Gewerbesteuertarif) und anschließender Addition der Beträge ergibt sich der **Steuermessbetrag**. Die Höhe der Steuermesszahl differenziert – wie unter 5.4.5 dargestellt – nach der Rechtsform des Gewerbebetriebs.

5.4.5 Staffeltarif und Steuermesszahl

Bei **Einzelgewerbetreibenden** und bei **Personengesellschaften** (Mitunternehmerschaften) gilt eine nach der Höhe des Gewerbeertrags gestaffelte Steuermesszahl (§ 11 Abs. 2 Nr. 1 GewStG).

für die ersten	12.000 €	➔ 1 %,
für die weiteren	12.000 €	➔ 2 %,
für die weiteren	12.000 €	➔ 3 %,
für die weiteren	12.000 €	➔ 4 %,
für alle weiteren Beträge		➔ 5 %.

Bei **Kapitalgesellschaften** gilt eine einheitliche Steuermesszahl von 5 % (§ 11 Abs. 2 Nr. 2 GewStG).

Im Rahmen der Unternehmensteuerreform soll ab 2008 die Steuermesszahl auf 3,5 % gesenkt werden. Ferner soll die Staffelung bei Einzelgewerbetreibenden und Personengesellschaften abgeschafft werden (s. Kap. 8.2).

5.4.6 Hebesatz

Nach § 16 GewStG wird die Gewerbeertragsteuer mit einem auf den Steuermessbetrag anzuwendenden Prozentsatz (Hebesatz) festgesetzt und erhoben. Der Hebesatz wird von der hebeberechtigten Gemeinde (§ 4 GewStG) festgelegt, in der eine Betriebsstätte unterhalten wird. Befinden sich Betriebsstätten desselben Gewerbebetriebs in mehreren Gemeinden oder erstreckt sich die Betriebsstätte über mehrere Gemeinden, so ist die Gewerbesteuer anteilig nach dem Steuermessbetrag aufzuteilen. Als Mindesthebesatz gilt nach § 16 Abs. 4 Satz 2 GewStG 200 %. Der von der Gemeinde festgelegte Hebesatz muss nach § 16 Abs. 4 GewStG für alle in der Gemeinde vorhandenen Gewerbebetriebe gleich sein.

5.4.7 Gewerbesteueraufwand und -rückstellung im Jahresabschluss

Die Gewerbesteuer stellt einen durch den Betrieb veranlassten Aufwand und somit eine Betriebsausgabe nach § 4 Abs. 4 EStG dar. Da für die Gewerbesteuer kein Abzugsverbot besteht – wie bei der Einkommensteuer und Körperschaftsteuer –, ist sie bei der Gewinnermittlung als Betriebsausgabe abzugsfähig. Nach den Grundsätzen ordnungsmäßiger Buchführung (GoB) muss die Gewerbesteuer mit dem Betrag in die **Gewinn- und Verlustrechnung** eingebucht werden, der durch diese Wirtschaftsperiode verursacht worden ist. Nicht maßgebend ist der im laufenden Jahr durch Vorauszahlungen geleistete Betrag. In der **Schluss-Bilanz** sind für die Gewerbesteuer zum einen die rückständigen Vorauszahlungen als Schuld zu passivieren und zum anderen muss für eine evtl. sich ergebende Abschlusszahlung eine Gewerbesteuerrückstellung eingestellt werden (R 20 Abs. 2 EStR).

Bemessungsgrundlage für die Gewerbesteuer ist stets der Gewinn und der daraus abgeleitete Gewerbeertrag. Da die Gewerbesteuer aus dem Gewerbeertrag errechnet wird, entsteht ein mathematisches Problem: Die aus dem Gewerbeertrag zu errechnende Gewerbesteuer muss bereits bei ihrer eigenen Bemessungsgrundlage als Betriebsausgabe berücksichtigt werden. Die Gewerbesteuer ist also bei ihrer eigenen Ermittlung „selbst" abzugsfähig.

Für die Berechnung der noch nicht bekannten Gewerbeertragsteuer kommen im Rahmen der Jahresabschlusserstellung zwei Methoden zur Anwendung:

Methode 1: 5/6-Methode (R 4.9 Abs. 2 Satz 2 EStR)

Aus Vereinfachung kann die GewSt mit pauschal 5/6 des Betrags der GewSt angesetzt werden, der sich ohne Berücksichtigung der GewSt als Betriebsausgabe ergeben würde. Diese 5/6-Methode liefert allerdings nur das richtige Ergebnis, wenn der Hebesatz 400 % beträgt und die 5%ige Steuermesszahl zu berücksichtigen ist.

Es muss also grundsätzlich gelten: 5/6 = 1/1,2 [Divisor: 1,2 = 1 + (0,05 x 400 %)].

Beispiel: Die vorläufig ermittelte GewSt sei 72.000 €. Da die GewSt im Rahmen ihrer eigenen Ermittlung noch nicht als Betriebsausgabe abgezogen worden ist, wird die vorläufig ermittelte GewSt i. H. v. 72.000 € mit 5/6 multipliziert. Daraus ergibt sich die Gewerbesteuer i. H. v. 60.000 €. Die Differenz resultiert daraus, dass die GewSt bei ihrer eigenen Ermittlung als Betriebsausgabe abzugsfähig ist.

Methode 2: Divisor-Methode

Bei der Divisor-Methode werden Auswirkungen für unterschiedliche Hebesätze berücksichtigt. Für die Berechnung der Rückstellung wird ein Divisor bezogen auf die vorläufige Gewerbesteuer herangezogen.

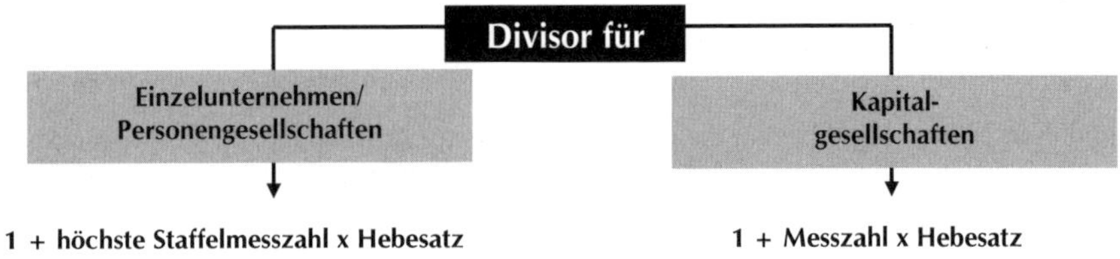

Ausgangsdaten:

- Gewinn v o r Gewerbesteuer- und (Körperschaftsteuer-)Rückstellung:	50.040 €
- Dauerschuldzinsen:	5.000 €
- Verlustanteil an einer OHG:	2.500 €
- Mieten für Pkw, Kopierer, Maschinen (Empfänger nicht gewerbesteuerpflichtig):	10.000 €
- Einheitswert des Grundbesitzes:	50.000 €
- Hebesatz der Gemeinde:	330 %

Steuerpflichtige:	**Einzelgewerbetreibender**	**Kapitalgesellschaft**
Gewinn nach § 7 GewStG vor Steuerrückstellungen:	50.040 €	50.040 €
+ Dauerschuldzinsen (50 % von 5.000 €):	2.500 €	2.500 €
+ Miete (50 % von 10.000 €; kein Grundbesitz):	5.000 €	5.000 €
+ Verlust aus dem Mitunternehmeranteil:	2.500 €	2.500 €
./. 50.000 € (Einheitswert) x 1,2 % x 140 % (§ 121 a BewG):	840 €	840 €
= maßgeblicher Gewerbeertrag:	59.200 €	59.200 €
./. Freibetrag nach § 11 Abs. 1 Satz 3 Nr. 1 GewStG:	24.500 €	kein FB !!!
= maßgebend für die Gewerbesteuermesszahl:	**34.700 €**	**59.200 €**

Ermittlung des „vorläufigen" Gewerbesteuermessbetrags:

für die ersten 12.000 €	→ 1 %:	120 €	-----
für die weiteren 12.000 €	→ 2 %:	240 €	-----
für die weiteren 12.000 €	→ 3 %:	321 €	-----
für die weiteren 12.000 €	→ 4 %:	-----	-----
für alle weiteren Beträge	→ 5 %:	-----	2.960 €
„Vorläufiger" Gewerbesteuermessbetrag:		**681 €**	**2.960 €**
Ermittlung der Gewerbeertragsteuer:		$\frac{330\ \%\ \text{x}\ 681\ €}{1 + (3\ \%\ \text{x}\ 330\ \%)}$	$\frac{330\ \%\ \text{x}\ 2.960\ €}{1 + (5\ \%\ \text{x}\ 330\ \%)}$
Gewerbeertragsteuer:		**2.044,86 €**	**8.384,55 €**

Gewerbesteuermessbetrag nach Divisor	**681 € /(1 + [3% x 330%])**	**2.960/(1 + [5% x 330%])**
	619,65 €	**2.540,77 €**

In diesen beiden Fällen kommt die Divisor-Methode zur Anwendung, da die Ausgangsbasis noch keine Gewerbesteuerrückstellung als abzugsfähige Betriebsausgabe berücksichtigt!

Beispiel 2: Ermittlung der Gewerbesteuer bei einer Personengesellschaft unter Berücksichtigung des Freibetrags und des Staffeltarifs (§ 11 Abs. 1 Nr. 1 i. V. m. Abs. 2 Nr. 1 GewStG)

Hebesatz der Gemeinde nach § 16 GewStG: 400 %

	Maßgeblicher Gewerbeertrag (n a c h Gewerbesteuerrückstellung):	59.500 €
./.	Freibetrag nach § 11 Abs. 1 Nr. 1 GewStG:	24.500 €
		35.000 €

Staffeltarif (§ 11 Abs. 2 Nr. 1 GewStG):

12.000 x 1 % =	120
12.000 x 2 % =	240
11.000 x 3 % =	330
Gewerbesteuermessbetrag.	**690**

Messbetrag	**x**	**Hebesatz**	**=**	**Gewerbeertragsteuer**
690	x	400 %	=	2.760 €

Da die Ausgangsbasis (maßgebender Gewerbeertrag) bereits die Gewerbesteuerrückstellung als Betriebsausgabe berücksichtigt, kommt der Divisor nicht in Betracht.
Der Divisor von 1,12 [= 1 + (3 % x 400 %)] würde zur Anwendung kommen, wenn die Gewerbesteuer noch nicht als Betriebsausgabe erfasst worden wäre.

Beispiel 3: Ermittlung der Gewerbesteuer bei einem Einzelunternehmen unter Berücksichtigung des Freibetrags und des Staffeltarifs (§ 11 Abs. 1 Nr. 1 i. V. m. Abs. 2 Nr. 1 GewStG)

Hebesatz: 400 %

Maßgeblicher Gewerbeertrag (n a c h Gewerbesteuerrückstellung):	252.000 €
./. Freibetrag (§ 11 Abs. 1 Nr. 1 GewStG):	24.500 €
	227.500 €

Staffeltarif

12.000 €	x	1 %:	120
12.000 €	x	2 %:	240
12.000 €	x	3 %:	360
12.000 €	x	4 %:	480
48.000 €			1.200
179.500 €	x	5 %:	8.975
Messbetrag:			10.175

Nebenrechnung

48.000 € x 5 %	= 2.400
	-1.200
	= 1.200 (Differenz)
227.500 € x 5 %	= 11.375
	-1.200
	10.175

Gewerbesteuer: 10.175 x 400 % = 40.700 €

Abwandlung von Beispiel 3:

	Maßgeblicher Gewerbeertrag (v o r Gewerbesteuerrückstellung):	292.700 €
./.	Freibetrag (§ 11 Abs. 1 Nr. 1 GewStG):	24.500 €
=	Maßgebender Betrag für die Steuermesszahl und Steuermessbetrag:	**268.200** €
	268.200 € x 5 % =	13.410 €
./.	[(12.000 + 12.000 + 12.000 + 12.000) x 5 % / 2] =	1.200 €
=	„vorläufiger" Gewerbesteuermessbetrag:	12.210 €

Ermittlung der Gewerbesteuer unter Berücksichtigung der Gewerbesteuerrückstellung (Divisor):

$$\frac{12.210 \times 400\,\%}{1 + (5\,\% \times 400\,\%)} = \frac{12.210 \times 400\,\%}{1{,}2} = \mathbf{40.700}\text{ €}$$

In der Abwandlung von Beispiel 3 könnte auch die 5/6-Methode zur Anwendung kommen, da der Hebesatz 400 % beträgt und die Berechnung mit dem 5%igen Staffeltarif erfolgt: 12.210 x 400 % x 5/6 = **40.700** €.

Ausblick auf die Unternehmensteuerreform ab 2008:
Ab 2008 soll die Gewerbesteuer nicht mehr als Betriebsausgabe abziehbar sein. Folglich ist dann keine Gewerbesteuerrückstellung in der Steuerbilanz zu bilden. Daher entfällt auch die Anwendung der Divisor- oder der 5/6-Methode. Bei einem Gewerbeertrag (vor Abzug der Gewerbesteuer) von 59.200 € ergibt sich bei Kapitalgesellschaften ab 2008 bei einer Gewerbesteuermesszahl von 3,5 % und einem Hebesatz von 330 % folgende Gewerbesteuer: 59.200 € x 0,035 x 3,3 = ***6837,60 €.***

5.5 Gewerbeverlust

Die Möglichkeit der interperiodischen Verlustverrechnung im Gewerbesteuerrecht ist in § 10 a GewStG geregelt. Danach besteht für negative Gewerbeerträge die Möglichkeit eines zeitlich unbefristeten **Verlustvortrags,** der allerdings nur bis zu einem Betrag von 1 Mio. Euro/Jahr unbeschränkt übertragen werden kann. Der darüber liegende Betrag kann nur bis zu 60 % des verbleibenden (positiven) Gewerbeertrags der Folgeperioden verrechnet werden (s. dazu das Beispiel in Kap. 6.4). Maßgebend für den Verlustvortrag ist der negative Gewerbeertrag nach Durchführung der Hinzurechnungen und Kürzungen. In den Folgeperioden ist der Gewerbeverlust vom Gewerbeertrag – wie unter 4.4.1 dargestellt – abzuziehen, sobald und soweit positive Gewerbeerträge entstehen. Ein Wahlrecht hinsichtlich des Zeitpunkts und Höhe der Anrechnungen besteht nicht. Die Höhe der vortragsfähigen Gewerbeverluste ist gesondert festzustellen. Ein **Verlustrücktrag** ist im Gewerbesteuerrecht **nicht** möglich.

In dem Fall, in dem ein Gewerbetreibender mehrere gewerbliche Betriebe unterhält, ist nicht – wie im Einkommensteuerrecht – ein Verlustausgleich von Gewerbeerträgen und Gewerbeverlusten aus verschiedenen Betrieben erlaubt. Somit darf der Gewerbeverlust nur bei demselben Gewerbebetrieb gekürzt werden, bei dem der Gewerbeverlust entstanden ist (Voraussetzung der Unternehmensgleichheit).

5.6 Entstehung, Festsetzung und Erhebung der Steuerschuld (§§ 18 - 21 GewStG)

Die Gewerbesteuer ist eine **Jahressteuer**. Sie entsteht mit Ablauf des Erhebungszeitraums. Nach § 14 Abs. 1 Satz 2 GewStG ist der Erhebungszeitraum das Kalenderjahr. Ein abgekürzter Erhebungszeitraum von < 12 Monaten wird zugrunde gelegt, wenn die Gewerbesteuerpflicht nicht während eines ganzen Kalenderjahrs bestanden hat (§ 14 Abs. 2 GewStG).

In § 14 Abs. 1 GewStG ist geregelt, dass auch der Steuermessbetrag für den Erhebungszeitraum festgesetzt wird. Die zur Ermittlung des Steuermessbetrags erforderlichen Angaben erhält das für den Gewerbebetrieb zuständige Finanzamt durch eine **Steuererklärung** nach § 14 a GewStG. Das zuständige Finanzamt setzt aufgrund der Erklärung in einem Gewerbesteuermessbescheid den Steuermessbetrag fest (§ 184 AO). Der Steuermessbescheid enthält noch keine konkrete Steuerschuld. Steuergläubiger der Gewerbesteuer sind vielmehr die Gemeinden, in denen sich die Betriebsstätte befindet. Die Gemeindesteuerämter setzen die Gewerbesteuer in einem Gewerbesteuerbescheid fest. Allerdings sind die Gemeinden an die von dem zuständigen Finanzamt getroffenen Feststellungen im Gewerbesteuermessbescheid gebunden. Die Gewerbesteuer ergibt sich durch Anwendung des Hebesatzes auf den Gewerbesteuermessbetrag.

Hat der steuerpflichtige Gewerbebetrieb Betriebsstätten in verschiedenen Gemeinden oder erstreckt sich eine Betriebsstätte auf mehrere Gemeinden, so hat eine anteilige Zerlegung des Steuermessbetrags zu erfolgen (§ 28 bis § 33 GewStG, R 75 GewStR). Als Zerlegungsmaßstab kommt i. d. R. das Verhältnis der an die Arbeitnehmer bei den einzelnen Betriebsstätten gezahlten Arbeitslöhne zum Gesamtbetrag der Arbeitslöhne zur Anwendung.

Die Gewerbesteuer wird erst nach Ablauf des Erhebungszeitraums festgesetzt, dementsprechend sind nach § 19 Abs. 1 GewStG Vorauszahlungen zu entrichten. **Vorauszahlungen** auf die Gewerbesteuer entstehen mit Beginn des Kalendervierteljahrs (§ 21 GewStG). Der Steuerschuldner hat nach § 19 GewStG am 15. Februar, 15. Mai, 15. August und am 15. November Vorauszahlungen zu leisten. Jede Vorauszahlung beträgt grundsätzlich ein Viertel der Gewerbesteuer, die sich bei der vorangegangenen Veranlagung ergeben hat.

Die geleisteten Vorauszahlungen werden auf die endgültige Steuerschuld des Erhebungszeitraums angerechnet (§ 20 Abs. 1 GewStG). Verbleibt danach noch ein Rest, so ist dieser als Abschlusszahlung zu entrichten; übersteigende Beträge muss die betreffende Gemeinde erstatten (§ 20 Abs. 2, 3 GewStG).

Birk (2006): Steuerrecht, 9. Aufl., S. 356 - 374;
Endriss/Baßendowski/Küpper (2007): Steuerkompendium, Band 1, 11. Aufl., S. 483 - 524;
Grefe (2006): Unternehmenssteuern, 10. Aufl., S. 309 - 344;
Rose (2004): Die Ertragsteuern, 18. Aufl., S. 207 - 240;
Scheffler (2006): Besteuerung von Unternehmen I, 9. Aufl., S. 236 - 283;
Schneeloch (2003): Besteuerung und betriebliche Steuerpolitik, Band 1, 4. Aufl., S.158 - 172.

5.7 Gewerbesteuer-Anrechnung bei der tariflichen Einkommensteuer

(Kombination von Gewerbesteuer und Einkommensteuer)

Seit 2001 kommt es durch das Steuersenkungsgesetz zu einer pauschalen Anrechnung der anteiligen Gewerbesteuer bei der Einkommensteuer des einzelnen steuerpflichtigen Unternehmers. Voraussetzung für eine gewerbesteuerliche Anrechnung ist allerdings, dass für das Unternehmen im entsprechenden Veranlagungszeitraum auch tatsächlich Gewerbesteuer festgesetzt wurde. Da der gewerbesteuerliche Freibetrag 24.500 € beträgt, muss der Gewinn daher über dieser Grenze liegen, damit es überhaupt zu einer Ermäßigung der Einkommensteuer kommt.

Die pauschale Anrechnung begünstigt allerdings nur natürliche Personen, deren gewerbliche Einkünfte der Einkommensteuer unterliegen. Kapitalgesellschaften sind daher nicht zur Anrechnung der Gewerbesteuer berechtigt. Die Gewerbesteuer kann auf die Einkommensteuer aus folgenden Einkünften aus Gewerbebetrieb angerechnet werden:

- Einkünfte aus Einzelunternehmen
- Einkünfte aus Beteiligungen an Mitunternehmerschaften (z. B. OHG, KG).

Die Entlastung der Einzel- und Mitunternehmer erfolgt im Rahmen der persönlichen Einkommensteuerbelastung. Hierbei wird die pauschalierte Gewerbesteuer auf die persönliche tarifliche Einkommensteuerschuld angerechnet. Ermäßigt wird die Einkommensteuer, die ausschließlich auf den Gewinn aus Gewerbebetrieb erhoben wird, um das 1,8fache des jeweiligen im Erhebungszeitraum festgestellten Gewerbesteuermessbetrags.

Der Gewerbesteuermessbetrag ergibt sich durch die Anwendung des Gewerbesteuertarifs auf die gewerbesteuerliche Bemessungsgrundlage vor Anwendung des Hebesatzes der Gemeinden. Die Gewerbesteuerbelastung wirkt sich aber wie bisher als Gewinnminderung durch die Gewerbesteuervorauszahlungen und/oder Rückstellung aus.

5.7.1 Steuerermäßigung bei Einkünften aus Gewerbebetrieb bei Einzelunternehmen

- Gesetzliche Regelung zur Gewerbesteuer-Anrechnung: § 35 EStG
- Pauschalierte Ermäßigung der Einkommensteuerschuld um den **1,8**fachen Gewerbesteuermessbetrag (= Ermäßigungsbetrag); *im Rahmen der Unternehmensteuerreform soll dieser ab 2008 – als Ausgleich für die Behandlung der Gewerbesteuer als nicht abziehbare Betriebsausgabe – auf das **3,8**fache des Gewerbesteuermessbetrags steigen.*
- Ermäßigung wird auf den Anteil der Einkommensteuer beschränkt, der auf die im zu versteuernden Einkommen enthaltenen gewerblichen Einkünfte entfällt.
- Gewinne und Verluste mehrerer Gewerbebetriebe des Steuerpflichtigen sind miteinander zu verrechnen (= horizontaler Verlustausgleich).
- Nicht verbrauchte Ermäßigungsbeträge können nicht vorgetragen werden.
- Es sollte mindestens eine Einkommensteuerschuld (anteilig für die gewerbesteuerbelasteten Einkünfte) in Höhe des 1,8fachen des GewSt-Messbetrags verbleiben, um keine Steuerermäßigung zu verschenken.

Höchstbetrag der Steuerermäßigung		
Tarifliche ESt (vor Steuerermäßigung)	x	$\frac{\text{Gewerbliche Einkünfte}}{\text{Summe der Einkünfte}}$

Die Ermäßigung wird auf den Anteil der Einkommensteuer beschränkt, der auf die in der Summe der Einkünfte enthaltenen gewerblichen Einkünfte entfällt.

Die im zu versteuernden Einkommen enthaltenen gewerblichen Einkünfte umfassen die Summe aller Einkünfte aus Gewerbebetrieb. Gewinne und Verluste mehrerer Gewerbebetriebe des Steuerpflichtigen sind miteinander zu verrechnen (horizontaler Verlustausgleich). Der horizontale Verlustausgleich innerhalb der gewerblichen Einkünfte schränkt die Steuerermäßigung nach § 35 EStG ein.

Beispiel: Für A liegen im Veranlagungszeitraum 2007 folgende Daten vor: Einzelunternehmer (ledig): Gewerbesteuermessbetrag 1.350 €, Hebesatz von 400%

Gewinn vor Gewerbesteuer:	80.400 €
./. Gewerbesteuer (pauschal):	5.400 €
= Gewinn nach Gewerbesteuer:	**75.000** €
Verlust aus einer KG-Beteiligung:	72.500 €
Übrige Einkünfte:	97.500 €

a) Wie hoch ist die Einkommensteuer?

b) Wie hoch ist die festzusetzende Einkommensteuer?

c) Geht Anrechnungsvolumen verloren?

Zu a) Wie hoch ist die Einkommensteuer?

Gewerbliche Einkünfte:	Einzelunternehmen:	75.000 €	
+	KG-Beteiligung:	-72.500 €	
			2.500 €
Übrige Einkünfte:			97.500 €
Zu versteuerndes Einkommen:			100.000 €
Tarifliche Einkommensteuer (0,42 x z. v. E. – 7.914):			34.086 €
davon entfallen auf gewerbliche Einkünfte:			852 €
(= 34.086 € x 2.500 € / 100.000 €)			

➔ Die anteilige Einkommensteuer beträgt (gerundet) 852 €.

Zu b) Wie hoch ist die festzusetzende Einkommensteuer?

	anteilige tarifliche Einkommensteuer:	852 €
./.	GewSt-Messbetrag i. H. v. 1.350 € x 1,8 = 2.430 €	
	Höchstbetrag i. H. v. 34.086 € x 2.500 € / 100.000 €:	852 €
=	Zwischensumme:	0 €
	übrige Einkommensteuer (34.086 € ./. 852 €)	33.234 €
=	festzusetzende Einkommensteuer:	33.234 €

Zu c) Geht Anrechnungsvolumen verloren?

Ja, das Anrechnungsvolumen von 1.578 € (= 2.430 € ./. 852 €) geht verloren!

Verfahrensrecht

Die Festsetzung des Gewerbesteuermessbetrags ist Grundlagenbescheid für die Ermittlung der Steuerermäßigung (§ 35 Abs. 3 S. 3 EStG).

Einflussfaktoren auf die Höhe der Einkommensteuerermäßigung

a) Keine oder keine volle Entlastung von der GewSt:

- Es liegen positive und negative Einkünfte aus verschiedenen Gewerbebetrieben vor (horizontaler Verlustausgleich).
- Die übrigen – nicht gewerblichen – Einkünfte liegen unterhalb der Eingangsstufe zum Spitzensteuersatz oder sind negativ.
- Hohe Verlustabzüge nach § 10 d EStG vermindern das zu versteuernde Einkommen.
- Die Bemessungsgrundlage der Gewerbesteuer übersteigt z. B. aufgrund hoher Hinzurechnungen die entsprechenden Einkünfte bei der Einkommensteuer.
- Grenzsteuersatz bei der Einkommensteuer (ab 2005: 42 %).
- Gewerbesteuer-Hebesätze: Bei den folgenden Kombinationen (ESt-Spitzensteuersatz und GewSt-Hebesatz) liegt die Gesamtbelastung über dem ESt-Spitzensatz: 42 % und 310,5 %.

Ist die Einkommensteuer in einem Veranlagungszeitraum beispielsweise durch Verluste aus Vermietung und Verpachtung bereits stark reduziert, kann das dazu führen, dass das Steuerermäßigungsvolumen nicht in vollem Umfang genutzt werden kann.

Ein Vor- oder Rücktrag von nicht genutzten Steuerermäßigungsbeträgen ist nicht möglich!

Die Inanspruchnahme der Einkommensteuerermäßigung hängt daher von einer Vielzahl anderer Umstände ab, die mit der Gewerbesteuerbelastung nicht das Geringste zu tun haben.

b) Gestaltungsmaßnahmen zur Ausnutzung von (verbleibenden) Steuerermäßigungen:

- Bilanzpolitische Maßnahmen (z. B. Höherbewertung von Vorräten);
- Verlagerung von Einkünften in den gewerblichen Bereich;
- Aufdeckung von stillen Reserven.

Auswirkungen auf Zuschlagsteuern

Die Bemessungsgrundlage für den Solidaritätszuschlag wird durch die Einkommensteuerermäßigung ebenfalls gemindert.

Die Bemessungsgrundlage für die Kirchensteuer wird durch die Einkommensteuerermäßigung jedoch nicht gemindert (§ 51 a Abs. 2 EStG, geändert durch das Gesetz zur Regelung der Bemessungsgrundlage für Zuschlagsteuern). Es muss infolgedessen die Einkommensteuer als Bemessungsgrundlage für die Kirchensteuer gesondert berechnet werden!

5.7.2 Steuerermäßigung bei Einkünften aus Gewerbebetrieb bei Mitunternehmerschaften

Bei Mitunternehmerschaften wird der anteilige Gewerbesteuermessbetrag in einem gesonderten Verfahren ermittelt und festgestellt. Für die Ermittlung ist der allgemeine Gewinnverteilungsschlüssel nach Maßgabe des jeweiligen Gesellschaftsvertrages oder nach den Bestimmungen des BGBs bzw. des Handelsgesetzbuches maßgebend. Der anteilige Gewerbesteuermessbetrag ist als Prozentsatz zu ermitteln und gesondert festzustellen:

Überblick:

- Bei Mitunternehmerschaften ermäßigt sich die tarifliche Einkommensteuer um das 1,8fache des festgesetzten anteiligen Gewerbesteuermessbetrags (§ 35 Abs. 1 Nr. 2 EStG).
- Der auf den einzelnen Mitunternehmer entfallende Anteil wird im Rahmen der einheitlichen und gesonderten Gewinnfeststellung festgestellt. Der anteilige Gewerbesteuermessbetrag ist als Prozentsatz festzustellen.
- Aufteilungsmaßstab ist der allgemeine Gewinnverteilungsschlüssel. Vorabgewinne (Sondervergütungen) werden dabei nicht berücksichtigt (§ 35 Abs. 3 Satz 2 EStG).

Gesetzliche Aufteilung bei Mitunternehmerschaften

Der auf den einzelnen Mitunternehmer entfallende Anteil am Gewerbesteuermessbetrag ergibt sich aus seinem Anteil am Gewinn der Mitunternehmerschaft. Maßgebend ist der allgemeine Gewinnverteilungsschlüssel. Bei der Ermittlung des anteiligen Gewerbesteuermessbetrags werden nicht berücksichtigt:

- Vorabgewinne
- Ergebnisse aus Ergänzungsbilanzen
- Ergebnisse aus Sonderbilanzen

Beispiel: Die AB-OHG hat folgende Daten:

Gewinnverteilung: 50 % / 50 %

Steuerlicher Gesamtgewinn (nach Gewerbesteuerrückstellung) in 2007: 150.000 €

Sondervergütung für A: 50.000 €

1,8facher Gewerbesteuermessbetrag: 9.135 €

Wie hoch ist die Gewerbesteuer-Anrechnung bei A und bei B ?

Mitunternehmer:	**Summe**	**A (50 %)**	**B (50 %)**
Steuerlicher Gesamtgewinn:	150.000 €		
./. Sondervergütung für A:	50.000 €	50.000 €	
= Restverteilung:	100.000 €	50.000 €	50.000 €
= Steuerlicher Gewinnanteil:		100.000 €	50.000 €
1,8facher GewSt-Messbetrag:	9.135 €		
Aufteilung nach Gewinnverteilungsschlüssel:		4.567,50 €	4.567,50 €

Weitere Beispiele:

§ 35 Abs. 1 Nr. 1 EStG [Steuerermäßigung bei Einkünften aus Gewerbebetrieb]:
Anteilige pauschalierte Anrechnung der Gewerbesteuer (= 1,8 x Gewerbesteuermessbetrag) auf die tarifliche Einkommensteuer, in Abhängigkeit des Verhältnisses der gewerblichen Einkünfte zum zu versteuernden Einkommen.

1. Beispiel: Einzelkaufmann (ledig, Sonderausgaben 6.000 €), Hebesatz 450 %

	Maßgeblicher Gewerbeertrag (vor Gewerbesteuerrückstellung):	143.437 €
./.	Gewerbesteuerrückstellung:	17.437 €
=	Gewerbeertrag:	126.000 €
./.	Freibetrag nach § 11 Abs. 1 Nr. 1 GewStG:	24.500 €
		101.500 €

Gewerbesteuermessbetrag: (101.500 x 0,05) - 1.200 = 3.875,0 €

Gewerbesteuer: 3.875 x 450 % = **17.437,5** €

Annahme: keine weiteren gewerblichen Einkünfte

	Gewerbliche Einkünfte:	126.000,0 €
./.	Sonderausgaben:	6.000,0 €
=	zu versteuerndes Einkommen	120.000,0 €

Einkommensteuer 2007: (120.000 x 0,42) - 7.914 =	42.486,0 €
./. pauschalierte Gewerbesteuer-Anrechnung: 3.875 x **1,8** =	6.975,0 €
= verbleibende Einkommensteuer:	**35.511,0 €**

Gesamte ertragsteuerliche Belastung: 17.437,5 € + 35.511 € = 52.948,5 €

Durchschnittsbelastung: 52.948,5 € / (143.437 € ./. 6.000 €) = **38,53 %**

Vergleich: Alternative Belastung eines Selbständigen

Einkommensteuer 2007: (137.437 € x 0,42) - 7.914 = 49.809 €

Durchschnittsbelastung: 49.809 € : 137.437 € = **36,24 %**

2. Beispiel: Einzelkaufmann (ledig, Sonderausgaben 6.000 €), Hebesatz 310 %

	Maßgeblicher Gewerbeertrag (vor Gewerbesteuerrückstellung):	138.012,50 €
./.	Gewerbesteuerrückstellung:	12.012,50 €
=	Gewerbeertrag:	126.000 €
./.	Freibetrag nach § 11 Abs. 1 Nr. 1 GewStG:	24.500 €
=	**Maßgebender Betrag für den Gewerbesteuer-Messbetrag:**	**101.500 €**
	Gewerbesteuer-Messbetrag: (101.500 x 0,05) ./. 1.200 = 3.875 €	
	Gewerbesteuer: 3.875 € x 310 % = 12.012,50 €	
	Gewerbliche Einkünfte:	126.000 €
./.	Sonderausgaben:	6.000 €
=	**zu versteuerndes Einkommen:**	**120.000 €**
	Einkommensteuer 2007: (120.000 € x 0,42) ./. 7.914 =	42.486 €
./.	pauschalierte Gewerbesteuer-Anrechnung: 3.875 € x 1,8 =	6.975 €
=	verbleibende Einkommensteuer:	35.511 €
	Gesamte ertragsteuerliche Belastung: 12.012,50 € + 35.511 € =	47.523,50 €
	Durchschnittsbelastung: 47.523,50 € : 132.012,50 € =	**36,00 %**

Vergleich: Alternative Belastung eines Selbständigen

Einkommensteuer 2007: (132.012 x 0,42) ./. 7.914 = 47.531 €

Durchschnittsbelastung: 47.531 € : 132.012 € = 36,01 %

Konsequenz:

Bei einem gewerbesteuerlichen Hebesatz von etwa 310 % gleicht sich durch den Betriebsausgabenabzug für die Gewerbesteuer bei der einkommensteuerlichen Bemessungsgrundlage und durch die pauschalierte Gewerbesteuer-Anrechnung (Abzug von der ESt-Schuld) die gesamte ertragsteuerliche Belastung eines Gewerbetreibenden der eines Selbständigen an.

Dies gilt allerdings nur dann, wenn die Einkommensteuer, welche auf die gewerblichen Einkünfte entfällt, höher ist als die mögliche pauschale Gewerbesteuer-Anrechnung.

BMF v. 12.1.2007, BStBl.I 2007, S. 108 - 111;
Ernst & Young/BDI (2000): Die Unternehmenssteuerreform, 2. Aufl., S. 130 - 139;
Ernst & Young/BDI (2002): Die Fortentwicklung der Unternehmenssteuerreform, S. 226 - 241;
PWC Deutsche Revision (2000): Unternehmenssteuerreform 2001. S. 94 - 115.

5.8 Übungsaufgabe zur Gewerbe- und Einkommensteuer

1) An der Software-Consulting KG, Ludwigshafen, sind der Komplementär Emil Bauer (90 %) und seine Ehefrau Lisa als Kommanditistin (10 %) beteiligt. Lisa und Emil Bauer wohnen in Mannheim. Emil Bauer hat mit der KG – unter Beachtung der Formvorschriften und des § 181 BGB – einen Geschäftsführervertrag geschlossen, in dem ein angemessenes Geschäftsführergehalt von 60.000 € vereinbart wurde. Für das Jahr 2007 ergibt sich aus der handelsrechtlichen GuV folgender vorläufiger Gewinn (vor Steuerrückstellungen):

Umsatzerlöse (netto)	335.500 €
Bezogene Leistungen	75.000 €
Personalaufwand (darunter Geschäftsführergehalt an Emil Bauer 60.000 €)	125.000 €
Gebäudemiete	12.000 €
Miete für Kopierer und PKW an Privatpersonen	10.000 €
Zinsen für ein langfristiges Darlehen an Ehefrau Lisa (7,5 % von 200.000 €)	15.000 €
10 Aktenkoffer à 50 € (netto) an Geschäftsfreunde	500 €
Beiratsvergütungen	10.000 €
Zuführung zu einer Drohverlustrückstellung	20.000 €
Sonstige betriebliche Aufwendungen (netto)	12.095 €
Vorläufiger Gewinn vor Ertragsteuern	**55.905 €**

Anmerkungen:

- Die Ehefrau hat das Darlehen zum Teil langfristig refinanziert: Lisa Bauer zahlt hierfür ihrer Bank im Jahr 2007 insgesamt 12.000 € an Zinsen.
- Der gewerbesteuerliche Hebesatz soll in Ludwigshafen 400 % betragen.

- Der Gewinn- und Verlustanteil entfällt zu 90 % auf Emil und zu 10 % auf Lisa Bauer. Der gleiche Verteilungsschlüssel gilt für den Gewerbesteueraufwand.
- Für die Umsatzsteuer ist – soweit erforderlich – mit dem 19 %igen Satz zu rechnen!

2) Lisa Bauer vermietet an Dritte zu Wohnzwecken seit 1.1.2005 ein neues Mietgebäude (Anschaffungsdatum: 1.1.2005; Vertragsdatum: 2.1.2005), das im Privatvermögen gehalten wird. Anschaffungskosten betrugen 2,4 Mio. € (einschließlich GrESt und sonstiger Anschaffungsnebenkosten), wovon 20 % auf das Grundstück entfallen. Die Mieteinnahmen betrugen im Jahr 2007 insgesamt 90.000 €. An Zinsen für ein langfristiges Darlehen zahlte Lisa Bauer 2007 insgesamt 80.000 €. Sonstige Nebenkosten fielen 2007 in Höhe von 15.000 € an. Das Mietgebäude wurde seit 2005 mit dem maximal zulässigen Satz abgeschrieben.

3) Emil Bauer ist Aktionär der Trendfix AG. Ihm fließen im Jahr 2007 aus den im Privatvermögen gehaltenen Aktien Dividenden in Höhe von 8.000 € nach Abzug der anfallenden Steuer (kein Freistellungsauftrag) zu.

Fragen:

a) Ermitteln Sie für die Software-Consulting KG die Gewerbeertragsteuer des Jahres 2007! Geben Sie bei der Ermittlung der Bemessungsgrundlage die Rechtsgrundlagen an!

b) Ermitteln Sie für Emil und Lisa Bauer für das Jahr 2007 die Summe der Einkünfte bei getrennter Veranlagung! Geben Sie dabei jeweils die Höhe der einzelnen Einkunftsarten an!

c) Ermitteln Sie für Emil und Lisa Bauer für das Jahr 2007 die Summe der Einkünfte bei Zusammenveranlagung! Prüfen Sie, ob die Zusammenveranlagung unter dem Gesichtspunkt der Verlustverrechnung im vorliegenden Sachverhalt sinnvoll ist!

Lösungshinweise zur Übungsaufgabe: Gewerbe- und Einkommensteuer

Zu a) Ermittlung der Gewerbeertragsteuer für das Jahr 2007:

Vorläufiger Handelsbilanzgewinn	55.905 €
+ Drohverlustrückstellung (§ 5 Abs. 4 a EStG)	20.000 €
+ Sachgeschenke (§ 4 Abs. 5 Nr. 1 EStG)	500 €
+ Nichtabzugsfähige Vorsteuer (§ 15 Abs. 1 a Nr. 1 UStG i. V. m. § 12 Nr. 3 EStG)	95 €
= Einkommensteuerlicher Gewinn der Gesellschaft (vor GewSt-Rückstellung)	76.500 €
+ Sonderbetriebseinnahmen Zinsen (Gesellschafterdarlehen Lisa)	15.000 €
./. Sonderbetriebsausgaben Refinanzierung Lisa	12.000 €
+ Sondervergütung Gehalt Emil	60.000 €
Einkommensteuerlicher Gesamtgewinn (vor Steuerrückstellung)	139.500 €
Übertrag: Einkommensteuerlicher Gesamtgewinn (vor Steuerrückstellung)	139.500 €
+ Gewerbesteuerliche Hinzurechnungen (§ 8 GewStG)	
½ Dauerschuldzinsen aus Refinanzierung (12.000; Nr. 1)	6.000 €
½ Mieten Kopierer, PkW (Nr. 7)	5.000 €
= Gewerbeertrag (vor Steuerrückstellung)	**150.500** €

./. Freibetrag (§ 11 Abs. 1 Nr. 1 GewStG)	24.500 €
= Bemessungsgrundlage (vor Staffeltarif)	126.000 €

Vorläufige Gewerbesteuer-Messzahl (§ 11 Abs. 2 Nr. 1 GewStG):
Gewerbeertrag (nach Freibetrag) x höchste Messzahl ./. Staffelentlastung:
(126.000 x 0,05) ./. 1.200 = 5.100
(zu den Lösungsschritten siehe Beispiel 3 im Kap. 5.4.7, S. 216)

GewSt-Messbetrag nach Divisor (GewSt-Rückstellung; § 14 GewStG): 5.100/1,2 = 4.250
Gewerbesteuer (§ 16 Abs. 1 GewStG): 4.250 x 4,00 = **17.000** €

Zu b) Ermittlung der Einkünfte bei getrennter Veranlagung:
Einkommensteuerlicher Gewinn der Gesellschaft: 76.500 ./. 17.000 = 59.500

Emil

§ 15 Einkünfte aus Gewerbebetrieb	
Gewinnanteil (90 %)	53.550
Gehalt	60.000
	113.550
§ 20 Kapitalvermögen	
Zufluss:	8.000
KapESt (20/80)	2.000
Einnahmen	10.000
Davon 50 % (§ 3 Nr. 40 EStG)	5.000
Werbungskosten (§ 9a Nr. 2 EStG, Pauschale	51
./. FB (§ 20 Abs. 4 EStG)	750
Einkünfte	**4.199**
Summe der Einkünfte	**117.749**

Lisa

§ 15 Einkünfte aus Gewerbebetrieb	
Gewinnanteil (10 %)	5.950
Zinsen (15.000 - 12.000)	3.000
	8.950

§ 21 Vermietung und Verpachtung
AfA 4 % (§ 7 Abs. 5 Nr. 3 c EStG)
AfA: 1,92 Mio. x 0,04= 76.800

Mieteinnahmen	90.000
./. AfA	76.800
./. NK	15.000
./. Zins	80.000
	./. 81.800
Summe der Einkünfte nach Verlustverrechnung bei Lisa - ohne ZV	**./. 72.850**

c) Doppelter Werbungskosten-/Freibetrag (§ 20 Abs. 4, § 9 a Nr. 2 EStG)

=> Summe der Einkünfte sinkt bei Addition (§ 20 EStG) um 801.

Summe der Einkünfte je Einkunftsart bei Zusammenveranlagung (ohne Verlustverrechnung):

§ 15: 113.550 + 8.950 = 122.500 § 20: 5.000 ./. 1.602 = 3.398 § 21: ./. 81.800
Summe der Einkünfte (nach Verlustverrechnung): 122.500 + 3.398 ./. 81.800 = **44.098**

→ Zusammenveranlagung ist wegen der Verlustverrechnung und Progression sinnvoll!

6. Körperschaftsteuer

Neben der Einkommensteuer ist die Körperschaftsteuer eine weitere wichtige **Ertragsteuer**. Die Körperschaftsteuer ist wie die Einkommensteuer als „Personensteuer" ausgestaltet. Der Körperschaftsteuer unterliegen jedoch juristische Personen (z. B. die AG, GmbH).

6.1 Steuerpflicht – Steuerobjekt (§§ 1 ff. KStG)

Das Körperschaftsteuerrecht unterscheidet – wie das Einkommensteuerrecht – zwischen einer unbeschränkten (§ 1 KStG) und einer beschränkten (§ 2 KStG) Steuerpflicht. Zur näheren Abgrenzung der Einkommensteuerpflicht siehe § 3 KStG.

Unbeschränkt körperschaftsteuerpflichtig sind Kapitalgesellschaften (z. B. AG, GmbH, KGaA), die Erwerbs- und Wirtschaftsgenossenschaften, die Versicherungsvereine auf Gegenseitigkeit, die sonstigen juristischen Personen des privaten Rechts, aber auch die nicht rechtsfähigen Vereine, Anstalten, Stiftungen sowie die „Betriebe gewerblicher Art von juristischen Personen des öffentlichen Rechts" (z. B. öffentliche Badeanstalten). Die unbeschränkte Körperschaftsteuerpflicht liegt vor, wenn im Inland ein Sitz oder die Geschäftsleitung ist (§ 10, § 11 AO). Bei unbeschränkter Körperschaftsteuerpflicht erstreckt sich die Besteuerung auf **sämtliche** Einkünfte der Körperschaft (§ 1 Abs. 2 KStG).

Beschränkt körperschaftsteuerpflichtig sind die bereits oben erwähnten Körperschaften, Personenvereinigungen und Vermögensmassen. Jedoch haben diese weder ihre Geschäftsleitung noch ihren Sitz im Inland. Die beschränkte Körperschaftsteuerpflicht ist bei der Besteuerung auf die inländischen Einkünfte (§ 2 KStG) begrenzt.

Die persönliche Steuerpflicht **beginnt** i. d. R. mit der Gründung, bei Kapitalgesellschaften also mit dem Abschluss des Gesellschaftsvertrages bzw. der Satzung. Sie **endet** mit der Liquidation oder Umwandlung.

6.2 Zu versteuerndes Einkommen

(§ 7 Abs. 1 und 2 i. V. m. § 8 KStG; R 24 Abs. 1 KStR)

Nach § 7 KStG unterliegt das zu versteuernde Einkommen als Bemessungsgrundlage der Körperschaftsteuer. Auf das zu versteuernde Einkommen wird der (Definitiv-)Steuersatz 25 % nach § 23 Abs. 1 KStG angewendet. *Ab 2008 soll der Körperschaftsteuersatz im Rahmen der Unternehmensteuerreform auf 15 % gesenkt werden.* Der körperschaftsteuerliche Einkommensbegriff weicht vom Einkommensbegriff des Einkommensteuerrechts ab. Für Kapitalgesellschaften gibt es nicht die sieben Einkunftsarten; sie haben vielmehr stets Einkünfte aus Gewerbebetrieb (§ 8 Abs. 2 KStG).

6.2.1 Ausgangsgrundlage: Ergebnis aus der Handels- bzw. modifizierten Steuerbilanz

(§ 7 Abs. 4, § 8 Abs. 1 und 2 KStG)

Ausgangsgrundlage für das körperschaftsteuerliche Einkommen (= Einkünfte aus Gewerbebetrieb) ist das Handelsbilanzergebnis, d. h. der Gewinn bzw. Verlust nach § 2 Abs. 2 Nr. 1 EStG i. V. m. § 5 Abs.1 EStG. Da nach § 8 Abs. 1 KStG die (Korrektur-)Vorschriften des Einkommensteuergesetzes Anwendung finden, müssen insbesondere auch die bilanzsteuerrechtlichen Spezialvorschriften des § 5 Abs. 2 bis 6 EStG beachtet werden. Beispiele für steuerliche Korrekturen sind insbesondere Differenzen in der Handels- und Steuerbilanz (z. B. Drohverlustrückstellungen, Aufwendungen für Ingangsetzung und Erweiterung des Geschäftsbetriebs).

Aus diesen Korrekturen resultiert das Steuerbilanzergebnis. Dieses ist um steuerfreie Erträge, die nicht abziehbaren Betriebsausgaben nach § 4 Abs. 5 EStG (z. B. Repräsentationsaufwendungen, Bewirtungsaufwendungen) sowie um Vorgänge aus dem Bereich des Verhältnisses zwischen der Kapitalgesellschaft und den Gesellschaftern (z. B. verdeckte Einlagen, verdeckte Gewinnausschüttungen), die das Steuerbilanzergebnis erfolgswirksam beeinflusst haben, zu eliminieren. Der Grund liegt darin, dass das KStG bei der Besteuerung einen von den Gesellschafterbeziehungen unbeeinflussten Erfolg der Kapitalgesellschaft heranziehen möchte. Inwieweit das Einkommen teilweise oder ganz an die Gesellschafter verteilt werden soll, ist nach § 8 Abs. 3 Satz 1 KStG bedeutungslos.

6.2.2 Steuerfreie Einnahmen und Erträge

Bei der Ermittlung des zu versteuernden Einkommens bleiben bestimmte Erträge steuerfrei. Diese sind bei der Ermittlung abzusetzen. Die Steuerbefreiung kann sich z. B. aus § 3 EStG ergeben. Bei diesen steuerfreien Erträgen handelt es sich z. B. um eine Investitionszulage oder um ausländische Erträge, die nach einem Doppelbesteuerungsabkommen in Deutschland steuerfrei sind.

Soweit Kapitalgesellschaften an anderen (inländischen oder ausländischen) Kapitalgesellschaften beteiligt sind und daraus Leistungen i. S. d. § 20 Abs. 1 Nr. 1 und 2 EStG (Ausschüttungen) beziehen, bleiben diese bei der Ermittlung des Einkommens außer Ansatz. Durch diese Regelung soll verhindert werden, dass dieselben Beträge mehrfach mit Körperschaftsteuer belastet werden (§ 8 b KStG: Steuerfreie Beteiligungserträge).

Körperschaftsteuerpflichtige Anteilseigner (AG, GmbH)

Inländische und ausländische Beteiligungserträge (erhaltene Ausschüttungen) bleiben nach § 8 b Abs.1 KStG auf der Ebene der erhaltenen (unbeschränkt steuerpflichtigen) körperschaft**steuerfrei** (beachte aber die **5 %ige Hinzurechnung** nach § 8 b Abs. 3 und 5 KStG als fiktive nicht abziehbare Betriebsausgabe; s. Kap. 6.2.3).

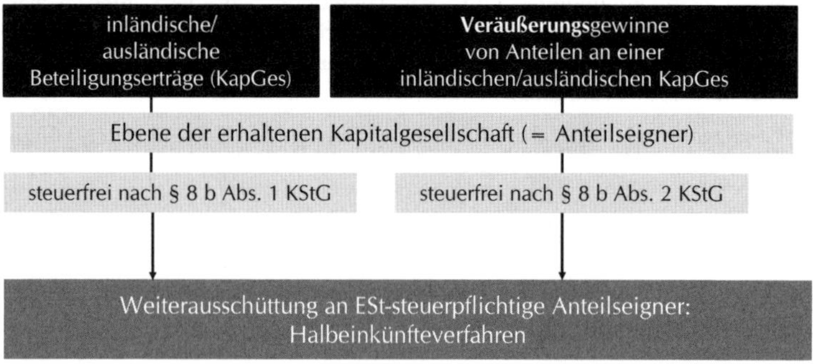

6.2.3 Nicht abziehbare Aufwendungen (§ 10 KStG)

Nicht abziehbare Aufwendungen

§ 10 KStG: Bei der Einkommensermittlung sind u. a. nicht abziehbar, die

- Nr. 2: Steuern vom Einkommen (Körperschaftsteuer) und sonstige Personensteuern (z. B. ausländische Quellensteuern, Erbschaftsteuer, Kapitalertragsteuer) sowie die Umsatzsteuer für Umsätze, die Entnahmen oder vGA sind und die Vorsteuerbeträge auf Aufwendungen, für die das Abzugsverbot des § 4 Abs. 5 Satz 1 Nr. 1 bis 4, 7 oder Abs. 7 des EStG gilt, das gilt auch für die auf diese Steuern entfallenden Nebenleistungen (z. B. Aussetzungszinsen, Hinterziehungszinsen, Säumniszuschläge etc.); *ab 2008 soll auch die Gewerbesteuer als nicht abziehbare Betriebsausgabe gelten.*
- Nr. 3 in einem Strafverfahren festgesetzten Geldstrafen;
- Nr. 4 Hälfte der Vergütungen jeder Art, die an Mitglieder des Aufsichtsrats (z. B. Aufsichtsratsvergütungen), Verwaltungsrats oder andere mit der Überwachung der Geschäftsleitung beauftragten Personen gewährt werden.

§ 8 b Abs. 3 und 5 KStG: Fiktive Hinzurechnung von 5 % der Beteiligungserträge und Veräußerungsgewinne

Beachte: § 8 Abs. 1 KStG

„Was als Einkommen gilt und wie das Einkommen zu ermitteln ist, bestimmt sich nach den Vorschriften des **Einkommensteuergesetzes** und dieses Gesetzes (= KStG)"; somit kommen die Vorschriften, z. B. das Abzugsverbot für bestimmte Betriebsausgaben nach § 4 Abs. 5 EStG, auch für Kapitalgesellschaften zur Anwendung!

Die Regelung des § 10 Nr. 2 KStG entspricht der Vorschrift des § 12 Nr. 3 EStG, nach der natürliche Personen die entsprechenden Steuern ebenfalls nicht abziehen dürfen. Durch diese Regelung sollen natürliche bzw. juristische Personen steuerlich gleichbehandelt werden. Die in § 10 Nr. 2 KStG aufgeführten Steuern haben gemäß § 4 Abs. 4 EStG als Betriebsausgaben – „durch den Betrieb veranlasst" – den Gewinn gemindert.

Ab dem Veranlagungszeitraum 2004 gelten bei (erhaltenen) Ausschüttungen von inländischen und ausländischen Kapitalgesellschaften fiktiv 5 % der Ausschüttungen als nicht abziehbare Betriebsausgaben (§ 8 b Abs. 5 KStG). Aufgrund dieser Spezialregelung dürfen – abweichend von § 3 c Abs. 1 EStG – die tatsächlichen Aufwendungen, die im Zusammenhang mit der Beteiligung stehen (z. B. Finanzierungskosten), als Betriebsausgaben abgezogen werden. Eine entsprechende fiktive Hinzurechnung gilt nach § 8 b Abs. 3 KStG auch für die Veräußerungsgewinne von Anteilen an Kapitalgesellschaften (5 % des Gewinns als nicht abziehbare Betriebsausgabe).

Da der Gesetzgeber die Nichtabziehbarkeit vorsieht, ist der Gewinn durch Hinzurechnung wieder zu erhöhen.

6.2.4 Verdeckte Gewinnausschüttungen (§ 8 Abs. 3 Satz 2 KStG; R 36 KStR)

Verdeckte Gewinnausschüttungen

§ 8 Abs. 3 Satz 2 KStG; Abschnitt 36 KStR:
Begriff (R 36 (3) KStR): Eine verdeckte Gewinnausschüttung (vGA) ist eine Vermögensminderung oder verhinderte Vermögensvermehrung, die durch das Gesellschaftsverhältnis veranlasst ist, sich auf die Höhe des Einkommens **auswirkt** und **nicht** auf einem den gesellschaftsrechtlichen Vorschriften entsprechenden Gewinnverteilungsbeschluss beruht. Eine Veranlassung durch das Gesellschaftsverhältnis liegt vor, wenn ein ordentlicher und gewissenhafter Geschäftsleiter i. S. d. § 93 Abs. 1 Satz 1 AktG, § 43 Abs. 1 GmbHG die Vermögensminderung oder verhinderte Vermögensvermehrung gegenüber einer Person, die nicht Gesellschafter ist, unter sonst gleichen Umständen **nicht** hingenommen hätte.

Die Annahme einer vGA setzt jedoch nicht voraus, dass diese zu Einnahmen aus Kapitalvermögen (§ 20 Abs. 1 Nr. 1 EStG) bei der anderen Person führt; die andere Person muss jedoch ein mitgliedschaftliches oder mitgliedschaftsähnliches Verhältnis zur ausschüttenden Körperschaft haben!

Konsequenzen:

- Eine vGA darf das Einkommen (§ 8 KStG) **nicht mindern**. Unter der Voraussetzung, dass die vGA gewinnmindernd erfasst worden ist, ist der Betrag wieder hinzuzurechnen.

Beispiele zu verdeckten Gewinnausschüttungen:

- ein Gesellschafter erhält für seine Geschäftsführertätigkeit ein **unangemessen hohes Gehalt;** Beispiel (Vermögensminderung): Ein geschäftsführender Gesellschafter einer GmbH erhält ein Gehalt von 200.000 €. Der Tätigkeit angemessen (Fremdvergleich) ist lediglich ein Gehalt von 150.000 €. Durch das Dienstverhältnis mit der GmbH ist nur ein Betrag von 150.000 € betrieblich veranlasst. Der übersteigende Betrag von 50.000 € ist durch das Gesellschaftsverhältnis veranlasst (nicht durch das Angestelltenverhältnis!). Die 50.000 € haben auf Gesellschaftsebene eine Vermögensminderung (Liquiditätsabfluss) bewirkt. Sofern diese als Betriebsausgaben erfasst wurden, haben sie zu einer Einkommensminderung geführt. Der Zahlung stellt auf der Ebene der Gesellschaft jedoch keine offene Gewinnausschüttung dar. Nach § 8 Abs. 3 KStG handelt es sich um eine verdeckte Gewinnausschüttung (vGA), die folglich das Einkommen nicht mindern darf. Da durch Betriebsausgabenabzug der Gewinn um 50.000 € zuviel gemindert wurde, muss durch Hinzurechnung der Gewinn wieder erhöht werden.
- eine **Gesellschaft** zahlt neben einem Gehalt an einen Gesellschafter **besondere Umsatzvergütungen;**
- ein Gesellschafter erhält ein Darlehen von der Gesellschaft **zinslos** oder zu einem **sehr geringen Zinssatz;**
- ein Gesellschafter gibt der Gesellschaft ein Darlehen zu einem **überhöhten Zinssatz;**
- ein Gesellschafter erhält trotz Tatbestandsmerkmalen für die **Uneinbringlichkeit** ein Darlehen;

- preislich **unangemessene Vermietung** von Gegenständen;
  Beispiel (verhinderte Vermögensmehrung): Ein Gesellschafter mietet von seiner GmbH eine Wohnung. Die Miete beträgt monatlich 500 €. Im Rahmen eines Fremdvergleichs wurde festgestellt, dass eine gleichartige Wohnung unter fremden Dritten für monatlich 750 € vermietet wird. Die GmbH verzichtet hierbei auf monatliche Einnahmen von 250 €. Durch diesen Verzicht wird auf Gesellschaftsebene eine Vermögensmehrung verhindert. Die Differenz von 250 €/Monat ist durch das Gesellschaftsverhältnis veranlasst. Der Gewinn ist um 12 Monate x 250 € = 3.000 € zu niedrig ausgewiesen. Bei dem Verzicht handelt es sich nicht um eine offene Gewinnausschüttung. Nach § 8 Abs. 3 KStG ist das Einkommen um 3.000 € zu erhöhen.
- Übernahme **von Schulden oder sonstigen Verpflichtungen** des Gesellschafters durch die Gesellschaft.

6.2.5 Gesellschafter-Fremdfinanzierung

Durch die Neuregelung der **Gesellschafter-Fremdfinanzierung** (§ 8 a KStG) werden ab Veranlagungszeitraum 2004 Vergütungen für langfristiges Fremdkapital, die an Gesellschafter, die mehr als ein Viertel (25 %) am Grund- oder Stammkapital der Gesellschaft halten, unter bestimmten Bedingungen in **verdeckte Gewinnausschüttungen** umqualifiziert. Nicht erfasst werden von der Umqualifizierung (Zins-)Vergütungen, die den Betrag von **250.000 € (Freigrenze)** nicht übersteigen oder die für Fremdkapital innerhalb des sog. **Safe-haven** (unschädliches Verhältnis Eigenkapital: Fremdkapital von 1: 1,5 [40 %: 60 %]) liegen.

Beispiel: Erwin Feuchtgruber ist 100%iger Gesellschafter der Hopfen GmbH. Das Stammkapital beträgt 400.000 €. Feuchtgruber hat im Jahr 2007 der Gesellschaft ein Darlehen von 7 Mio. € gewährt und dafür einen angemessenen Zinssatz von 5 % vereinbart. Die Zinsen für das Jahr 2007 betragen 350.000 €.

Lösung: Die Freigrenze von 250.000 € wird überschritten. Daher kommt § 8 a KStG zur Anwendung. Die Zinsaufwendungen, die auf den Safe-haven entfallen (1,5 x Eigenkapital [400.000 €]) = 600.000 €; 600.000 € x 0,05 = 30.000 €), fallen nicht unter die Umqualifizierung. Folglich sind 320.000 € als verdeckte Gewinnausschüttungen zu behandeln.

Gewähren Gesellschafter (> 25 %) oder nahe stehende Personen i. S. d. § 1 Abs. 2 AStG der finanzierenden Bank Sicherheiten (z. B. Bürgschaften), so werden die Fremdkapitalzinsen der Gesellschaft ebenfalls als verdeckte Gewinnausschüttung behandelt. Die Umqualifizierung kommt nicht zur Anwendung, sofern die Gesellschaft das Fremdkapital auch von einem Kreditinstitut oder einem Dritten zu gleichen Konditionen – ohne Gewährung von Sicherheiten (z. B. Bürgschaften) des Gesellschafters – hätte erhalten können.

Beispiel: Die FC Sport AG will mit dem Leichtathletik 1960 e.V. ein neues Stadion im Süden der norddeutschen Großstadt H. bauen. Zu diesem Zweck gründen sie eine Stadionbau GmbH (Stammkapital: 2 Mio. €), an der sie jeweils 50 % der Anteile halten. Da das Stadion insgesamt über 100 Mio. € kosten soll, haben sich die FC Sport AG und der Leichtathletik 1960 e.V. verpflichtet, Sicherheiten oder ein Gesellschafter-Darlehen der Stadion-Bau GmbH im Umfang von je 50 Mio. € zu geben. Die FC Sport AG findet als Sponsor eine Brauerei AG, die im Rahmen einer Kapitalerhöhung der FC Sport AG 50 Mio. € für 20 %

der Aktien zuführt. Der Leichtathletik 1960 e.V. will über eine Anleihe bei seinen Mitgliedern (50.000 Mitglieder x 1.000 €) den Betrag von 50 Mio. € aufnehmen und der Stadionbau GmbH zur Verfügung stellen.

Alternative A: Welche steuerlichen Folgen ergeben sich, wenn die FC Sport AG und der Leichtathletik 1960 e.V. von den erhaltenen Geldern der Stadionbau GmbH jeweils ein Gesellschafter-Darlehen von 50 Mio. € zu einem angemessenen Zinssatz geben?

Lösung A: Bis auf die Zinsen für den Safe-haven (2 Mio. € x 1,5 = 3 Mio. €) sind die Fremdkapitalzinsen bei der Gesellschaft als verdeckte Gewinnausschüttung zu qualifizieren, da die Anteilseigner jeweils mehr als 25 % des Stammkapitals halten (§ 8 a KStG).

Alternative B: Welche Konsequenzen ergeben sich, wenn die FC Sport AG und der Leichtathletik 1960 e.V. die Gelder bei der Spar und Kredit Bank anlegen und als Sicherheit für das Darlehen hinterlegen, das von der Stadionbau GmbH (100 Mio. €) bei der gleichen Bank aufgenommen wird.

Lösung B: Da die Spar und Kredit Bank Rückgriff auf die Gesellschafter der Stadionbau GmbH nehmen kann, sind die Zinsen nach § 8 a Abs. 1 Satz 2 KStG als verdeckte Gewinnausschüttung zu behandeln. Somit sind die gezahlten Zinsen sowohl bei der GmbH als auch bei der Bank steuerpflichtig (u. U. verfassungsrechtlich bedenklich).

Alternative C: Die (50.000) Mitglieder des FC Sport e.V., der die Anteile an der FC Sport AG hält, verweigern ihrem Präsidenten die – über die Satzung des Vereins benötigte – Zustimmung, die Kapitalerhöhung bei der FC Sport AG durchzuführen. Sie sind aber – wie auch die Mitglieder des Leichtathletik 1960 e.V. – bereit, der Stadionbau GmbH jeweils direkt ein Darlehen zu geben. Die insgesamt 100.000 Mitglieder der beiden Vereine geben der Stadionbau GmbH jeweils direkt ein Darlehen von 1.000 €, womit der Betrag von insgesamt 100 Mio. € für den Stadionbau finanziert werden kann.

Lösung C: Die einzelnen Vereinsmitglieder erfüllen nicht das Kriterium einer nahe stehenden Person im Sinne von § 1 Abs. 2 AStG, da sie einzeln sowohl mittelbar als auch unmittelbar nicht zu 25 % an der FC Sport AG, dem Leichtathletik e.V. oder der Stadionbau GmbH beteiligt sind. Damit sind die Voraussetzungen des § 8 a Abs. 1 Satz 2 bzw. Abs. 4 KStG nicht erfüllt. Somit sind die Zinsen an die Mitglieder nicht als Gesellschafter-Fremdfinanzierung zu qualifizieren.

Alternative D: Abweichend von der Alternative C geben die Mitglieder der Vereine – statt des Darlehens an die Stadionbau GmbH – an die finanzierende Spar und Kredit Bank jeweils eine Bürgschaft von 1.000 €. Aufgrund dieses Bürgschaftsvolumens von insgesamt 100 Mio. € finanziert die Bank das Darlehen der Stadionbau GmbH ohne weitere Sicherheiten der FC Sport AG oder des Leichtathletik 1960 e.V.

Lösung D: Da die Mitglieder der Vereine keine Anteilseigner der Stadionbau GmbH sind und sie einzeln auch nicht als nahe stehende Person im Sinne des § 1 Abs. 2 AStG gelten, sind bei derartigen Sicherheiten die Voraussetzungen des § 8 a Abs. 1 Satz 2 KStG nicht erfüllt. Somit liegt bei einer derartigen Finanzierung keine verdeckte Gewinnausschüttung vor.

Werden die Fremdkapitalzinsen nach § 8 a KStG zu einer verdeckten Gewinnausschüttung umqualifiziert, sind diese „Aufwendungen" dem Gewinn hinzuzurechnen und somit gewerbe- und körperschaftsteuerpflichtig; zur Auslegung des § 8 a KStG durch die Finanzverwaltung s. BMF vom 15.7.2004, BStBl. I 2004, S. 593 (= Beck'sche Steuererlasse 100, § 8 a/3). Beim Gesellschafter fallen derartige Fremdkapitalzinsen unter § 20 Abs. 1 Nr. 1 EStG und somit unter das Halbeinkünfteverfahren (§ 3 Nr. 40 EStG).

Im Rahmen der Unternehmensteuerreform soll ab 2008 die Gesellschafter-Fremdfinanzierung vollkommen neu geregelt werden. Geplant ist ein so genanntes Zinsschrankenmodell, nach dem Fremdfinanzierungsaufwendungen nur noch zu einem bestimmten Prozentsatz zum Ergebnis vor Steuern und Zinsen abziehbar sein sollen. Dabei sind allerdings auch sehr hohe Freibeträge oder Freigrenzen geplant (s. Kap. 8.1).

6.2.6 Verdeckte Einlagen (R 40 KStR)

Verdeckte Einlagen (Abschnitt 40 KStR)

Eine verdeckte Einlage liegt vor, wenn ein Gesellschafter oder eine ihm nahe stehende Person (R 36 [unter III.] KStR) der Kapitalgesellschaft einen einlagefähigen Vermögensvorteil zuwendet und diese Zuwendung durch das Gesellschaftsverhältnis veranlasst ist.

Der Vermögensvorteil kann in einer Vermehrung der Aktiva oder einer Verminderung von Schulden bestehen. Auch ein nicht entgeltlich erworbener Firmenwert kann Gegenstand einer verdeckten Einlage sein.

Die Veranlassung durch das Gesellschaftsverhältnis ist gegeben, wenn ein Nichtgesellschafter bei Anwendung der Sorgfalt eines ordentlichen Kaufmanns den Vermögensvorteil der Gesellschaft nicht eingeräumt hätte.

Beachte: Die Überlassung eines Wirtschaftsgutes zum Gebrauch oder zur Nutzung kann nicht Gegenstand einer Einlage sein. Weiterhin kann keine verdeckte Einlage die Gewährung eines Vorteils durch ein zinsloses oder zinsverbilligtes Darlehen an eine Kapitalgesellschaft durch ihren Gesellschafter sein.

Eine verdeckte Einlage liegt z. B. bei einer Verzichterklärung des Gesellschafters gegenüber der Kapitalgesellschaft auf Zinsen, die in einer auf den Zeitpunkt des Verzichts zu erstellenden Bilanz der Kapitalgesellschaft als Verbindlichkeit eingestellt werden müssten, vor!

Während bei einer verdeckten Gewinnausschüttung die Gesellschaft dem Gesellschafter einen Vorteil zuwendet, wendet bei einer verdeckten Einlage der Gesellschafter der Gesellschaft einen Vorteil zu (unmittelbare Vermögensmehrung). Derartige Zuwendungen werden steuerlich als Einlage angesehen. Nach § 4 Abs. Abs. 1 S. 1 EStG führen jedoch derartige Einlagen zu keiner Erhöhung des Gewinns.

Beispiel: Ein Gesellschafter veräußert an seine GmbH ein Grundstück zu einem Veräußerungspreis von 5.000 €. Ein fremder Dritter (Fremdvergleich) hätte einen Preis von 100.000 € bezahlt (Teilwert). Durch die Übertragung des Grundstücks ist eine Vermögensmehrung bei der GmbH eingetreten, die jedoch nicht durch den Betrieb veranlasst wurde. Das Grundstück ist in der Steuerbilanz der GmbH mit dem Teilwert von 100.000 € anzusetzen. Die Differenz zwischen dem 100.000 € ./. 5.000 € = 95.000 € erhöht als verdeckte Einlage das Eigenkapital i. S. d. KStG.

Weiteres Beispiel: Rückzahlungsverzicht eines Gesellschafters auf ein an die Gesellschaft gewährtes Darlehen.

6.2.7 Abziehbare Spenden

Nach § 9 Abs. 1 Nr. 2 KStG sind Spenden nur innerhalb bestimmter Grenzen abziehbar. Die übersteigenden Beträge stellen nicht abziehbare Ausgaben dar, so dass eine Hinzurechnung zum Steuerbilanzergebnis erforderlich ist. Spenden sind Ausgaben, die freiwillig und unmittelbar für bestimmte Zwecke (§ 9 Abs. 1 Nr. 2 KStG) geleistet werden. Ausgaben zur Förderung mildtätiger, kirchlicher, religiöser und wissenschaftlicher und anderer anerkannter Zwecke sind bis zur Höhe von 5 % *(geplante Änderung für 2007: 20 %)* des Einkommens oder 2 ‰ der Summe der gesamten Umsätze und der im Kalenderjahr aufgewendeten Löhne/Gehälter abziehbar.

Die Regelung des § 9 Abs. 1 Nr.2 KStG ist ähnlich wie § 10 b EStG für natürliche Personen. Unterschiedlich ist allerdings die steuerliche Behandlung von Spenden für politische Parteien sowie Spenden an bestimmte Vereine.

6.2.8 Ermittlung des zu versteuernden Einkommens und der Körperschaftsteuer

§ 7 Abs. 1 KStG: Die Bemessungsgrundlage für die **tarifliche Körperschaftsteuer** (Definitivsteuersatz von 25 % nach § 23 KStG) ist das zu versteuernde Einkommen:

Handelsbilanz-Ergebnis (§ 7 Abs. 4; § 8 Abs. 1 KStG)

+/- bilanzsteuerrechtliche Korrekturen
(Anpassungen an steuerliche Vorschriften - § 60 Abs. 2 EStDV, §§ 5 - 7 EStG)

= **Steuerbilanz - Ergebnis**

./. Steuerfreie Erträge (z. B. § 8 b KStG, § 3 EStG)

\+ nicht abziehbare Aufwendungen (§ 10 KStG, § 8 b Abs. 3, 5 KStG, § 4 Abs. 5 EStG)
\+ verdeckte Gewinnausschüttungen (§ 8 Abs. 3 KStG, § 8 a KStG)

./. Verdeckte Einlagen (zu beachten ist: § 27 KStG)

./. Abziehbare Spenden (§ 9 Abs. 1 Nr. 2 KStG)

= GESAMTBETRAG DER EINKÜNFTE

./. Verlustabzug (§ 8 Abs. 4 KStG i. V. m. § 10 d EStG)

= Einkommen bzw. zu versteuerndes Einkommen (§ 7 Abs. 1, 2 und § 8 Abs. 1 KStG)

Anwendung des Körperschaftsteuertarifs:

Zu versteuerndes Einkommen x 25 %

= Festzusetzende Körperschaftsteuer

./. Körperschaftsteuer-Vorauszahlungen, Kapitalertragsteuer, anzurech. ausländische Steuer

= **Abschlusszahlung bzw. Erstattung**

6.3 Das Halbeinkünfteverfahren (§§ 36 ff. KStG)

Durch das Steuersenkungsgesetz vom 23.10.2000 ist die Besteuerung von Kapitalgesellschaften und deren Anteilseignern umgestellt worden. Bis Ende 2000 galt das so genannte **Anrechnungsverfahren.** Merkmal dieses Verfahrens war, dass der Körperschaftsteuersatz gesplittet war. Auf das nicht ausgeschüttete Einkommen (Thesaurierung) wurde ein Steuersatz von 40 %, auf die ausgeschütteten Gewinne ein Steuersatz von 30 % angewendet. Die 30 %ige Ausschüttungsbesteuerung konnte beim Anteilseigner, wie die vorausgezahlte Lohnsteuer und Kapitalertragsteuer, auf die Einkommensteuerschuld angerechnet werden.

Seit dem 1.1.2001 ist dieses System vollständig umgestellt worden. Das Einkommen der Körperschaft unterliegt seit dem Jahr 2004 (wie in den Jahren 2001 und 2002) sowohl bei Thesaurierung als auch bei Ausschüttung einem einheitlichen Steuersatz von 25 % (**Definitivbesteuerung**). Nur im Veranlagungszeitraum 2003 galt nach dem Flutopfersolidaritätsgesetz vorübergehend ein Steuersatz von 26,5 %. Die Körperschaftsteuer kann beim Anteilseigner seither auch nicht mehr auf die persönliche Einkommensteuerschuld angerechnet werden. Für den Einkommensteuerpflichtigen gilt das so genannte **„Halbeinkünfteverfahren"**. Ausschüttungen aus der Körperschaft werden nur noch hälftig besteuert (§ 3 Nr. 40 EStG). Jedoch sind die damit zusammenhängenden Aufwendungen (Betriebsausgaben, Werbungskosten) ebenfalls nur noch zur Hälfte abziehbar (§ 3 c Abs.2 EStG). Für die Körperschaftsteuerpflichtigen gilt eine volle Befreiung (§ 8 b Abs. 1 KStG), wobei ab 2004 fiktiv 5 % der Ausschüttungen als nicht abziehbare Betriebsausgaben behandelt und dem Gewinn hinzugerechnet werden (§ 8 Abs. 5 KStG). Dafür greift das Abzugsverbot nach § 3 c Abs. 1 EStG nicht; somit sind die tatsächlichen Aufwendungen abziehbar; *zum Teileinkünfte-(60%-)Verfahren nach der Unternehmensteuerreform s. Kap. 8.1).*

Grundlagen des Halbeinkünfteverfahrens

Änderungen im Überblick:

- Thesaurierungssatz und Definitivbelastung bei Körperschaften: **25 %** (§ 23 KStG; ab 2008: voraussichtlich 15 %);
- Ausschüttungen (z. B. Dividenden) werden bei natürlichen Personen/Anteilseignern **nur** zur Hälfte in die Einkünfte nach § 20 Abs. 1 Nr. 1 EStG einbezogen;
- Die andere Hälfte der Ausschüttungen bleibt nach § 3 Nr. 40 EStG steuer**frei** und unterliegt **nicht** dem Progressionsvorbehalt (beachte: § 3 c Abs. 2 EStG);
- **Keine** Anrechnung der Körperschaftsteuer auf die persönliche Einkommensteuer des Anteilseigners, da § 20 Abs. 1 Nr. 3 weggefallen ist;
- Kapitalertragsteuer (§ 43 a Abs. 1 EStG) **20 %** auf die **volle** Dividende;
- **Begrenzung** des Werbungs- und Betriebsausgabenabzugs bei natürlichen Anteilseignern und Mitunternehmerschaften auf die Hälfte der Ausgaben (§ 3 c Abs. 2 EStG);
- Bei Kapitalgesellschaften gilt **fiktive** Hinzurechnung von 5 % der erhaltenen Ausschüttungen als nicht abziehbare Betriebsausgaben (§ 8 b Abs. 3 und 5 KStG).

Unterschiedliche Belastung der Thesaurierung und der Ausschüttung

- Vorteilhaft ist das neue System bei **Thesaurierung** (25%; *ab 2008: 15 %)*
- Die Besteuerung beim Anteilseigner entsteht **nur** bei Ausschüttung!
- Da die Körperschaftsteuer bei der Ausschüttung nicht mehr anrechenbar ist, führt die Ausschüttungsbesteuerung immer zu einer **zusätzlichen** Belastung beim Anteilseigner (Ausnahme: Steuersatz 0 %).

Konsequenzen:

- Das Halbeinkünfteverfahren ist **n i c h t** **finanzierungs- und gewinnverwendungsneutral**.
- Durch die Spreizung von Einkommensteuer und Körperschaftsteuer wird die Eigenkapitalfinanzierung durch Thesaurierung gegenüber der Fremdfinanzierung begünstigt (sog. „**lock-in Effekt**").

Übung: Körperschaftsteuer und Einkommensteuer

Die Feuerwerk GmbH, die am 1.1.2006 mit einem Stammkapital von 500.000 € (ohne weitere Rücklagen) von Herbert Brodel (ledig) als alleinigem Anteilseigner gegründet wurde, hat im Jahr 2006 folgende vorläufige handelsrechtliche Gewinn- und Verlustrechnung (vor Abzug der Körperschaftsteuer):

Umsatzerlöse		2.450.000 €
Beteiligungserträge von der Zündwaren AG, Stuttgart (Beteiligungsquote 20 %)		100.000 €
		2.550.000 €
Aufwendungen		2.185.000 €
darunter:		
Finanzierungskosten für die Beteiligung an der Zündwaren AG	6.000 €	
Aufsichtsratsvergütungen:	15.000 €	
Geldstrafen:	10.000 €	
Sachgeschenke an Kunden (> 35 €; brutto):	7.500 €	
Gewerbeertragsteuer		45.000 €
Jahresüberschuss (vor Körperschaftsteuer)		**320.000 €**

a) Wie hoch ist das zu versteuernde Einkommen der GmbH?

b) Wie hoch ist die Körperschaftsteuer?

c) Wie hoch ist die Ausschüttung, wenn der gesamte Jahresüberschuss ausgeschüttet wird?

d) Wie hoch ist der Zuflussbetrag bei Herbert Brodel?

e) Wie hoch ist die ESt-Belastung von Herbert Brodel im Jahr 2007, wenn ihm der gesamte Jahresüberschuss des Jahres 2006 am 30.4.2007 ausgeschüttet wird und ihm sonst keine Einkünfte zugerechnet werden (abziehbare Sonderausgaben 2.895 €)?

Lösungshinweise zur Übung: Körperschaftsteuer und Einkommensteuer

a)	Jahresüberschuss (vor Körperschaftsteuer)	320.000
./.	steuerfreie Erträge (Beteiligungserträge, § 8 b Abs. 1 KStG)	100.000
+	fiktive nicht abziehbare Betriebsausgaben (5 % der Dividende, § 8 b Abs. 5 KStG, tatsächliche Finanzierungskosten sind abziehbar)	5.000
+	50 % der Aufsichtsratsvergütungen (§ 10 Nr. 4 KStG)	7.500
+	Geldstrafen (§ 10 Nr. 3 KStG)	10.000
+	Sachgeschenke (§ 4 Abs. 5 EStG i. V. m. § 15 Abs. 1 a Nr. 1 UStG und § 10 Nr. 2 KStG)	7.500
=	Körperschaftsteuerliche Bemessungsgrundlage (z. v. E.)	250.000

Anmerkung: Die Gewerbeertragsteuer ist als betriebliche Steuer Betriebsausgabe und daher abziehbar.

b) Körperschaftsteuer: 250.000 x 0,25 (Steuersatz nach § 23 KStG) = 62.500

c) Jahresüberschuss: 320.000 ./. 62.500 = 257.500 (=Ausschüttung).

d) Zufluss: 257.500 ./. 51.500 (KapESt) = 206.000

KapESt: 20 % nach § 43 a Abs. 1 Nr. 1 i. V. m. Abs. 2 Satz 1 EStG auf den vollen Kapitalertrag.

e)	Einnahmen nach § 20 Abs. 1 Nr. 1 EStG:	257.500
./.	50 % steuerfrei (§ 3 Nr. 40 EStG)	128.750
=	steuerpflichtige Einnahmen:	128.750
./.	Werbungskosten (§ 9 a Nr. 2 EStG)	51
./.	Freibetrag (§ 20 Abs. 4 EStG)	750
=	Summe der Einkünfte (= § 20 EStG)	127.949
./.	Sonderausgaben	2.895
=	Zu versteuerndes Einkommen	125.054

Ausschüttung im Jahr 2007:

Einkommensteuer laut § 32 a Abs. 1 Nr. 4 EStG 2007:

ESt (2007): (0,42 x 125.054) ./. 7.914	=	44.608
./. KapESt		51.500
= **ESt-Erstattung**		./. **6.892**

6.4 Verlustabzug

Sofern sich im Rahmen der Gewinnermittlung ein Verlust ergibt, ist dieser bei Kapitalgesellschaften durch einen fakultativen **Verlustrücktrag** bis zu einem maximalen Betrag von 511.500 € und einen – ab Veranlagungszeitraum 2004 begrenzten – Verlustvortrag interperiodisch zu verrechnen (§ 10 d Abs. 1 EStG). Der **Verlustvortrag** ist bis zu einem Betrag von 1 Mio. € – maximal aber in der Höhe der positiven Einkünfte der Folgejahre – unbeschränkt möglich. Verbleibt nach Abzug von einer Mio. € noch ein nicht verrechenbarer Verlust, so ist der Restbetrag nur bis zu 60 % der verbleibenden positiven Einkünfte verrechenbar (§ 10 d Abs. 2 EStG).

Beispiel: Die Knödel GmbH hat im Jahr 2005 als zu versteuerndes Einkommen einen Verlust von 3.511.500 € erzielt. Das zu versteuernde Einkommen des Jahres 2004 betrug 1 Mio. €. In den Jahren 2006 und 2007 wird (voraussichtlich) vor Verlustverrechnung ein zu versteuerndes Einkommen von jeweils 2,1 Mio. € erreicht.

Lösung:

- (Fakultativer) Verlustrücktrag von 511.500 € für das Jahr 2004.
- Vortragsfähiger Verlust für die Folgejahre (2006 ff.): 3 Mio. €.
- Verrechenbarer Verlust 2006: 1 Mio. € + 0,6 x (2,1 Mio. € ./. 1 Mio. €) = 1,66 Mio. €;
  zu versteuerndes Einkommen 2006 (nach Verlustverrechnung): 0,44 Mio. €;
- Verrechenbarer Verlust 2007: 1,66 Mio. € (wie 2005),
  maximal aber in Höhe des verbleibenden Verlustvortrags: 1,34 Mio. €;
  zu versteuerndes Einkommen 2007 (nach Verlustverrechnung): 0,76 Mio. €.

6.5 Übergangsvorschriften zur Auskehrung des verwendbaren Eigenkapitals

- Gesetzliche Regelungen: § 36, § 37, § 38 KStG
- **Finanzverwaltung:** BMF-Schreiben vom 6.11.2003, BStBl. I, S. 575 - 581.
- **Gliederung des verwendbaren Eigenkapitals zum 31.12.2000:** Aufgrund der Abschaffung des körperschaftsteuerlichen Anrechnungsverfahrens ab dem Veranlagungszeitraum 2001 ist bei Kapitalgesellschaften zum 31.12.2000 (ggf. abweichendes Wirtschaftsjahr zum Bilanzstichtag in 2001) letztmals eine Gliederung des verwendbaren Eigenkapitals zu erstellen (§ 34 Abs. 2, § 36 Abs. 1 KStG).
- Die unterschiedlichen Positionen wurden nach einem komplizierten Verfahren untereinander verrechnet (s. dazu BMF v. 6.11.2003, BStBl. I, S. 575, Tz. 17-28). Gesondert festgestellt werden musste das KSt-Guthaben, das sich aufgrund der früher geltenden Differenzierung der Thesaurierungsbelastung von 40 % (als Rücklagen sog. EK 40) und der Ausschüttungsbelastung von 30 % ergab. Die Differenz von 10 %-Punkten, die in früheren Jahren als „Vorab"-Steuer gezahlt wurde, sollte ursprünglich für einen **Übergangszeitraum bis zum Jahr 2018** als KSt-Guthaben gespeichert werden. Aufgrund dieser Rückerstattung war das KSt-Aufkommen in den Jahren 2001 und 2002 (s. Kap.1.1.3) ganz erheblich gesunken.
- **Verwendungsreihenfolge bei Gewinnausschüttungen bis zum Jahr 2006**

  Für Gewinnausschüttungen ab 2002 gilt folgende Reihenfolge für die Verwendung des Eigenkapitals der Kapitalgesellschaft mit nachstehenden Konsequenzen:

  6.4 (Alte und neue) Gewinnrücklagen (neutrales Vermögen) + Gewinnvortrag + Jahresüberschuss. Sofern das KSt-Guthaben noch nicht durch (beschlossene) Ausschüttungen bis zum 11.4.2003 (vollständig) realisiert wurde, erfolgt ab 2006 für den Restbestand eine Minderung der Körperschaftsteuer um $^1/_6$ der Ausschüttung bis zum Verbrauch des KSt-Guthabens, wobei ursprünglich nach § 37 Abs. 2 a KStG 2006 noch eine ratierliche Verteilung bis zum Jahr 2019 vorgesehen war (2006: maximal 1/14 des Restbestands).

  6.5 Verwendung des ursprünglichen EK 02 (bis 2019): Erhöhung der Körperschaftsteuer um $^3/_7$ des verwendeten EK 02.

  6.6 Verwendung des steuerlichen Einlagekontos (EK 04): Kapitalrückzahlung i. S. d. § 17 Abs. 4 EStG.

- **Neuregelung ab dem Jahr 2007**

  Letztmalig wird das Körperschaftsteuerguthaben nach einer Änderung des KStG zum 31.12.2006 festgestellt. Dieses Guthaben wird in den Jahren **2008 bis 2017** nach § 37 Abs. 5 KStG jeweils zu einem Zehntel – unabhängig von der Höhe der Ausschüttung – zurückerstattet.

6.6 Behandlung von Einlagen nach § 27 KStG

Behandlung von Einlagen (§ 27 KStG)

- Wegfall der Gliederung des verwendbaren Eigenkapitals (kein EK **04** nach § 30 Abs. 2 Nr. 4 KStG a. F.);
- besonderes steuerliches Einlagekonto für geleistete Einlagen nach § 27 KStG (ohne Nennkapital);
- Das steuerliche Einlagekonto ist ausgehend von dem Bestand am Ende des vorangegangenen Wirtschaftsjahrs um die jeweiligen Zu- und Abgänge des laufenden Wirtschaftsjahrs fortzuschreiben;
- gesonderte Feststellung nach § 179 AO;
- **keine** Einbeziehung in das Halbeinkünfteverfahren bei Rückgewähr;
- Einlagen gelten nur als ausgeschüttet, wenn keine anderen Rücklagen vorhanden sind.

Birk (2006): Steuerrecht, 9. Aufl., S. 328 - 356;
BMF- Schreiben v. 6.11.2003, BStBl. I 2003, S. 575 - 581;
Endriss/Baßendowski/Krüpper (2007): Steuerkompendium, Band 1, 11. Aufl., S. 411 - 481;
Grefe (2006): Unternehmenssteuern, 10. Aufl., S. 263 - 304;
Rose (2004): Die Ertragsteuern, 18. Aufl., S. 173 - 203;
Wehrheim (2002): Grundzüge der Unternehmensbesteuerung, S. 1 - 44.

7. Steuerlicher Vergleich zwischen Personen- und Kapitalgesellschaften

7.1 Unterschiede in der Besteuerung von Personen- und Kapitalgesellschaften

Rechtsformvergleich	Personengesellschaften (OHG, KG):	Kapitalgesellschaften (GmbH, AG):
EStG bzw. KStG	▪ Besteuerungssubjekt: Gesellschaft **e r** ▪ Gewinn**entstehungsprinzip** ▪ gewerbliche Einkünfte nach § 15 EStG (soweit gewerblich tätig!) ▪ bei selbständiger oder vermögensverwaltender Tätigkeit, Zuordnung zu anderen Einkunftsarten (z. B. §§ 18; 20; 21 EStG) ▪ Aufteilung des Gewinns auf die Gesellschaft**er** ▪ **Persönlicher** Einkommensteuersatz der Gesellschafter	▪ Besteuerungssubjekt: **Kapitalgesellschaft** kraft Rechtsform (Gesellschaftsbesteuerung) ▪ **§ 23 Abs. 1 KStG:** Einheitliche Definitivbelastung mit einem Steuersatz von 25 % (ab 2008: 15 %) bei Thesaurierung (Einbehaltung der Gewinne) und bei Ausschüttung **(zzgl.** Besteuerung des Anteilseigners)
Gewerbesteuer-Gesetz	▪ Steuerpflicht der **Gesellschaft** (Objekt) bei gewerblicher Betätigung ▪ **Objektbesteuerung** nach § 2 Abs. 1; § 5 Abs. 1 Satz 3 GewStG ▪ **Keine Steuerpflicht** bei - vermögensverwaltender Tätigkeit (z. B. Vermietungs-GbR) - selbständiger Tätigkeit (z. B. Steuerberater-Sozietät, -GbR) ▪ Gewerbesteuerpflicht für Sondervergütungen (Gehälter, Mieten, Zinsen) ▪ Freibetrag: 24.500 € und Staffeltarif (bis 2007) ▪ Bei Hebesätzen bis 310 % erfolgt über die Gewerbesteuer-Anrechnung nach § 35 Abs. 1 Nr. 1 EStG und den Betriebsausgabenabzug (bis 2007) eine vollständige Entlastung des GewSt-Aufwands bei der Einkommensteuer.	▪ **Generelle Gewerbesteuerpflicht kraft Rechtsform** (z. B. AG, GmbH) nach § 2 Abs. 2 GewStG also auch bei - vermögensverwaltender Tätigkeit (z. B. Vermietungs-GmbH, -AG) - freien Berufen (z. B. Steuerberatungs-GmbH, -AG) ▪ keine Hinzurechnung von Sondervergütungen ▪ kein Freibetrag nach § 11 Abs. 1 GewStG ▪ kein Staffeltarif nach § 11 Abs. 2 Nr. 1 GewStG ▪ keine Gewerbesteueranrechnung auf die Einkommensteuerschuld
Gesellschafterebene	▪ **Besteuerungszeitpunkt:** „Gewinnentstehung", also bei Ausweis des Gewinns, nicht zum Zeitpunkt der Entnahme ▪ **Steuersatz:** persönlicher Steuersatz, max. 42 % ▪ **§ 35 Abs. 1 Nr. 1 EStG: [Steuerermäßigung bei Einkünften aus Gewerbebetrieb]** Pauschalierte Anrechnung der Gewerbesteuer auf die Einkommensteuerschuld, anteilig nach den enthaltenen gewerblichen Einkünften i. S. d. § 15 Abs. 1 Satz 1 Nr. 1 EStG im zu versteuernden Einkommen **Berechnung: 1,8 x Gewerbesteuermessbetrag Ab 2008: Faktor von 3,8, da dann Gewerbesteuer keine Betriebsausgabe ist!** ▪ Beim Gesellschafter ist die Verlustverrechnung nach § 2 Abs. 3 und § 10 d EStG möglich.	▪ Besteuerung der erhaltenen Ausschüttungen nach dem **Zuflussprinzip** i. S. v. § 11 EStG ▪ **Steuersatz**: persönlicher Steuersatz, mit Anrechnung Kapitalertragsteuer ▪ Einkünfte aus Kapitalvermögen nach § 20 Abs. 1 Nr. 1 EStG ▪ Anwendung des **Halbeinkünfteverfahrens** nach § 3 Nr. 40 a EStG ▪ beachte: § 3 c Abs. 2 EStG (hälftiger Werbungskostenabzug) ▪ keine Gewerbesteuer-Anrechnung ▪ Die einbehaltenen Gewinne und Verluste werden dem Gesellschafter nicht zugerechnet, somit besteht ohne Ausschüttung keine Möglichkeit zur Verlustverrechnung auf Gesellschafterebene.

Rechtsformvergleich

	Personengesellschaften (OHG, KG):	Kapitalgesellschaften (GmbH, AG):
Geschäftsführergehalt	▪ Das Geschäftsführergehalt eines Mitunternehmers einer Personengesellschaft (OHG, KG) stellt keine Betriebsausgabe dar, weil eine Sonderbetriebseinnahme vorliegt. ▪ Das Geschäftsführergehalt eines Einzelunternehmers ist normaler Gewinnbestandteil (keine Sonderbetriebseinnahme). ▪ vGA nicht möglich ▪ Geschäftsführergehalt unterliegt der GewSt ▪ Einkünfte aus § 15 EStG mit Gewerbesteuer-Anrechnung	▪ Das angemessene Geschäftsführergehalt eines Gesellschafters (GmbH) stellt steuerlich eine Betriebsausgabe dar, somit entfällt darauf keine Körperschaftsteuer und Gewerbeertragsteuer, mit Ausnahme der verdeckten Gewinnausschüttung (vGA), die dem körperschaftsteuerlichen Einkommen wieder hinzuzurechnen ist. ▪ Einkünfte aus § 19 EStG ▪ Verdeckte Gewinnausschüttung: Einkünfte aus § 20 EStG
Bemessungsgrundlage	▪ **Ausgangsgrundlage: Steuerbilanzgewinn/ -verlust** ▪ Bei Personengesellschaften ist das Steuerbilanzergebnis durch Sondervergütungen (Geschäftsführergehälter, Mieten für die Überlassung von Wirtschaftsgütern, Zinsen) an die Gesellschafter nach § 15 Abs. 1 Nr. 2 EStG sowie um das Ergebnis aus einer evtl. Ergänzungsbilanz anzupassen.	▪ **Ausgangsgrundlage: Steuerbilanzgewinn/ -verlust** Bei Kapitalgesellschaften ist das Steuerbilanzergebnis um evtl. verdeckte Gewinnausschüttungen (R 36 KStR) sowie um nicht abziehbare Aufwendungen nach § 10 KStG (z. B. Körperschaftsteuer, 50 % der Aufsichtsratsvergütungen) anzupassen, um das körperschaftsteuerliche „zu versteuernde Einkommen" zu erhalten.
Entnahme bzw. Ausschüttung	▪ Es erfolgt keine Entnahmebesteuerung, sondern es gilt das Gewinnentstehungsprinzip. ▪ Es liegen gewerbliche Einkünfte nach § 15 EStG vor. ▪ Maximale Grenzsteuerbelastung in den Jahren 2006 und 2007 von 42 % und pauschale Gewerbesteuer-Anrechnung.	▪ Die Besteuerung beim Anteilseigner erfolgt nach dem Zuflussprinzip nach § 11 EStG. Dieser hat Einkünfte aus § 20 Abs. 1 Nr. 1 EStG. ▪ Halbeinkünfteverfahren ▪ Unterschiede durch den Sparer-Freibetrag nach § 20 Abs. 4 EStG i. H. v. 750 € bzw. bei Zusammenveranlagung i. H. v. 1.500 € ▪ Maximale Grenzsteuerbelastung im Jahr 2007 von 45 %, jedoch besteht keine Möglichkeit zur Gewerbesteuer-Anrechnung.
Steuerfreie Erträge	▪ Die Steuerfreiheit bleibt bei Personengesellschaften im Rahmen der „Ausschüttung" steuerfreier Erträge auch auf der Gesellschafterebene erhalten.	▪ Ausschüttung steuerfreier inländischer Erträge (z. B. Investitionszulage): Beim Anteilseigner unterliegen diese Ausschüttungen dem Halbeinkünfteverfahren. ▪ Ausschüttung steuerfreier inländischer und ausländischer Beteiligungserträge: Halbeinkünfteverfahren ohne Definitivbelastung (Vorteil der neuen Rechtslage; Nachteil: fiktive nicht abziehbare Betriebsausgaben in Höhe von 5 % der Ausschüttungen)

7.2 Steuerbelastungsfaktoren für das Jahr 2007

H	= Hebesatz	S'_{ge}	= Gewerbesteuergrenzbelastung
S'_{ges}	= Grenzsteuersatz gesamt	S'_{T}	= Thesaurierungsgrenzbelastung gesamt
S'_{e}	= Einkommensteuergrenzbelastung	S'_{k}	= Körperschaftsteuergrenzbelastung

Gesamtbelastung von Einkommen- bzw. Körperschaftsteuer und Gewerbesteuer

Personengesellschaften (OHG, KG):

I) Grenzsteuerbelastung (ESt 2007): 42 %

Annahme: zu versteuerndes Einkommen und gewerbliche Einkünfte sind > 52.151 €

Pauschale GewSt-Anrechnung bei der ESt:

(1,8 x 0,05) / [1 + (H x 0,05)] =
0,09 / [1 + (H x 0,05)]

a) Hebesatz 250 %:

S'_{ge} = (2,5 x 0,05)/[1 + (2,5 x 0,05)]
= 0,125/1,125 = 11,11 %

S'_{ges} = S'_{e} + [(1 - S'_{e}) x S'_{ge}] – 0,09 / [1 + (H x 0,05)]
= 0,42 + [(1 – 0,42) x 0,1111] – (0,09/1,125)
= **40,44** %

b) Hebesatz 400 %:

S'_{ge} = (4,0 x 0,05)/[1 + (4,0 x 0,05)]
= 0,2/1,2 = 16,67 %

S'_{ges} = S'_{e} + [(1 - S'_{e}) x S'_{ge}] – 0,09 / [1 + (H x 0,05)]
= 0,42 + [(1 – 0,42) x 0,1667] – (0,09/1,2)
= **44,17** %

Kapitalgesellschaften (GmbH, AG):

Thesaurierungs-Belastung (KSt): 25 %

a) Hebesatz 250 %:

S'_{ge} = (2,5 x 0,05)/[1 + (2,5 x 0,05)]
= 0,125/1,125 = 11,11 %

S'_{T} = S'_{k} + [(1 - S'_{k}) x S'_{ge}]
= 0,25 + [(1 – 0,25) x 0,1111]
= **33,33 %**

b) Hebesatz 400 %:

S'_{ge} = (4,0 x 0,05)/[1 + (4,0 x 0,05)]
= 0,2/1,2 = 16,67 %

S'_{T} = S'_{k} + [(1 - S'_{k}) x S'_{ge}]
= 0,25 + [(1 – 0,25) x 0,1667]
= **37,5 %**

Besteuerung beim Anteilseigner

I) Grenzsteuerbelastung (ESt):

Annahmen: Ausschüttung 2007: 42 % (ESt 2007); zu versteuerndes Einkommen und gewerbliche Einkünfte: 52.151 € < x < 250.001 €

a) Hebesatz 250 % (S'_{T} siehe oben):

S'_{ges} = S'_{T} + [(1 - S'_{T}) x 0,5 x S'_{e}]
= 0,3333 + [(1 – 0,3333) x 0,5 x 0,42]
= **47,33** %

b) Hebesatz 400 % (S'_{T} siehe oben):

S'_{ges} = S'_{T} + [(1 - S'_{T}) x 0,5 x S'_{e}]
= 0,375 + [(1 – 0,375) x 0,5 x 0,42]
= **50,625** %

II) Grenzsteuerbelastung (ESt):

Annahmen: Ausschüttung 2007, 45 % (ESt)
z.v.E. > 250.000 €

a) Hebesatz 250 % (S'_{T} siehe oben):

S'_{ges} = S'_{T} + [(1 - S'_{T}) x 0,5 x S'_{e}]
= 0,3333 + [(1 – 0,3333) x 0,5 x 0,45]
= **48,33** %

b) Hebesatz 400 % (S'_{T} siehe oben):

S'_{ges} = S'_{T} + [(1 - S'_{T}) x 0,5 x S'_{e}]
= 0,375 + [(1 – 0,375) x 0,5 x 0,45]
= **51,56** %

7.3 Übungsaufgabe zum Rechtsformvergleich

Teil I: Ertragsbesteuerung einer GmbH und deren Anteilseigner

An der Baustoffhandel GmbH, Karlsruhe, sind Max Reich zu 90 % und seine Frau Lena zu 10 % beteiligt. Max und Lena Reich sind konfessionslos und wohnen in Baden-Baden. Max Reich ist Geschäftsführer der GmbH und bezieht im laufenden Jahr ein Jahresgehalt von 135.000 €, obwohl in dieser Branche nur 100.000 € üblich sind und als angemessen gelten. Lena Reich ist als erfolgreiche Architektin in einem Büro in Baden-Baden angestellt und bezieht im laufenden Jahr ein Jahresgehalt von 60.000 €. Lena hat zum 1.1. dieses Jahres ein Gebäude (Neubau, 300 qm) in Karlsruhe zum Kaufpreis von 0,6 Mio. € (einschl. GrESt u. Nebenkosten; davon 100.000 € für Grund und Boden; Einheitswert: 50.000 €) erworben, das sie das gesamte Jahr der Baustoffhandel GmbH zu einem angemessenen Mietpreis von 3.750 € Kaltmiete/Monat vermietet hat. Der Kaufpreis wurde vorübergehend fremdfinanziert. Hierfür wurden 42.000 € von der Bank in Rechnung gestellt und dem Girokonto von Lena im laufenden Jahr belastet. An Grundsteuer und sonstigen Nebenkosten zahlt sie im laufenden Jahr insgesamt 8.660 €. Der gewerbesteuerliche Hebesatz der Stadt Karlsruhe soll 400 % betragen.

Für das aktuelle Jahr ergibt sich aus der handelsrechtlichen GuV folgender vorläufiger Gewinn (vor Steuerrückstellungen):

Umsatzerlöse (netto)	700.000,– €
Steuerfreie ausländische Einkünfte (DBA)	50.000,– €
Steuerfreie Investitionszulage	100.000,– €
Bezogene Waren	300.000,– €
Personalaufwand (darunter Geschäftsführergehalt an Max Reich 135.000 €)	240.000,– €
Gebäudemiete an Lena Reich	45.000,– €
Zinsen für ein langfristiges Bankdarlehen	40.000,– €
Sonstige betriebl. Aufwendungen (netto)	10.000,– €
Vorläufiger Gewinn vor Ertragsteuern	**215.000,–** €

Die Gesellschafter beschließen am 30.03. d. J. für das Vorjahr (Rechtslage: 2007) eine Ausschüttung von 16.800 €.

Fragen zu Teil 1:

a) Ermitteln Sie für die Baustoffhandel GmbH die Gewerbeertragsteuer für das laufende Jahr! Geben Sie bei der Ermittlung der Bemessungsgrundlage die Rechtsgrundlagen an!

b) Berechnen Sie für das laufende Jahr die körperschaftsteuerliche Bemessungsgrundlage und die Höhe der Körperschaftsteuer!

c) Ermitteln Sie auf der Basis des Ausgangssachverhaltes die Summe der Einkünfte, die von Max und Lena Reich im laufenden Jahr bei Zusammenveranlagung erzielt wurden!

d) Wie hoch sind bei einer vollständigen Ausschüttung des Jahresüberschusses im Folgejahr die Einnahmen aus Kapitalvermögen bei Max und Lena Reich im Jahr der Ausschüttung?

Teil II: Ertragsbesteuerung einer OHG und der Anteilseigner

Der Sachverhalt aus Aufgabe 1 wird dahingehend verändert, dass die Rechtsform eine OHG (also keine GmbH) ist. An den Gewinnen und Verlusten der Baustoffhandel OHG sind Max Reich zu 90 % und Lena Reich zu 10 % beteiligt. Die weiteren Angaben aus Aufgabe 1 bleiben unverändert.

a) Wie hoch ist die ertragsteuerliche Belastung bei der **Gesellschaft (OHG)**?

b) Wie hoch ist die Summe der Einkünfte bei den **Gesellschaftern** im laufenden Jahr? Geben Sie dabei jeweils die einzelnen Einkunftsarten und deren Höhe an!

Lösungshinweise zum Teil I

		€
a) Handelsrechtlicher Jahresüberschuss vor Steuern	215.000	
./. steuerfreie ausländische Einkünfte	50.000	
./. steuerfreie Investitionszulage	100.000	
+ vGA (überhöhtes Gehalt)	35.000	
= Körperschaftsteuerliche Bemessungsgrundlage vor Rückstellungen (GewSt/KSt)		100.000
+ Hinzurechnung		
50 % Dauerschuldzinsen v. 40.000 (§ 8 Nr. 1 GewStG)		20.000
= Gewerbeertrag (vor Rückstellung)		120.000

Steuersatz/Divisor: (0,05 x 4,00) / (1 + [0,05 x 4,00]) = 0,2/1,2 = 1/6
GewSt: 120.000 x 1/6 = 20.000 €

b) Vorläufige körperschaftsteuerliche Bemessungsgrundlage (s. oben)	100.000
./. Gewerbesteuer (Betriebsausgabe)	20.000
(Endgültige) körperschaftsteuerliche Bemessungsgrundlage	80.000

Steuersatz 25 % (§ 23 KStG) => KSt = 80.000 x 0,25 = 20.000 €

c)

Max		**Lena**	
§ 19 angemessenes Gehalt	100.000	§ 19 Gehalt	60.000
AN-Pauschale (§ 9 a Nr. 1 EStG)	./. 920	AN-Pauschale	./. 920
	99.080		**59.080**

Anmerkung: Aus Vereinfachungsgründen erfolgt bei § 20 EStG keine Aufteilung der Einkünfte zwischen Max und Lena.

§ 20 Ausschüttung (HEV; 50 %)	8.400	§ 21 Miete	45.000
vGA (unangem. Gehalt; 50 %)	17.500	Zinsen	./. 42.000
WK (ZV, § 9a Nr. 2 EStG)	./. 102	AfA (2 %; § 7 Abs. 4 Nr. 2 a)	./. 10.000
Freibetrag (ZV; § 20 Abs. 4 EStG)	./. 1.500	GrSt/NK	./. 8.660
	24.298		**./. 15.660**

Summe der Einkünfte der Eheleute: 99.080 + 24.298 + 59.080 ./. 15.660 = 166.798

d) Der Jahresüberschuss der GmbH beträgt nach Abzug der Steuern 175.000 € (215.000 € ./. 20.000 € [GewSt] ./. 20.000 € [KSt]). Die Höhe der Ausschüttung beträgt vor Abzug der KapESt also 175.000 €. Die Höhe der Einnahmen beträgt für beide Ehegatten zusammen unter Berücksichtigung von § 3 Nr. 40 EStG: 0,5 x 175.000 €= 87.500 €.

Teil II: Ertragsbesteuerung einer OHG und der Anteilseigner

a) Ermittlung der Gewerbesteuer bei der OHG:

Vorläufiger Gewinn	215.000
./. steuerfreie ausländische Einkünfte	50.000
./. steuerfreie Investitionszulage	100.000
Gewinn der Gesellschaft	65.000
+ Unternehmerlohn Max	135.000
+ Miete an Lena	45.000
./. Zinsen	42.000
./. Grundsteuer/Nebenkosten	8.660
./. AfA (Sonderbetriebsvermögen, 3 %; § 7 Abs. 4 Nr. 1 EStG)	15.000
Gesamtgewinn vor Steuern/Rückstellungen	179.340
+ 50 % Dauerschuldzinsen von 40.000 (§ 8 Nr. 1 GewStG)	20.000
./. Kürzung Sonderbetriebsvermögen für Einheitswert (§ 9 Nr. 1 GewStG) 1,2 % x 140 % (§ 121 a BewG) x 50.000	840
Gewerbeertrag vor GewSt-Rückstellung	198.500
./. Freibetrag (§ 11 Abs. 1 Nr. 1 GewStG)	24.500
	174.000

Vorläufiger GewSt-Messbetrag: (174.000 x 0,05) ./. 1.200 = 7.500
Endgültiger GewSt-Messbetrag: 7.500/(1 + [0,05 x 4,00]) = 7.500/1,2 = 6.250
=> GewSt: 6.250 x 4,00 (Hebesatz) = 25.000 €
(Alternative Berechnung: Staffeltarif entspricht zusätzlichem FB v. 24.000 €; 150.000 x 0,2/1,2 = 25.000)

b) Ermittlung der Einkünfte der Eheleute

Gewinn der Gesellschaft nach Abzug der ausländischen Einkünfte und steuerfreien Investitionszulage (siehe a)	65.000
./. Gewerbesteuer (Betriebsausgabe)	25.000
Gewinn der Gesellschaft nach GewSt-Rückst.	40.000

Max			**Lena**		
Gewinnanteil (90 %)	36.000		(10 %)	4.000	
Sondervergütung	135.000	(siehe a)	Miete	./. 20.660	(siehe a)
§ 15	171.000		§ 15	./. 16.660	
			§ 19	60.000	
			§ 9 a Nr. 1	./. 920	
				59.080	
Summe der Einkünfte	171.000			42.420	
Zusammenveranlagung (Ehepaar):		213.420			

7.4 Fallstudie: Entscheidungskriterien bei der Rechtsformwahl

Fallbeispiel:
Ermittlung der unterschiedlichen Belastung

Anton Kuchbichler, ledig, hat bisher sonstige gewerbliche Einkünfte von 70.000 €, Einkünfte aus Vermietung und Verpachtung von 60.000 € sowie Einnahmen aus nicht selbstständiger Tätigkeit in Höhe von 50.000 €. Daneben will er mit seinem Freund Franz-Josef Seidl ein Handelsgeschäft (mit jeweils 50%iger Beteiligung) eröffnen. Dabei überlegen sie, ob sie unter einer **OHG** oder unter einer **GmbH** firmieren sollen. Der gewerbesteuerliche Hebesatz beträgt 400 %.

➔ Alternative 1:
Der Gewinn vor Gewerbesteuerrückstellung und vor Abzug der GewSt/ESt bzw. KSt beträgt 100.000 €. Hiervon entfallen 50 % auf Anton. Der Gewinn wird vollständig entnommen bzw. ausgeschüttet. Sondervergütungen, verdeckte Gewinnausschüttungen sowie nichtabziehbare Aufwendungen gibt es nicht.

➔ Alternative 2:
Anstelle eines Fremd-Geschäftsführers übernimmt Anton K. die Geschäftsführung und erhält hierfür ein angemessenes Geschäftsführergehalt von 50.000 €, das ansonsten an den Fremd-Geschäftsführer gezahlt worden wäre. Daher bleibt der Gewinn (vor Steuern) wie bei der Alternative 1. Allerdings gibt Anton K. seine Arbeitnehmertätigkeit (Ausgangssachverhalt) auf, womit seine dortigen Einnahmen von 50.000 € entfallen.
Die auf dem Geschäftsführergehalt lastende GewSt soll laut Gesellschaftsvertrag Anton K. vom Gewinnanteil abgezogen werden.

Ernst & Young/BDI (2002): Die Fortentwicklung der Unternehmenssteuerreform, S. 241 - 271;
Jacobs (2001): Rechtsformwahl nach der Unternehmenssteuerreform: Personenunternehmung oder Kapitalgesellschaft?, Deutsches Steuerrecht (DStR), S. 806 - 812;
Schiffers (2000): Steuersenkungsgesetz: Steuerliche Rechtsformwahl und Rechtsformoptimierung, GmbH-Rundschau (GmbHR), S. 1005 - 1014.

8. Geplante Änderungen nach der Unternehmensteuerreform für die Jahre 2008 und 2009

8.1 Einkommensteuer

Nach dem Referentenentwurf vom 5.2.2007 sind im Rahmen der Einkommensteuer folgende Änderungen geplant (alle Gesetzesangaben beziehen sich im Kap. 8 auf den genannten Referentenentwurf; www.bundesfinanzministerium.de):

Teileinkünfteverfahren (60 %): In § 3 Nr. 40 EStG soll das bisherige Halbeinkünfteverfahren ab 2009 durch ein 60 %-Verfahren ersetzt werden. Begründet wird dies mit der Absenkung des Körperschaftsteuersatzes von 25 % auf 15 %. Parallel wird die Nichtabziehbarkeit von Aufwendungen nach § 3 c Abs. 2 EStG von 50 % auf 40 % gesenkt.

Einführung einer Zinsschranke: Für Unternehmen mit Zinsaufwendungen von mehr als 1 Mio. € (Freigrenze) werden voraussichtlich Zinsaufwendungen nur noch in Höhe von 30 % des steuerlichen Gewinns (vor Zinsaufwand und Steuern) abziehbar sein (§ 4 h EStG). Allerdings gibt es hier eine „Escape-Klausel", nach der die Zinsschranke nicht gilt, wenn ein konzernunabhängiges Unternehmen vorliegt oder wenn bei deutschen Konzernunternehmen die Eigenkapitalquote gleich oder höher ist als die Eigenkapitalquote im gesamten Konzern. Die Neuregelung hat insbesondere Bedeutung für Kapitalgesellschaften mit Konzernbindung.

Gewerbesteuer ist in Zukunft nicht mehr als Betriebsausgabe abziehbar (§ 4 Abs. 5 b EStG). Als Ausgleich hierfür soll die Gewerbesteuer-Anrechnung vom 1,8-fachen des Gewerbesteuermessbetrags auf das 3,8-fache erhöht werden (§ 35 EStG).

Kapitaleinkünfte:

Die Veräußerung von Anteilen an Kapitalgesellschaften (z. B. Aktien, GmbH-Anteile) fällt in Zukunft unter die Einkünfte aus Kapitalvermögen, also nicht mehr unter die sonstigen Einkünfte.

Für Kapitaleinkünfte soll ab 2009 nicht mehr der bisherige Sparer-Freibetrag i. S. d. § 20 Abs. 4 EStG, sondern ein neuer Sparer-Pauschbetrag von 801 € (1.602 € bei Zusammenveranlagung) gelten. Damit werden der bisherige Freibetrag und der Werbungs-Pauschbetrag nach § 9 a Satz 1 Nr. 2 EStG in einen einheitlichen Sparer-Pauschbetrag, der Werbungskostencharakter hat, zusammengeführt. Nachteilig ist die Neuregelung vor allem bei tatsächlichen Werbungskosten von über 51 € (bzw. 102 € bei Zusammenveranlagung).

Für alle Einkünfte aus Kapitalvermögen (Dividenden, Zinsen und Veräußerungsgewinne) soll ab 2009 eine Abgeltungsteuer von 25 % gelten (§ 32 d EStG). Allerdings ist parallel eine Antragsveranlagung möglich, die von Amts wegen als Günstigerprüfung durchgeführt wird (§ 32 d Abs. 6 EStG). Die Abgeltungsteuer ist nicht zulässig bei Kapitaleinkünften, die aufgrund des Subsidiaritätsprinzips unter die Gewinneinkunftsarten fallen. Ebenso ist die Abgeltungsteuer bei nahe stehenden Personen sowie bei Gesellschaftern, die mehr als ein Prozent an der Kapitalgesellschaft oder Genossenschaft halten, nicht zulässig.

Thesaurierungsbelastung: Bei Einzelunternehmern und Gesellschaftern einer Mitunternehmerschaft soll für nicht entnommene Gewinne ein besonderer Steuersatz von 28,25 % (mit Solidaritätszuschlag: 29,8 %) gelten (§ 34 a EStG). Dies entspricht der ertragsteuerlichen Belastung (Gewerbesteuer bei 400 % Hebesatz, Körperschaftsteuer und SolZ) bei Kapitalgesellschaften. Voraussetzung bei Mitunternehmern ist eine Beteiligung am Gewinn von mehr als 10 % oder von mehr als 10.000 €. Bei späterer Entnahme ist nach § 34 a Abs. 4 EStG eine Nachversteuerung von 25 % vorzunehmen. Damit sollen offenbar die gleichen Wirkungen wie bei Ausschüttungen von Kapitalgesellschaften erreicht werden.

8.2 Gewerbesteuer

Veränderung der Hinzurechnungen nach § 8 GewStG: In Zukunft werden alle Entgelte für Schulden (also auch für kurzfristige Zinsen), Renten, Gewinnanteile für stille Gesellschafter, ein Viertel der Miet- und Pachtzinsen (einschl. Leasingraten) für Mobilien sowie drei Viertel der Miet- und Pachtzinsen (einschl. Leasingraten) für nicht bewegliche Wirtschaftsgüter (insbesondere Gebäude) und ein Viertel der Aufwendungen für Rechte (insbes. für Lizenzen und Konzessionen) in einer Summe in § 8 Nr. 1 GewStG erfasst. Nach Berücksichtigung eines Freibetrags von 100.000 € werden von dieser Summe dann **25 %** beim Gewerbeertrag hinzugerechnet. Die anderen Hinzurechnungen nach § 8 Nr. 2, 3 und 7 GewStG werden dann entfallen.

Einheitliche Gewerbesteuermesszahl: Ab 2008 wird nach § 11 Abs. 2 GewStG eine Steuermesszahl von **3,5** für alle Unternehmen gelten. Der bisherige Staffeltarif für Einzelunternehmer und Personengesellschaften wird ab 2008 abgeschafft.

8.3 Körperschaftsteuer

Absenkung des Körperschaftsteuersatzes: Nach § 23 KStG gilt ab 2008 eine Körperschaftsteuerbelastung von 15 %. Wie bei der Einkommensteuer ist allerdings auch bei der Körperschaftsteuer die Gewerbesteuer nicht als Betriebsausgabe bei der Bemessungsgrundlage zu kürzen.

Gesellschafterbesteuerung: Ausschüttungen fallen ab 2009 nach § 3 Nr. 40 EStG nicht mehr unter das Halbeinkünfteverfahren, sondern unter das 60 %-Verfahren (s. Kap. 8.1). Ferner wird ab 2009 unter bestimmten Bedingungen (z. B. Beteiligung unter 1 %) die Abgeltungsteuer von 25 % zulässig sein.

8.4 Rechtsformvergleich – Ein vorläufiger Ausblick auf 2008 und 2009

Gesellschaftsebene:	Personengesellschaft	Kapitalgesellschaft
Gewinn vor GewSt/KSt	100,00	100,00
- Gewerbesteuer (400 % Hebesatz)	14,00	14,00
	86,00	86,00
- Körperschaftsteuer (15 %)		15,00
- Solidaritätszuschlag		0,83
- **Ausschüttung/Thesaurierung:**		**70,17**
Gesellschafterebene:		
Zu verst. Einnahmen / § 3 Nr. 40	100,00	70,17/42,10 (60 %)
- Einkommensteuer (42 %/45 %/25 %)	42,00/45,00	17,54 (25 %)/17,6 (42 %)/ 18,94 (45 %)
+ Gewerbesteuer-Anrechnung (§ 35)	13,30/13,30	-----
- SolZ	1,58/1,74	0,96/ 0,97/ 1,04
= Entnahme/Nettodividende	55,72/52,56	51,67/51,52/50,19
GewSt + KSt + ESt + SolZ	**44,28/47,44**	**48,33/48,48/49,81**

Für den Fall der (sofortigen) Ausschüttung wird im neuen Recht die Personengesellschaft beim Spitzensteuersatz von 45 % nur noch geringfügig besser sein, sofern die Abgeltungsteuer (von 25 % ab 2009) nicht zur Anwendung kommen kann. Sofern der individuelle (persönliche) Steuersatz niedriger ist, wird tendenziell die Personengesellschaft im Entnahme- bzw. Ausschüttungsfall besser sein als die Kapitalgesellschaft.

Wird aber nach § 34 a EStG-Entwurf zunächst die Thesaurierungbelastung von 28,25 % gewählt, wird die Gesamtbelastung (einschl. SolZ: 29,8 %) fast genauso hoch sein wie bei der Kapitalgesellschaft. Somit wird bei Personengesellschaften und deren Gesellschaftern ein zentraler Nachteil der früheren Rechtslage entfallen. Bei einer späteren Ausschüttung (Entnahme) wird es wohl zu einer Nachversteuerung von 25 % kommen, weshalb mögliche Vorteile der Personengesellschaften bei der Entnahme verloren gehen. Dies entspricht der Abgeltungsteuer von 25 %, die bei Ausschüttungen von Kapitalgesellschaften gelten soll.

9. Klausuren zu verschiedenen Steuerarten

9.1 Umsatzsteuer und Verfahrensrecht

Bearbeitungszeit: 30 Minuten

Erwin Feuchthuber, wohnhaft in Karlsruhe, unterhält nebenberuflich in Stuttgart einen Computer-Handel mit einer EDV-Beratung. Erwin hat im vergangenen Jahr Umsätze in Höhe von 20.000 € gehabt. Er hat im vergangenen Jahr nicht nach § 19 Abs. 2 UStG (Kleinunternehmer) optiert. Beurteilen Sie die folgenden Fragen für das laufende Jahr!

c) Ist Erwin Feuchthuber im laufenden Kalenderjahr Unternehmer? Ist er verpflichtet oder berechtigt (ggf. nach Option) bei steuerpflichtigen Umsätzen, Umsatzsteuer zu erheben?

d) Erwin Feuchthuber berät hinsichtlich der Software einen Zahnarzt in Pforzheim für 500 € (netto). Ist der Vorgang steuerbar, steuerpflichtig oder steuerfrei? Begründen Sie Ihre Antwort! Können beim Zahnarzt durch den Vorgang aus ökonomischer Sicht aufgrund des Umsatzsteuersystems Kosten entstehen?

e) Ein schweizerischer Staatsbürger (Privatperson aus Zürich) kauft bei Erwin Feuchthuber in Stuttgart EDV-Hardware und holt diese selbst in Stuttgart ab. Ist dieser Vorgang in Deutschland steuerbar und steuerpflichtig?

f) Erwin Feuchthuber versendet an einen französischen Kunden (Privatperson) für 4.000 € netto Hardware nach Strassburg. Neben diesem Umsatz tätigt er keine weiteren Umsätze mit Frankreich. Wo ist der Vorgang steuerbar und steuerpflichtig?

g) Kann Erwin Feuchthuber im Fall d.) optieren? Welche Voraussetzungen sind an eine derartige Option geknüpft? Welche Konsequenzen hat eine derartige Option? Ist eine derartige Option sinnvoll?

h) Welches Finanzamt ist für die Umsatzsteuererklärung von Erwin Feuchthuber zuständig?

i) Zu welchem Termin muss Erwin Feuchthuber seine Umsatzsteuererklärung für das laufende Kalenderjahr abgeben?

j) Zu welchen Terminen muss Erwin Feuchthuber im folgenden Kalenderjahr seine USt-Voranmeldungen abgeben, wenn sich für das laufende Jahr eine Umsatzsteuerschuld von 500 € (80.000 €) ergeben hat.

9.2 Umsatzsteuer

Bearbeitungszeit: 27 Minuten

Sachverhalt:

Gerald Seiler, der in Pforzheim wohnt, ist Wirtschaftsinformatiker. Er besitzt ein Einzelunternehmen mit 15 Mitarbeitern in Karlsruhe (SeilerData), mit welchem er Standard-Software (Betriebssystem BASTA 07) entwickelt und überwiegend an Firmen verkauft. Außerdem berät die SeilerData Kunden beim Kauf und nimmt bei Bedarf die Programmierung der Software vor. Daneben werden in einem Geschäft in Karlsruhe Laptops an Privatkunden verkauft und auf Anfrage auch versendet.

Gleichzeitig betreibt Gerald Seiler in Heidelberg ein Schulungszentrum mit 2 Mitarbeitern. Dort werden gegen Entgelt Kunden bzw. deren Mitarbeiter in die Software-Anwendung eingewiesen sowie über neuere technische Entwicklungen und Verfahren informiert. Das Schulungszentrum wird durch Gerald Seiler überwiegend von Karlsruhe aus verwaltet.

Für die beiden Betriebe haben sich in den beiden vergangenen Jahren jeweils insgesamt 600.000 € an steuerpflichtigen Nettoumsätzen ergeben. Entsprechende Umsätze werden sich voraussichtlich für das laufende Jahr 2007 ergeben.

Anmerkungen:

Es gilt die aktuelle Rechtslage. Sollte es auf Liefer- oder Erwerbsschwellen ankommen, so können Sie fiktiv die für Deutschland geltenden Regelungen anwenden. Optiert wird nur, soweit dies für Seiler vorteilhaft ist!

a) Ist Gerald Seiler zur Erhebung der Umsatzsteuer verpflichtet?

b) Beurteilen Sie für Gerald Seiler aus umsatzsteuerlicher Sicht folgende Sachverhalte des Kalenderjahres 2007 (ohne erneute Prüfung der Merkmale aus Aufgabenteil a):

b1) Die SeilerData in Karlsruhe hat dem Schulungszentrum im Heidelberg Software zu Schulungszwecken mit einem Nettowarenwert von 10.200 € zur Verfügung gestellt.

b2) Der Kunde Dusselig hat im Geschäft von SeilerData einen Laptop des Geschäftes fallen lassen und somit zerstört. Nach Einschaltung der Rechtsanwälte überweist Dusselig als Schadensersatz den Betrag von 1.190 € an SeilerData.

b3) Die SeilerData lieferte an einen Groß-Kunden in Avignon (F) Standard-Software für 108.600 € netto. Der Kunde hat unter seiner französischen USt-IDNr. bestellt.

b4) Eine Privatperson aus Lyon (F) hat bei SeilerData einen Laptop zum Verkaufspreis (einschl. deutscher oder französischer USt) von 1.785 € bestellt. Der Laptop wird an den Kunden von Karlsruhe aus nach Frankreich versendet. Versandumsätze nach Frankreich gab es im vergangenen Jahr nicht. In diesem Jahr wird die Umsatzgrenze mit französischen Privatpersonen voraussichtlich 30.000 € unterschreiten.

b5) Der Groß-Kunde aus Frankreich mit USt-IdNr. entsandte seine EDV-Mitarbeiter in das Schulungszentrum nach Heidelberg, um sich über neue technische Verfahren bei der Herstellung von Hardware-Produkten zu informieren. Als Entgelt für die Überlassung dieser Informationen wurden 12.000 € vereinbart. Seiler hat diese Leistungen nicht der Umsatzsteuer unterworfen.

b6) Eine Privatperson aus Wien lädt sich eine Standard-Software der SeilerData aus dem Internet herunter (Download). Er bezahlt dafür die vereinbarten 500 € netto. Umsatzsteuer wurde nicht berechnet.

b7) Seiler hat einen Laptop aus seinem Betrieb in Karlsruhe, den er im Jahr zuvor von einem Händler erworben hatte, seiner Tochter geschenkt. Der (Netto-)Einkaufs- und Zeitwert des Laptops betrug zum Zeitpunkt der Schenkung 1.200 €.

c) Für ihren privaten Gebrauch lädt sich die Tochter von Gerald Seiler, die auch in Karlsruhe wohnt, über das Internet zu Weihnachten 2007 von einem Unternehmer mit Sitz in den USA verschiedene aktuelle HipHop-Hits als Download-Dateien runter und zahlt dafür eine abschließende Verkaufsgebühr von insgesamt 30 €. Beurteilen Sie, ob dieser Vorgang in Deutschland steuerbar und steuerpflichtig ist!

9.3 Erbschaft- und Schenkungsteuer

Bearbeitungszeit: 18 Minuten

Max Schwarzer (65 Jahre), verwitwet und wohnhaft in Stuttgart, will sein Testament machen. Er hat 500.000 € an Bundesobligationen und sein Einzelhandelsunternehmen in Leonberg mit einem Verkehrswert von 500.000 € und einem erbschaftsteuerlichen Wert von 300.000 €. Max will das Vermögen möglichst steuersparend an seine Tochter Alexandra (30 Jahre) und seinen Neffen Tobias (33 Jahre) zu gleichen Teilen im Todesfall übertragen. Dabei kommen folgende Alternativen in Frage:

Alternative	Alexandra	Tobias
I.	Einzelhandelsunternehmen	Bundesobligationen
II.	Bundesobligationen	Einzelhandelsunternehmen
III.	Einzelhandelsunternehmen (50 %) Bundesobligationen (50 %)	Einzelhandelsunternehmen (50 %) Bundesobligationen (50 %)
IV.	Einlage der Bundesobligationen in das Einzelunternehmen und dessen Übertragung zu jeweils 50 % auf Alexandra und Tobias	

Für welche Alternative würden Sie sich – unter dem Gesichtspunkt der Erbschaftsteuerminimierung – bei der Testamentsgestaltung entscheiden?

Wie hoch ist in diesem Fall die Erbschaftsteuer für Alexandra und für Tobias?

Werden
Sie eine/r
von uns:
Ihr Startplatz
zum/r Steuerberater/in
Wirtschaftsprüfer/in
Sie haben Ihr Studium erfolgreich abgeschlossen und wollen als Beraterpersönlichkeit Karriere machen.
Werden Sie eine/r von uns:
als Dipl.-Kaufmann/frau, Dipl.-Betriebswirt/in bei Kleeberg & Partner.
Über 80 sehr erfolgreiche Kollegen.
Exklusiver Mandantenkreis. Internationale Aufgaben.
Mit in- und externen Schulungen und unserem Start-up-Coaching bereiten wir Sie auf die Berufsexamina als StB und WP erfolgreich vor.
E-Mail: bewerbung@kleeberg.de
KLEEBERG PARTNER
Wirtschaftsprüfung- & Steuerberatungsgesellschaft
Augustenstrasse 10 • 80333 München
Tel.: 089 55983-0 • www.kleeberg.de

9.4 Einkommensteuer

Bearbeitungszeit: 42 Minuten

Thomas Sitte, geb. 30.06.1941, wird mit seiner Ehefrau Nicole, die am 23.03.1947 geboren wurde, zusammen veranlagt. Aus den Büchern und Unterlagen ergibt sich für 2007 folgendes:

1) Der Ehemann ist an einem Handelsgeschäft in Pforzheim als atypischer stiller Gesellschafter an Gewinn und Verlust sowie an den stillen Reserven beteiligt. Sein Gewinnanteil hat 2007 15.516,00 € betragen.

2) Die Ehefrau ist an einer KG als Kommanditistin zu 25 % beteiligt. Ihr Gewinnanteil hat für das Wirtschaftsjahr 2007 7.500,00 € betragen. Die KG hat an die Ehefrau eine Vergütung von 2.000,00 € für die Überlassung eines Grundstücks gezahlt. Dieser Betrag ist als Betriebsausgabe abgesetzt worden. Frau Sitte hat für das Grundstück Grundsteuer in Höhe von 100,00 € und Schuldzinsen in Höhe von 1.350,00 € bezahlt. Weitere Vergütungen an Gesellschafter hat es bei der KG nicht gegeben.

3) Die Ehefrau ist als Journalistin selbständig tätig. Sie hat aus dieser Tätigkeit in 2007 20.000,00 € vereinnahmt. Die abzugsfähigen Ausgaben haben in diesem Zeitraum 9.000,00 € betragen (Gewinnermittlung nach § 4 Abs. 3 EStG).

4) Zinsen aus Hypothekenforderungen der Ehefrau 365,00 €.

5) Ausgeschütteter Gewinnanteil aus einer Beteiligung des Ehemannes an einer GmbH (nach Abzug der Kapitalertragsteuer) 3.600 €; abzugsfähige Ausgaben 390 €.

6) Zinsen (nach Abzug der Zinsabschlagsteuer) auf dem Sparkonto der Ehefrau in Höhe von 1.939 €.

7) Der Steuerpflichtige hat als früherer Angestellter eine Betriebsrente von 500,00 € je Monat bezogen. Die Rente wurde erstmalig im Juli 2006 an ihn ausbezahlt.

8) Der Steuerpflichtige hat am 01.02.2007 Wertpapiere für 450,00 € erworben. Er hat diese Wertpapiere am 20.12.2007 für 1.000,00 € wieder verkauft. Durch den An- und Verkauf sind ihm Kosten in Höhe von 60,00 € entstanden. Weitere Verkäufe von Wertpapieren haben Thomas und Nicole Sitte im Jahr 2007 nicht getätigt.

9) Der Steuerpflichtige hat am 01.07.1996 in Ulm einen Bauplatz für 30.000,00 € erworben. Er hat diesen Bauplatz am 15.06.2007 für 37.500,00 € wieder verkauft.

10) Das Ehepaar Sitte hat für Krankenversicherungen 3.500,00 € ausgegeben. Daneben hat Nicole Sitte für eine private Rentenversicherung (Rürup-Rente ohne Kapitalwahlrecht) Ausgaben in Höhe von 3.500,00 € getätigt.

11) Das Ehepaar Sitte hat im Jahr 2007 Kirchensteuervorauszahlungen in Höhe von 2.000 € geleistet. Im Oktober 2007 ist den Eheleuten eine Kirchensteuererstattung (500 €) für das Jahr 2007 überwiesen worden.

Berechnen Sie das Einkommen der Eheleute Sitte für 2007!

9.5 Einkommensteuer und Umsatzsteuer

Bearbeitungszeit: 45 Minuten

Emil Lustig (ledig, 40 Jahre alt, konfessionslos) betreibt in Karlsruhe ein Architekturbüro. Er ermittelt seinen Gewinn nach § 4 Abs. 3 EStG und ist voll zum Vorsteuerabzug berechtigt. Die Umsatzsteuer wird nach § 20 UStG ermittelt.

Für das laufende Kalenderjahr hat er einen vorläufigen Gewinn i. H. v. 79.000 € ermittelt. Dabei ist er sich nicht sicher, ob folgende Geschäftsvorfälle richtig erfasst worden sind:

1) **Anschaffung eines Personalcomputers**:
Am 2. Januar des laufenden Jahres hat Lustig einen PC und DVD's angeschafft. Dabei hat vom Verkäufer folgende Rechnung erhalten, die am 20. Januar bezahlt worden ist:

	Listenpreis:	1.500 €
+	200 DVD's	100 €
=	Zwischensumme	1.600 €
+	19 % Umsatzsteuer	304 €
=	**Gesamtpreis**	**1.904 €**

Der PC wird nur betrieblich genutzt. Es wird mit einer nicht zu beanstandenden betriebsgewöhnlichen Nutzungsdauer von 3 Jahren gerechnet. Sonderabschreibungen sollen nicht vorgenommen werden. Lustig hat die vorliegende Rechnung noch nicht in den Büchern erfasst!

2) **Schadensersatzansprüche**:
Für drohende Schadensersatzansprüche wegen mangelhafter Architektenleistungen des laufenden Jahres hat Lustig eine Rückstellung in Höhe von 1.000 € berücksichtigt und diese als Betriebsausgabe erfasst. Diese Vorsichtsmaßnahme ist auch der Höhe nach begründet, da Lustig im März des folgenden Jahres einen Vergleich mit den Anspruchsberechtigten in Höhe von 1.000 € abgeschlossen hat. Diesen Betrag überweist er im April des folgenden Kalenderjahres.

3) **Verkauf eines gebrauchten Pkw an einen Franzosen:**
Lustig verkauft an einen Franzosen (Privatperson) mit Wohnsitz in Metz einen älteren Pkw, der in den Büchern des Betriebs aufgrund seiner bisherigen betrieblichen Nutzung mit einem Restbuchwert von 1 € geführt wird, gegen eine Zahlung von 986 €. Lustig stellt dem Franzosen, der sich den Wagen in Karlsruhe abholt, keine Rechnung aus, da er der Auffassung ist, dass der Verkauf an eine Privatperson eine Rechnung nicht erfordert. Die Zahlung von 952 € nimmt er bar entgegen. Eine buchhalterische Erfassung nimmt er nicht vor!

4) **Versicherung**:
Am 28. Dezember des laufenden Jahres hat Lustig für eine neu abgeschlossene Berufshaftpflichtversicherung die Prämie des folgenden Kalenderjahres in Höhe von 370,00 € überwiesen und als Betriebsausgabe erfasst.

5) **Steuerzahlungen**:
Vom Finanzamt Karlsruhe erhält Lustig am 2. Mai des laufenden Jahres den ESt-Bescheid des Vorjahres. Er erhält im Mai eine ESt-Erstattung von 1.500 € auf sein betriebliches Konto überwiesen. Lustig erfasst den Vorgang als Betriebseinnahme. Am 15. Mai des laufenden Jahres überweist Lustig für das Vorjahr aufgrund seiner Vorjahres-USt-Erklärung an das Finanzamt eine USt-Nachzahlung in Höhe von 250 € vom betrieblichen Konto, was ebenfalls als Betriebsausgabe erfasst wird.

6) **Lebens- und Krankenversicherungsbeiträge**:
Am 1. Juli des laufenden Jahres überweist Lustig Lebensversicherungsbeiträge (Rentenversicherung ohne Kapitalwahlrecht) in Höhe von 3.500 € sowie Krankenversicherungsbeiträge in Höhe von 1.500 € vom betrieblichen Konto. Da er der Auffassung ist, dass diese Versicherungen der Risikovorsorge dienen, hat er die Überweisung als Betriebsausgabe erfasst.

7) **Unfertige Architektenleistungen und Forderungen:**
Lustig hat am 31. Dezember des laufenden Jahres verschiedene Architektenleistungen noch nicht fertig gestellt. Die steuerrechtlichen Herstellungskosten in Höhe von 2.500 € werden „aktiviert" und als Betriebseinnahme erfasst.
Ebenso bucht Lustig die Forderung gegenüber einem Bauherrn in Höhe von 5.950 € (inklusive 19 %iger USt) als Betriebseinnahme, obwohl ihm bekannt ist, dass der Bauherr schon am 31. Dezember des laufenden Jahres in einer schwierigen finanziellen Lage war und im Januar des folgenden Jahres Insolvenz angemeldet hat. Es ist mit einer Insolvenzquote von 40 % zu rechnen.

8) **Umsatzsteuervorauszahlungen**:
Lustig hat außer den dargelegten Vorgängen im laufenden Geschäftsjahr umsatzsteuerpflichtige Umsätze von 100.000 € (netto) gehabt, die korrekt als Betriebseinnahmen erfasst wurden. Daneben hat er die Umsatzsteuer aus der Forderung (Nr. 7) im Rahmen der Voranmeldung berücksichtigt. Daraus resultiert bei den Voranmeldungen eine USt von 19.950 €.
Als Vorsteuern konnten – ohne die Vorgänge Nr. 1 bis 7 – 5.000 € geltend gemacht werden. Außerdem wurde aufgrund der Vorgänge Nr. 1 bis 7 keine Vorsteuer im Rahmen der Voranmeldungen abgezogen. Die ermittelte USt-Schuld von 14.950 € hat Lustig in 4 Teilbeträgen vom privaten Konto im laufenden Jahr (4. Quartal 29. Dezember) überwiesen. Bei der Gewinnermittlung hat er diesen Vorgang nicht berücksichtigt, da das betriebliche Konto nicht betroffen war.

a) Welche Einkunftsart(en) hat Lustig?
b) Ermitteln Sie die Summe der Einkünfte von Lustig! Erläutern Sie dabei die einkommensteuerlichen Folgen der Geschäftsvorfälle Nr. 1 bis 8. Geben Sie jeweils die Änderungen von der Ausgangsgröße je Geschäftsvorfall mit Begründung der jeweiligen Rechtsgrundlage an!
c) Wie hoch ist das zu versteuernde Einkommen von Lustig (Berechnung)?
d) Welche USt-Schuld bzw. Erstattung ergibt sich bei der Jahreserklärung von Lustig? Erläutern Sie die Abweichungen von den USt-Voranmeldungen mit Begründung (§§)!

9.6 Steuerbilanzrecht, Einkommen- und Gewerbesteuer

Bearbeitungszeit: 45 Minuten

Sachverhalt:

Florian Fetzig und seine Ehefrau Bianca haben eine Faschingsartikel OHG zum 1.1.2005 in Ersingen (Baden; gewerbesteuerlicher Hebesatz: 400 %) gegründet. Florian ist an der OHG zu 60 %, Bianca zu 40 % am Gewinn und Verlust der Gesellschaft beteiligt.

Die OHG ermittelt den Gewinn nach § 5 Abs. 1 EStG. Der vorläufige Handelsbilanzgewinn des Jahres 2007 wird aus den folgenden Daten der Gewinn- und Verlustrechnung abgeleitet:

Umsatzerlöse (netto):	1.000.000 €
Wareneinsatz (netto):	362.000 €
Personalaufwand (darunter Geschäftsführergehalt für Florian: 150.000 €)	250.000 €
Ortsübliche Miete an seine Ehefrau für das Verwaltungs- und Lagergebäude der OHG vom 1.7. bis zum 31.12.2007	24.000 €
Bruttodividende auf im Betriebsvermögen gehaltene Aktien der Faschingsgaudi AG (Anteil 8 % des Nennkapitals der AG; Kalenderjahr = Wirtschaftsjahr)	10.000 €
Aufgrund der zunehmend intensiveren betrieblichen Verwertung eines Patentes, das im Vorjahr vorübergehend abgeschrieben wurde, wird eine Zuschreibung in gleicher Höhe vorgenommen	20.000 €
Kurzfristige Fremdfinanzierungskosten für die Anteile an der Faschingsgaudi AG	6.000 €
Dauerschuldzinsen für ein Darlehen bei der Sparkasse Karlsruhe (5 % von 100.000 €; im Vorjahr wurde ein Disagio von 5.000 € in der Handelsbilanz nicht angesetzt; Laufzeit des Darlehens: 5 Jahre)	5.000 €
Sachgeschenke (> 35 €; netto)	800 €
Sonstige betriebliche Aufwendungen (incl. nicht abziehbarer Vorsteuer)	46.502 €
Vorläufiger Gewinn vor Ertragsteuern	**335.698** €

Anmerkungen:

- Für die Miete, die dem Drittvergleich standhält, ist ein schriftlicher Vertrag abgeschlossen worden. Die sonstigen formellen Voraussetzungen für die Anerkennung derartiger Verträge sind erfüllt (Überweisungen etc.).
- Das Verwaltungs- und Lagergebäude ist von der Ehefrau Bianca (= Bauherrin) auf eigenem Grund und Boden (Anschaffungskosten zum 2.1.2007: 300.000 €) mit Hilfe von Subunternehmern hergestellt worden (Bauantrag: 3.1.2007). Die Herstellungskosten sind folgender Aufstellung zu entnehmen:

Materialeinzelkosten:	100.000 €
Rechnung für Subunternehmer:	200.000 €
Angemessene Materialgemeinkosten:	50.000 €
Fertigungsgemeinkosten:	150.000 €
Verwaltungskosten:	120.000 €
Soziale Aufwendungen; betriebliche Altersversorgung:	33.650 €
Kalkulatorischer Unternehmerlohn für die Bauherrin Bianca Fetzig:	60.000 €
Sonstige unangemessene, außerplanmäßige Gemeinkosten:	45.000 €
Summe	**758.650 €**

Das Verwaltungs- und Lagergebäude wurde zum 30.6.2007 fertig gestellt und ab 1.7.2007 an die OHG vermietet. Das Gebäude wird nach § 7 Abs. 4 EStG abgeschrieben. Für die (langfristige) Finanzierung des Gebäudes sind vom 1.7.2007 bis zum 31.12.2007 insgesamt 10.000 € an Zinsen angefallen.

➔ Im Rahmen der Abschlussarbeiten stellt Florian Fetzig fest, dass er für die OHG am 1. Oktober eine Überweisung an eine Versicherung (Produkthaftungs- und Betriebshaftpflichtversicherung) in Höhe von 14.000 € für den Zeitraum vom 1. Juli bis zum 30. Juni des folgenden Kalenderjahrs geleistet hat und diese Überweisung in voller Höhe als sonstigen betrieblichen Aufwand erfasst hat.

FRAGEN:

a) Erläutern Sie die bilanzsteuerrechtlichen Auswirkungen des Lagergebäudes und des Baus des Verwaltungsgebäudes im Jahr 2007 sowie dessen (von vornherein beabsichtigte) Vermietung an die OHG!

b) Ermitteln Sie für die OHG die Bemessungsgrundlage und Höhe der Gewerbeertragsteuer und deren Rückstellung unter der Annahme, dass der Gewerbeertrag minimiert werden soll!

c) Ermitteln Sie den Gesamtgewinn der OHG und weisen Sie den beiden Gesellschaftern die jeweiligen gewerblichen Einkünfte zu (Erstellung der sog. „additiven" Gewinnermittlung)!

9.7 Einkommen- und Gewerbesteuer (Aufgabe A)

Bearbeitungszeit: 24 Minuten

Sachverhalt

Malermeister Gottlieb Häfele (Einzelfirma) führt seine Bücher nach deutschem Handelsrecht. Seine Buchhaltung enthält für das Jahr 01 folgende Daten (alle Beträge in €):

Handelsrechtlicher Jahresüberschuss vor Ertragsteuern	164.511 €
Außerplanmäßige Abschreibungen auf im betrieblichen Finanzanlagevermögen gehaltene Aktien wegen vorübergehender Wertminderung	10.000 €
Für ein zum 1. Januar 01 bei der Sparkasse aufgenommenes Darlehen (Laufzeit 10 Jahre) gezahlte Zinsen	3.500 €
Auf die Aktivierung des Disagios für dieses Darlehen wurde verzichtet	3.000 €
Einheitswert des Betriebs	87.500 €
Einheitswert des Betriebsgrundstücks	45.000 €
Privatentnahmen	47.500 €
Geschenk an den Architekten Ludewig (Buchung erfolgte brutto)	145 €

Hebesatz der Gemeinde 500 %.

Eine Rückstellung für Ertragsteuern wurde noch nicht gebildet.

Aufgaben:

Ermitteln Sie die zu zahlende Gewerbesteuer.

Erläutern Sie, welche gewerbesteuerlichen Effekte Malermeister Häfele bei seiner Einkommensteuererklärung geltend machen kann.

9.8 Einkommen- und Gewerbesteuer (Aufgabe B)

Bearbeitungszeit: 60 Minuten

Maler Friedhelm Knopf, geboren am 1.5.1956 und seine Ehefrau Laura, geboren am 10.10.1958, kinderlos, wohnen gemeinsam in Karlsruhe. Der gewerbesteuerliche Hebesatz soll 400 % betragen. Das Ehepaar Knopf lässt sich bei der Einkommensteuer zusammen veranlagen und keiner der beiden gehört einer Religionsgemeinschaft an.

Friedhelm und Laura Knopf haben im laufenden Jahr folgende Einnahmen und Ausgaben:

1) Friedhelm Knopf hat zum 1. Januar dieses Jahres eine Polsterei für antiquarische Möbel in Form eines Einzelunternehmens in Karlsruhe eröffnet. Er ermittelt seinen Gewinn nach § 5 Abs. 1 EStG. Der vorläufige und u. U. noch korrekturbedürftige Handelsbilanzgewinn wird aus den folgenden Daten der Gewinn- und Verlustrechnung abgeleitet:

Umsatzerlöse (netto):	1.000.000 €
Wareneinsatz (netto):	362.000 €
Personalaufwand (darunter Geschäftsführergehalt für F. Knopf 150.000 €)	250.000 €
Ortsübliche Miete an seine Ehefrau für das Handelsgeschäft	24.000 €
Miete für Kopierer und PKW an den Privatmann Willibald K.	20.000 €
Dauerschuldzinsen für ein Darlehen bei der Sparkasse Karlsruhe (5 % von 100.000 €)	5.000 €
Zinsen für stille Beteiligung an seine Ehefrau (7 % von 200.000 €)	14.000 €
Bruttodividende auf im Betriebsvermögen gehaltene Aktien der Möbelhaus AG (Anteil < 0,5 % des Nennkapitals der AG; Kalenderjahr = Wirtschaftsjahr)	8.000 €
Aufgrund einer vorübergehenden Wertminderung der im Anlagevermögen gehaltenen Patente ergibt sich eine Teilwert-AfA in Höhe von	20.000 €
40 Aktenkoffer à 80 € (netto) an Geschäftsfreunde	3.200 €
Sonstige betriebliche Aufwendungen	46.608 €
Vorläufiger Gewinn vor Ertragsteuern	**263.192 €**

Anmerkungen:

➔ Bei den Mieten und Zinsen, die dem Drittvergleich standhalten, sind schriftliche Verträge abgeschlossen worden. Die sonstigen formellen Voraussetzungen für die Anerkennung derartiger Verträge sind erfüllt (Überweisungen etc.). Die Ehefrau erhält für die stille Beteiligung, die noch eine Laufzeit von 3 Jahren hat, eine Vergütung in Höhe von 7 % der Einlage (200.000 €), sofern in dem Einzelunternehmen ein Gewinn erzielt wird. Laura ist weder am Verlust noch an den stillen Reserven des Einzelunternehmens beteiligt.

➔ Im Rahmen der Abschlussarbeiten stellt Friedhelm fest, dass er am 1. Oktober eine Überweisung an eine Versicherung (Betriebshaftpflicht inklusive Produzentenhaftung) in Höhe von 10.000 für den Zeitraum vom 1. Juli bis zum 30. Juni des folgenden Kalenderjahrs geleistet hat und diese Überweisung in voller Höhe als sonstigen betrieblichen Aufwand erfasst hat.

2) Laura war vom 1. Januar bis zum 30. September d. J. als Kassiererin (= Arbeitnehmerin) in einem Supermarkt mit einem monatlichen Verdienst von 1.600 € tätig. Das Arbeitsverhältnis wurde am 30. September vom Arbeitgeber gekündigt. Seitdem ist Laura arbeitslos gemeldet und erhält monatlich 1.000 € Arbeitslosengeld. Laura fuhr an 15 Tagen je Monat mit dem Pkw zur Arbeit. Die einfache Fahrtstrecke betrug 50 km.

3) Am 2. Mai d. J. fließen Friedhelm Knopf aus einem im Privatvermögen gehaltenen Aktienpaket nach Abzug der Kapitalertragsteuer 9.600 € an Dividende zu (kein Freistellungsauftrag).

4) Laura hat zum 1. Januar d. J. ein Gebäude erworben, in dem das Handelsgeschäft des Einzelunternehmens (40 % der Gebäudefläche) enthalten ist, das an den Ehemann für 24.000 € pro Jahr vermietet wird (siehe oben unter Nr. 1). Das Haus ist im Dezember vorigen Jahres (Bauantrag im Januar des vorangegangen Jahres) errichtet worden und

wird ab 1. Januar d. J. nach § 7 Abs. 4 EStG abgeschrieben. Der Kaufpreis betrug 400.000 € zuzüglich der vollständig vom Käufer getragenen Grunderwerbsteuer. Hiervon entfallen 20 % auf Grund und Boden. Der 1. Stock ist an einen Zahnarzt (30 % der Gebäudefläche) für 27.000 € jährlich vermietet; im 2. Stock sind 2 Wohnungen (je 15 % der Gebäudefläche), die zu je 800 € monatlich vermietet sind. Das Haus ist entsprechend der Gebäudefläche in Teileinheiten aufgeteilt.

Am 2. Januar d. J. hat Laura einen Kredit in Höhe von 200.000 € mit einer Darlehenslaufzeit von 5 Jahren aufgenommen. Das Disagio betrug 16.000 € und wurde von der Bank bei Auszahlung des Kredits einbehalten. An Schuldzinsen fielen für den Zeitraum vom 1. Januar bis zum 31. Dezember d. J. insgesamt 14.000 € an, von denen allerdings 7.000 € erst am 2. Januar des folgenden Jahres an die Bank überwiesen wurden. Ferner sind vor Bezug des Gebäudes noch Notar- und Grundbuchgebühren für die Anschaffung des Grund und Bodens (einschl. Gebäude) in Höhe von 6.000 € gezahlt worden.

An Hausnebenkosten fielen an:

Grundsteuer:	1.000 €
Sonstige Kosten:	5.440 €

5) Das Ehepaar Knopf kann insgesamt Sonderausgaben i. H. v. 6.000 € geltend machen.

Fragen:

a) Prüfen Sie, ob im laufenden Jahr für die vorliegenden Sachverhalte Gewerbesteuer anfällt! Wenn ja, ermitteln Sie die Bemessungsgrundlage und die Höhe der Gewerbeertragsteuer!

b) Ermitteln Sie für das laufende Kalenderjahr die Summe der Einkünfte! (Geben Sie jeweils die Höhe der einzelnen Einkünfte je Ehepartner an, Berechnung unter Angabe der jeweiligen §§!)

c) Erläutern Sie die Vorgehensweise bei der Ermittlung der noch zu zahlenden Einkommensteuer der Eheleute Knopf unter Angabe der zu beachtenden Vorschriften und deren Beschreibung (mit Angabe der Additions- und Abzugsbeträge des konkreten Falls, aber ohne zahlenmäßige Ermittlung der ESt)!

d) Welche ertragsteuerlichen Wirkungen treten ein, wenn Laura Knopf im Rahmen ihrer stillen Beteiligung neben ihrer Verzinsung auch am Verlust, an den stillen Reserven und am Geschäftswert beteiligt wird?
Wie wirkt sich diese Veränderung auf
da.) die Bemessungsgrundlage der Gewerbeertragsteuer,
db.) die einzelnen Einkunftsarten und
dc.) den Einkommensteuersatz hinsichtlich der Grenzsteuerbelastung aus?

Anmerkung: Ermittlung der GewESt und ESt ist nicht erforderlich!

9.9 Einkommen- und Gewerbesteuer (Aufgabe C)

Bearbeitungszeit: 72 Minuten

Helmut Knifflig, Till Kohler und Jörn Dickschaedel haben bereits 1980 eine Marketing-OHG in Pforzheim gegründet. Jeder hält einen Kapitalanteil in Höhe von 10.000 €. Alle drei OHG-Gesellschafter sind verheiratet, haben jeweils ein Kind, für das sie Kindergeld beziehen, und lassen sich jeweils mit Ihren Ehegattinnen zusammen veranlagen.

Seit dem Jahr 2006 ist Johanna Seidenstrumpf (ledig) mit einer Einlage von 50.000 € als stille Gesellschafterin beteiligt. Sie erhält für die stille Beteiligung, die eine unbegrenzte Laufzeit hat, eine Vergütung in Höhe von 7 % der Einlage, sofern ein Gewinn erzielt wird. Frau Seidenstrumpf ist weder am Verlust noch an den stillen Reserven der OHG beteiligt.

Der gewerbesteuerliche Hebesatz in Pforzheim soll 380 % betragen.

Die Zuständigkeiten und Vertragsverhältnisse der drei OHG-Gesellschafter sind wie folgt geregelt:

- Helmut Knifflig wurde als alleiniger Geschäftsführer berufen und erhält p. a. ein Gehalt in Höhe von 100.000 €;
- Till Kohler zählt zu seinem Eigentum ein Grundstück mit einem darauf befindlichen Gebäude (Herstellungskosten 200.000 €; Einheitswert: 50.000 €), das er dem Unternehmen seit der Fertigstellung in 2005 gegen einen monatlichen, ortsüblichen Mietzins von 5.000 € zur Verfügung stellt. Er hat die Erstellung mit einem endfälligen Darlehen in Höhe von 200.000 € langfristig fremdfinanziert; seine jährliche Zinslast beträgt 6 % der Darlehenssumme. Zudem entstanden ihm in 2007 Grundstückskosten in Höhe von 2.160 €.
- Jörn Dickschaedel hat bei der örtlichen Sparkasse ein günstiges Darlehen in Höhe von 100.000 € zu 6 % aufnehmen können (Laufzeit: 5 Jahre), das er der OHG als Fremdkapital zu 8 % zur Verfügung stellt.

1) Die OHG hat für das Jahr 2007 seinen Gewinn nach § 5 Abs. 1 EStG ermittelt. Als vorläufiger Handelsbilanzgewinn ergibt sich (in €):

Umsatzerlöse (netto):	1.880.200
Auflösung einer Aufwandsrückstellung (§ 249 Abs. 2 HGB)	100.000
Wareneinsatz (netto):	950.000
Geschäftsführergehalt	100.000
Personalaufwand	240.000
Miete Betriebsgebäude	60.000
Außerplanmäßige Abschreibung von Vorräten wegen vorübergehender Wertminderung	80.000
10 Fernseher als Weihnachtsgeschenke für VIP-Kunden (netto)	5.500
Darlehenszinsen	8.000
Zinsen für stille Beteiligung (7 % von 50.000)	3.500
Sonstige betriebliche Aufwendungen (einschl. nichtabziehbarer Vorsteuer)	73.745
Vorläufiger Gewinn vor Ertragsteuern	**459.455**

Anmerkungen:

Bei den Mieten und Zinsen, die dem Drittvergleich standhalten, sind schriftliche Verträge abgeschlossen worden. Die sonstigen formellen Voraussetzungen für die Anerkennung derartiger Verträge sind erfüllt (Überweisungen etc.).

2) Gabi Dickschaedel, die Ehefrau von Jörn Dickschaedel, betreibt seit dem 1. April 2007 ein Künstlerstudio in der Pforzheimer Innenstadt. Sie malt Bilder für verschiedene Unternehmer und stellt Skulpturen für Privatkunden her. Der Gewinn des Studios wurde durch Gegenüberstellung von Einnahmen und Ausgaben zu insgesamt 60.000 € ermittelt. In ihren Berechnungen hat Gabi Dickschaedel folgende Vorfälle im Jahr 2007 gewinnwirksam erfasst:

- Zahlung einer Rechnung am 9.1.08 über 2.500 € für im Dezember 2007 gelieferte Farben und Rahmen,
- Zahlung der Studiomiete am 9.1.08 für Dezember 2007 in Höhe von 1.500 €,
- Erwerb eines PC (Nutzungsdauer 3 Jahre) für 3.570 € (brutto) und eines Scanners für 476 € (brutto) im April 2007,
- die Kosten für den täglichen Reinigungsdienst beliefen sich in 2007 auf 6.000 €. Allerdings entfielen 40 % der abgerechneten Arbeitszeit auf die Kinderbetreuung des 4-jährigen Sohns Max, der über keine eigenen Einkünfte verfügt.

Bis zum 31. März war sie als Grafikerin in Karlsruhe halbtags angestellt. Sie erhielt vom Grafikerstudio als Bruttoentgelt monatlich 700 €. Lohnsteuer wurde hiervon nicht einbehalten. Sie fuhr mit dem Pkw (Entfernung 45 km) an 60 Tagen nach Karlsruhe hin und zurück. Daneben zahlte das Grafikerstudio an den Kindergarten von Sohn Max den monatlichen Beitrag von 150 € bis zum Ende des Arbeitsverhältnisses. Ab April bis Dezember 2007 zahlte Gabi Dickschädel den Kindergartenbeitrag von unverändert 150 € monatlich direkt.

Neben ihrem Hauptberuf gab Frau Dickschaedel in der Zeit vom 1. Juni bis zum 30. September des laufenden Jahres eigenverantwortlich einen Malkurs an der Volkshochschule Pforzheim, für den sie eine Aufwandsentschädigung von 2.500 € erhielt. Für diesen Kurs kaufte Frau Dickschaedel Arbeitsmittel im Wert von 600 €. Vorauszahlungen für Ertragsteuern zahlte Frau Dickschaedel nicht.

3) Frau Dickschaedel fließen am 2. Januar des folgenden Kalenderjahres auf ihrem Sparbuch nach Abzug der Zinsabschlagsteuer 4.200 € an Zinsen für das laufende Jahr zu (kein Freistellungsauftrag).

4) Frau Knifflig wie auch Frau Kohler erzielen keine Einkünfte.

5) Herr und Frau Dickschaedel können neben den dargelegten Sonderausgaben zusätzlich insgesamt an Sonderausgaben 10.000 € geltend machen. Herr und Frau Knifflig haben Rentenversicherungen (ohne Kapitalwahlrecht) von insgesamt 6.000 € sowie Krankenversicherungen in Höhe von 5.000 € geleistet.

FRAGEN:
Prüfen Sie, ob im laufenden Jahr für die vorliegenden Sachverhalte Gewerbesteuer anfällt! Wenn ja, ermitteln Sie Bemessungsgrundlage und Höhe der Gewerbeertragsteuer!

Ermitteln Sie die Summe der Einkünfte der Eheleute Knifflig!

Ermitteln Sie das zu versteuernde Einkommen der Eheleute Dickschaedel und die noch zu zahlende Einkommensteuer für 2007!

9.10 Ertragsteuerliche Belastungen bei einer Kapitalgesellschaft

Bearbeitungszeit: 30 Minuten

- An der Projektmanagement GmbH, Ludwigshafen, ist Gesellschafter Emil Feierabend zu 100 % beteiligt, der mit seiner Ehefrau Lisa in Mannheim lebt. Emil Feierabend hat mit der GmbH – unter Beachtung der Formvorschriften und des § 181 BGB – einen Geschäftsführervertrag geschlossen, in dem ein angemessenes Geschäftsführergehalt von 60.000 € vereinbart wurde. Bei der GmbH existiert für die Überwachung ein Verwaltungsrat.

Für das laufende Jahr (Rechtslage: 2007) ergibt sich aus der handelsrechtlichen GuV folgender vorläufiger Gewinn (vor Steuerrückstellungen):

Umsatzerlöse (netto)	300.000,– €
Ausländische steuerfreie Beratungserträge	100.000,– €
Bezogene Leistungen	75.000,– €
Personalaufwand (darunter Geschäftsführergehalt an Emil F. 60.000 €)	125.000,– €
Gebäudemiete	12.000,– €
Miete für Kopierer und PKW an Ehefrau Lisa	10.000,– €
Zinsen für stille Beteiligung an Ehefrau Lisa (7,5 % auf 200.000 €)	15.000,– €
10 Aktenkoffer à 50 € (netto) an Geschäftsfreunde	500,– €
Verwaltungsratsvergütungen	10.000,– €
Sonstige betriebl. Aufwendungen (einschl. nichtabziehbarer Vorsteuer)	18.095,– €
Vorläufiger Gewinn vor Ertragsteuern	**134.405,– €**

Anmerkungen:

- Die Ehefrau erhält für die stille Beteiligung, die bis zum 31.12. d. J. läuft, eine angemessene Vergütung in Höhe von 7,5 % der Einlage (200.000 €), sofern in der GmbH ein Gewinn erzielt wird. Lisa Feierabend ist weder am Verlust noch an den stillen Reserven der GmbH beteiligt.
- Der gewerbesteuerliche Hebesatz soll in Ludwigshafen 400 % betragen.
- Emil und Lisa werden getrennt veranlagt.

a) Ermitteln Sie die Gewerbeertragsteuer des laufenden Jahres! Geben Sie bei der Ermittlung der Bemessungsgrundlage die Rechtsgrundlagen an!

b) Ermitteln Sie für das laufende Jahr die körperschaftsteuerliche Bemessungsgrundlage und die Höhe der Körperschaftsteuer!

c) Welche ertragsteuerlichen Folgen ergeben sich, wenn Emil Feierabend am 20.3. des folgenden Jahres (Rechtslage: 2007) in der Gesellschafterversammlung der GmbH beschließt, den gesamten handelsrechtlichen Jahresüberschuss als offene Gewinnausschüttung für das Vorjahr auszuschütten?

9.11 Steuerfreie ausländische Einkünfte

Bearbeitungszeit: 21 Minuten

Die Gewinne einer ausländischen Betriebsstätte werden im laufenden Jahr nach dem entsprechenden Doppelbesteuerungsabkommen nicht besteuert. Der anteilige Gewinn des Jahres in Höhe von 10.000 € soll im folgenden Jahr entnommen bzw. ausgeschüttet werden.

Frage a: OHG

Wie ändert sich die Besteuerung der Gesellschaft bzw. der Gesellschafter, wenn der Gesellschafter den anteiligen Gewinn aus einer OHG für Privatzwecke entnimmt? Wie wirken sich die ausländischen Gewinne auf die deutsche Einkommensbesteuerung des Gesellschafters im laufenden und folgenden Jahr aus, wenn der Gesellschafter neben diesem Gewinn bzw. Entnahme sowohl im laufenden Jahr als auch im folgenden Jahr jeweils noch Einkünfte nach § 19 EStG von 40.000 € (aktive Tätigkeit als Angestellter) hat (verbale Beschreibung ohne Berechnung)?

Frage b: GmbH

Wie ändert sich die Besteuerung der Gesellschaft bzw. der Gesellschafter, wenn die GmbH den (anteiligen) steuerfreien ausländischen Gewinn von 10.000 € ausschüttet? Wie hoch ist der zufließende Betrag, wenn kein Freistellungsauftrag vorliegt? Wie hoch ist die ESt-Nachzahlung oder ESt-Erstattung für das folgende Jahr, wenn der Gesellschafter neben dieser Ausschüttung noch Einkünfte nach § 19 EStG von 40.000 € (Tätigkeit als Angestellter; vorausbezahlte Lohnsteuer 10.000 €; Sonderausgaben 2.500 €) hat?

9.12 Rechtsformvergleich

Bearbeitungszeit: 48 Minuten

Thomas S. und Jo B. (beide ledig) überlegen, ob Sie ihre Steuerbücher über eine OHG oder eine GmbH vertreiben wollen (Beteiligung der Gesellschafter jeweils 50 %).

Jo B. soll Geschäftsführer der Gesellschaft sein und ein Geschäftsführer-Gehalt von 150.000 € / Jahr erhalten, von denen 50.000 € als unangemessen gelten. Thomas S. will der Gesellschaft ab 2.1.2007 ein neu fertig gestelltes Verwaltungs- und Vertriebsgebäude (Anschaffungskosten 1,2 Mio. €, davon 25 % für Grund und Boden) zu einer angemessenen Monatsmiete von 5.000 € vermieten. Das Gebäude hat Thomas S. zum 2.1.2007 über ein persönliches Darlehen (Laufzeit 5 Jahre) von 1 Mio. €, das zu 96 % – also 960.000 € – ausbezahlt wurde, zu einem Zinssatz von 5 % finanziert (Belastung der Zinsen in Höhe von 50.000 € am 31.12.2007).

Gehen Sie davon aus, dass Jo B. über keine weiteren Einkünfte verfügt. Thomas S. ist Beamter und erhält aus dieser Tätigkeit ein Gehalt von 60.000 €.

Der gewerbesteuerliche Hebesatz der betreffenden Gemeinde soll 380 % betragen.

Der Jahresüberschuss (vor Ertragsteuern) der Gesellschaft soll vor Abzug der Leistungsvergütungen an die Gesellschafter (z. B. Gehalt, Miete, Zinsen) 250.000 € betragen. Der Jahresüberschuss (nach Steuern) soll im April 2008 an die Gesellschafter je zur Hälfte ausgeschüttet bzw. entnommen werden.

a) Erläutern Sie verbal die ertragsteuerlichen Folgen des Jahresgehaltes von Jo B.

   a1) für den Fall einer GmbH
   - bei der Gesellschaft
   - bei dem Gesellschafter Jo B.

   a2) für den Fall einer OHG
   - bei der Gesellschaft
   - bei dem Gesellschafter Jo B.

b) Beschreiben Sie verbal die ertragsteuerlichen Folgen der Vermietung und der Finanzierung durch Thomas S.

   b1) für den Fall einer GmbH
   - bei der Gesellschaft
   - bei dem Gesellschafter Thomas S.

   b2) für den Fall einer OHG
   - bei der Gesellschaft
   - bei dem Gesellschafter Thomas S.

c) Gehen Sie davon aus, dass die Rechtsform der GmbH gewählt wird.

c1) Berechnen Sie die Ertragsteuern der GmbH für das Jahr 2007!

c2) Ermitteln Sie die Höhe der Einkünfte von Jo B. im Jahr 2007!

c3) Ermitteln Sie die Höhe der Einkünfte von Thomas S. im Jahr 2007!

d) Gehen Sie davon aus, dass die Rechtsform der OHG gewählt wird.

d1) Berechnen Sie die Ertragsteuern der OHG für das Jahr 2007!

d2) Ermitteln Sie die Höhe der Einkünfte von Jo B. im Jahr 2007!

d3) Ermitteln Sie die Höhe der Einkünfte von Thomas S. im Jahr 2007!

e) Erläutern Sie kurz für das Jahr 2008 die ertragsteuerlichen Folgen der Ausschüttung/ Entnahme der GmbH und OHG, die im April 2008 für das Jahr 2007 vorgenommen wird, jeweils für die Gesellschaft und die Gesellschafter! Ermitteln Sie jeweils deren Höhe sowie die daraus resultierenden Einkünfte bei den Gesellschaftern im Jahr 2008 (Annahme: Rechtslage 2007)!

9.13 Hinweis zu den Klausuren

Lösungs- und Aktualisierungshinweise können ab Mai 2007 unter:

www.steuernkompakt.de

abgerufen werden.

Index

A

B

C

D

E

F

G

T

U

V

W

Z